普通高等教育"十三五"规划教材

现代管理学
——理论与实践

李永清　钱　敏　主编

化学工业出版社
·北京·

本书在借鉴和吸收管理学主要传统内容的基础上,密切结合我国的管理实践,注重现代管理的思想和理论,系统地阐述了管理活动的一般原理、方法和规律。全书包括管理与管理者、管理理论及其发展、管理的基本原理和基本方法、决策理论、计划理论、组织理论、人力资源管理、领导理论、沟通理论、激励理论、控制理论、管理创新等十二章。教材设有引导案例、寓教于乐、管理者定律、经典管理故事、案例分析等多个模块,形式活泼,趣味性、可读性强。

本书可作为普通高等学校各专业管理学课程的教材,亦可作为高中层管理人员的培训教材及学习参考书。

图书在版编目(CIP)数据

现代管理学:理论与实践/李永清,钱敏主编. —北京:化学工业出版社,2016.3(2017.9重印)

普通高等教育"十三五"规划教材
ISBN 978-7-122-26202-8

Ⅰ.①现… Ⅱ.①李… ②钱… Ⅲ.①管理学-高等学校-教材 Ⅳ.①C93

中国版本图书馆 CIP 数据核字(2016)第 020112 号

责任编辑:满悦芝　　　　　　　　　　　　文字编辑:颜克俭
责任校对:边　涛　　　　　　　　　　　　装帧设计:刘亚婷

出版发行:化学工业出版社(北京市东城区青年湖南街 13 号　邮政编码 100011)
印　　装:大厂聚鑫印刷有限责任公司
787mm×1092mm　1/16　印张 15¼　字数 374 千字　2017 年 9 月北京第 1 版第 3 次印刷

购书咨询:010-64518888　(传真:010-64519686)　售后服务:010-64518899
网　　址:http://www.cip.com.cn
凡购买本书,如有缺损质量问题,本社销售中心负责调换。

定　　价:36.00 元　　　　　　　　　　　　　　　　　　　　　版权所有　违者必究

前　言

　　管理学是管理科学体系中的一门基础学科，是专门研究人类社会管理活动基本规律和方法的科学，是科学性和艺术性有机结合的实用性很强的学科，是经济管理类专业重要的专业基础课程之一。管理学理论中提炼出的具有科学性、逻辑性和系统性的一般性原理、方法和手段，对于指导各种复杂组织有序、协调和高效发展具有普遍意义。

　　编者参考了国内最新出版的管理学著作和教材，根据我国管理学发展的要求，以计划、组织、领导和控制等基本管理职能为基础，以决策、沟通、激励、创新等新兴管理职能为重点编写了这本教材。

　　本书旨在阐述管理学的基本理论和实务，力求体系完整、结构合理、内容精练、深入浅出，便于读者全面掌握管理学的理论精髓及其核心内容。为了突出管理理论的应用性，本书每章附加了引导案例、寓教于乐、管理者定律、经典管理故事和案例分析，期望读者在学习过程中受到有益的启示。

　　全书共分十二章，由西安科技大学李永清、钱敏担任主编，李文琴担任副主编，李永清负责组织编写、总纂、定稿和修改。具体分工为：李永清编写第一、二、四章，钱敏编写第五、六、七章，李文琴编写第九、十、十一章，凤亚红编写第三、十二章，李玲编写第八章。

　　由于编者水平有限，书中难免有不当之处，恳请读者批评指正。对本书中所参考的有关资料的作者，在此衷心地表示感谢！

编者
2016 年 1 月

目 录

第一章 管理与管理者 ………………………………………………………… 1
 第一节 管理学概述 …………………………………………………………… 2
  一、管理学的基本涵义 ……………………………………………………… 2
  二、管理学的基本特性 ……………………………………………………… 2
  三、管理学的研究方法 ……………………………………………………… 3
 第二节 管理的概念、性质和职能 …………………………………………… 4
  一、管理的概念 ……………………………………………………………… 4
  二、管理的性质 ……………………………………………………………… 4
  三、管理的职能 ……………………………………………………………… 5
 第三节 管理的特性与作用 …………………………………………………… 6
  一、管理的特性 ……………………………………………………………… 6
  二、管理的作用 ……………………………………………………………… 7
 第四节 管理者的角色与技能 ………………………………………………… 9
  一、管理者及其分类 ………………………………………………………… 9
  二、管理者的角色 ………………………………………………………… 10
  三、管理者的技能 ………………………………………………………… 14

第二章 管理理论及其发展 …………………………………………………… 20
 第一节 古典管理理论 ……………………………………………………… 20
  一、泰勒——科学管理理论 ……………………………………………… 21
  二、法约尔——一般管理理论 …………………………………………… 23
  三、韦伯——行政组织理论 ……………………………………………… 24
  四、其他有影响的人物 …………………………………………………… 25
  五、古典管理理论的特点 ………………………………………………… 26
 第二节 行为科学理论 ……………………………………………………… 26
  一、人际关系理论 ………………………………………………………… 26
  二、系统组织理论 ………………………………………………………… 30
  三、X-Y-Z 理论 …………………………………………………………… 30
 第三节 现代管理理论 ……………………………………………………… 31
  一、现代管理理论产生的时代背景 ……………………………………… 31
  二、管理过程学派 ………………………………………………………… 32
  三、系统管理学派 ………………………………………………………… 32
  四、权变理论学派 ………………………………………………………… 33
  五、经验主义学派 ………………………………………………………… 33
  六、社会系统学派 ………………………………………………………… 34

    七、决策理论学派 ……………………………………………………………… 34
    八、管理科学学派 ……………………………………………………………… 35
    九、经理角色学派 ……………………………………………………………… 35
  第四节　21世纪管理新趋势 …………………………………………………… 35
    一、赋权管理 …………………………………………………………………… 35
    二、人本管理 …………………………………………………………………… 36
    三、柔性管理 …………………………………………………………………… 36
    四、敏捷性管理 ………………………………………………………………… 37
    五、精确管理 …………………………………………………………………… 37
    六、情感管理 …………………………………………………………………… 37
    七、学习型组织 ………………………………………………………………… 38
    八、知识管理 …………………………………………………………………… 38
    九、企业再造 …………………………………………………………………… 38
    十、团队管理 …………………………………………………………………… 39
    十一、集成管理 ………………………………………………………………… 40
    十二、危机管理 ………………………………………………………………… 40

第三章　管理的基本原理和基本方法 …………………………………………… 46

  第一节　管理的基本原理 ……………………………………………………… 47
    一、管理原理的特征 …………………………………………………………… 47
    二、系统原理 …………………………………………………………………… 48
    三、分工原理 …………………………………………………………………… 49
    四、弹性原理 …………………………………………………………………… 49
    五、反馈原理 …………………………………………………………………… 49
    六、封闭原理 …………………………………………………………………… 50
    七、能级原理 …………………………………………………………………… 51
    八、动力原理 …………………………………………………………………… 51
    九、动态原理 …………………………………………………………………… 52
    十、人本原理 …………………………………………………………………… 52
    十一、效益原理 ………………………………………………………………… 52
  第二节　管理的基本方法 ……………………………………………………… 52
    一、管理方法的概念和特点 …………………………………………………… 52
    二、法律方法 …………………………………………………………………… 53
    三、行政方法 …………………………………………………………………… 53
    四、经济方法 …………………………………………………………………… 54
    五、教育方法 …………………………………………………………………… 54
    六、数学方法 …………………………………………………………………… 54

第四章　决策理论 …………………………………………………………………… 59

  第一节　决策概述 ……………………………………………………………… 59
    一、决策的概念与特征 ………………………………………………………… 59
    二、决策在管理中的作用 ……………………………………………………… 60
    三、决策的构成要素 …………………………………………………………… 60
    四、决策的类型 ………………………………………………………………… 61

第二节　决策的原则、影响因素和程序 …………………………………………… 64
　　　一、决策的原则 ………………………………………………………………… 64
　　　二、决策的影响因素 …………………………………………………………… 65
　　　三、决策的程序 ………………………………………………………………… 66
　　第三节　决策方法 …………………………………………………………………… 67
　　　一、定性决策方法 ……………………………………………………………… 67
　　　二、定量决策方法 ……………………………………………………………… 68
　　　三、计算机辅助决策 …………………………………………………………… 70

第五章　计划理论 …………………………………………………………………… 76

　　第一节　计划概述 …………………………………………………………………… 76
　　　一、计划的概念 ………………………………………………………………… 76
　　　二、计划的基本特征 …………………………………………………………… 77
　　　三、计划的作用 ………………………………………………………………… 77
　　　四、计划的形式 ………………………………………………………………… 78
　　　五、计划的原则 ………………………………………………………………… 79
　　　六、计划的有效性 ……………………………………………………………… 79
　　第二节　计划的类型和程序 ………………………………………………………… 81
　　　一、计划的类型 ………………………………………………………………… 81
　　　二、计划工作的程序 …………………………………………………………… 82
　　第三节　计划工作的原理和方法 …………………………………………………… 85
　　　一、计划工作的原理 …………………………………………………………… 85
　　　二、计划的方法 ………………………………………………………………… 86
　　第四节　战略计划 …………………………………………………………………… 87
　　　一、战略计划的概念和作用 …………………………………………………… 87
　　　二、战略计划的程序 …………………………………………………………… 87

第六章　组织理论 …………………………………………………………………… 95

　　第一节　组织概述 …………………………………………………………………… 95
　　　一、组织的含义 ………………………………………………………………… 95
　　　二、组织的类型 ………………………………………………………………… 96
　　　三、组织的要素 ………………………………………………………………… 96
　　　四、组织的目标 ………………………………………………………………… 97
　　　五、组织的作用 ………………………………………………………………… 97
　　　六、组织工作的基本内容 ……………………………………………………… 97
　　第二节　组织的内外部环境 ………………………………………………………… 98
　　　一、组织的外部环境 …………………………………………………………… 98
　　　二、组织的内部环境 …………………………………………………………… 100
　　第三节　组织设计 …………………………………………………………………… 101
　　　一、组织设计的依据 …………………………………………………………… 101
　　　二、组织设计的原则 …………………………………………………………… 102
　　　三、组织设计的程序 …………………………………………………………… 103
　　　四、组织的纵向结构设计 ……………………………………………………… 104
　　　五、组织的横向结构设计 ……………………………………………………… 106

第四节 组织结构的基本形式及发展趋势 ··· 107
一、直线制组织结构 ··· 107
二、职能制组织结构 ··· 108
三、直线职能制组织结构 ·· 108
四、事业部制组织结构 ··· 109
五、矩阵制组织结构 ··· 109
六、组织结构的发展趋势 ·· 110
第五节 组织的运作机制 ··· 111
一、描述组织运作机制的标准 ··· 111
二、组织运作机制的基本模式 ··· 112
三、集权、分权与授权 ··· 113

第七章 人力资源管理 ··· 119
第一节 人力资源管理概述 ··· 120
一、人力资源的概念与特点 ··· 120
二、人力资源管理的概念与特点 ·· 120
三、人力资源管理的任务 ·· 120
第二节 人力资源规划的制定 ·· 121
一、人力资源规划的概念 ·· 121
二、人力资源规划的作用 ·· 122
三、人力资源规划的制定原则 ··· 122
四、人力资源规划的程序 ·· 122
第三节 人力资源的招聘和培训 ··· 125
一、人力资源的招聘 ··· 125
二、人力资源的培训 ··· 130
第四节 人力资源的绩效考评 ·· 130
一、人力资源绩效考评的内容 ··· 130
二、人力资源绩效考评的主体 ··· 131

第八章 领导理论 ··· 137
第一节 领导概述 ··· 140
一、领导的概念 ··· 140
二、领导的作用 ··· 140
三、领导活动的基本要素 ·· 141
四、领导的权力构成 ··· 141
五、领导者的素质 ·· 142
六、领导的方式 ··· 143
七、领导团队 ·· 144
第二节 领导的基本原理 ··· 145
一、领导特质理论 ·· 145
二、领导行为理论 ·· 146
三、领导权变理论 ·· 148
第三节 领导的方法与艺术 ··· 149
一、处事的方法与艺术 ··· 149

二、待人的方法与艺术 …………………………………………………………………… 150
　　三、管理时间的方法与艺术 ……………………………………………………………… 152

第九章　沟通理论 ……………………………………………………………………… 157

　第一节　沟通概述 ……………………………………………………………………… 157
　　一、沟通的概念 …………………………………………………………………………… 157
　　二、沟通的过程 …………………………………………………………………………… 158
　　三、沟通的分类 …………………………………………………………………………… 158
　　四、沟通的功能与作用 …………………………………………………………………… 159
　第二节　有效沟通的障碍及措施 ……………………………………………………… 160
　　一、有效沟通的原则 ……………………………………………………………………… 160
　　二、有效沟通的障碍 ……………………………………………………………………… 161
　　三、有效沟通的措施 ……………………………………………………………………… 163
　第三节　有效人际沟通的技巧 ………………………………………………………… 166
　　一、人际沟通的技巧 ……………………………………………………………………… 166
　　二、赢得人心的技巧 ……………………………………………………………………… 168
　　三、受人尊重的技巧 ……………………………………………………………………… 169

第十章　激励理论 ……………………………………………………………………… 176

　第一节　激励概述 ……………………………………………………………………… 176
　　一、激励的概念 …………………………………………………………………………… 176
　　二、激励的要素 …………………………………………………………………………… 177
　　三、激励的模式 …………………………………………………………………………… 177
　　四、激励的作用 …………………………………………………………………………… 178
　　五、关于人性的假设 ……………………………………………………………………… 178
　第二节　激励理论 ……………………………………………………………………… 182
　　一、需要层次理论 ………………………………………………………………………… 182
　　二、双因素理论 …………………………………………………………………………… 183
　　三、成就需要理论 ………………………………………………………………………… 183
　　四、期望理论 ……………………………………………………………………………… 184
　　五、公平理论 ……………………………………………………………………………… 185
　　六、强化理论 ……………………………………………………………………………… 186
　　七、挫折理论 ……………………………………………………………………………… 186
　第三节　激励的要求与方法 …………………………………………………………… 187
　　一、激励的要求 …………………………………………………………………………… 187
　　二、激励的方法 …………………………………………………………………………… 188

第十一章　控制理论 …………………………………………………………………… 196

　第一节　控制概述 ……………………………………………………………………… 196
　　一、控制的概念 …………………………………………………………………………… 196
　　二、控制的基本类型 ……………………………………………………………………… 197
　　三、控制的内容 …………………………………………………………………………… 198
　　四、控制的作用 …………………………………………………………………………… 199
　　五、控制的原则 …………………………………………………………………………… 199

第二节　控制的程序 ··· 201
　　　一、有效控制的前提 ··· 201
　　　二、有效控制的特点和要求 ·· 202
　　　三、控制的程序 ··· 204
　　第三节　控制的方法 ··· 206
　　　一、预算控制方法 ·· 206
　　　二、质量控制方法 ·· 208
　　　三、成本控制方法 ·· 210
　　　四、有效控制系统的设计 ··· 211

第十二章　管理创新 ··· 216
　　第一节　创新概述 ··· 217
　　　一、创新的内涵 ··· 217
　　　二、创新的特点 ··· 217
　　　三、创新的分类 ··· 218
　　　四、创新的意义 ··· 219
　　第二节　管理创新 ··· 220
　　　一、管理创新的内涵 ··· 220
　　　二、管理创新的特点 ··· 220
　　　三、管理创新的原则 ··· 222
　　　四、管理创新的动因 ··· 222
　　　五、管理创新的模式 ··· 223
　　　六、管理创新的过程 ··· 225
　　　七、管理创新的途径 ··· 226
　　　八、管理创新的组织 ··· 227

参考文献 ··· 233

第一章　管理与管理者

【学习目标与要求】

通过本章学习，了解管理学的基本涵义和基本特征，理解管理的概念、性质、特性、职能和作用，明确管理者及管理者的分类，掌握管理者的角色、技能。

【引导案例】

升任公司总裁后的思考

郭宁最近被一家生产机电产品的公司聘为总裁。在准备去接任此职位的前一天晚上，他浮想联翩，回忆起自己在该公司工作 20 多年的情况。他在大学学的是工业管理，大学毕业获得学位后就到该公司工作，最初担任液压装配单位的助理监督。他当时真不知道如何工作，因为他对液压装配所知甚少，在管理工作上也没有实际经验，他感到几乎每天都手忙脚乱。可是他非常认真好学，他一方面仔细查阅该单位所制订的工作手册，并努力学习有关的技术书刊；另一方面监督长对他主动指导，使他渐渐地摆脱了困境，胜任了工作。经过半年多的努力，他已有能力独担液压装配监督长工作的大任。可是，当时公司没有提升他为监督长，而是直接提升他为装配部经理，负责包括液压装配在内的四个装配单位的领导工作。

在他当助理监督时，他主要关心的是每日的作业管理，此项工作技术性很强。而当他担任装配部经理时，他发现自己不能只关心当天的装配工作状况，还得做出此后数周乃至数月的规划，还要完成许多报告并参加许多会议，从而没有多少时间从事自己过去喜欢的技术工作。当上装配部经理不久，他就发现原有的装配工作手册已基本过时，因为公司安装了许多新的设备，吸收了一些新的技术，这让他花了整整一年的时间去修订工作手册，使之切合实际。在修订手册过程中，他发现要让装配工作与整个公司的生产作业协调起来是很有讲究的。他还主动到几个工厂去访问，学到了许多新的工作方法，他也把这些方法吸收到修订的工作手册中去。由于该公司的生产工艺频繁发生变化，工作手册也不得不经常修订，郭宁对此都完成得很出色。他工作了几年后，不但自己学会了这些工作，而且还学会了如何把这些工作交给助手去做，教他们如何做好，这样，他可以腾出更多时间用于规划工作和帮助他的下属把工作做得更好，以及花更多的时间去参加会议、批阅报告和完成向上级的工作汇报。

在他担任装配部经理 6 年之后，该公司负责规划工作的副总裁辞职应聘于其他公司，郭宁便主动申请担任这一职务。在同另外 5 名竞争者较量之后，郭宁被正式提升为规划工作的副总裁。他自信拥有担任这一新职位的能力，但由于此高级职务工作的复杂性，使他在刚接任时碰到了不少麻烦。例如，他感到很难预测 1 年之后的产品需求情况。可是一个新工厂的开工，乃至一个新产品的投入生产，一般都需要在数年前做准备。而且，在新的岗位上他还要不断处理市场营销、财务、人事、生产等部门之间的协调工作，这些他过去都不熟悉。他在新岗位上越来越感受到：越是职位上升，越难以仅仅按标准的工作程序进行工作。但是，他还是渐渐适应了，做出了成绩，以后又被提升为负责生产工作的副总裁，而这一职位通常是由该公司资历最深、辈分最高的副总裁担任的。到了现在，郭宁又被提升为总裁。他知道，一个人当上公司最高主管之时，应该自信自己有处理可能出现的任何情况的才能，但他也明白自己尚未达到这样的水平。

因此，他不禁想到自己明天就要上任了，今后数月的情况会是怎么样？他不免为此而担忧。

管理是现实世界普遍存在的现象。每一个社会成员都要同管理打交道，或者从事管理，成为管理者即管理主体；或者接受管理，成为管理对象即管理客体。更多的时候，社会成员既是管理主体又是管理客体。人在一定意义上就是具有组织和管理自己活动能力的社会动物，整个社会就是一个通过管理而正常运行的有机体。

第一节 管理学概述

一、管理学的基本涵义

管理学是在自然科学和社会科学相互交叉的领域中建立起来的一门综合性学科，它是专门研究各种管理活动的一般性原理、方法及其规律的一门学问，是经济管理、行政管理、教育管理及企业管理等各种专门管理学科的共同基础理论。管理学研究的主要目的是在一定条件下，通过合理地组织和配置人、财、物等多种资源，提高组织运行的效率与效果。

管理与管理学尽管联系十分密切，但却是两个不同的概念。管理是一种实践活动或过程，是管理学研究的一个基本范畴。管理学则是研究管理活动共性问题的一门独立学科，其主要使命是建立一个完整的基础性管理知识体系。管理学是在各种管理活动不断发展中形成的，离开了管理活动，管理学的理论体系则不能成立，也就没有管理学可言。

二、管理学的基本特性

1. 综合性

管理学具有涉及面极广、应用领域众多、实践性很强的鲜明特性，它是在多种学科基础上形成的一门综合学科。管理学的基本原理与方法是自然科学和社会科学相互交叉的结晶，这就决定了管理学的理论内容具有综合性。因此，管理学提供的各种管理知识与规律，不仅适合各种宏观的管理活动，也适合各种微观的管理活动。

2. 非精确性

在管理学理论中，以数学等自然科学知识为基础形成的管理技术与方法，可以为管理活动提供精确的定量分析方法，这无疑对于准确地处理和解决管理中的问题具有重要意义及价值。然而，受心理等方面的因素影响，有大量的管理问题难以用定量的方法进行精确分析，只能运用历史经验和社会科学知识进行定性分析并加以解决，这类方法是不精确的，但是它也可以为管理活动提供大量的、有效的可行性思路与手段，这并不影响管理的科学性，恰恰为管理拓宽了应用领域。

3. 系统性

管理学强调管理的系统性，即在管理活动中把组织视为由若干相互联系和相互作用的要素构成的有机整体，既要考虑其组织的整体性，又要重视组织的局部性，即研究组织要素之间的相互联系与相互作用。众多的管理内容都属于复杂的大系统问题，管理者要善于多侧面、多角度和多层次地分析管理过程，防止片面地认识和处理管理问题。

4. 通用性

在人类社会实践活动中，管理的形式多种多样，如国家管理、军队管理、企业管理、学校管理等，这些专门的管理有其各自的特殊性，但也有其共同性和一般性。管理学专门研究各种管理的共性问题，从中提炼和概括管理的一般性规律，使其成为指导各种管理实践活动的科学方法。因此，管理学提供的原理与方法普遍适用于各种管理活动，具有通用性。

三、管理学的研究方法

1. 唯物辩证法

马克思主义的辩证唯物主义和历史唯物主义是学习和研究管理学的根本思想和方法论基础。按照辩证唯物主义和历史唯物主义的观点，学习和研究管理学必须坚持实事求是的态度，要深入管理实践，根据本地区、本组织的具体条件和特点来总结管理经验，研究和解决管理中存在的问题。同时，还必须充分认识到世界上一切事物都是相互联系和不断变化的，因此，必须用联系的观点、发展的观点，去观察、分析和解决问题。

2. 系统科学的方法

系统科学是当代科学研究发展的重要成果，系统科学的方法和观点为人们在研究和处理复杂社会系统时，提供了一种崭新的思维方式。任何管理的组织都是一个系统，而每一个系统都是由若干个相互关联、相互作用、相互制约的因素有机结合的整体，而每一个组织系统又是一个更大系统的组成部分。因此，管理者必须对影响管理过程的各种因素及其相互之间的关系，进行整体的、系统的分析和研究，才能形成科学合理的决策和开展有效的管理活动。

3. 理论联系实际的方法

管理学是一门生命力很强的学科。管理理论来源于管理实践，同时，管理理论又对管理实践具有指导意义。坚持理论联系实际的方法，主要表现在两个方面：其一，任何先进的管理理论和方法，必须与管理实践结合起来，任何脱离实际、束之高阁的理论，再好也是没有意义的；其二，已有的管理理论和方法又必须通过实践来不断地检验其正确性和可行性。因此，我们在建设社会主义市场经济的历史进程中，学习和借鉴西方发达国家先进管理理论和方法的同时，必须根据我国的国情加以取舍和改造，既要克服"全盘否定"的思想，又要避免"盲目照搬"的做法，做到"以我为主，博采众长，融合提炼，自成一家"。

4. 比较研究方法

通过比较来揭示事物之间的共同点和差异点，是人类认识客观事物最原始、最基本的方法。有比较才有鉴别，有鉴别才会有发展。比较研究的方法，就是运用比较分析的科学方法，对不同国家和地区的管理理论和管理实践、管理方法进行系统分析，从中寻求各种理论的适用性以及具有普遍意义的管理原理和规律的方法。不同国家、不同文化、不同地区、不同行业的管理，在许多方面存在差异，通过比较和研究，既能消除因循守旧、夜郎自大的不良思想，又能克服自卑消沉、悲观失望的落后心理。做到客观地认识"自我"，合理借鉴他人的经验，以求取更高层次的发展。

5. 其他研究方法

其他研究管理学的基本方法，如归纳法、试验法、演绎法以及案例分析法、数学方法等。随着现代科学技术的发展，特别是计算机信息技术在管理领域中的广泛运用，将有力地推动管理学研究方法的科学化和现代化。同时，信息技术的发展，对传统的管理思想、组织结构、业务运作以及管理的方法，都会带来变革的要求，对此，必须引起高度的关注和重视。

第二节 管理的概念、性质和职能

一、管理的概念

近百年来,许多学者根据自己的研究角度对管理进行了不同的定义。美国古典管理学家泰勒认为:"管理的主要目的,应该是使雇主实现最大限度的利益,同时也使每个雇员实现最大限度的利益。"法国学者法约尔认为:"管理,就是实行计划、组织、指挥、协调和控制。"著名的管理学权威彼得·德鲁克认为:"管理是一个把一群乌合之众变成一个有效率、有目的、有生产力的特殊群体的过程。"美国学者亨利·西斯克认为:"管理是通过计划工作、组织工作、领导工作和控制工作的诸过程来协调所有的资源,以便达到既定的目标。"管理学教授哈罗德·孔茨提出:"管理是设计和维持一种良好的环境,使人在群体里高效率地完成既定目标。"1978年,诺贝尔经济学奖获得者赫伯特·西蒙认为:"决策贯穿管理的全过程,管理就是决策,一个组织是由决策者组成的系统。"管理学家罗宾斯则认为:"管理是指同别人一起或通过别人使活动更有效地完成的过程。"美国管理学家小詹姆斯.H.唐纳利等认为:"管理就是由一个或更多的人来协调他人活动,以便收到个人单独活动所不能收到的效果而进行的各种活动。"美国学者弗里蒙特.H.卡斯特和詹姆斯.H.罗森茨韦克等认为:"管理就是计划、组织、控制等活动的过程。管理者可以将人、机器、材料、金钱、时间、场地等各种资源转变成一个有用的企业。从根本上说,管理就是将上述这些互不相关的资源组合成一个达到目标的总系统的过程。"

综合各家所说,管理都强调了过程,过程表示管理者所执行的职能或从事的主要活动,这些职能或活动可概括为计划、组织、领导和控制;同时管理强调了效率和效果。优秀的管理者做事是既有效率又有效果的。有效率就是通过最小的资源投入实现组织的目标,有效果就是实现组织的目标。

总而言之,本书对管理的定义是:管理是指各级管理者在执行计划、组织、领导和控制等各项职能的过程中,通过优化配置和协调使用各种资源,即人力、物力、财力和信息等,有效地达到组织目标的过程。

二、管理的性质

马克思在《资本论》中精辟地论述了资本主义生产过程具有双重性,运用马克思的观点分析管理的两重性,主要表现为"指挥劳动"和"监督劳动"。一方面,因为"指挥劳动"与社会生产力的合理配置相联系,所以管理具有自然属性;另一方面,由于"监督劳动"与社会生产关系的调节和维护相联系,因而管理又具有社会属性。

1. 管理的自然属性

从"指挥劳动"的角度分析,管理的自然属性主要表现在协调人与自然的关系,对物质资源或物质要素进行合理配置、有效利用,科学地组织生产力方面。如成本管理、技术管理、财务管理及质量管理等都蕴含着鲜明的自然属性。管理的自然属性反映出来的管理规律是客观的,不受社会制度及其文化背景的影响,由此产生的管理技术或方法等对于任何社会制度与文化的国家都具有通用性。因此,管理的自然属性也被称为管理的一般属性。

2. 管理的社会属性

从"监督劳动"的角度分析，管理的社会属性反映了生产资料占有者的意志，受生产关系的影响与制约。管理的社会属性是指管理根据社会制度、社会文化等因素的变化与影响，调整生产关系的性质。管理的社会属性所折射出的规律是在社会实践基础上形成的主观产物，如管理理念、管理程序、管理目标等，在不同生产关系作用下将会产生一定的差别。因此，管理的社会属性也被称为管理的特殊属性。

管理的自然属性具有普遍适用性，意味着与生产力密切相关的管理因素在不同的国家之间可以相互交流、相互借鉴、相互取长补短；管理的社会属性具有特殊性，预示着与生产关系紧密相连的管理因素在不同的国家之间不能完全复制，必须结合本国国情，有选择、有鉴别地加以运用，才能产生良好的移植效益。

三、管理的职能

1. 计划职能

计划职能是指在收集大量资料的基础上，对组织未来环境的发展趋势做出预测，根据预测的结果和组织拥有的可支配资源确立组织目标，制定出各种实施目标的方案、措施和具体步骤，为组织目标的实现做出完整的谋划。

计划职能主要包括以下内容。

① 分析和研究组织活动的环境和条件，明确组织的优势和劣势。

② 制定决策，根据组织资源及组织的优势和劣势，明确组织在未来某个时期内的总体目标和方案。

③ 编制行动计划，详尽制定实现这些目标的具体行动计划，以便将目标落到实处。

2. 组织职能

组织职能有两层含义：①进行组织结构的设计、构建和调整，如成立某些机构或对现有机构进行调整或重塑；②为达成计划目标所进行的必要的组织过程，如进行人员、资金、技术及物资等的调配，并组织实施等。

组织工作是计划工作的延伸，其目的是把组织的各类要素、各个部门和各个环节，从劳动的分工和协作上，从时间和空间的连接上，从相互关系上，都合理地组织起来，使劳动者、劳动工具和劳动对象之间，在一定的环境下，形成最佳的结合，从而使组织的各项活动协调有序地进行。

3. 领导职能

领导职能是指组织的各级管理者利用各自的职位权力和个人影响力去指挥和影响下属为实现组织目标而努力的过程，是管理者带领、指挥和激励下属，选择有效的沟通渠道，营造良好的组织氛围，实现组织目标的过程。有效的领导要求管理者在合理的制度环境中，针对组织成员的需要和行为特点，运用适当的方式，采取一系列措施维持和提高组织成员的工作积极性。领导职能主要涉及组织中人的问题，往往通过激励职能、协调职能和沟通职能等一起发挥作用。

4. 控制职能

为了确保组织目标以及保证措施能有效实施，管理者要对组织的各项活动进行有效的监控。控制职能所起的作用就是检查组织活动是否按既定的计划、标准和方法进行，及时发现偏差、分析原因并进行纠正，以确保组织目标的实现。由此可见，控制职能与计划职能有着密切的关系，计划是控制的标准和前提，控制的目的是为了确保计划的实现。

第三节 管理的特性与作用

一、管理的特性

1. 管理的科学性和艺术性

科学是指能反映事物内在规律性的理论体系。管理的科学性是指人们在发现、探索、总结和遵循客观规律的基础上，建立系统化的理论体系，并在管理实践中应用管理原理与原则，使管理成为理论指导下的规范化的理性行为。在长期的管理实践中，人们经过无数次的失败和成功，通过对丰富的管理实践的归纳、总结、提炼，从中抽象总结出一系列反映管理活动过程中客观规律的管理理论和一般方法，使管理成为一门科学。

艺术是指以个人的经验和熟练程度为基础的技艺和技巧。管理的艺术性关注的是管理的实践性。管理者在实际工作中面对千变万化的管理对象，灵活多样地、创造性地运用管理技术与方法解决实际问题，从而在实践与经验的基础上，创造了管理的艺术与技巧，形成了管理的艺术性。管理的艺术性强调的是管理人员必须在管理实践中发挥积极性、主动性和创造性，利用个人的智慧、知识和经验，因地制宜地将管理理论与具体的管理活动相结合，实现有效的管理。

管理的科学性和艺术性并不相互对立、相互排斥，而是相互补充、相互印证的。管理理论和管理艺术研究的都是管理实践。不同的是，管理理论研究的是管理活动中普遍的、必然的规律性，而管理艺术研究的是在具体情景中管理活动的特殊性和随机性。所以，管理理论和管理艺术都是管理学的有机组成部分，两者缺一不可。

2. 管理的动态性和创新性

管理活动的动态特征主要表现在管理活动需要在变动的内外环境中进行，需要考虑资源配置过程中的各种不确定性。因此，管理不是停留在书面上的东西，它是现实实践中的操作。书面上的东西最多是管理实践的总结或理论的推演，它是一种静态的东西，学习管理需要学书面上的东西，但更重要的是学会在什么样的状况下如何实施具体的管理。事实上，由于各个组织所处的客观环境与具体的工作环境不同，各个组织的目标与从事的行业不同，从而导致了每个组织中资源配置的不同性，这种不同性就是动态特性的一种派生，因此不存在一个标准的、处处成功的管理模式。

管理的创新性主要源于管理的实践条件和环境的不断变化，根植于动态性之中，与科学性和艺术性相关。它就像一个民族的灵魂在于创新一样，管理同样需要创新，通过管理的创新，推动社会和经济的发展，在一定条件下，还可以创造新的生产力。

今天，管理已经跨越国界，成为世界范围的人类的重要活动，不同国家的国情不同、民族不同、文化不同，组织模式和类型都有较大差异，管理的创新性表现得更为重要。现在，国际流行的管理本土化就是管理创新性的反映，管理的创新性是管理理论不断发展、管理学科日益重要、管理活动有效性的核心基石。正如《商业周刊》中所描述的：日常经营中优胜劣汰的斗争，胜者将是那些最能适应新世界演变的个人和组织。

3. 管理的人本性和经济性

管理的人本性是指在管理过程中要以人为根本，即以人为中心，把理解人、尊重人、调动人的积极性放在首位，把人视为管理的重要对象及组织中最重要的资源。管理的人本性主要表现为两个方面：①管理的中心是协调人际关系和管理人，人是管理的中心，在管理中要注意研究并根据人的行为规律去激发、调动人的积极性，调动人的积极因素，并使人们相互沟通和理解，为完成共同的目标而努力；②在管理中要时时关注人的尊严，尊重人、关心人，注意满足人的合理需要。

人力资源是一个组织的首要资源，其他资源的利用效率和效果主要取决于管理者对资源配置的优劣。资源配置是需要成本的，因此，管理具有经济特性。首先，管理的经济性反映在资源配置的机会成本上，管理者选择一种资源配置方式是以放弃另一种资源配置方式为代价而取得的，这里有个机会成本的问题。其次，管理的经济性反映在管理方式、方法的成本比较，因为在众多资源配置的方式、方法中，其所费成本不同，故如何选择资源配置就有个经济性的问题。再次，管理是对资源有效整合的过程，因此，选择不同资源供给和配比，就有成本大小的问题，这也是经济性的另一种表现。

二、管理的作用

1. 管理是一种生产力

生产力可以理解为人们运用各种资源获取物质财富的能力。管理作为生产力，表现在管理者通过科学预见及合理的计划、组织、领导和控制，可以完成分散个体无法完成的工作，可以消耗较少的资源，获取较多的物质财富。可将管理与其他生产力要素的关系表示如下：

$$生产力＝（科学技术＋劳动力＋劳动工具＋劳动对象）×管理$$

该公式表明管理对生产力有成倍的放大功能。具体而言，只有通过科学管理，才能使人、财、物等各种资源实现合理的配置和利用，形成有效的社会生产力；在高度分工与协作的条件下，通过管理才能协调好各方面的关系，充分调动人的积极性，形成一个实现既定目标的合力；科学技术是第一生产力，它融合于劳动力、劳动工具和劳动对象，但是，如果没有管理来组织、创造条件，科学技术也难以转化为生产力。正因为如此，美国人自称"美国经济的领先地位三分靠技术，七分靠管理"。而第二次世界大战后经济腾飞的日本则认为，他们是靠技术和管理使经济得到迅速发展的。这不是贬低科学技术的重要性，而是说明管理可以促使科技与劳动力、劳动工具、劳动对象更好、更快地结合在一起，并尽快投入生产，使生产力总体能力得到极大发展。

2. 管理是一个组织生存和发展的重要条件

管理是生产力诸要素中的结合性要素，它犹如一个组织的神经系统，离开了它，任何组织都难以形成一个有机体，难以有效地发挥整体效能；离开了它，任何组织都难以针对复杂多变的环境作出正确、适时的反应，都难以趋利避害、谋求生存和发展。对于整个社会来说，其道理亦是如此。以工商企业管理为例，它们所面对的是分工精细、协作广泛、变化节奏快、活动连续并要严格保持资源的合理比例的一个有机整体。同时，企业要以市场为导向决定自身的经营行为，并接受市场的检验。在这种情况下，若没有科学的管理，分工协作就难以实现，比例和节奏更无法保证，生产经营必然陷入一片混乱，使产品缺乏竞争力，甚至完全滞销，最终必将被社会所淘汰。因此，杜拉克总结说："没有机构就没有管理，没有管理也就没有机构。管理是现代机构的特殊器官，正是这种器官的成就影响着机构的成就和生存。"美国著名的投资家杂志《福布斯》经多年研究,发现管理较好的美国公司几乎都是有成就的。美国银行在 1973 年出版的《小企业通讯员》中写到:"归根到底,90% 以上的企业破产是由于管理上的无能与缺乏经验。"

在美国,每天都有数千家新企业开业,但几年后,这些企业中 50% 以上会倒闭。20 世纪 80 年代末,美国邓白氏公司曾经公布过导致企业失败的原因,如表 1-1 所示。

表 1-1 美国企业失败的原因

失败的百分比/%	失败的原因	失败的百分比/%	失败的原因
44	企业管理者无能	1	疏忽
17	缺乏管理经验	1	欺诈或灾害
16	经验失衡	6	原因不详
15	缺乏行业经验	100	—

从表 1-1 可以看出,美国企业失败的首要原因是一些管理者(尤其是企业创始人)在体力、智力等方面都达不到成功管理一个企业的要求。确保一个企业正常运行,不仅要求管理者投入足够的时间和精力,而且要求管理者具备决策所需的智力。企业失败的第二个原因是管理者缺乏必要的管理经验。例如,企业创办人可能是一位技术专家,但对如何管理一个企业却一窍不通。导致企业失败的第三个原因是管理者管理经验的不平衡。企业高层管理者需要在采购、生产、营销、财务、人事等方面都具备一定的管理经验。导致企业失败的另一个重要原因是管理者对自己所在的行业以及自己生产的产品或服务不太了解。总之,美国一些企业失败,其主要原因都直接或间接与管理相关。20 世纪 90 年代,我国有关机构也对我国企业亏损的原因进行了调查,结果发现,我国企业的亏损大多数也是由于经营管理不善造成的。

3. 管理是社会经济发展的物质力量,是增强综合国力的关键因素

随着人类的进步和经济的发展,管理所起的作用越来越大。当今社会人们已经形成了一个共识:管理是社会经济发展的物质力量,是增强综合国力的关键因素。18 世纪下半叶,英国依靠技术进步和管理上的成就首先完成了产业革命,成为当时世界第一强国。到了 20 世纪初,美国逐渐超过英国成为西方各国的盟主。第二次世界大战后,一些英国专家去美国学习工业方面的经验,他们很快就发现:英国在技术方面尤其在工艺上并不比美国落后很多,而生产率水平与美国有明显差距,其主要原因是英国的组织管理水平远远落后于美国。第二次世界大战之后,日本经济到了崩溃的边缘。自 20 世纪 50 年代中期起,日本经济出现了高速增长的奇迹,到 20 世纪 80 年代,日本的经济发展已超过了美国。日本横扫英国的摩托业,超越汽车王国——美国和德国的汽车生产,抢夺瑞士的钟表市场,冲击美国在钢铁、造船、电子产品上的传统优势。究其原因,就是日本在学习一整套美国的现代科学管理制度、思想、方法等的基础上,将日本儒家资本主义管理模式中的伦理精神与美国科学管理思想巧妙地糅为一体,创建了独具特色的"日本式管理"。

4. 管理是促进精神文明建设,提高社会生活质量的重要手段

现代管理是以人为中心的管理,管理的关键是人的精神状态,管理的根本方法是通过教育提高人的觉悟,激发人的工作积极性和创造性。各个组织在长期管理活动中所形成的组织文化,能够培养和熏陶其成员具有符合时代的价值观念、基本信念、职业道德和行为规范。总之,科学有效的管理可以促使人们进入一个更高的精神境界。

随着社会分工协作和科学技术的发展，管理渗透到社会生活的各个方面，受到了人们普遍的重视。尤其是现代管理强调人本管理，强化了管理为人服务的理念，提高了各组织为人服务的意识，使人们不断改进工作方法，完善服务方式，从而有效地提高了社会的生活质量。近些年来，管理又通过迅猛发展着的信息技术和已经到来的知识经济，正在改变着人类经济活动、社会活动及日常生活的方式和内涵，更大幅度地提高人们的工作质量、服务质量和生活质量。

第四节　管理者的角色与技能

一、管理者及其分类

（一）管理者的含义

任何组织都是由一群人组成的集合体，根据其在组织中的地位和作用的不同，组织成员可以大致分为两类：作业人员（操作者）和管理人员（管理者）。

作业人员是指在组织中直接从事具体的业务，不承担对他人工作监督职责的人，如工厂的工人、医院的护士、商店的售货员、学校的教师等。他们的任务就是做好组织所分派的具体的操作性工作。

管理人员是指在组织中行使管理职能、指挥或协调他人完成具体任务的人，如工厂的厂长、医院的院长、商店的经理、学校的校长或院长等。管理者是组织的心脏，其工作绩效的好坏直接关系着组织的成败兴衰。

（二）管理者的分类

1. 按管理者岗位层次分类

管理者以其在组织中所处层次的不同，可以分为高层管理者、中层管理者和基层管理者。不同层次的管理者对不同管理职能的工作侧重不同，如图1-1所示。

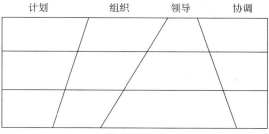

图1-1　组织的管理层次与管理职能工作

（1）高层管理者　高层管理者的主要职责是：对整个组织的管理负有全面责任，并侧重于负责制定组织的大政方针，组织与外界的联系、沟通、交往等。他们的决策是否正确、职权的运用是否得当，直接关系到整个组织的成败。工厂厂长、医院院长、商店经理、大学校长等都属于高层管理者。

（2）中层管理者　中层管理者主要职责是：贯彻执行高层管理者所制定的重大决策，并监督和协调基层管理者的工作。他们在组织中起承上启下的作用，对上下信息的沟通、政令的通行等均负有重要的责任。车间主任、商店部门负责人、院长或系主任等都属于中层管理者。

（3）基层管理者　基层管理者主要职责是：直接指挥和监督现场作业人员，保证上级下达的各项计划和任务的完成。基层管理者又称第一线管理人员，是组织中处于最底层的管理人员，直接与具体的作业人员打交道，是整个管理系统的基础。车间班组组长、商店领班、系主任或教研室主任等都属于基层管理者。

不同层次的管理者在行使管理职能（计划、组织、领导和控制）时的侧重点有很大的差异。高层管理者行使管理职能，将较多地侧重于计划、组织和控制，而对员工具体的面对面领导，所花费的时间较少。基层管理者的工作，则侧重对员工的激励，开展面对面的领导，建立沟通机制，以完成组织预定的工作。由于组织未来工作的计划、组织架构和监控体系的总体方案由高层管理者确定，作为基层管理者更多的工作是落实和执行。

另外，即使同样是开展计划工作，高层管理者与基层管理者的计划内容也有很大差异。高层管理者应关注关系全局的战略性问题，主要制定战略计划和年度计划；中层管理者制定季度和月度计划；基层管理者关注具体的战术性工作，制定每周和每天的工作计划。不同层次管理者在行使组织、领导和控制等管理职能时，具体工作内容也有很大的差异。

2. 按管理者的工作范围分类

管理者以其所从事的管理工作的领域和性质的不同，可以划分为综合管理人员和专业管理人员两大类。

（1）综合管理人员　综合管理人员是指负责管理整个组织或组织中某个事业部的全部活动的管理人员。对于一般的中小型企业来说，可能只有一个综合管理者，那就是厂长或总经理。总经理管理着该组织内包括生产、营销、财务、投资、人事、公关和研究开发等在内的全部活动。对于那些大型组织（企业集团或跨国公司等）来说，可能会按产品类别或地区设立分部或分公司，这时，这些组织的综合管理人员就包括集团（或公司）的总裁（或总经理）和分部或分公司的总经理，分别管理着总部的全部活动和分部的全部活动。

（2）专业管理人员　专业管理人员是指专门负责组织中某一类活动或职能的管理人员。根据这些管理人员所管理的专业领域性质的不同，可具体分为生产部门管理者、营销部门管理者、财务部门管理者等。不同的职能部门分设生产经理、营销经理、财务经理等，这些经理和下属的管理人员，因其只负责某一类活动或职能的管理工作，故都是专业管理人员。

二、管理者的角色

（一）明茨伯格的管理者角色理论

角色是指人们对某人的行为整体的期望。管理者角色是指组织中管理者所需要做的一系列特定的工作。

20世纪60年代末，美国学者亨利·明茨伯格（Henry Mintzberg）经过实证研究，调查分析了管理者的日常管理工作，提出了有效管理者需要扮演的10种角色。明茨伯格认为，管理者通过履行这些角色，影响组织内部和外部人们的行为。组织内部的人包括技术人员、管理人员和操作人员，组织外部的人包括投资者、消费者、供应商、组织所在社区的居民，以及与组织活动有关的政府机构。

明茨伯格进而将管理者需要扮演的10种角色归纳为3种类型：即信息传递、人际关系和决策制定。在现实生活中，管理者往往同时扮演上述几种角色，具体如表1-2所示。

表 1-2　明茨伯格界定的管理者角色

角色类型	角色描述	举例
信息传递		
1. 监听者	获取各种信息,成为组织的神经中枢	阅读报告,参加会议,保持外部联络
2. 传播者	告知员工们环境的变化和组织愿景	举行信息交流会议,传达重要文件
3. 发言人	向外界发布所在的组织目标、计划和措施	举行董事会议,向媒体发布信息
人际关系		
4. 挂名首脑	象征性的首脑,履行法律性或社会性的义务	接待来访者,签署文件合同
5. 领导者	负责激励下属,营造良好的工作氛围	表扬先进,肯定员工业绩
6. 联络员	发展和维护组织与外界的联络网络	发感谢信,参加行业协会的工作
决策制定		
7. 企业家	识别发展机遇,制定、实施和监督改进方案	制定战略,检查决策的执行情况
8. 混乱驾驭者	当面对重大突发事件时,负责采取补救措施	正确及时处理各种突发事件
9. 资源分配者	负责组织内各种资源配置的决策	调度、询问和授权,编制预算等
10. 谈判者	作为组织的代表,参加重大的谈判活动	参与谈判和谈判决策

1. 信息传递角色

管理者扮演信息传递的角色,需要从事信息监听、搜集、分析、传递等工作。作为监听者,管理者需要及时搜集组织内部和外部的各种信息,包括市场需求动态、经济形势、新科学技术的发展、各种重大事件和自身组织的运行状况等。有了这些信息,管理者才能根据环境的变化,调整经营策略和有效配置资源,积极应变。作为传播者,管理者需要把重要的信息转达给组织成员,共享信息,以影响人们的工作态度和行为。作为发言人,管理者代表所在组织向外界传递信息,如组织发展历史、特征、目标和措施等,以提升组织的形象,促成外界对组织的积极反应。

管理者若要扮演好信息传递的角色,要求管理者头脑清晰、思路开阔,善于归纳总结和沟通,能够把握全局,具有较强的语言和书面表达能力。

2. 人际关系角色

管理者扮演人际关系的角色,需要代表所在组织与同行和外部组织开展有效联络和互动,对内开展领导工作,激励组织成员为实现组织目标积极工作。当管理者履行礼仪性和象征性的义务时,实际上是扮演了挂名首脑角色。所有管理者都扮演着领导者角色,如安排工作、激励员工、惩戒雇员等。管理者还代表所在组织与同行组织或同级部门开展联络,扮演联络员角色。销售经理从人事经理处获得的信息,属于内部联络关系,销售经理同市场营销协会或其他公司的销售经理接触时,为外部联络关系。

管理者若要扮演好人际关系的角色,要求管理者仪表堂堂、语言得体,善于与不同类型的人们打交道和合作工作,具有一定的演讲能力。

3. 决策制定角色

在决策制定方面,明茨伯格又将其细分为 4 种角色。作为企业家,管理者要识别市场机遇,制定新的发展战略,实施和监督新的投资项目。作为混乱驾驭者,管理者要迅速采取行动,正确处理各种突发事件。当管理者分配人力资源、资金和各种物质资源时,管理者成为资源分配者。当管理者为了本组织的利益,与供应商或其他团体进行业务谈判,商谈交易条件和签署合同协议时，则扮演着谈判者的角色。

管理者扮演好决策制定角色，要求管理者具备所从事业务领域的专业知识、经验和能力，善于权衡，处事果断，把握大局，决策能力强。

研究成果表明，对于小企业和大企业管理者的角色定位，有较大差异。小企业管理者最重要的角色是发言人，要花大量时间处理外部事务，如接待消费者、会晤银行家、接洽融资、识别新的市场机遇等。相反，大企业的管理者主要关心的是企业的内部事务，如怎样在组织内分配现有的资源。具体如图1-2所示。

图1-2 小企业和大企业管理者的角色定位

与大企业的管理者相比，小企业的管理者更可能是一个多面手，他的工作综合了大公司总裁的工作和第一线监工的工作。小企业的规划不大可能是一种仔细协调的过程，组织结构设计也较为简单，控制更多地依靠直接巡视。而大企业管理者主要完成结构化和正规化的工作。

同时，根据组织内管理岗位等级层次的变化，管理者角色的侧重点也有所差异。对于高层管理者来说，传播者、挂名首脑、谈判者、联络者和发言人的角色更为重要；对于基层管理者来说，领导者的角色则更为重要。

（二）管理者角色的变化

随着社会的不断进步以及环境变化的日益复杂和不确定性，组织管理者的工作重点更多地从传统的指挥和命令转移到寻找路径、提供便利和授权上来，即成为组织工作的领导者。区别管理者和领导者之间的不同之处，对于理解在新的形势下，管理者角色的变动是很有帮助的。美国著名管理学教授华伦·本尼斯曾分析了管理者和领导者的区别，见表1-3所示。本尼斯认为："领导者是做正确事情的人，而管理者是将事情做正确的人"，"领导者关注的是方向、前景、目标、意图、目的和效果这类正确的事情；而管理者则致力于效率、方式和短期的效应"。

表1-3 管理者和领导者的区别

管理者	领导者	管理者	领导者
寻求稳定	探讨革新	依赖控制	激发信任
循规蹈矩	独辟蹊径	目光短浅	目光远大
维持原状	提高发展	重视原因和方式	重视事情和原因
注重企业结构	注重人力资源	盯着结果	看到希望

本尼斯进一步指出："失败的企业之所以屡战屡败原因很明显，即管理过度而领导不足。"

需要指出的是，既不能将管理者和领导者混为一谈，也不能认为领导者就与管理无关。事实上这两种角色是互补的，对于组织来说，这两种角色都是必要的。之所以强调这两者的区别，是因为唯有领导者才能创造出一个让员工感到备受重视的文化环境，一个让员工感到精力充沛、富有创造力、乐意去工作的环境。

（三）有效的管理者与成功的管理者

管理者在组织中通过计划、组织、领导、控制等各种职能作用的发挥，使投入组织的各种资源，包括人力、物力、财力和信息资源得到有效的运用，从而使组织目标能有效地实现。这种在组织中充分发挥其权力、切实履行其职责、实现其岗位目标的管理者被称为有效的管理者。有效的管理者是一个组织生存和发展的基本的人才条件，是社会和组织成员对管理者的共同期望，也是管理者自身努力的方向。有效的管理者具有以下四个特点。

① 善于利用和调配各种资源，重视资源组合的效率和整体效益。

② 善于分析和把握外部环境的变化，努力实现组织目标、资源、活动与外部环境的动态平衡。

③ 善于处理长期利益与短期利益的平衡。

④ 善于不断学习，从书本中学习，从实践中学习，向他人（包括员工、上级、同事、客户、竞争对手等）学习，在学习中成长，在成长中学习。

彼得·德鲁克在对有效的管理者的管理活动进行观察和研究后认为，要想成为一个卓有成效的管理者，必须在思想上养成以下五种习惯。

① 卓有成效的管理者必须懂得如何有效地利用他们的时间。他们会利用自己所能控制的点点滴滴时间开展有条不紊的工作。

② 卓有成效的管理者重视外界的贡献。他们不满足于埋头工作，更注意如何使自己的努力产生必要的成果。他们接手工作后，不是立刻一头钻进工作里去，也不是马上考虑工作的办法和手段，而是首先自问道："别人希望我做出什么样的成果来？"

③ 卓有成效的管理者善于利用长处，不光善于利用他们自己的长处，而且也善于利用上司、同事及下属的长处。他们还善于抓住提供的机会做他们想做的事。他们不会把工作建立在自己的短处和弱点上面，也绝不会去做自己做不了的事情。

④ 卓有成效的管理者知道如何将自己的精力集中在一些重要的领域里，这样一来，上佳的表现便能结出丰硕的成果。他们会按照工作的轻重缓急，制订出先后次序，重要的事情先做，不重要的事暂时放一放。

⑤ 卓有成效的管理者善于做出有效的决策。他们知道，首先要解决条理和秩序问题，即如何按正确的次序采取正确的步骤。有效的决策总是在不同意见讨论的基础上做出的一种判断，绝不会是"大家意见一致"的产物。他们认为在很短的时间内做出很多决策，就难免会出现错误。组织真正需要的只是数量不多却是根本性的决策。组织真正需要的是正确的战略，而不是大轰大嗡那一套。

德鲁克的观点对管理者从事管理活动是很有启发意义的。从更一般的角度讲，要成为一个有效的管理者应该把握两个方面：①要研究管理活动的规律性，学习管理的科学理论，掌握新的管理方法；②要在管理实践中不断提高自己的管理艺术水平。这两方面是相辅相成的，只强调其中一方面都会影响到管理者管理活动的有效程度。

弗雷德·卢森斯曾研究过这样一个问题：组织中晋升最快的管理者，与组织中成绩最佳的管理者相比，从事的活动是相同的吗？一般认为，工作中最有成绩的管理者，应该是组织中晋升最快的人。但是，研究结果表明，事实并非完全如此。

卢森斯与他的助手研究了美国450名管理者。他们发现，管理人员都从事着4种活动：①传统管理，如决策、计划和控制；②沟通，如交流例行信息和处理文书工作；③人力资源管理，如激励、惩戒、调解冲突、人力资源的配备和培训；④网络联系，如社交活动、政治活动、与外界交往。这些管理人员可以进一步分为两种类型：有效的管理者和成功的管理者。

一般的、成功的和有效的管理者从事不同管理活动的时间分布如表1-4所示。

表1-4　一般的、成功的和有效的管理者从事不同管理活动的时间分布　　单位：%

管理者＼活动	传统管理	沟通	人力资源管理	网络联系
一般的管理者	32	29	20	19
成功的管理者	13	28	11	48
有效的管理者	19	44	26	11

有效的管理者（以工作成绩的数量和质量，以及下级对其满意和承诺程度为标志）的主要贡献在于沟通方面，而对网络联系贡献最小。成功的管理者（以在组织中晋升的速度为标志）的主要贡献在于维护网络关系方面，对人力资源管理的贡献最小。

该项研究结果对晋升是基于绩效的传统假设提出了挑战。研究结果表明，社交和施展政治技巧对于在组织中获得更快提升起着重要的作用。

三、管理者的技能

早在管理理论建立的初期，亨利·法约尔根据当时的企业状况就对管理者应具备的基本能力结构进行了分析和研究。他指出："和每一组活动或每一种基本职能相对应的是一种专门的能力，人们将其区分为技术能力、商业能力、财务能力、管理能力……组成能力的每一种因素的重要性都同职能的性质及职能的重要性有关。"

法约尔试图用数字表明每一种能力在企业人员和企业领导人的才能分布，以及不同规模的工业企业不同领导人的必要能力状况。大型工业企业技术职能人员必要能力的相对重要性比较和各种规模的工业企业领导人的必要能力的相对重要性比较如表1-5和表1-6所示。

表1-5　大型工业企业技术职能人员必要能力的相对重要性比较　　单位：%

人员类别	能力						
	管理	技术	商业	财务	安全	会计	总值
工人	5	85	—	—	5	5	100
工长	15	60	5	—	10	10	100
车间主任	25	45	5	—	10	15	100
部门领导	35	30	10	5	10	10	100
经理	40	15	15	10	10	10	100
总经理	50	10	10	10	10	10	100

表1-6　各种规模的工业企业领导人的必要能力的相对重要性比较　　单位：%

人员类别	能力						
	管理	技术	商业	财务	安全	会计	总值
初级企业	15	40	20	10	5	10	100
小型企业	25	30	15	10	10	10	100
中型企业	30	25	15	10	10	10	100
大型企业	40	15	15	10	10	10	100
特大型企业	50	10	10	10	10	10	100
国家企业	60	8	8	8	8	8	100

从表1-5中可以看出以下规律:"在各类企业里,下层人员的主要能力是具有该类企业特点的职业能力,而较高层的领导人的主要能力则是管理能力。"

法约尔还得出了以下结论。

① 工人的主要能力是技术能力。

② 随着人的地位在等级中的提高,管理能力的相对重要性也增加,同时技术能力的重要性减少。

③ 经理的主要能力是管理能力,等级越高,这种能力越起主导作用。

④ 商业能力、财务能力、安全能力在部门领导、经理等级的人中的相对重要性最大。随着人的地位的升高,这些能力的相对重要性在每种人的评价中不断减少并趋于平衡。

法约尔的最后结论是:"不管哪一种职能,下属人员的主要能力是需要具有某种职能特点的能力(在工业职能里是技术能力,在商业职能里是商业能力,在财务职能里是财务能力,等等),而高级人员的主要能力是管理能力。"

美国的管理学家凯兹在1955年发表的论文《有效管理者的技能》中,提出:管理者要在不同的环境中扮演好自己的角色,必须具备一定的管理技能。一般而言,管理者应当具备三种技能:技术技能、人事技能和概念技能。

(1) 技术技能 指使用技术完成组织任务的能力,即从事自己管理范围内的工作所需要的技术和方法。对于管理者来说,虽然没有必要成为精通某一领域技能的专家,但还是需要了解并掌握与其所管理的专业领域相关的基本技能,以便更好地了解情况,更有效地与有关技术人员进行沟通,从而对其所管辖范围内的业务活动和管理工作进行具体指导。相对而言,技术技能对基层管理者更为重要。

(2) 人事技能 指与人打交道和与人共事以实现组织目标的能力,通常与人际关系如何处理有关。从某种意义上说,管理者的活动是围绕着人进行的,因此,怎样与组织内外的各种人打交道,对外争取到有利合作,对内与上下左右实现有效沟通,是管理者必须掌握的基本技能。

(3) 概念技能 指洞察组织与环境之间相互影响的复杂性的能力,即要在复杂多变的环境中,综观全局,辨清各种要素,抓住问题的实质,权衡利弊和风险程度,从而作出正确的决策。在实际中,越是高层的管理者,越可能经常面临复杂而混乱的环境,所做的决策也越无先例可循,因此,高层管理者更需要具备概念技能。

不同层次的管理者的技能要求虽然都包括以上三个方面,但其所涉及的范围大小是不同的,如图1-3所示。

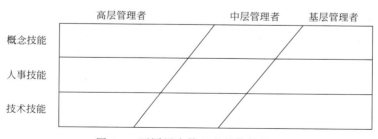

图1-3 不同层次管理者的技能范围

依据凯兹的理论,美国的惠伦、拉基斯等对美国《财富》杂志罗列的银行业、工业、保险业、公共事业、零售业和运输业中最大的各 50 家企业,共 300 家公司的总裁进行了调查,调查的结果支持了凯兹的理论。管理者在不同管理层次技能的最优组合如表 1-7 所示。

表 1-7　管理者在不同管理层次技能的最优组合　　　　　　　　　　单位:%

项目	技术技能	人际技能	概念技能
高层管理	17.9	42.7	39.4
中层管理	34.8	42.4	22.8
基层管理	50.3	37.7	12.0

【寓教于乐】

管理顾问——管理的艺术性

一个牧羊人赶着一群羊走在草原上,一个年轻人驾着一辆吉普车在他身边停了下来。驾车人胜券在握地对牧羊人说:"如果我能准确地说出这群羊的数目,你可以送我一头羊吗?"

牧羊人看了一眼乌泱决的羊群,回答说:"好呀!"

于是年轻人利用他的手提电脑和无线电话,借着卫星探测系统所摄取的地面上的影像,再经过一番数据处理和运算,用打印机打出了一份 5 页纸的报告。年轻人看完报告后,信心满满地对牧羊人说:"你有 1586 只羊。"

"对啊,你可以任选一头羊。"牧羊人说,"不如让我猜猜你的职业吧,如果猜对了,你就把羊还给我好吗?"

"好呀!"年轻人认为这是一个很有趣的游戏。

牧羊人说:"你一定是 PwC(普华永道管理咨询公司)或 KPMG(毕马威会计师事务所)的管理顾问。"

"对呀!"年轻人很惊异,"我正是 KPMG 的员工。你是怎么知道的?"

牧羊人笑了笑说:"很简单。第一,你不请自来;第二,你要我为一些我早已知道的事实而付出代价;第三,你不了解我的工作,因为你刚才把我的牧羊狗捉上了你的吉普车。"

【点评】管理活动面对的情境复杂多变,往往超越理论所限定的前提假设,这就要求管理者在实施管理行为的时候,创造性地把管理的科学知识有效地应用在管理实践中。

【探源】管理学是一门系统地研究管理活动的基本规律和一般方法的科学,它有自己独特的范畴和研究对象。历经百余年的发展,管理学形成了门派繁多的理论体系,并包含了基本的原理和理论方法。因此,说管理是一门科学,这是毋庸置疑的事实。但管理者在实践管理理论的时候,常会出现两种情况:①具体管理活动效果的个体性差异较大,不同的管理者运用同一种管理方式,常会出现迥异的后果;②管理理论并不能有效地指导管理实践。

由此可见,除了科学性的属性外,管理还具有艺术性。

管理科学是对管理活动的一种清晰的逻辑表述,管理艺术则远离逻辑和数学领域;管理科学描述的是常规性原理,管理艺术则包含了随机性;管理科学是一种体系化的知识,管理艺术是灵活的实践。由于管理行为所施展的环境复杂不可控,所面对的人群具有丰富的情感,这便要求管理者艺术化地运用管理理论。能否将管理科学知识有效地应用于管理实践,依赖的是管理者高超的管理艺术,而管理艺术与管理者自身的技能层次、知识结构、价值观念等息息相关。

【管理者定律】

奥卡姆剃刀定律

奥卡姆剃刀定律：这是一句格言，或者说是一个"原理"，叫做"如无必要，勿增实体"，或者是"多并不意味着必要"，"能用较少的东西做到的事，如用较多的东西去做，就是徒劳"。

公元 14 世纪前期，从法国的一所监狱中逃出一个囚犯。那时欧洲正处在黑暗的中世纪，一个犯人越狱算不了什么大事，可是这个人非同寻常，他是一位很有学问的天主教教士，人称"驳不倒的博士"。

他叫威廉，出生于英国的奥卡姆，人们叫他"奥卡姆的威廉"。他曾在巴黎大学和牛津大学学习，知识渊博，能言善辩。由于他发表的言论有许多与当时的罗马教廷不合，因此被囚禁在法国的监狱。

在狱中过了四五年，他找到机会逃了出来，跑到巴伐利亚去找那里的王爷，他给王爷讲了一句很有名的话："你用剑保护我，我用笔保护你。"于是正在和教廷闹别扭的王爷立刻收容了他。

随后他著书立说，名声大振。他对当时无休无止的关于"共相"、"本质"之类的争吵感到厌倦，主张唯名论，只承认确实存在的东西，认为那些空洞无物的普遍性概念都是无用的累赘，应当被无情地"剃除"。

这也就是他所谓的"思维经济原则"，概括起来就是："如无必要，勿增实体"。

因为他是英国奥卡姆人，人们就把这句话称为"奥卡姆剃刀"。

人们常常引用奥卡姆剃刀的一个强制式命题，叙述如下。

如果你有两个原理，它们都能解释观测到的事实，那么你应该使用简单的那个，直到发现更多的证据。对于现象最简单的解释往往比较复杂的解释更正确。

如果你有两个类似的解决方案，选择最简单的。需要最少假设的解释最有可能是正确的。或者以这种自我肯定的形式出现：让事情保持简单！严格地说，它们应该被称为吝啬定律，或者称为朴素原则。

"奥卡姆剃刀"作为人们创新的一种思维武器，曾受到大哲学家罗素的高度评价，被认为在逻辑分析领域是一项最有成效的原则，后来爱因斯坦又将它引申为简单性原则。爱因斯坦是利用简单性原则的大师，其相对论的构造是如此简单，但对自然规律的揭示却是那么精深。

"奥卡姆剃刀"剃掉的是思维杂质，产生的是创新成果，留下的是简洁精美。与自然界简单性原则相适宜，标准化、规范化、简洁化的科学公式，假设前提简单性的科学体系，既简单又优美。

"奥卡姆剃刀"以结果为导向，始终追寻高效简洁的方法。在过去，它影响过哥白尼、牛顿、爱因斯坦等伟大科学家，帮助他们成就了辉煌的科学事业。现在，它又被比尔·盖茨、巴菲特等经济界精英所使用。这是一个改变全球精英命运的思维法则，也是左右企业与个人发展的永恒法则。

经过数百年的岁月，"奥卡姆剃刀"已被历史磨得越来越快，它早已超越了原来狭窄的领域，具有了更广泛、丰富和深刻的意义。

在某种意义上，"奥卡姆剃刀"是一种"反动的"哲学。人类文明的不断发展，就是不断为这个世界增添新的内容，而"奥卡姆剃刀"却不断地向我们的文明成果发出挑战，指出许多东西实际上是有害无益的，而我们正在被这些自己制造的麻烦压垮。

有一则寓言讲述的是大雁和狐狸的故事。大雁和狐狸同时落入猎人设下的铁笼子里。狐狸对大雁说:"我有一千种方法逃脱。"大雁说:"我只有一种方法可以重获自由。"正说着,猎人来了。大雁便装死,猎人以为大雁被狐狸咬死了,便从铁笼子中把大雁取出扔在地上,大雁突然展开双翅,飞走了。但是,狐狸尚未决定使用哪一种办法逃命,却被猎人放入了一只口袋里,无法脱身。

这则寓言印证了奥卡姆剃刀定律一直强调的一点:简单的办法往往是最有效的办法,或者说是最好的办法。简单管理的奥秘就在于把复杂的东西演变为若干简单的东西去做。要做好复杂的事情,应当善于化复杂为简单。

下面是一个哲学家与一个船夫之间进行的一场经典对话。

"你懂哲学吗?""不懂。""那你至少失去了一半的生命。""你懂数学吗?""不懂。""那你失去了百分之八十的生命。"忽然,一个巨浪把船打翻了,哲学家和船夫都掉到了水里。看着哲学家在水中胡乱挣扎,船夫问哲学家:"你会游泳吗?""不……会……""那你就失去了百分之百的生命。"我们的工作变得复杂的一个原因就在于,我们有时候喜欢像哲学家那样思考,为一个小问题寻求许多种解释。于是,解释的难度大大超过了需要的程度。

我们不需要像哲学家了解的那样多。事情发生时,我们需要的仅仅是能派得上用场的东西,即使它相当简单。

不要试图去弄明白事情为什么会变成这样,你需要做的只是明白哪些能派上用场,然后为此多付出些。

【点评】奥卡姆剃刀定律在管理中可进一步演化为简单与复杂定律:把事情变复杂很简单,把事情变简单很复杂。如果你认为只有焦头烂额、忙忙碌碌地工作才可能取得成功,那么,你错了。事情总是朝着复杂的方向发展,复杂会造成浪费,而效能则来自于单纯。在你做过的事情中可能绝大部分是毫无意义的,真正有效的活动只是其中的一小部分,而它们通常隐含于繁杂的事物中。找到关键的部分,去掉多余的活动,成功并不那么复杂。

奥卡姆剃刀定律告诫我们,在处理事情时,要把握事情的主要实质,把握主流,解决最根本的问题,尤其要顺应自然,不要把事情人为地复杂化,这样才能把事情处理好。

【经典管理故事】

从基础学起

纪昌向飞卫学射箭,飞卫没有传授给他具体的射箭技巧,却要求他必须学会盯住目标而眼睛不眨动。纪昌花了两年时间,练就了即使锥子向眼角刺来也不眨一下眼睛的功夫。飞卫又进一步要求纪昌练眼力,标准是要达到将体积较小的东西能够清晰地放大,就像在近处看一样。纪昌又苦练三年,终于能将最小的虱子看成车轮一样大,这时他张开弓,轻而易举地一箭便能将虱子射穿。飞卫得知结果后,对这个徒弟极为满意。

【点评】如修塔只想往上砌砖,而忘记打牢基础,总有一天塔会倒塌。企业的经营和管理也是一样,基本的人事、财务、技术、业务一定要好好掌握,那么后续就可以大展鸿图了。

复习思考题

1. 为什么说管理学是一门综合性学科?
2. 为什么说管理学既是科学又是艺术?
3. 为什么说管理学是一门不精确的学科?
4. 控制职能属于管理的自然属性还是社会属性?
5. 管理职能之间有什么关系?

6. 怎样认识管理的地位与作用？
7. 为什么管理者对组织的成功起着重要的作用？

【案例分析】

希尔顿酒店集团的管理之道：信心和微笑

一个人可以没有资产，可以没有后台，但只要有信心、有微笑，就有成功的希望。

希尔顿于1887年生于美国新墨西哥州，其父去世时，只给年轻的希尔顿留下了2000美元遗产。希尔顿加上自己的3000美元，只身去得克萨斯州买下了他的第一家旅馆。凭借着精准的眼光与良好的管理，很快希尔顿的资产就由5000美元奇迹般地扩增到5100万美元，他欣喜而又自豪地把这个好消息告诉了自己的母亲。可是，他的母亲却意味深长地对希尔顿说："照我看，你跟从前根本就没有什么两样，不同的只是你已把领带弄脏了一些而已。事实上你必须把握比5100万美元更值钱的东西，除了对顾客诚实之外，还要想办法使每一个住进希尔顿旅馆的人住过了还想再来住，你要想这样一种简单、容易、不花本钱而行之可久的办法去吸引顾客。这样你的旅馆才有前途！"

母亲的话让希尔顿猛然醒悟，自己的旅店确实面临着这样的问题，那么何种方法才能达到简单、容易、不花本钱而行之久远地吸引顾客呢？到底什么东西才比5100万美元更值钱呢？

希尔顿想了又想，始终没有想到一个好的答案。于是，他每天都到商店和旅店里参观，以顾客的身份来感受一切，他终于得到了一个答案：微笑服务。只有微笑具有简单容易、不花本钱而行之久远这四个要求，也只有微笑才能发挥如此大的影响力。

于是希尔顿订出他经营旅馆的四大信条：微笑、信心、辛勤、眼光。他要求员工照此信条实践，他要求员工即使非常辛劳也必须对旅客保持微笑，就连他自己都随时保持微笑的姿态。

1919～1976年，希尔顿旅馆从1家扩展到70家，遍布世界五大洲的各大城市，成为全球最大规模的旅馆之一。即使在美国经济危机爆发的几年中，虽然有很多大旅馆倒闭，最后仅剩下20%的旅馆，但是在这样残酷的环境中，希尔顿旅馆的服务人员依然保持着微笑。因此，经济危机引起的大萧条一过去，希尔顿旅馆就率先进入了黄金时代，并将触角延伸到世界各地。希尔顿旅馆总公司的董事长，89岁高龄的希尔顿在这五十多年里，不断到他分设在各国的希尔顿旅馆视察业务，他每天至少与一家希尔顿旅馆的服务人员接触，他向各级人员（从总经理到服务员）问得最多的一句话，必定是："你今天对客人微笑了没有？"

多年来，希尔顿旅馆生意如此之好，财富增加得如此之快，其成功的秘诀之一就是服务人员的"微笑的影响力"。微笑，是一个人内心真诚的外露，它具有难以估量的社会价值，它可以创造难以估量的财富。正如卡耐基所说："微笑，它不花费什么，但却创造了许多成果。它丰富了那些接受的人，而又不使给予的人变得贫瘠。它在一刹那间产生，却给人留下永恒的记忆。"

讨论题

希尔顿管理的科学性、艺术性体现在哪些方面？希尔顿的管理精髓是什么？

【点评】接受母亲的建议，并到许多商场和旅馆实际考察，寻求行之久远的有效管理方法反映了希尔顿管理的科学性；采取吸引顾客的策略，要求员工保持微笑为顾客服务反映了希尔顿管理的艺术性。希尔顿的管理精髓是管理的科学性与艺术性的有机结合。

第二章 管理理论及其发展

【学习目标与要求】

通过本章学习，了解 21 世纪管理新趋势，理解行为科学理论的起源与发展，明确现代管理理论的主要学派和观点，掌握古典管理理论的主要内容。

【引导案例】

回到管理学的第一个原则

纽曼公司的利润在过去的一年里一直在下降，然而在同一时期，同行们的利润在不断上升。公司总裁杰克先生非常关注这一问题。为了找出生产利润下降的原因，他花了几周的时间考察公司的各个方面。接着，他决定召开各部门经理人员会议，把他的调查结果和他得出的结论连同一些可能的解决方案告诉他们。

杰克说："我们的利润一直在下降，我们正在进行的工作大多数看来也都是正确的。比方说，推销策略帮助公司保住了在同行中应有的份额。我们和竞争对手的产品一样的好，我们的价格也不高，公司的推销工作看来是有成效的，我认为没必要改进什么。"他继续评论道："公司有健全的组织结构、良好的产品研究和发展规划，公司的生产工艺在同行中也占领先地位。可以说，我们的处境良好。然而，我们的公司却面临这样的严重问题。"

室内的每一个人都有所期待地倾听着。杰克开始讲到了劳工关系："像你们所知道的那样，几年前，在全国劳工关系局的选举中，工会没有取得谈判的权利。一个重要的原因是，我们支付的工资一直是至少和工会提出的工资一样高。从那以后，我们继续给员工提高工资。问题在于，没有维持相应的生产率。车间工人一直没有能生产足够的产量，可以把利润维持在原有的水平上。"杰克喝了点水，继续说道："我的意见是要回到第一个原则。近几年来，我们对工人的需求注意得太多，而对生产率的需要却注意不够。我们的公司是为股东创造财富的，不是工人的俱乐部。公司要生存下去，就必须要创造利润。我在上大学时，管理学教授们十分注意科学管理先驱们为获得更高的生产率所使用的方法，这就是为了提高生产率广泛地采用了刺激性工资制度。在我看来，我们可以回到管理学的第一原则去，如果我们的工人的工资取决于他们的生产率，那么工人就会生产更多。管理学先辈们的理论在今天一样地在指导我们。"

随着科学技术的不断进步和社会生产力的不断发展，人们从生产经营管理实践中逐步积累和总结管理经验，进而通过抽象、概括、升华为管理理论，以此来指导人们的社会生产实践，从而创造出更高的生产力，推动社会继续进步。管理理论的产生与发展大致经历了经验管理、科学管理和现代管理三个阶段。

第一节 古典管理理论

古典管理理论是早期管理理论阶段形成的成果，是管理实践初步尝试的结晶。泰勒的科学管理理论、法约尔的一般管理理论及韦伯的行政组织理论等在古典管理理论中发挥了基石作用。

一、泰勒——科学管理理论

弗雷德里克·泰勒是美国古典管理学家，于1856年出生在美国费城，中学毕业后考入哈佛大学法律系，但因眼疾而被迫辍学，只好到费城一家工厂当学徒。4年后，他到费城的米德维尔钢铁厂工作。由于泰勒工作表现突出，很快被提升为工长，后来陆续被晋升为总绘图师、总技师和总工程师。在这个过程中，泰勒不仅熟悉了一些现场生产技术及其流程，还在生产管理方面得到了锻炼，积累了丰富的经验。他付出了大量的精力考察和研究了工厂生产效率低下的问题，认为产生这一问题的主要原因是管理落后。为此，1898年他放弃这家工厂的工作，专门从事提高生产效率方面的管理研究，发明了100多项专利，形成了一整套有关工厂管理的思想与方法，即科学管理理论，亦称泰勒制，泰勒因此被誉为"科学管理之父"。他的主要著作有：1895年出版的《计件工资制》、1903年出版的《车间管理》、1911年出版的《科学管理原理》。

（一）泰勒的三个著名实验

泰勒用了20多年的时间，研究、观察、分析、研究、总结许多工种可以采用的"最佳"操作方法，为此，做了大量实验。其中三个著名实验对泰勒的科学管理理论研究产生了具有代表性的影响。

1. 搬运生铁实验

泰勒在观察中发现，搬运生铁的工作量很大，工人要将90多磅的生铁块搬到距离近30m的火车上。工人平均每天的劳动量约为12.5t，每天的工资是1.15美元。工人在搬运生铁块的劳动中，有的扛在肩上，有的背在背后，有的抱在胸前一路小跑，工人的搬运动作多种多样。泰勒认为，工人搬运生铁的效率低与搬运动作有关。于是，他请来一位身强力壮的工人做实验，终于研究出搬运中的合理动作、行走速度、间歇时间等。工人按照泰勒研究的方法搬运生铁块，每天劳动量提高到近47t，工资也提高到1.85美元。

2. 铁锹实验

泰勒在调查中发现，铲运工人每天上班都自带铁锹，铁锹的大小、形状和轻重各不相同，无论铲运何种物料都使用同一把铁锹。泰勒做了一个测算，铲一锹铁矿石约重38磅，用同一铁锹铲一锹煤粉约重3.5磅。泰勒认为，每锹铲的物料过轻或过重都会浪费工人的体力，影响劳动效率。经过反复实验得出结论，铲一锹物料的重量约21磅，对工人的体力付出最合适。但是，工厂必须提供统一规格的铁锹，铲不同的物料用不同规格的铁锹。从此，铲运工人上班再也不用自带劳动工具了，而且使劳动效率大大提高。

3. 切削金属实验

泰勒在考察中发现，工人切削金属的作业十分复杂，例如对于加工不同的金属，应选用何种刀具、如何确定刀具的转速及进刀量，是一个技术性非常强的问题，不是一般工人能够独立确定的。但是，在当时的劳动条件下，工人只能凭着自己的经验来从事这些难度较大的作业，因此，劳动效率低下。为此，泰勒先后用了十几台机床做切削金属实验，历时近26年，终于为工人找到合理的加工方法，摸索出一套切削不同金属，选用刀具和确定作业方式及方法的规律，使劳动效率大大提高。泰勒认为，工人凭个人经验作业，只能是会做，但不能做到最佳，这不是工人的责任，把选择劳动工具和操作方法强加给工人是不负责任的做法，而责任在于管理层。

（二）科学管理理论的主要内容

1. 日工作量定额

在搬运生铁实验的基础上，泰勒得出结论：将工人作业过程分解为若干个基本动作，通过对这些基本动作的研究，去掉不必要的动作、选择合理的动作组合成标准作业方法。完成一项作业的标准时间，包括按照标准作业方法操作的时间加上必要的休息时间及不可避免的延误时间，由此可以确定每个工人"合理的日工作量"。

2. 工作标准化

泰勒从铁锹实验等大量考察与测试中得出结论：工人在作业过程中，不仅操作动作和时间要标准化，还应实现劳动工具等方面的标准化，才能使工人更有效地作业，从而提高生产效率。

3. 能力与分工相适应

泰勒在调查研究中发现，要提高劳动生产率，必须依靠第一流的工人发挥作用。第一流的工人是指既适合某项劳动分工又愿意为此付出的一线作业人员。泰勒认为，健全的人事管理的基本原则是使工人的能力与工作相适应，即依据工人的实际能力与意愿分配相应的工作岗位，在劳动中鼓励和引导他们努力工作，培训他们掌握科学的工作方法，使他们成为第一流的工人。

4. 差别计件工资制

泰勒认为，报酬制度不合理是导致工人"磨洋工"的一个主要原因。在传统计时工资制度下，按岗位发放工资不能体现多劳多得，容易产生平均主义。而一般计件工资制虽然可以兑现多劳多得，但是工厂主会因工人劳动效率的提高而降低他们的工资标准，反过来增加工人的劳动强度。为了避免这些情况发生，泰勒提出差别计件工资制度，主要包括三个方面内容：①依据劳动时间与动作制定工作定额；②实行计件工资率随着完成工作定额的程度上下浮动；③支付报酬应根据工人的实际工作表现，而不是仅根据其职位或岗位类别兑现报酬。

5. 计划职能与执行职能分开

泰勒在切削金属实验中得出结论：工人凭借个人经验的工作方法应被科学的工作方法所代替。工人采用何种操作方法、使用何种工具进行作业，不应仅凭个人经验来决定，而应由工厂管理层提供计划进行指导，工人只是执行者。在工厂管理中，将计划职能与执行职能分开，将有利于提高生产效率。在此基础上，泰勒又提出工长职能制，即将工长的职能分为计划工长、工艺工长、质量工长，从而实现分类管理。

6. 例外原则

泰勒在实际考察中发现，工厂主每天都被一些琐碎之事缠身，忙得不可开交，管理效率十分低下。泰勒认为，工厂主应该将日常事务授权下属管理人员负责处理，而工厂主自身仅保留对例外事项（多数是重大事项）的决策权和控制权。

尽管泰勒的科学管理理论主要是针对工厂管理，但是从方法论的角度，科学管理理论的基本原理普遍适用于各种基层管理。这一理论的主要贡献在于从技术管理的角度为基层管理提供了有效的方法，增强了基层管理的客观性，提高了基层管理的效率与效果，在一定程度上缓解了劳资双方的矛盾。但是，科学管理理论存在一定的局限性，如把工人视为"经济人"，管理的范围比较小，管理内容比较窄等。

（三）对科学管理理论的认识与评价

科学管理理论的提出，标志着管理作为一门科学已经形成。人类的管理理论，就是在科学管理理论的基础上形成和发展起来的，所以，科学管理理论对人类的发展和进步做出了杰出的贡献。但是，作为一个时代的管理理论，泰勒的科学管理理论也不可避免地带有其时代的和历史的局限性。

（1）提高企业的生产效率是科学管理理论的核心　尽管泰勒认为科学管理理论不是一种提高企业生产效率的方法、制度和措施，但实际上提高企业的生产效率是科学管理理论的目的和核心。当时资本主义社会的发展对管理提出了如何提高企业的生产效率的问题，而泰勒的科学管理理论正是适应这种要求应运而产生的。

（2）强调用"科学"的方法提高企业生产效率是科学管理理论的基本特征　尽管泰勒的科学管理理论冠以"科学"两个字，但这并不意味着它就是"科学"的管理理论。实际上，"科学"是泰勒的科学管理理论的基本特征，即泰勒强调用"科学"的方法，或者说用理性分析的方法来提高工人的劳动生产率。在泰勒的科学管理理论中，也有不科学的地方，如"职能工长制"就显然地违反了"统一领导原则"和"统一指挥原则"。更重要的是，科学管理的手段并不完善。例如，分别考察同一工作的两个工程师，在确定工人需要多长时间才能完成一个特定的工作周期时，经常会得出不同结论。

（3）"经济人"的认识是科学管理理论对人的本性的基本认识　科学管理理论是基于对人的本性的"经济人"的认识提出来的。它强调通过满足人在经济和物质方面的需求来调动工人的劳动积极性。对于工人在社会和心理方面需求的满足，泰勒在科学管理理论中虽然也有注意到，但并没有把它也作为科学管理理论的一个基本出发点。

（4）科学管理理论强调的是提高企业内部的生产效率　在科学管理理论中，泰勒强调的是如何通过科学的方法来提高企业内部的生产效率，却极少或者说没有考虑如何使企业在与环境的相互影响和作用中获得生存和发展。这或许是因为，当时经济的高速发展使如何通过提高管理水平来提高企业生产效率成了最为重要的问题。另外，在当时，整个市场性质是卖方主导市场，市场上生产出来的产品供不应求。这就使得企业缺少市场压力，反映在管理理论上，就是科学管理理论倾向于强调如何提高企业内部生产效率。

（5）科学管理理论系统内在的不一致性　泰勒强调科学管理的实质是一场心理革命，希望通过工人和管理者之间的合作解决利益分配的冲突，即通过工人和管理者之间的合作，找到某一既定工作的理想方法，既增加工人的工资，也增加资方的利润。但是，这种理想的方法一经确定，泰勒就把全部权力交给管理人员，而工人成了不享有任何自由和责任的、消极被动的个人。所以说，虽然他强调管理人员同工人合作的重要性，但他使用的方法实质上还是使工人成为被动的物体，工人们并不参与那些直接影响其工作的组织决策。

二、法约尔——一般管理理论

亨利·法约尔是创立西方古典管理理论的一个主要代表人物，其主要代表作是《工业管理与一般管理》。尽管法约尔的研究以大型企业为主要对象，但是，他的管理思想普遍适用于绝大多数组织的管理活动，如政府、军队、教会等组织。因此，法约尔的管理研究成果被公认为一般管理理论。

1. 管理的五种职能

法约尔将所有企业的基本活动归纳为6种形式：生产、制造和加工的技术性活动；采购、销售和交换的商业活动；筹措、运用和控制资金的财务活动；维护设备和保护工人的安全活动；货物盘点、成本统计及核算的会计活动；计划、组织、指挥、协调和控制的管理活动。法约尔认为，管理仅是企业基本活动的一种表现形式，管理过程主要包括计划、组织、指挥、协调和控制5项职能。

2. 管理的14条原则

法约尔在《工业管理与一般管理》一书中对各种大型企业管理活动提出具有一般意义的14条基本原则，为管理者解决问题提供参考。

（1）专业化分工　将技术工作和管理工作实行专业化分工，有助于改进工作效率。

（2）权力和责任　管理者的权力和责任之间存在不可分离的紧密联系，在行使权力过程中，必须承担相应的责任。

（3）纪律　纪律是管理者同下属之间在服从、勤勉、积极、尊敬等方面达成的协议，协议的双方必须以此约束各自在组织内的行为。

（4）统一指挥　每一个员工只能服从并接受一个上级的命令调度。

（5）统一领导　凡是开展具有相同目标的活动，只能有一个领导和一个计划。

（6）个人利益服从集体利益　集体目标应包含员工个人目标，使个人利益置于集体利益之中，但个人利益不能超越集体利益。

（7）报酬　报酬制度要公平，对工作成绩和工作效率优良者要给予一定限度内的奖励。

（8）集权与分权　提升下属重要性的做法是分权，反之是集权。要根据企业性质、条件、环境等因素确定或调适集权与分权程度。

（9）等级链与跳板　从最高的权威者到最基层的管理人员的等级系列构成了等级链，各种指令、请示要按照等级链的顺序逐级传递，不能违背这个顺序，这样会导致延误信息传递时间，如果利用一个"跳板"，就可以直接进行横向沟通，但事后要马上向上级汇报。

（10）秩序　每件东西都要放在应该放置的地方，每个员工也应该安排在相应职位上，各司其职。

（11）公平　管理者以善意与公道相结合来对待下属，下属会以忠诚和献身的精神来完成工作任务。

（12）人员稳定　培养胜任工作的员工需要付出时间和资金成本，应该避免员工特别是管理人员的不必要的流动。

（13）创新精神　创新是创建或推行计划的动力。管理者不仅本人要具备创新精神，还要最大限度地鼓励员工发挥创新精神。

（14）团结精神　要营造组织内部团结、和谐与协作的氛围。

法约尔的一般管理理论的主要贡献在于强调管理的共性，这一理论不仅适合大型企业管理，还适合其他领域的管理，其中大多数管理原则至今仍然在许多管理领域中发挥着重要作用。但是这些管理原则过于僵化，在实践中难以全面实现。

三、韦伯——行政组织理论

马克斯·韦伯是德国著名的思想家、社会学家和行政组织理论的奠基人。他曾担任过教授、政府顾问、编辑，对社会学、宗教学、经济学与政治学都有相当的造诣。韦伯的主要著作有《新教伦理与资本主义精神》、《经济与社会》、《一般经济史》、《社会和经济组织的理论》等。

1. 三种权力论

韦伯在行政组织理论中，提出权力的三种类型。①神授权力，它是在崇拜、敬仰或迷信个人超凡能力和精神的基础上形成的权力。②传统权力，它是在古老传统、惯例或世袭的基础上形成的权力。③法定权力，它是在依法任命基础上形成的权力。韦伯认为，由于神授权力带有浓重的个人感情色彩，是非理性的权力；传统权力由于附带着历史沿袭下来的习俗与规矩，使得权力行使效率极低；而法定权力以法律为基础，它拥有合法的权威，是理性的权力。在这三种权力中，韦伯认为只有法定权力适宜作为行政组织的权力基础。

2. 行政组织体系的特点

韦伯认为，行政组织体系是达成组织目标和提高组织绩效的一种有效形式。这种体系主要具有以下特征。

（1）明确分工　将组织内部的工作进行分解，按照职业专业化的标准对人员分工，同时明文规定每个人员拥有的权力和责任。

（2）等级系统　将各种公职和职位按等级进行法定安排，形成一个体现等级体系的自上而下的指挥链。位于指挥链上的每个下级都要服从和接受上级的监督及控制，每个上级都对自身和下级的决定及行为负责。

（3）人员任用　从通过正式教育培训和考试获得一定技术资格的人群中选拔员工，并根据相应的职务要求来任用。

（4）管理人员专职化　设计管理人员固定薪酬制度和职位晋升制度，以此促进管理工作向职业化发展。

（5）遵守规则与纪律　管理人员必须按照组织中的规则、纪律和办事程序行事。

（6）员工之间的关系　用理性主导员工之间的关系，应避免受私人情感的干扰和影响。这不仅是处理组织内部关系的准则，也是处理组织与外界关系的准则。

韦伯认为，行政组织体系有利于组织的高度结构化、正式化和非人格化。这种组织形式适合各种大型组织，如国家机构、军队、企业及社会团体。这一理论是对泰勒科学管理理论和法约尔一般管理理论的补充，为现代组织理论奠定了重要基础。

四、其他有影响的人物

科学管理理论阶段比较有影响的人物还有以下几位。

亨利·甘特，美国管理学家，机械工程师，创建了"甘特图"，是当时计划和控制生产的有效工具，并为当今现代化方法 PERT——计划评审技术奠定了基础。

卡尔·乔治·巴思，美籍数学家，提出的许多数学方法和公式，为泰勒的工时研究、动作研究、金属切削试验等研究工作提供了理论依据，为科学管理工作作出了很大的贡献。

吉尔布雷斯，美国工程师，弗兰克·吉尔布雷斯与夫人心理学者莉莲·吉尔布雷斯在动作研究与工作简化方面作出了特殊贡献。吉尔布雷斯毕生致力于研究如何提高效率，即通过减少劳动中的动作浪费来提高效率，因而他被称为"动作专家"。

切斯特·巴纳德，美国的管理学家和高级经理，在组织理论研究方面作出了很大贡献，指出组织是一个自觉协作活动的系统，并且有正式组织和非正式组织之分，这一理论为后来的社会系统学派的理论发展奠定了基础。

林德尔·厄威克，英国著名的管理学家，主要贡献是把科学管理理论系统化，综合出一套科学的逻辑框架。

五、古典管理理论的特点

1. 资本所有者与企业管理者分离

在传统管理阶段,工厂的经营者就是企业的资本所有者,他们只追求减少成本和增加利润,很少考虑其他方面的情况。随着生产过程的复杂化和生产规模的扩大,这种管理方式暴露出致命的局限性。一系列工矿企业恶性事故的发生,促使企业资产所有权与经营管理权的分离,管理成为企业中的专门职能,社会上出现了专门从事经营管理的管理者阶层,许多管理学家开始研究管理者的作用和组织结构合理化的问题。职业管理人员的出现,促使管理理论的发展。

2. 科学管理代替单纯的经验管理

传统管理阶段的经验管理方法是与简单小生产的生产方式相适应的,随着生产社会化程度的提高,需要用科学的方法来进行管理。古典管理理论阶段,管理学家所着重解决的问题是促使管理者们由传统的家长式经验管理过渡到制度化、标准化的科学管理。他们着重强调了严格分工、标准操作方法、按定额付酬、健全的组织机构和人员培训等。

3. 强调物质因素的作用而忽视了人的社会性

古典管理理论把人看作是单纯的"经济人"、"活机器",认为工人只能服从而没有主动性;在组织结构上是独裁式的管理,强调了组织形式而忽视了对人格的尊重;等级层次和规章制度过于僵硬,缺乏灵活性。

总之,在这一阶段,管理工作逐渐成为一种专门的职业,由职业管理人员——经理、厂长作为资本家的代理人进行管理。管理方法上,在原来单凭经验进行管理的基础上,经过总结提高,采用科学的方法,使管理工作向科学化、标准化、制度化、系统化的方向发展。但同时,应该看到古典管理理论对人的社会性的忽视,带来了管理的失灵,这一阶段管理思想的局限性,说明管理科学需要继续发展到新的阶段。

第二节 行为科学理论

行为科学理论是在西方国家经济关系矛盾尖锐化,泰勒科学管理的措施和方法又存在局限性的条件下,为进一步缓和劳资矛盾,推动经济发展而提出的理论。与古典管理理论相比,行为科学理论探讨的重点已经由技术、职能和组织方面转向了对人的研究,更注重在生产活动中人的因素。

一、人际关系理论

乔治·埃尔顿·梅奥出生于澳大利亚,任美国哈佛大学工业心理学教授,是早期行为科学的代表人物,也被称为人际关系学派的首领。

(一)人际关系理论产生的时代背景

人际关系理论的产生并不是偶然的,而是有其深刻的时代背景。

(1)经济危机的发生使人们的伦理观念发生了变化 1929~1933年,资本主义世界发生了一场特大经济危机。在这场经济危机发生之前,资本主义世界的经济是繁荣的,市场的物价稳定,劳动生产率高,个人的实际收入增加,社会的失业率低,生产发展速度快、人民的生活水平不断提高。但是，危机发生后，经济发展速度放慢，失业率上升，物价上涨，人民收入降低，储蓄用光。

经济危机的发生不但对社会和人民的经济生活带来影响，而且对人们的心理也带来了深刻的影响。因为这场灾难不但打击了挥霍浪费的人，也打击了勤俭节约的人；既打击了无责任心的人，也打击了认真负责的人。即在这场经济危机面前，任何人都遭受到同样的打击。于是人们发现，自己的命运是以一种不受理性和公正支配的方式与别人的命运交织在一起的。因此，人们对过去流行的唯理主义哲学、实利主义经济学和新教伦理发生了怀疑。他们再也不相信通过个人的努力和奋斗能获得个人的成功，认为要取得成功并不是来自按理性的方式行事所取得的高效率，而是来自同别人的和睦相处。而对于来自环境的威胁，人们自然而然所做出的反应是组成团体，通过团体和团结的力量来共同战胜困难。于是，个人主义的伦理慢慢地转向了"社会的伦理"，理性的行事方式慢慢地被非理性的行事方式所取代。人们所强调的是团体和人的集体的性质，所追求的是人在社会和心理方面需要的满足。这种社会的伦理观念的变化使得管理理论不能不转向注意组织中人与人之间的关系，转向注意组织中各种团体的行为问题。这一切，促使了早期行为科学理论——人际关系理论的出现。

（2）新的政治环境——工人阶级斗争的结果提高了工人在整个社会等级结构中的地位 在20世纪20年代前后，资本主义社会的工人阶级日益觉醒，工会组织不断发展壮大，工人阶级组织起来与资本家展开了各种形式的反抗和斗争。工人阶级队伍的扩大和工人阶级斗争的结果，使得政府当局不能不考虑到占人口多数的工人阶级的利益，所以罗斯福总统上台后，就致力于改变工人与管理当局之间明显的不平衡状态，并通过了一些能大大提高工人阶级社会地位的变革性立法。如1935年颁布的《国家劳工关系总法》（又称《华格纳法》）规定：雇员有权自己组织、形成、加入或帮助劳工组织；通过他们自己选择的代表进行集体谈判；禁止当局和企业主迫害工会和干涉工人团体内部的事务；承认罢工和罢工工人对企业实行纠察防卫是合法的。

工人阶级社会地位的提高使工人在工业等级制度中具有一定的发言权。这种新的政治环境的形成，为管理思想带来了一个新的注意中心，即管理应更关心企业中的工人而不是企业的生产，应更注意企业中工人的参与和管理的民主化。

（3）科学管理理论所强调的经济刺激并不能充分地调动工人的生产积极性 科学管理理论基于对人的"经济人"的认识，认为只要给工人经济上的刺激就能调动工人的生产积极性。但实际上人不但有经济方面的需要，还有社会方面和心理方面的需要。在科学管理理论的应用过程中，企业的管理当局也认识到单靠经济方向的刺激并不能充分地调动工人的生产积极性，还应该满足工人在社会方面和心理方面的需要，这样才能有利于资本家对剩余价值的榨取。企业管理当局这种主观上的要求也是促使人际关系理论产生的一个重要原因。

（二）霍桑实验

进入20世纪中叶，梅奥和一批有管理实际经验的经理及理论工作者在美国西方电器公司下属的霍桑工厂进行了长达8年的考察与实验，著名的霍桑实验是梅奥负责在霍桑工厂进行的一系列实验的总称，分四个阶段进行。

1. 照明实验

当时许多研究人员认为环境条件的改善可以提高劳动生产率，二者之间存在明确的因果关系。为了验证这一说法，研究人员开始进行照明实验，试图通过改变照明度来观察环境条件对生产率的影响，但实验结果是改变照明度对生产率影响不大。

2. 继电器装配实验室实验

研究人员以"继电器装配组"和"云母片剥离组"女工为实验对象，派一名观察员加入实验室记录现场发生的一切，并担任监督和指导工作，观察员对他们态度十分和蔼。在实验中，通过改变或控制一系列福利条件，如工资支付办法的改变、优惠措施的增减、休息时间的增减、重复照明实验等。结果发现：在不同的福利条件下，人员始终保持了较高的产量。梅奥等经过分析认识到，生产效率的提高与生产过程中监督及其指导方式的改善有关，即管理人员与工人关系的改善是促进生产率提高的重要因素。于是，研究影响工人工作态度的因素成为霍桑实验的转折点。

3. 大规模访谈

为了进一步考察影响工人工作态度的因素，研究人员在全公司范围内进行访问调查，接受访谈的工人达2万多人次。研究人员在与工人交谈中，使工人既发泄了不满情绪，又满足了得到尊重的需要，更重要的是为工人自由抒发意见、提出合理化建议创造了机会。实验结果发现，影响生产率的最重要因素是在工作中形成的人际关系。

4. 接线板接线工作室实验

这一阶段实验，研究人员获得多种重要发现：大多数工人为了避免工厂主提高工作定额、防止失业、保护工作速度慢的同事，而自行限制工作量；工人对于不同级别的上级，持不同的态度，级别越高的上级，工人对他越尊敬，但同时对他的顾忌心理也越强；工作室中存在小派系，梅奥将其命名为非正式组织。每个派系都有各自的行为规范，违背规范者要受到制裁，要加盟该派系者必须遵守这些规范。

（三）人际关系理论的主要观点

梅奥对霍桑实验进行了总结，在《在工业文明中人的问题》一书中提出人际关系理论，主要包括以下三个方面内容。

1. 工人是"社会人"

工人是社会人是人际关系理论对人的基本假设。这种假设认为，人不但有经济方面和物质方面的需要须得到满足，更重要的是人有社会方面和心理方面的需要须得到满足；人更多的是受情绪而不只是金钱的支配，群体对个人行为的影响是异常重要的；人和人是不同的，各有各的期望、需要、目标和动机；工人本人或家庭的问题可能给他的工作表现造成不利的影响；人是复杂的社会系统的成员。

基于对人的本性的这种认识，人际关系理论认为，要调动工人的积极性，就应该使工人的社会和心理方面的需要得到满足。管理者必须清楚，企业不只是一个经济机构，而且是一个由人组成的社会组织，故应按照社会的方式进行管理。且由于人性的异质性，管理者只有对工人作区别对待，激励才会有效。

人际关系理论的这种认识正好与泰勒的科学管理理论对人的本性的基本认识相反。因此，基于"社会人"假设建立起来的人际关系理论，正好是从与科学管理理论相反的角度研究如何提高企业生产效率的问题。所以说，人际关系理论的提出，极大地改变了管理理论发展的进程。

2. 在正式组织中存在着"非正式组织"

人际关系理论认为，在正式组织中，存在着各种"非正式组织"。这些非正式组织是以感情的逻辑为行为准则的。对于管理当局来说，对待非正式组织的正确态度应是以下几点。

（1）正视和重视正式组织的存在　管理当局不能忽视和否认正式组织中存在的各种非正式组织。非正式组织的存在既是一种客观现象，又是一种普遍现象。若干个正式组织的成员在工作交往的过程中，总是会由于各种感情的原因而产生某种亲近感。他们可能会为了满足友谊、追求趋同、取得谅解、寻求保护、相互帮助等而形成各种各样的小团体，即形成了人们所说的各种非正式组织。因此，它是一种不以人们的意志为转移的客观现象。对于每个正式组织的成员来说，总会由于各种各样的感情因素而成为某个非正式组织的成员。而在每个正式组织中，也会形成各种各样的非正式组织。所以说，非正式组织的存在是一种普遍现象。因此，管理当局对于正式组织中存在的各种非正式组织，只能重视和正视它的存在，而不能忽视和否认它的存在。

（2）应对非正式组织及其成员的行为进行引导，使之有利于正式组织目标的实现　非正式组织的存在对正式组织目标的实现既有利又有弊，关键在于如何发挥其正面功效。组织管理者应该对非正式组织的行为进行引导，使非正式组织的行为能有利于正式组织目标的实现。非正式组织对于正式组织目标实现的利弊分析如表 2-1 所示。

表 2-1　非正式组织对于正式组织目标实现的利弊分析

非正式组织的正面作用	非正式组织的负面作用
积极支持管理当局的政策和目标	对管理当局的政策和目标进行抵制
使个人有机会表达思想	限制个人自由，强求一致
提高士气，减少流动率	反对革新
对个人进行社会方面的补偿	限制产量
使组织情报工作得到改善	
提高自信心，减少紧张状态	
在工作环境中融洽人与人之间的关系	

因此，企业组织是一个由多种性质组织构成的有机结合体，既有技术组织，也有社会组织。其中，社会组织又包含有正式组织和非正式组织。它们遵从的行为规范分别是成本的逻辑、效率的逻辑和感情的逻辑，如图 2-1 所示。

图 2-1　企业中的组织及行为规范关系

3. 以社会和人群技能为基础的新的领导方式

基于"社会人"的假设和对正式组织中存在着非正式组织的认识，人际关系理论认为应该发展一种新的领导方式，这种新的领导方式应是以社会和人群的技能为基础的。领导者应既能满足员工在经济方面的需要，又能满足职工在社会和心理方面的需要；应能在正式组织的经济需求和非正式组织的情感需求之间保持平衡，使效率的逻辑与感情的逻辑保持平衡；

应通过提高员工的满意度，激励员工的士气，从而达到提高劳动生产率的目的。

梅奥的人际关系理论，将工人视为"社会人"，从改善人际关系的角度寻求提高生产率的途径，是对古典管理学理论研究的突破与发展。但是，这一理论存在一定缺陷，如忽视经济报酬、过多地注重感情逻辑关系在管理中的作用。

二、系统组织理论

切斯特巴纳德是系统组织理论的创始人，1906年考入哈佛大学就读于经济学专业，毕业时因缺少实验学科的学分而未获得学位。在这期间，由于他在研究组织理论方面的杰出贡献，曾获得7个荣誉博士学位。他在《经理的职能》一书中详细地论述了系统组织理论，主要包括以下三个方面的内容。

1. 三项职能

巴纳德认为，经理人员具有三项基本职能：①从组织设计与组织成员配备的角度，建立并不断维护一个信息系统；②从保持和激发组织成员士气的角度，鼓励每个组织成员都能为组织做出重要的贡献；③从推动组织发展的角度，向组织成员阐明并确定组织目标。

2. 两个基本原则

巴纳德认为，一个组织系统是由若干组织成员组成的，这些组织成员的相互协调程度关系到组织系统的存在状态。组织成员协作成功的组织系统体现了两个基本原则：①有效性原则，组织成员愿意参与实现组织目标的活动并具备相应的能力，这个组织系统是有效的；②效率性原则，如果组织成员个人目标与组织目标一致，组织成员在实现组织目标过程中可以得到个人满足，则组织成员将尽最大能力为实现组织目标工作，这个组织系统是有效率的。这两个方面是相互依存的，也是组织生存所必需的。

3. 权威接受论

巴纳德认为，管理者的权威不是来自上级，而是来自下级的认可。管理者的职权作用，不是通过发号施令产生的，而是通过取得下级的同意、支持和合作，才产生功效的。管理者有效地行使职权，必须考虑权威能够被下级接受。如果行使职权的行为不被下级所接受，就需要采取说服、教育等措施，来保证职权产生的效果。

三、X-Y-Z 理论

美国麻省理工学院教授道格拉斯·麦格雷戈于1957年提出X理论和Y理论，即管理者对人性假设的分析法。美国加州大学管理学院日裔美籍教授威廉·大内在研究分析了日本的企业管理经验之后，提出了他所设想的Z理论。

X理论是一组对人的传统假设，持有这种假设的管理者对工人的工作能力持消极的态度。他们认为工人不喜欢工作、试图逃避责任、没有抱负并且需要密切的监管。麦格雷戈激励管理者改变他们对人性的这些假设，因为这些假设在多数情况下是不对的。

Y理论提出一组乐观的假设，认为人们是负责任的、能够自我控制、具有创新的能力并且把工作视为像休息或者娱乐那样自然。麦格雷戈认为这些假设对人性的描述比多数管理者所认为的精确得多。因此，他建议这些假设应该在管理实践中起引导作用。

Z理论的核心是争取既追求效率又尽可能减少当局与职工的对立，尽量取得行动上的统一。认为管理当局与职工的利益是一致的，两者的积极性可融为一体。

第三节 现代管理理论

一、现代管理理论产生的时代背景

现代管理理论同样是历史发展的产物。第二次世界大战以后，世界经济、科技的发展及人们道德伦理观念的变化是现代管理理论产生的根本原因。

1. 战后资源积累的重新完成又提出了提高效率的要求

20世纪初，资本主义的发展和资源积累的完成提出了提高企业生产效率的要求，从而促进了科学管理理论的产生。20年代末30年代初世界经济危机的发生，使得管理研究的重点转向如何满足人在社会和心理方面的需求，以调动人的工作积极性。第二次世界大战结束后，资本主义世界的经济得到了迅速的发展。资本主义世界的资源又以前所未有的速度堆积起来。这种资源积累的完成同样向管理提出了如何对这些资源进行有效利用的问题。

企业数量和企业规模的发展要求能形成新的管理理论来解决这种发展带来的新的管理问题。特别是进入20世纪50年代后，资本主义市场的性质由卖方市场变成了买方市场，使得资本主义市场的竞争十分激烈，要求企业根据消费者的需求来生产产品。它要求企业不能单纯考虑企业内部的管理问题，更重要的是要考虑企业与外部市场的关系。资本主义世界经济的这种发展变化，要求管理理论必须把企业看成是一个属于环境超系统的子系统。为了反映这种经济发展的要求，现代管理理论侧重于从系统的观点出发，研究企业与外部环境之间的关系，探讨企业在与外部环境的相互关系中如何才能提高生产效率，促进企业的生存和发展。

2. 科学技术的发展对管理提出了新的问题，同时也为管理理论的发展提供了新的思想、方法和手段

第二次世界大战结束后，世界科学技术得到了迅速的发展，如电子技术、通信技术和计算机技术得到了迅速的发展。同时还产生和发展了许多新的学科，如控制论、信息论和系统论即三论的形成，数学与运筹学的发展。现代社会科学技术的发展极大地促进了社会的发展和进步，也对管理提出了许多新的要求。

由于现代科学技术的发展极大地扩展了社会生产的空间范围和社会生产的规模，人们如果再采用传统的管理思想、管理方法、管理工具和管理手段，就不能有效地进行现代化大生产。如生产空间范围的扩大要求管理能解决生产过程中的信息联系和信息沟通的问题；生产规模的扩大和生产联系的复杂与紧密要求管理能有效地处理生产过程中的大量数据资料，使生产过程能顺利、有效地进行。现代科学技术的发展在对管理提出新的要求的同时，也为管理理论的发展提供了新的思想、方法、工具和手段。如系统理论的发展为管理理论的发展提供了系统分析思想；电子计算机技术的发展为管理、处理大量数据资料提供了可能性。

实际上，正是由于现代科学技术的发展，原来从事各个学科研究的许多学者把自己学科的理论和方法应用于管理理论的研究，才形成了现代管理理论的各个理论学派同时并存的管理理论的丛林。

3. 人们对"人"的本性认识的不断深化促进了管理理论的发展

任何一种管理理论，都是基于对人的本性的某种认识而提出的。科学管理理论是基于对人的"经济人"的认识而提出的，而对人的"社会人"的认识促使了人际关系理论的产生。

第二次世界大战以后，随着社会的进步和人们生活水平的提高，人类本身的需求结构也在发生变化，人类在从事社会活动过程中，也在不断地完善自己。因此，人类在社会活动过程中会不断地产生新的需求，在完善自身的过程中也要求不断地认识自己。

正是人类对自身认识的不断深化，促进了人们对管理活动规律性认识的深化，促进了管理理论的发展。如巴纳德认为人是有自由意志、个人人格、决策能力的"决策人"。因此，他认为管理者在管理过程中应该既考虑到组织目标的实现，又考虑到组织成员个人目标的实现。这种把组织目标与个人目标结合起来的思想在管理思想发展史上具有里程碑的意义。

二、管理过程学派

管理过程学派又叫管理职能学派、经营管理学派，是继古典管理学派和行为科学学派之后最有影响的一个管理学派，其开山祖师就是古典管理理论的创始人之一法约尔。

管理过程学派的研究对象是管理的过程和职能，该学派试图通过对管理过程和管理职能进行分析并从理性上加以概括，把应用于管理实践的概念、原则、理论和方法糅合到一起，形成一个管理学科。他们认为，各个企业和组织以及组织中的各个层次的管理环境都是不同的，但管理却是一种普遍而实际的过程，同组织的类型或组织中的层次无关。把这些经验加以概括，就成为管理的基本理论。有了管理理论，就可以通过对理论的研究、实验和传授改进管理实践。

管理过程学派的管理理论是以下面7个基本信念为依据的。

① 管理是一个过程，可以通过分析管理人员的职能，从理论上很好地对管理加以分析。

② 根据在企业中长期从事管理的经验，可以总结出一些基本管理原理，对认识和改进管理工作能起到一种说明和启示的作用。

③ 可以围绕这些基本原理展开有益的研究，以确定其实际效用，增大其在实践中的作用和适用范围。

④ 这些基本管理原理只要还没有被实践证明不正确或被修正，就可以为形成一种有用的管理理论提供若干要素。

⑤ 管理是一种可以依靠原理的启发而加以改进的技能，就像医学和工程学一样。

⑥ 管理中的一些基本原理是可靠的，就像生物学和物理学中的原理一样。

⑦ 管理人员的环境和任务受到文化、物理、生理等方面的影响，但也吸收同管理有关的其他学科的知识。

三、系统管理学派

系统管理学派是运用系统科学的理论、范畴及一般原理，分析组织管理活动的理论。其代表人物有美国的卡斯特、罗森茨韦克等。

系统管理学派的主要理论要点如下。

① 组织是一个由相互联系的若干要素所组成的人造系统。

② 组织是一个为环境所影响，又反过来影响环境的开放系统。

组织不仅本身是一个系统，同时又是一个社会系统的分系统，在与环境的相互影响中取得动态平衡。组织同时要从外界接受能源、信息、物质等各种输入，经过转换再向外界输出产品。

系统管理和系统分析在管理中的应用，提高了管理人员对影响管理理论和实践的各种相关因素的洞察力。该理论在20世纪60年代最为盛行，但由于它在解决管理的具体问题时略显不足而稍有减弱，但仍然不失为一种重要的管理理论。

四、权变理论学派

权变理论是20世纪70年代在经验主义学说基础上进一步发展起来的管理理论。权变理论认为，在组织管理中要根据组织所处的环境和内部条件的发展变化随机应变，没有什么一成不变、普遍适用的"最好的"管理理论和方法。权变管理就是依据环境自变数和管理思想及管理技术因变数之间的函数关系来确定一种最有效的管理方式，它要求具体情况具体分析。

权变理论的基本观点主要有以下几个方面。

（1）权变管理的思想结构　认为管理同环境之间存在着一定的函数关系，但不一定是因果关系。函数关系，就是作为因变数的管理思想、管理方法和技术随环境自变数的变化而变化。这种函数关系可以解释为"如果-就要"的关系，即"如果"某种环境情况存在或发生，"就要"采用某种管理思想。

（2）权变理论的组织结构观点　以权变管理思想为基础，把组织看成是一个既受外界环境影响，又对外界环境施加影响的"开式系统"。组织内部机构的设计，必须与其组织任务的要求、外在环境的要求以及组织成员的需要等互相一致，组织才能有效。

（3）权变理论的人事管理观点　以权变管理思想为基础，认为在不同的情况下要采取不同的管理方式，不能千篇一律。

（4）权变理论的领导方式观点　认为并不存在一种普遍适用的"最好的"或"不好的"领导方式，一切以组织的任务、个人或小组的行为特点以及领导者和职工的关系而定。

权变理论的出现，对于管理理论有着某些新的发展和补充，主要表现在它比其他一些学派与管理实践的联系更具体一些，与客观的现实更接近一些。但是，权变理论在方法论上也存在着严重的缺陷，主要问题是仅仅限于考察各种具体的条件和情况而没有用科学研究的一般方法来进行概括；只强调特殊性，否认普遍性；只强调个性，否认共性。这样的研究，不可避免地要滑到经验主义的立场上去。

五、经验主义学派

经验主义学派又称案例学派，其代表人物是美国管理学家彼得·德鲁克和欧内斯特·戴尔，其中心观点是强调管理的艺术性。他们认为，古典管理理论和行为科学都不能完全适应企业发展的实际需要，有关企业管理的科学应该从企业管理的实际出发，以大企业的管理经验为主要研究对象，对其加以概括和理论化，向企业管理人员提供实际的建议。他们主张，不必企图去确定一些原则，只要通过案例研究、分析一些经理人员的成功经验和他们解决特殊问题的方法，便可以在相仿情况下进行有效的管理。

经验主义学派的主要观点如下。

（1）关于管理的性质　他们认为管理是管理人员的技巧，是一个特殊的、独立的活动和知识领域。

（2）关于管理的任务　德鲁克认为，作为主要管理人员的经理，有两项别人无法替代的特殊任务：第一，必须造成一个"生产的统一体"，经理好比一个乐队的指挥，他要使企业的各种资源特别是人力资源得到充分的发挥；第二，经理在作出每一个决策和采取每一项行动时，要把当前利益和长远利益协调起来。

(3) 提倡实行目标管理。

六、社会系统学派

社会系统学派是以组织理论为研究重点、从社会学的角度来研究组织的，创始人是美国的管理学家切斯特·巴纳德，他的代表作是1937年出版的《经理的职能》一书。

巴纳德把组织看作是一个社会协作系统，即一种人的相互关系的协作体系。这个系统的存在取决于三个条件：①协作效果，即组织目标能否顺利达成；②协作效率，即在实现目标的过程中，协作的成员损失最小而心理满足较高；③组织目标应和环境相适应。

巴纳德还指出，在一个正式组织中要建立这种协作关系，必须满足三个条件：①共同的目标；②组织中每一个成员都有协作的意愿；③组织内部有一个能够彼此沟通的信息系统。

这一学派虽然以组织理论为其研究的重点，但它对管理所作的贡献是巨大的。

七、决策理论学派

决策理论学派的代表人物是著名的诺贝尔经济学奖金获得者，美国卡内基-梅隆大学的教授西蒙。这一学派是在社会系统学派的基础上发展起来的，是当代西方影响较大的管理学派之一。西蒙认为，决策程序就是全部的管理过程，决策贯穿于管理的全过程。决策过程是从确定组织目标开始，寻找为达到该项目标可供选择的各种方案，经过比较作出优选决定并认真执行控制，以保证既定目标的实现。西蒙采用"令人满意的准则"代替传统决策理论的"最优化原则"。他认为，不论是从个人的生活经验中，还是从各类组织的决策实践中，寻找可供选择的方案都是有条件的，不是漫无限制的。

理性的有限性主要是由于在现实生活中很少具备完全理性的假定前提。

(1) 人的知识是有限的 人不可能掌握全部的信息，很难做到对复杂多变的现实情况具有完全的了解，对未来发展具有准确的预测，因而常常要在缺乏完全了解的情况下，一定程度地根据主观判断进行决策，且决策时也很难考虑到所有可能的措施。

(2) 人的能力是有限的 人的能力包括技术能力、设计能力、计算能力、想象力、创造力、注意力、洞察力等。这也限制了人们识别问题的准确性、设计方案的完善性和穷尽性、评价方案的精确性和实施的正确性。

(3) 人在影响其决策的价值观和目标观念上是受限制的 人的价值取向与多元目标并非始终如一。

(4) 决策环境的高度不确定性和极度复杂性 在不明确的环境下难以作理性的抉择，因而，现实生活中的个人或企业的决策，都是在有限理性的条件下进行的。

西蒙认为，绝大多数的人类决策，不管是个人的还是组织机构的决策，都属于寻找和选择"满意解"的过程。因此，西蒙的决策理论不仅是经济学的一个组成部分，而且能为企业和政府的决策者提供决策工作的基本思路和方法，具有很重要的实践意义。

西蒙的决策理论是以社会系统理论为基础的，以后又吸收了行为科学、系统理论、运筹学和计算机科学等学科的内容，既重视了先进的理论方法和手段的应用，又重视了人的积极作用。

八、管理科学学派

管理科学学派又叫数量学派,是泰勒"科学管理"理论的继承和发展,是在第二次世界大战以后正式作为一个管理学派,其特点是利用有关的数学工具,为企业寻得一个有效的数量解,着重于定量研究。

管理科学学派认为,管理就是建立和运用数学模型与程序的系统,就是用数学符号和公式来表示计划、组织、控制、决策等合乎逻辑的程序,求出最优解,以达到企业的目标。这个学派还提倡依靠电子计算机管理,提高管理的效率。管理科学学派似乎是有关管理的科学,其实它主要不是探索有关管理的问题,而是设法将科学的原理、方法和工具应用于管理。

管理科学学派强调数量分析,主张用先进的技术成果和科学研究成果对管理学进行研究,其意义是十分明显的。但管理活动纷繁复杂,并非所有的管理问题都能定量化,都能用模型来分析,因此,过分依赖于模型,也会降低决策的可信度,所以,在管理活动中,应用一分为二的态度来对待数学模型。

九、经理角色学派

经理角色学派是20世纪70年代在西方出现的一个管理学派,它之所以被人们称作经理角色学派,是由于它以经理所担任的角色的分析为中心来考虑经理的职务和工作,以求提高管理效率,其主要代表人物是加拿大麦克吉尔大学管理学院教授明茨伯格。

在经理角色方面,这一学派认为经理一般都担任十种角色,渊源于经理的正式权力和地位,可归纳为三类,组成一个相互联系的整体。第一类是人际关系方面的角色,共有三种:挂名首脑的角色、领导者角色、联络者的角色。第二类是经理作为组织信息的神经中枢,充当三种角色:信息接受者角色、信息传播者角色、发言人角色。第三类是决策方面的角色,共分四种:企业家角色、故障排除者角色、资源分配者角色、谈判者角色。经理角色理论受到了管理学派和经理们的重视,但是经理的工作并不等于全部的管理工作,管理中的某些重要问题,经理角色理论并没有详细论述。

第四节 21世纪管理新趋势

一、赋权管理

随着组织的管理层级结构变得日益扁平,赋权管理已成为时髦的术语。但在实践中,赋权常常是授权的同义词,管理者们并不是真正赋予下属权力,而是自己依然进行重要决策,只是将相对不太重要的任务交给其他人去干。其实,赋权与授权并非一回事。授权管理是属于管理者自己的工作,将其部分工作授权给下属;赋权管理是消除了对下属的约束,使他们能将自己的工作干得尽可能有成效。

20世纪90年代以来,授权不再是管理人员偶尔的宽容,而逐渐成为一种必需——赋权的时代开始了。在美国克莱斯勒汽车制造公司,每位管理人员下属50个工人,而10年前是20个工人。当企业的组织结构变得越来越扁平、层级结构逐渐消失时,管理人员现在的管理幅度远比以前大。在这种情况下,赋予员工权力比任何时候都重要,但赋权管理的问题是，没有人愿意承认自己是糟糕的权力下放者。

管理者必须明白这一事实，他们不能再以事必躬亲的方式去管理下属，不断将琐碎的工作一股脑儿地倒给下属，这并不是赋权。管理者在工作繁忙时常常把工作任务交给下属去做，他们自己不是太忙时就不愿这样做。管理者也倾向于将工作交给那些他们认为有能力的下属，以减少把事情弄糟的风险，减轻管理者自己的担忧。

许多管理者认为学习培训、工作成就感和赋予权力三者的结合是必不可少的，管理者必须寻求更具创新的管理方式。现在越来越需要靠群体的努力和团队的协作，管理者已不可能有时间坐下来听每一位下属的报告，管理者必须学会成功地放下权力，让每一位下属都有机会，都能为工作的完成做出贡献。

二、人本管理

人本管理是指一切管理活动以人为根本出发点，调动人的积极性，做好人的工作，反对见物不见人、见钱不见人、重技术不重视人、靠权力不靠人的做法；强调人的需求是多种多样的，尽量发挥人的自我实现精神，充分发挥人的主观能动性。在传统管理中，大生产以机器为中心，工人只是机器系统的配件，人被当做是物，管理的中心是物。但是，随着信息时代的到来，组织中最缺乏的不是资金和机器，而是高素质的人才，人在组织中越来越显出重要作用，这就促使管理部门日益重视人的因素，管理工作的中心也从物转向人。传统管理和现代管理的一个重要区别，就是管理中心从物本管理到人本管理的转变。

在任何管理中，人是决定性因素。管理的这一特征，要求管理理论研究也要坚持以人为中心，把对人的研究作为管理理论研究的重要内容。事实上，在管理理论的研究中，几乎所有的管理理论都建立在人性的假设基础上，许多管理理论的不同，主要是出于对人的本性认识的不同。20世纪之初泰勒的科学管理是基于"经济人"这一假设的，20世纪30年代梅奥等的行为管理是基于"社会人"这一假设的，20世纪50年代又有了基于"自我实现人"假设的马斯洛的人性管理，20世纪80年代以来出现的文化管理，是基于"文化人"这一假设的。管理研究发展史表明，管理理论的发展越来越明显地强调着以人为本的管理思想。可见，未来的管理趋势必定在科学管理基础上，突出科学管理理论与人本管理的有机结合，达到"既见人又见物"的管理。

三、柔性管理

柔性管理思想的提出其实并不是现在的事。在当今世界随着生产的发展，环境变化的不确定性的增加，特别是企业为了适应迅速变化的市场，满足消费者的需求，能够很快地从一种经营状态转向另一种经营状态，从而使柔性管理重新得到了人们的发掘和丰富。如柔性战略、柔性制造系统以及敏捷制造等概念的提出，都是基于柔性管理的思想，利用计算机及信息集成技术以实现上述目的的产物。

与柔性管理相关的就是软管理的兴起。20世纪初泰勒创立了科学管理；20世纪30年代梅奥开创了管理研究的新领域，导致管理学对人的行为的研究异常活跃；20世纪80年代初出现了企业文化理论；20世纪90年代，有关人性管理的话题再次被人们提出。从管理发展的轨迹看，管理明显地正在从理性的科学管理即物本主义的"硬"管理向非理性的人文管理即人文主义的"软"管理转变着。软管理的兴起，说明了管理的出发点和归属都是围绕人而展开的，因而在组织中如何更加尊重人、信任人、培养人、发展人，实现人与工作的完美融合，将是未来人们更加关注的主题之一。

四、敏捷性管理

管理的敏捷性，主要是指企业的快速反应能力和适应能力。面对科学技术日新月异，知识量、信息量剧增和市场的急剧变化，谁能敏捷地抓住时机、当机立断、快速作出反应、处处先行一步，谁就会在竞争中获取胜利。

敏捷性管理要求打破常规，改革管理工作流程，大大提高管理效率；要求以敏锐的观察力，密切关注着未来变化的新趋势、新动向、新问题，并以超前的意识果敢地决策，以适应未来。同时，还必须建立机动灵活富有弹性的生产体系，变工业时代大批量、单一型生产为由市场驱动的灵活生产，以适应市场多样化的需求。

五、精确管理

精确管理，顾名思义，精就是工作要精细、做深、做透、做到位、做出高水平，确就是工作要明确、指令准确、具体、可操作、可控制和可衡量，精确管理就是坚持科学管理的基本思想、基本思维和基本思路，把提高组织的管理效率和效益作为基本目标，在组织管理过程中运用信息技术、数理方法和计算机技术，把组织的管理手段信息化，并贯穿于组织的计划、组织、控制、协调和激励的各种管理职能之中，建立科学的、动态的管理机制和考核评价系统，对组织管理对象进行定量分析和量化管理，真正使组织管理者做到心中有数。而一般所说的"精确管理模式"，是指将组织运营中的各种情况尽可能地进行量化，并且及时准确地采集、储存，进行多方面的统计和分析，以便对组织运营中的关键点进行有效调节。由于组织是许多人组成的，人们的行为和文化背景决定人们对待许多事情的判断和看法，所以，组织实行精确管理必须结合文化因素。中国企业实行的精确管理，就是将计算机技术、网络技术、管理技术与中华文化融合起来，产生出一种行之有效的、技术化的、可操作的和具体化的管理模式，并能无限地复制，使企业能依此逐步地、部分地解决其管理中的问题。这种管理模式也体现出"管理的核心在于控制"的独特思想。

六、情感管理

人是有着丰富感情生活形式的高级生命，情绪、情感是人精神生活的核心部分。有效的领导者就是最大限度地影响追随者的思想、感情乃至行为。作为领导者，仅仅依靠一些物质手段激励员工，而不着眼于员工的感情生活，那是不够的，与下属进行思想沟通与情感交流是非常必要的。现代情绪心理学的研究表明，情绪、情感在人的心理生活中起着组织作用，它支配和组织着个体的思想和行为。因此，感情管理应该是管理的一项重要内容，尊重员工、关心员工是搞好人力资源开发与管理的前提和基础，这一点对技术创新型企业尤为重要。

美国著名的情绪心理学家拉扎勒斯提出，当前面临的事件触及个人目标的程度是所有情绪发生的首要条件，当该事件的进行促进个人目标的实现时，会产生积极的情绪、情感；反之，则会产生消极的情绪、情感。目标是个人追求的一种生活境界，它表现为个人的理想、愿望和对未来生活的期盼。一般存在三类心理目标：与生存有关的目标、与社会交往有关的目标、与自我发展有关的目标，它们分别简称为生存目标、关系目标、发展目标。如果某些管理行为能够促进员工的个人目标向预期的方向发展，就会产生积极的情绪、情感；反之，就会产生消极的情绪、情感。

七、学习型组织

学习型组织理论是由美国麻省理工学院教授彼得·圣吉在其著作《第五项修炼》中提出的。这一理论的产生，适应了美国众多企业摆脱社会大生产困境，应对全球经济一体化竞争挑战的需求，美国的通用、杜邦、英特尔、苹果电脑、联邦快递等世界一流企业都相继建立学习型组织。学习型组织理论引起全球管理领域的高度重视，在初步的实践中产生了巨大反响，圣吉因此而获得世界学会最高荣誉奖"开拓者奖"。

学习型组织是一种不同凡响的、更适合人性的组织模式。学习型组织有伟大的学习团队，有崇高而正确的核心价值、信念与使命，有强韧的生命力与实现梦想的共同力量，能够不断创新。学习型组织是指通过营造组织整体的学习气氛，来激发组织成员的创造性和积极性，从而构建一个富有柔性的、人性的、可持续发展的、高效率的有机整体。通过怎样的学习才能打造如此组织共同生命体呢？圣吉认为，这种学习是通过每个组织成员乃至整个组织"修炼"来完成的，即五项修炼。①追求自我超越。只有不断追求超越自我，每个员工才能实现内心的渴望。②改善心智模式。只有形成健康向上的心智模式，才能用新的眼光看世界。③建立共同愿景。只有建立全体组织成员相互认可的同一愿景，才能打造组织的生命共同体。④开展团队学习。只有树立团队精神，才能群策群力，激发每个组织成员的智慧。⑤锻炼系统思维能力。领导者只有注意提高自身的系统思维能力，才能有全局眼光，才能又见树木又见森林。在这五项修炼中，锻炼系统思维能力最重要。这主要是由于这一项修炼是专门对领导者而言的，没有领导者的修炼，被领导者的修炼是难以产生作用的；没有领导者的系统思维，就难以全面分析问题和处理问题，学习型组织就难以建立。在实践中，建立学习型组织不是最终目的，关键是在长期努力迈向学习型组织发展过程中，形成不断创新、不断进步的合力，推动组织不断地向更高阶段发展。

八、知识管理

一切经济活动和管理活动，都是通过组织进行的，因而管理的变革必然包括组织的变革。组织变革总的原则是：面对全球经济革命、技术革命、金融革命和知识经济来临的严峻现实，必须大大提高组织的效率，在千变万化的环境中提高组织的应变能力、生存能力、竞争能力和创新能力。随着世界上已经出现的柔性组织系统和知识经济的形成和发展，需要有与之相适应的管理模式、管理理论和实践。如果说诞生在美国的科学管理引发管理的"第一次革命"，那么在人类深入21世纪之时，全球的管理将迎来以"人性化"的知识管理为标志的管理的"第二次革命"。

知识管理是一个全新的概念。随着知识经济的产生，当知识成为最重要的资源、成为获取效益的主要手段时，必然要求每一个企业正确估量自己拥有多少知识"资产"、有哪些知识"资产"；研究对专利、技术专长、经营诀窍、贸易秘密、信息、品牌，以及蕴藏于员工头脑中的知识、才能、智慧等的利用状况；研究如何有效开发利用知识资产去创造财富，以及通过智力资本的投资，保证知识资产的不断增值等。

九、企业再造

企业再造又称企业业务流程重组，是20世纪末发展起来的新的企业管理理论。1993

年，迈克尔·海默与杰姆斯·奇皮合作出版了《企业再造工程》一书，他们通过生产流程、组织流程在企业市场竞争中的组织机制分析，针对外界环境和市场的快速变化，提出了管理应变的新方法，其要点是：通过对组织运作过程的再设计，最大限度地发挥过程的增值作用；通过组织管理环节与手段的优化，使企业效益得到最大限度的改善。

传统的组织管理理论，基于专业化分工的组织结构设计，在确定企业各职能机构职责和作用的同时，也决定了企业的工作流程，决定了它的管理关系，而这一切又是从相对稳定的环境出发的。显然，这种方式忽略了快速多变的社会文化环境、经济环境、科学技术环境、客户环境以及竞争环境给企业带来的影响。面对全球经济的一体化和企业经济的信息化挑战，寻求基于流程重组的管理方式已成为现代企业发展的关键性问题。

企业再造的目的在于提高企业竞争力，从业务流程上保证企业能以最低的成本、高质量的产品和优质的服务在不断加剧的市场竞争中战胜对手，赢得市场和发展的机会。企业再造的要点是：以信息系统、信息技术和全面质量管理等手段，以客户中长期需求为目标，通过最大限度地减少对产品增值无实质性作用的环节和过程，建立起科学的组织结构和业务流程，使企业的生产、产品质量、技术创新和经营规模都发生质的变化，在获取最佳效益的基础上提高企业在全球经济一体化中的竞争能力。

海默指出，企业再造过程涉及两个方面，即对过去流程的再认识和新流程的设计。再造不是简单的流程自动化和消除原有流程的过程，它是企业管理思想和理论的创新，是一种动态化的企业流程管理模式。

十、团队管理

团队管理是指在一个组织中，依成员工作性质、能力组成各种小组，参与组织各项决定和解决问题等事务，以提高组织生产力和达成组织目标。基本上，小组是组织的基本单位，各种小组的形成，若是成员能力具有互补性，形成异质性团队，其效果较佳，因为可从不同观点讨论，激发更有创意或独特的问题解决方式。

团队管理基础在于团队，其成员可在2~25人之间，理想上少于10人较佳。而团队建立适当与否，直接影响团队管理成效。史东和傅立曼提出团队建立有两种形式：①管理人员和部属所组成永久性团队，常常称为家庭式小组；②为解决某一特定问题所组成的团队，称为特定式小组。

团队管理乃是运用成员专长，鼓励成员参与及相互合作，致力于组织发展，所以可说是合作式管理，亦是一种参与式管理。随着组织工作复杂性日益增多，很多工作实难靠个人独立完成，必须有赖于团队合作才能发挥力量，所以团队管理有时代需求性，成功组织建立各种不同功能性的团队管理。因此，组织若能善用团队管理，对于激发成员潜能、协助问题解决、增进成员组织认同、提升组织效率与效能，具有一定的功能。

为发挥团队管理的效果，每位成员须先了解小组目标与使命及个人角色和责任；其次成员亦须了解如何完成小组任务；最后要能积极投入小组目标的达成。由于沟通在团队管理扮演着相当重要角色，如能事先举办讲习会，建立成员有效沟通技巧，更可使团队管理有良好效果。

团队管理是未来管理的新取向，唯不能陷入团队管理的迷思，认为所有的团队都是好的，成员在一起就是一种团队、彼此会相互喜欢等，都不是务实的看法，只有在一个开放、沟通顺畅的环境下，才能发挥团队管理的功能。

十一、集成管理

传统的管理将一个完整的生产过程分割成几个阶段，这种分割源于分工理论。计算机技术和信息技术的发展为集成思想的实现奠定了物质基础。1973年，美国约瑟夫·哈林顿博士提出了计算机集成制造的概念，集成管理实际上就是将集成思想创造性地应用于管理活动的过程。CIMS就是融技术、计算机、生产、管理、营销等为一体的现代制造技术，在实际中已开始应用。集成管理与传统管理有三点不同。①管理目标已突破了组织现有资源的约束，目标的实现可以延伸。如企业可以通过虚拟组织来获取或弥补自己的不足，在资源共享和优势互补中延伸自己的目标。②管理不仅强调人、财、物等硬要素，更强调知识、信息、文化等软要素，软硬要素的组合（集成）将产生意想不到的效果。③管理的方法、手段将在集成的基础上，在更大范围内相互兼容互补。

十二、危机管理

市场经济的竞争规律的客观存在，复杂多变的内外环境，会使企业遭遇各式各样的危机。危机无处不在、无时不有，随时威胁着企业的生存，即使是世界500强企业，它们在成长过程中也无例外地都经历过各种各样危机甚至灾难。如可口可乐公司，从1999年6月到2000年5月，从产品质量问题到用人不公的指控，使该公司在短短一年遭遇了几次危机。近几年在我国发生的如三鹿集团"三聚氰胺"事件等，都是典型的危机事件，在处理这些事件过程中，稍有不慎，就会失去消费者的信任，从而丢掉现有的市场，甚至将公司拖入灾难的深渊。2003年我国部分地区爆发的"SARS"疫情，使人们对于"危机"二字有了切肤之痛，特别是对于企业界来说，很多人是第一次领会到什么叫"不可抗力"，尽管这个词在以往几乎每份合同中都会出现。

美国著名咨询顾问史蒂文·芬克在《危机管理》一书中指出，企业主管"都应当像认识到死亡和纳税一样难以避免，必须为危机做好计划，知道自己准备好之后的力量，才能与命运周旋"，即"危机与破产、税收一样都是不可避免的"。因此，残酷的现实使企业家们清醒地认识到：危机其实就在我们身边，危机管理已成为21世纪企业经营的一项必修课程。

【寓教于乐】

为亲爱的付钱——感情管理

一名男子出差某国，当他买好回国的飞机票后，到邮局给妻子发电报。他写好了电文，把它交给了邮局的职员，然而在付费的时候，他发现自己口袋里的钱不足以支付电文的价钱，于是他对女职员说："把'亲爱的'从电文中去掉吧，这样钱刚好够。"

"别这样"，那位女职员从自己的手提包里取出了钱，并说："还是让我来为'亲爱的'这几个字付钱吧，做妻子的最想从丈夫那得到的就是它们了。"

【点评】对于管理者而言，对员工进行适当的感情投资，所收到成效有时候大于物质激励的结果。

【探源】感情管理是指管理者通过本身的形象、行为、情感来调动职工积极性的一种管理方法。人是有着丰富感情生活的高级生命形式，情绪、情感是人精神生活的核心成分。"有效的领导者就是最大限度地影响追随者的思想、感情乃至行为。"身为领导者，仅仅依靠物质手段激励员工，而对于员工的感情和心理置若罔闻，将难以达到较高的激励成效。领导与下属进行思想沟通和情感交流是非常必要的。现代情绪心理学的研究表明，情绪、情感在人的心理生活中起着组织作用，它支配和组织着个体的思想和行为。因此，感情管理应该是管理的一项重要内容，尊重员工、关心员工是搞好人力资源开发与管理的前提与基础，这一点对技术创新型企业尤为重要。

一般而言，感情管理的方法有如下三种。

1. 民主管理。管理者能够把自己置身于与员工平等的地位，在组织内部形成民主的气氛，建立具有家庭感的企业文化。管理者乐于征求和采纳员工的意见，营造民主的气氛，建立具有家庭感的企业文化。管理者乐于征求和采纳员工的意见，对员工的人格和感情给予充分尊重。

2. 形象管理。管理者身先士卒，勇于承担责任，意志坚韧，对于成功有着执着的追求，通过自我的形象来影响员工，争取使自己成为员工的榜样。

3. 情感管理。人是管理活动最主要的客体，也是管理活动的中心，管理者应将主要精力放在对人的管理上，而人是有感情的。因此，管理者应关注员工的感情状况，善于进行情感方面的交流，力求做到关心人、理解人、会用人。关心人，是指要从员工的物质需要和精神需要出发，既关心员工在工作时的状况，也兼顾到员工职场以外的生活，从而使员工更加忠诚地为实现企业的目标而努力工作；理解人，即管理者不仅了解一般人的行为模式，而且能设身处地地为员工着想，了解他们行为背后的动机与驱动力；会用人，是指善于发现员工的特长和技能，了解他们的真正价值所在，用其所长，避其所短，把每个人安排到最能发挥其作用的岗位上去。

【管理者定律】

华盛顿合作定律

华盛顿合作定律：一个人敷衍了事，两个人互相推诿，三个人则永无成事之日。

1964年3月，在纽约的克尤公园发生了一起震惊全美的谋杀案。

在凌晨3点的时候，一位年轻的酒吧女经理被一个杀人狂杀死。作案时间长达半个小时，附近住户中有38人看到或听到女经理被杀的过程和呼救声，但没有一个人出来保护她，也没有一个人及时给警察打电话。

事后，美国大小媒体同声谴责纽约人的异化与冷漠。

然而，两位年轻的心理学家——巴利与拉塔内并没有认同这些说法。对于旁观者们的无动于衷，他们认为还有更好的解释。为了证明自己的假设，他们专门为此进行了一项试验。

他们寻找了72名不知真相的参与者与一名假扮的癫痫病患者参加试验，让他们以一对一或四对一两种方式，保持远距离联系，相互间只使用对讲机通话。事后的统计数据出现了很有意思的一幕：在交谈过程中，当假病人大呼救命时，在一对一通话的那组，有85%的人冲出工作间去报告有人发病；而在四个人同时听到假病人呼救的那组，只有31%的人采取了行动！

通过这个试验，人们对克尤公园谋杀现象有了令人信服的社会心理学解释，两位心理学家把它叫做"旁观者介入紧急事态的社会抑制"，更简单地说，就是"旁观者效应"。他们认为：在出现紧急情况时，正是因为有其他的目击者在场，才使得每一位旁观者都无动于衷，旁观者可能更多的是在看其他观察者的反应。

用这个效应再来解释一下某媒体报道的"小孩落水事件"。

有许多人看到小孩落到水里，目击者甲本想下水救人，又有些犹豫，他在看其他目击者乙、丙等人的反应。转念一想："这么多人都看到小孩子落水，总会有几位下去救险的，自己就不下去吧。"

犹豫之间，小孩子被水吞没了。居然没人下水！甲不禁心里有些内疚。再一想，要责怪，要内疚，要负责任，也是和乙、丙等数十人分担，没什么大不了的。于是，他走开了。

与此相同，一桩桩旁观者众多，却又"见死不救"的事件产生了。这种现象产生的原因之一——"旁观者效应"，与人们一般以为的世态炎凉、人心不古之类的社会氛围或看客的冷漠等集体性格缺陷没有太大关系。

如果把拯救酒吧女经理、解救小孩落水当成旁观者的一次合作，那么合作失败的最根本原因就在于"旁观者效应"，众多的旁观者分散了每个人应该负有的解救责任。因此，社会学家认为责任不清是华盛顿定律产生的最主要原因。

如果说巴利与拉塔内的实验结论——"旁观者效应"侧重从定性的角度上揭示人多不负责的现象，那么接下来介绍的"拉绳实验"的结论则从定量的角度上阐明人多不负责的现象。

在拉绳实验中，先把被试者分成2人组、3人组和8人组，要求各组用尽全力拉绳；然后，要求这些被试者单独用尽全力拉绳。不管是分组拉绳还是单独拉绳，都用灵敏度很高的测力器分别测量各组和每个被试者的拉力，并进行比较。测量和比较的结果是：2人组的拉力只是这两人单独拉绳时拉力总和的95%，3人组的拉力只是这3人单独拉绳时拉力总和的85%，而8人组的拉力则降到这8个人单独拉绳时拉力总和的49%。

拉绳实验中出现"1+1<2"的情况说明：有人偷懒！而且在一起干活的人越多，偷懒的现象越严重！众所周知，人有与生俱来的惰性，单枪匹马地独立干活，干得好或干得差均由自己负责，一般都会竭尽全力。可是当集体一起干活时，由于责任分散到大家身上，每个人的责任相对小了，于是自然而然就会出现偷懒现象。当责任分散到越多人身上，每个人的责任相对就越小，偷懒现象就越严重。社会心理学家研究认为，这是集体干活时存在的一个普遍现象，并将其概括为"社会浪费"。

聪明的美国人把简单的道理总结成为华盛顿合作定律。这多少有点类似于我国的"三个和尚的故事"。

【点评】华盛顿合作定律告诉我们：人与人的合作不是人力的简单相加，而是要复杂和微妙得多。在人与人的合作中，假定每一个人的能力都为1，那么10个人的合作结果有时比10大得多，有时甚至比1还要小。因为人不是静止物，而更像方向不同的能量，相互推动时自然事半功倍，相互抵触时则一事无成。

所以，无论是"旁观者效应"还是"拉绳实验"，都说明了一个普遍存在的"责任分散"现象。对某一件事来说，如果单个个体被要求单独完成任务，责任感就会很强，会作出积极的反应。但如果是要求一个群体共同完成任务，群体中的每个个体的责任感就会很弱，面对困难或遇到责任往往会退缩。因为前者独立承担责任，后者期望别人多承担点儿责任。"责任分散"的实质就是人多不负责，责任不落实。

"拉绳实验"说明：在主客观条件基本相同的情况下，为完成某一项任务，被落实责任的人数量越少，责任就越容易真正落实，责任人付出的力量就越大，形成的合力也就越大；反之，被落实责任的人数量越多，责任就越不容易真正落实，责任人付出的力量就越小，形成的合力也就越小。简单地说，在主客观条件基本相同的情况下，人越多越不负责，责任人的数量与负责程度和形成的合力成反比。

真理往往是简单和朴素的，简单和朴素的真理又常常被忽视。当然，这并不是否认"人多力量大"的存在，不是主张一切工作都只能由一个人负责，也不是主张一切工作的责任人越少越好，而是要以实际情况为出发点，确定责任人的最佳人数。

【经典管理故事】

康泰克 PPA 危机

当 2000 年 11 月 16 日国家药检局公布全国暂停 PPA 药品在市场上的销售的时候，生产康泰克的中美史克公司感到了巨大的压力。

实际上，在国家药检局公布的"黑名单"上共有 15 家公司，但由于中美史克的康泰克感冒药在市场上的龙头地位，于是，众媒体的同声讨伐也就似乎全部集中在康泰克身上；同时，因为康泰克的退出可能要空出 20 亿人民币的市场，一些相关的药厂也开始积极筹措替代药品。这是足以令中美史克措手不及的断肠草。有些业界人士认为，中美史克的"康泰克"品牌完了。那么，中美史克又是如何应对的呢？

11 月 16 日，中美史克公司接到天津市卫生局的暂停通知后，立即组织危机管理小组：危机管理领导小组，制定应对危机的立场基调，统一口径，并协调各小组工作；沟通小组，负责信息发布和内、外部的信息沟通，是所有信息的发布者；市场小组，负责加快新产品开发；生产小组，负责组织调整生产并处理正在生产线上的中间产品。由 10 位公司经理等主要部门主管组成危机管理小组，10 余名工作人员负责协调、跟进。当日上午，危机管理小组制定了危机公关纲领：执行政府暂停令，向政府部门表态，坚决执行政府法令，暂停生产和销售；通知经销商和客户立即停止康泰克和康得的销售，取消相关合同；停止广告宣传和市场推广活动。

17 日中午，全体员工大会召开，总经理向员工通报了事情的来龙去脉，表示了公司不会裁员的决心，赢得了员工空前一致的团结。同日，全国各地的 50 多位销售经理被迅速召回天津总部，危机管理小组深入其中做思想工作，以保障企业危机应对措施的有效执行。18 日，他们带着中美史克《给医院的信》、《给客户的信》回归本部，应急行动纲领在全国各地按部就班地展开。公司专门培训了数十名专职接线员，负责接听来自客户、消费者的问讯电话，做出准确专业回答以打消其疑虑。21 日，15 条消费者热线全面开通。

20 日，中美史克公司在北京召开了新闻媒介恳谈会，做出不停投资和"无论怎样，维护广大群众的健康是中美史克公司自始至终坚持的原则，将在国家药品监督部门得出关于 PPA 的研究论证结果后为广大消费者提供一个满意的解决的办法"的立场态度和决心。面对新闻媒体的宣传，中美史克并没有做过多的追究，只是尽力争取媒体的正面宣传以维系企业形象，其总经理频频接受国内知名媒体的专访，争取为中美史克公司说话的机会。对待暂停以后同行的行为，中美史克公司保持了应有的冷静，既未反驳也没有说一句竞争对手的坏话，表现出一个成熟企业对待竞争对手的最起码的态度与风度。一番努力后，终于取得了不凡的效果，用《天津日报》记者的话说"面对危机，管理正常，生产正常，销售正常，一切都正常"。

一个月后，在同一个地点，中美史克宣布不含 PPA 的康泰克重新上市，在没有更改这个品牌的情况下，"康泰克"感冒药又收回了它原来的市场。

【点评】中美史克康泰克 PPA 明确了危机管理小组的工作职责，并配备了有总经理参与的强大工作班子，保证了权威性、全局性。中美史克，上下一心，齐心协力，踏踏实实地修炼内功，以理服人，让事实说话，最终赢得各方支持。反应迅速、果断，及时组织危机管理小组，是决定中美史克公司危机攻关成效的一个重要砝码。

复习思考题

1. 古典管理理论在现代社会中还具有实践价值吗？
2. 你最欣赏的管理流派是什么？为什么？

3. 怎样看待管理理论的发展趋势？
4. 当代管理发展的新趋势对你有什么启示？

【案例分析】

福特的财富革命

大工业革命的时代主题，是在"科学管理"旗帜下流水线标准化作业模式的规模扩张与组织创新，并在此基础上激活市场前所未有的消费需求，创造更大的市场。对此，"科学管理之父"泰勒完成了标准化管理体系的理论建构，而汽车大王福特则在生产实践上采取了行动。

管理学大师、现代管理之父彼得·德鲁克认为，人类20世纪世界革命的中心人物是亨利·福特而非其他人，世界革命的中心是1914年的底特律而非其他城市。他说："真正的革命是大生产思想。在亨利·福特制造出第一辆T型车以来的40年里，这一个革命对社会基础带来的变革，其发展速度、普遍性和影响都是人类历史上前所未有的。"

标准化是他的嗜好。

"弯腰从地板上取一件工具或一个零件是一项毫无意义的劳动，因此，（装配流水线上的）所有材料都要被送到与腰部一样高的地方"。

1913年的某一天，福特让工人用绳索把汽车底盘拉到其他工人面前进行装配，于是批量生产的原则首次被应用到汽车工业中，人类管理历史上第一条最原始的流水生产线由此诞生。在此后20多年的时间里，福特对其流水生产线不断地进行标准化革新，大大提高了生产效率，大规模流水线生产作业带来了工业生产方式上的革命，福特公司也因此而连创世界汽车工业时代的生产纪录：1920年2月7日，1分钟就可以生产1辆汽车；到了1925年10月30日，10秒钟就可以生产1辆汽车。

福特的汽车流水生产线思维并不简单地表现在汽车的生产装配上，还包括生产汽车所需要的铁矿石、煤炭、木材等各类原材料（这些原材料有相当部分是福特公司自己开采的）运输、熔炼、加工，直到最后通过渠道通路将成品汽车交付到购车者手中。这所有的一切，福特都力求做到严丝合缝，不差分毫。从某种意义上讲，福特当时所创立的汽车全产业生产作业模式，是单个企业在人类历史上时空、行业跨度最长也最具效率的一条流水生产线。在这里，不妨删繁就简地来看一下福特的这条超长生产线。

从铁矿石、煤炭、木材等各类原材料运输开始，交通运输和生产部门之间就开始密切合作，以保证所有生产出来的零件同时到达车间。在货物运载平衡方面，通过将每辆货车的载货量标准化来解决。同时，在产品刚被装上货车，汽车的数目就用电报的形式告知车间。工厂运输指挥部将仔细追踪运输，以保证沿途不会出现差错，直到抵达车间。车间的工人接到了开来的货车后，又一路上押着车来到卸货台。在运输的途中，全国各地的每个角落都有人看守着，保证货车不会在中途耽搁，运输指挥部详细掌握了各地区的运输时间。如果一辆车迟到超过了1个小时，总部就知道是什么原因。从矿场算起，船运到岸卸货10分钟后货物就被运到高层运输线，矿砂经过筛选后紧接着又被投入鼓风炉中去冶炼，到最后造好整辆汽车装到货车中，总共需要大约81小时。最后，带着高炉冶炼余温的汽车被卖出去，由它的主人驾驶，奔驰在回家的路上。

事实上，在标准化管理实践过程中，福特对管理过程中的时间动作等细节始终保持高度关注，这实际上就是泰勒科学管理方法的具体运用。如在新厂选址方面，福特主要关注的是选址地方的电力价格、产品成本和交通运输的便利程度。他说："如果一个地方每个零件的运输费可以节省1美分，那么这里通常就可以被确定为厂址。"再如，福特撤除公司集中性的工具库房，是因为他发现工人们在库房窗前排着队取他们所需要的工具所花费的时间价值通常为25美分，而所取工具的价值也不过 30 美分。

正是通过对工具、设备、生产线与整个生产管理流程的标准化，才使成本低廉的标准化商品被大规模地制造出来。于是，规模经济诞生了，劳动生产率提高了，原来买不起相关商品的人成为新的消费群体，需求市场最终被有效地创造出来了，而福特自己，也成为 20 世纪大工业革命时代真正的王者。

很有意思的是，福特甚至将其所开创的产业标准化思维转化成自己的生活哲学。他的一位朋友说："标准化是他的嗜好。他脚上穿的鞋子，头上戴的帽子，身上穿的衣服多少年来都是一种样式。"

有钱有闲是动力。

"最恰当的工资则是雇主能够持续支付的最高工资。如果你降低了工资水平，那就相当于减少了你自己的消费者。"

在大工业革命时代，流水线标准化的生产只是为工业产能大规模释放提供可能，而高工资与质优价廉的产品所驱动的消费需求，才是工业大规模持续扩张的动力基础。在创造消费需求方面，福特同样是他所处时代的弄潮者。

1914 年 1 月 5 日，率先实行 8 小时工作制的福特公司宣布向工人日支付 5 美元的最低工资（几年后又提高到每天 6 美元，在经历 1929 年底股市崩盘后又将这个标准提高到每天 7 美元），这是当时许多实行 9 小时工作制企业日支付工人工资的两倍。1926 年 9 月，福特公司又开始将每周 8 小时工作日由 6 天减为 5 天。在公布实施每周工作 5 天的制度时，福特说："美国已经做好了 5 天工作制的准备，这一制度最终将推广到所有的产业部门。"

福特实行高工资、短工作时间安排，理由非常简单，即让工人们有钱也有时间来购买企业生产的产品，他说："如果人们工作的时间越长，休闲的时间就越短，那么他们购买商品也就越少。缩短每周的工作时间，对于消费的影响是显而易见的。如果工厂都回到原来的状态，即每天工作 10 小时，那么整个国家的工业将归于衰退，因为人们没有时间消费他们生产出来的产品。如果工人一天到晚在车间忙着，那么对他们来说汽车就毫无用处，这又将对其他方面产生连锁性的消极影响，因为汽车将使人们的行动更加快捷和方便，使他们知晓世界上发生的变化，从而进一步扩大他们的生活圈子、消费更多的食品和更多的书籍、更多的音乐制品以及其他更多的商品。"福特认为，要想提高劳动生产率，绝不能通过占用工人更多的时间或类似的行为来实现。提高劳动生产率，主要依靠采用更先进的生产方法、提高机器工作效率以及提高工人的劳动积极性来实现。

讨论题

福特公司的管理从哪些方面体现了泰勒的科学管理思想？泰勒的科学管理思想对福特公司及美国工业产生了怎样的影响？

【点评】福特公司主要依靠采用先进的生产方法、提高机器效率和提高工人的劳动积极性来提高劳动生产效率的做法，充分体现了泰勒科学管理思想的本质要求，如通过对劳动操作方法、工具、设备、生产线等方面的科学化、标准化管理，降低公司运作成本、减少工人劳动时间、提高工人薪酬等方面待遇，是对泰勒科学管理方法的具体运用。泰勒科学管理思想的应用，使福特成为 20 世纪工业革命时代真正的汽车王者，同时也给美国工业企业管理带来了深刻的变革。

第三章　管理的基本原理和基本方法

【学习目标与要求】

通过本章学习，了解管理原理的特征，理解管理方法的概念和特点，掌握管理的基本原理和基本方法。

【引导案例】

中国零售行业的外部环境分析

中国的零售行业已由20世纪90年代初的大发展时期，经过20世纪90年代中期的竞争、成熟期，过渡到今天的规模扩张期，呈现出购物中心、百货店、大型综合超市和一般超市、折扣商店、仓储式商场、便利店、专业量贩店等多种业态并存发展、互相竞争的局面。从全国来看，跨省市、跨地区的连锁经营、战略联盟、并购重组一浪高过一浪，有增无减，国内的竞争越来越激烈。国外的沃尔玛、家乐福、麦德龙和TESCO（乐购）等零售巨头纷纷涌入中国。在外资进入最多的上海，外资商业的市场份额为8%；北京市外资零售企业销售额则占社会消费品零售额的5%；外资零售企业的销售额2003年不到全国消费品市场份额的3%。虽然国外的零售业目前尚不足以对我国零售业构成直接的威胁，然而从长期的眼光来看，这种威胁却有直线上升的趋势。电子商务的快速兴起也让传统的零售业倍感压力。随着人们消费理性水平的提高以及消费选择范围的扩大，购买者议价能力也在提升。同时，供应商的威胁在我国也逐渐显著起来。

中国的零售业主要是由购物中心、百货店、大型综合超市、一般超市、折扣商店、仓储式商场、便利店、专业量贩店等多种业态构成。该行业的主要企业包括上海联华、华联以及深圳万佳等。

(1) 零售业的进入威胁高　该行业的进入限制很低。随着中国加入WTO，沃尔玛、麦德龙、家乐福、好又多、万客隆、ABA集团、百盛、伊势丹等著名企业的高层人士毫不掩饰他们对中国市场的强烈兴趣，并表示他们都已有明确的对华投资计划和日程表。1999年原国家经贸委、外经贸部发布了《外商投资商业试点办法》，将试点地区由原来的六市五特区扩大到所有的省会城市、自治区首府、直辖市和计划单列市，经营类型也由零售扩展到批发，并简化了相关的审批手续。这一办法的出台，无疑为外资进入中国零售业开启了一扇更高更阔的门。外资企业的规模优势、价格优势、资金优势以及经营理念和营销技术的优势都会给国内的零售业带来巨大的冲击。

(2) 零售业的竞争者威胁高　目前，全国连锁企业已发展到2100家，店铺数量达3.2万个，年销售总额2300亿元。全国连锁企业及店铺数量比5年前均增加了7倍多。从1978年到2000年中国的零售业市场年均增长率13.5%，连锁店的数量年均增长率48%。目前，城市里的大型商场越来越多，由少数实力强大的商场对市场的垄断性经营局面已不复存在。

(3) 零售业的替代品威胁中到低　全球网络的家庭用户中，有1/4通过网络来购物。美国联网的家庭中有12.5%以上每年通过互联网进行7次采购。2000年网上销售额约为100亿美元左右，中国上网用户中希望通过网络购物的用户占到78.1%，网上购物的需求很大。电子商务将带动传统商业转型和升级，网上购物可能是零售业的发展趋势。但对于日常消费品而言，网上购物存在的配送成本高等缺点仍然难以克服。

（4）零售业的供应商威胁中到低　生产企业与流通企业的竞争日趋激烈。相当一批生产企业已直接进入流通领域，建立自己的销售网络，开辟新的销售渠道。据统计，国内工业企业直销比例已达到50%左右。供应商前向一体化进入该行业的威胁越来越大。不过，由于供应商所在行业大多为竞争性行业，供应商议价能力并不强。

（5）零售业的购买者威胁较高　零售业的购买者人数众多，而这些企业提供的商品的差异化又不明显，购买者只是在众多的零售企业中去寻找最低的价格。同时，随着我国消费者文化素质的提高和消费理性程度的上升，他们的议价能力在提高。可见，购买者的威胁处于上升的趋势之中。

（6）绩效　零售业的威胁程度在总体上来看是很高的，特别是进入威胁、竞争者威胁以及购买者威胁很高。虽然我国零售业正处于大发展时期，近10年来社会消费品零售总额保持了年均10%以上的增长速度，但是，严酷的竞争使行业平均利润率从5年前的10%迅速下降到今天的1%~2%。中国的零售业已经进入微利甚至零利时代。

管理原理是对管理工作的实质内容进行科学分析、总结而形成的基本真理，是人们对各项管理制度和管理方法的高度综合、概括与提炼，是现实管理现象的抽象，反映了管理的客观要求和管理的一般规律性，因此，它对一切管理活动具有普遍的指导意义。管理方法是在管理活动中，为实现管理目标、保证管理活动顺利进行所采取的工作方式。管理原理必须通过管理方法才能在管理实践中发挥作用。

第一节　管理的基本原理

一、管理原理的特征

1. 客观性

管理原理反映的是管理活动的客观规律，因此，它具有客观性的特征。这种客观性主要体现在管理原理有它自己的运行规律，不以人的主观意志为转移；管理者在进行管理的实践活动时不能违背它，一旦违背就会遭到客观规律的惩罚，承受严重的后果。管理原理的客观性特征要求在进行管理活动时避免主观主义和官僚主义，加强管理原理的指导作用，从而获得满意的管理效果。

2. 稳定性

管理原理的稳定性是指管理原理是对管理规律的总结和概括，这些原理是明确的和稳定的，而不是模糊的和变动不定的，具有相对的稳定性。当然，说管理原理具有稳定性并不是说管理原理是一成不变的教条，它也会随着社会经济和科学技术的发展而不断地发展，但是作为管理活动的基本原则，管理原理应该相对稳定，也只有当管理原理相对稳定时才能为人们所认识和正确利用，才能成为人们可以遵循的行为准则，从而指导管理实践活动取得成效。

3. 灵活性

管理原理的灵活性是指在具体运用管理原理时必须要与具体的环境联系起来，管理原理不是远离管理现实的抽象教条，它与管理实践是息息相关的，它会随着管理实践的发展而不断地发展。管理是不断创新的，创新是管理的灵魂。因此，管理原理是灵活的，不是绝对的。管理原理的灵活性特征要求在进行管理活动时应当根据具体的情况灵活处理。

4. 概括性

管理活动涉及社会经济的方方面面,甚至与自然界的很多方面都有关系。管理原理并不是种种管理现象的罗列,它不反映管理实践活动的多样性;相反,它具有概括性的特征。管理原理是对包含了各种复杂因素和复杂关系的管理活动的客观规律的描绘,是在总结大量管理活动经验的基础上舍弃了各种组织之间的具体差别而概括出来的、带有普遍意义的结论。所以,管理原理不是一时一地的局部经验,而是被大量管理实践所证明的行之有效的普遍真理。

5. 系统性

各项管理原理构成了管理基本原理的有机体系,是管理活动有机性的体现。管理活动是一系列相互联系的过程,管理活动的原理也是相互联系和相互作用的完整的统一体,它不是各种烦琐的管理概念和原则的简单堆砌,也不是各种互不相关的论据和论点机械的结合,而是根据管理现象本身的有机联系而形成的一个相互联系、相互转化的完整统一体。实际上,管理活动无非是在一个相对确定的系统中坚持以人为本而实现一定管理效益的过程。所以,由各项管理原理构成的有机体系正是在管理活动的统一过程中,对管理工作的实质内容及其基本规律的完整的科学分析和系统概括。

二、系统原理

系统是指由两个或两个以上相互联系、相互作用的要素组成的具有特定结构和功能的整体。系统一般具有以下基本特征。

(1) 系统的目的性　任何系统的存在,都有一定的目的,为达到这一目的,必有其特定的结构与功能。

(2) 系统的整体性　任何系统都不是各个要素的简单集合,而是各个要素按照总体系统的同一目的,遵循一定规则组成的有机整体。依据总体要求协调各要素之间的相互联系,使系统整体功能达到最优。

(3) 系统的层次性　任何系统都是由分系统构成的,分系统又由子系统构成,最下层的子系统由组成该系统基础单元的各个部分组成。

(4) 系统的独立性　任何系统都不能脱离环境而孤立存在,只能适应环境而独立存在。只有既受环境影响,又不受环境左右而独立存在的系统,才是具有充分活力的系统。

企业管理系统是一个多级多目标的大系统,它本身又是国民经济巨系统的一个组成部分。企业管理系统的主要特点如下。

① 企业管理系统具有统一的生产经营目标,即生产适应市场需要的产品,提高经济效益。

② 企业管理系统的总体具有可分性,即可将企业管理工作按照不同的业务要求分解为若干个不同的分系统或子系统,各个分系统、子系统互相衔接、协调,以产生协同效应。

③ 企业管理系统的建立要具有层次性,各层次系统的组成部分必须职责分明,具有各层次功能的相对独立性和有效性,上层次功能必须统帅其隶属的下层次功能,下层次功能必须为上层次功能的有效发挥竭尽全力。

④ 企业管理系统必须具有相对的独立性,任何企业管理系统都处在社会经济发展的大系统之中,因此,必须适应这个环境,但又要独立于这个环境,才能使企业管理系统处于良好的运行状态,达到企业管理系统的最终目的——获利。

三、分工原理

分工原理产生于系统原理之前，但其基本思想却是在承认企业及企业管理是一个可分的有机系统前提下，对企业管理的各项职能与业务按照一定的标志进行适当分类，并由相应的单位或人员来承担各类工作，这就是管理的分工原理。

分工是生产力发展的要求。早在17世纪机器工业开始形成时期，英国经济学家亚当·斯密就在他的《国民财富的性质和原因研究》一文中，系统地阐述了劳动分工的理论。20世纪初，泰勒又作了进一步的发展。分工的主要好处如下。

（1）分工可以提高劳动生产率　劳动分工使工人重复完成单项操作，从而提高劳动的熟练程度，带来劳动生产率的提高。

（2）分工可以减少工作损失时间　劳动分工使工人长时间从事单一的工作项目，中间可减少因变换工作而损失的时间。

（3）分工有利于技术革新　劳动分工可以简化劳动，使劳动者的注意力集中在一种特定的对象上，有利于劳动者改进设备及创造新工具。

（4）分工有利于加强管理，提高管理工作效率　从泰勒将管理业务从生产现场中分离出来之后，随着现代科学技术和生产的不断发展，管理业务也得到了进一步的划分，并成立了相应的职能部门，配备了有关专业人员，提高了管理工作效率。

分工要讲究实效，要根据实际情况进行认真分析，要实事求是。一般地，企业内部分工既要职责分明，又要团结协作，在分工协作的同时，还要注意建立必要的制约关系。分工不宜过细，但界面必须清楚，才能避免推诿、扯皮现象的出现。在专业分工的前提下，按岗位要求配备相应技术等级人员，是企业产品质量和工作质量得以保证的重要措施。在搞好劳动分工的同时，还要注意加强对职工的技术培训，以适应新技术、新方法不断发展的要求。

四、弹性原理

弹性原理是指组织为了达到一定的目标，在组织外部环境或内部条件发生变化时，有能力适应这种变化在管理上的可调性。现代企业是国民经济巨系统中的一个系统，它的投入与产出都离不开国民经济这个巨系统，它所需要的生产要素由国民经济各个部门投入，它所生产的产品又需要向其他部门输出。可见，国民经济巨系统是企业系统的外部环境，是企业不可控制的因素，而企业内部条件则是企业本身可以控制的因素。当企业外部环境发生变化时，企业可以通过改变内部条件的措施来适应这种变化，以确保达到既定的经营目标。

弹性原理在管理中应用的范围很广，计划工作中留有余地的思想，仓储管理中保险储备量的设定，新产品开发中技术储备的构思，劳动管理中弹性工作时间的应用等等，都是弹性原理在管理工作中应用的实例。

五、反馈原理

面对不断变化着的客观实际，管理是否有效，其关键在于是否有灵敏、正确、有力的反馈系统，其灵敏、正确、有力的程度，是一个管理功能单位是否有生命力的标志，这就是现代管理的反馈原理。

管理实质上就是一种控制，因而必然存在着反馈问题。反馈就是由控制系统把信息输送出去，又把其作用结果返送回来，并对信息的再输出发生影响，起到控制的作用，以达到预定的目的。原因产生结果，结果构成新的原因，反馈在原因和结果之间架起了桥梁。这种因果关系的相互作用，是为了完成一个共同的目的，所以，反馈又在因果性和目的性之间建立了紧密的联系。同时，反馈还使本体与环境统一在动态之中，构成新陈代谢的活力运动。

在现代管理中，不管哪一种类型的控制，要使系统符合人们的理想，就必须贯彻反馈原理。同时，为了保持系统稳定的有序性，必须使系统的结构具有不断自我调节的能力。尽管任何一次调整、改革都不那么完善，但只要系统具有反馈结构，总可以在不断调节的过程中，逐渐趋于完善，直至达到优化的状态。

反馈包括三个过程：感受、分析和决断。在小生产时代这三个过程由一个指挥中心即可完成，现代社会的组织规模越来越大，管理活动已是纵横交错、瞬息万变的网络，即使是天才的领导者也无法观察一切、包揽一切，靠自己掌握一切信息来构思一切政策、计划和措施，这就有必要从指挥中心中分化出反馈机构。在现代管理中，没有一个指挥中心可以不建立自己的反馈系统而能有效地、正确地进行指挥的。领导者的本质只是善于在反馈系统提供的信息和可供选择的方案中作出正确的决断。

六、封闭原理

封闭原理是指任何一个系统内的管理手段必须构成一个连续封闭的回路，才能形成有效的管理运动，才能自如地吸收、加工和运作。不封闭的管理等于不成回路的输电线，线再粗也输不出电流；不封闭的管理等于数学上没有解的联立方程式，再多也没用。管理系统的封闭回路如图 3-1 所示。

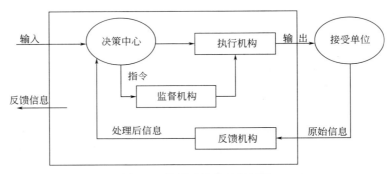

图 3-1　管理系统的封闭回路

作为管理手段的机构来说，执行机构必须正确无误地贯彻指挥中心的指令，为了保证这一点，应设有监督机构，没有准确的执行，就没有正确的输出，也就没有正确的反馈，反馈原理也就无法实现，管理就失去了活力。反馈机构根据执行实践的结果，提出修正指令的可供选择的方案。

管理方法也应该符合这个回路加以封闭：不仅要有一个尽可能全面的执行法，而且应有对执行的监督方法，它包括对执行过程中产生矛盾的仲裁法，对执行发生错误的处理法等等。法不封闭等于无法，因为有空子可钻，有法也无法真正执行。只有构成一个封闭的法网，法网恢恢，才能疏而不漏。法不成网，纵密亦漏。

立法应该通过反馈系统进行，必须充分发扬民主；执法由执行机构贯彻，必须集中，执法如山。因此作为一个决策中心，要允许反馈系统与自己唱反调，做到兼听则明；但不能允许执行系统和自己唱反调，否则无从管理。执行机构自己立法自己执行是不封闭的，不封闭的管理会带来很多弊病。

要实现封闭，就要从后果评估出发，从各种后果中循踪追迹，找出管理手段各环节中产生后果的原因，加以封闭，或者只对后果进行封闭。要注意到管理中的封闭只是相对的，绝不能把它僵化凝固。对新发现的后果或经实践检验证明不正确的措施，都必须进行新的封闭。总之，一劳永逸的封闭是没有的，有效的管理要求动态地不断地进行封闭。

七、能级原理

现代管理的能级原理现就是建立一个合理的能级，使管理的内容动态地处于相应的能级中去。

管理能级是不依人们意志为转移的客观存在，而且正是它构成了不同的管理层级，使管理得以有规律地运动，以获得最佳的管理效率和效益。

运用能级原理必须做到以下几点。

① 能级的确定必须保证管理结构具有最大的稳定性。理论和实践都证明稳定的管理结构应该是正立的三角形，上面尖，下面宽；倒立的三角形、菱形之类结构是不稳定的状态。

对于一个管理系统而言，管理的三角形一般可分为四个层次。最高层次是经营层，第二层是管理层，第三层是执行层，最低层是操作层。四个层次不仅使命不同，而且标志着四大能级的差异，不可混淆。

② 对不同能级应给予不同的权力、物质利益和精神荣誉。为了充分发挥一个管理系统的效率，除了合理划分和组织能级以外，还必须使系统的各个不同能级与相应的权力、物质利益和精神荣誉相对应。能级原理要求管理系统中的每一个元素都能在其位、谋其政、行其权、尽其责、取其酬、获其荣、惩其误。

③ 各类能级必须动态的对应。各种管理岗位有不同的能级，人也有各种不同的才能。现代管理要求使具有相应才能的人处于相应的能级岗位上去，也就是人尽其才，各尽其能。现代管理必须善于将不同才能的人，放在合理的能级上使用。事实上，只有混乱的管理，没有无用的人才。

八、动力原理

动力原理就是管理必须有强大的动力，只有正确地运用动力，才能使管理的运动持续而有效地进行下去。此处的动力是广义的概念，不仅是管理的能源，而且是一种制约因素。没有它，管理就不能有序地运动。

按照辩证唯物主义观点分析人们或组织机构的行为，可以看出，在现代管理中有三类基本动力。

（1）物质动力　物质动力不仅是指对个人的物质鼓励，而且也包括社会和组织的经济效益，必须使两者有机地结合起来。

（2）精神动力　精神动力既包括信仰（革命理想、爱国主义等）、精神鼓励（奖状、先进称号等），也包括日常的思想政治工作。

（3）信息动力　通过获得信息，使人发现差距，明确努力方向进而付诸行动，这就是信息动力的作用。

动力要正确运用，动力得不到正确运用，不仅会使其效能降低，而且还会起到截然相反的作用。为此应做到以下几点。

① 三种动力要综合、协调运用。
② 要正确认识和处理个体动力和集体动力、眼前动力和长远动力的辩证关系。
③ 在运用各种动力时，要注意"刺激量"这个概念。

九、动态原理

动态原理是指企业管理系统随着企业内外环境的变化而不断更新经营观念、经营方针和经营目标。为达此目的，必须相应地改变有关的管理方法和手段，使其与企业的经营目标相适应。企业在发展，事业在前进，管理要跟上，关键在更新。运动是绝对的，不动是相对的，企业既要随着经营环境的变化，适时地变更经营方法，又要保持管理业务的适当稳定。没有相对稳定的企业管理秩序，也就失去了高质量企业管理的基础。

在企业管理中与此相关的理论还有矛盾论、辩证法。好与坏、多与少、质与量、新与老、利与弊等，它们都是一对矛盾的两个方面，要在实际操作过程中，运用辩证的方法，正确、恰当地处理矛盾，使其向有利于实现企业经营目标的方向转化。

十、人本原理

人本原理又称人本管理，就是管理要以人为本，即把人视为管理的主要对象及组织的最重要的资源，通过激励调动和发挥员工的积极性和创造性，引导员工去实现预定的目标。在任何组织中，人不仅是管理的客体（对象），更是管理的主体（管理者）。在任何组织系统中，人都是管理者和被管理者双重身份的统一。所以，在管理工作中，必须紧紧抓住做好人的工作这个根本，使每个员工都明确组织的整体目标、自己的职责、工作的意义与切身的关系以及相互之间的关系等，调动人的积极性、主动性，以实现人的自身价值。要鼓励参与，挖掘潜能，激励进取，创造一个使员工热心参与、心情愉快、关系和谐、深感激励的组织文化和工作氛围，在实现组织目标的过程中，使每个人的价值得以实现。

十一、效益原理

效益原理是指工业企业通过加强企业管理工作，以尽量少的劳动消耗和资金占用，生产出尽可能多的符合社会需要的产品，不断提高企业的经济效益和社会效益。

提高经济效益是社会主义经济发展的客观要求，是每个工业企业的基本职责。企业在生产经营管理过程中，一方面努力降低消耗、节约成本；另一方面努力生产适销对路的产品，保证质量，增加附加值。从节约和增产两个方面来提高经济效益，以求得企业的生存与发展。

企业在提高经济效益的同时，还要注意提高社会效益。一般情况下，经济效益与社会效益是一致的，但有时也会发生矛盾。若出现这种情况，企业应从大局出发，首先要满足社会效益，在保证社会效益的前提下，最大限度地追求经济效益。

第二节　管理的基本方法

一、管理方法的概念和特点

1. 管理方法的概念

管理方法是指在管理活动中管理主体为实现管理目标、保证管理活动顺利进行作用于管理客体的方式，是执行管理职能的手段，是实现管理目标和完成管理任务的途径。管理方法是一个由多种方法或手段构成的方法体系，而要实施对各种客体的有效管理，就必须采用合理有效的方法，这是管理行为本身不可缺少的方面。将管理原理运用到实际的管理活动中，必须通过管理方法，管理方法是管理原理指导管理活动的必要中介，同样，掌握了原理理论，而没有有效的管理方法，就不能实现同样有效地管理。管理的基本方法，是每个管理者都要学会使用的管理方法，也是管理活动中最常用的方法。对管理的基本方法必须选择、综合、创造性地运用。管理者在管理实践中，要注意学习和吸取优秀管理者的管理方法，总结自己在管理工作中的经验教训，在创造性运用各种管理基本方法的实践中，不断提高自己的管理能力。

2. 管理方法的特点

（1）刚性与柔性相结合　刚性方法就是管理机构凭借其所拥有的特定权力，对管理对象所实施的强制性管理手段。柔性方法就是管理机构和管理人员采用说服、教育等软的方式来进行管理。管理方法的一般方法中的法律方法、经济方法和行政方法就更多的属于刚性方法，而教育方法则是柔性方法。在管理活动中，管理者要善于结合使用刚性方法和柔性方法，才能取得更大的成效。

（2）定性与定量相结合　自从有了人类就需要进行管理，管理是一门古老而崭新的学问。随着科学管理时代的到来，管理日益科学化、精确化，管理既是一门科学，也是一门艺术。管理的科学化表现在管理方法的使用上日益呈现出定量方法的大量使用，要促进管理方法的定性与定量相结合。

（3）理论与实践相结合　任何现成的管理方法都要和自己的工作实际有机地结合起来，别人的只是他的经验和观点，如果应用到目前的工作中，还需要你根据自己岗位的特点和自身能力相结合，才能更好地运用它。任何管理方法首先要考虑的问题其实是人的因素，如果一个管理者和被管理人之间没有和谐、通达的沟通渠道，上下不畅，很容易导致误解、猜疑和等待，此时仅有所谓的方法、措施都是不容易实施的。

二、法律方法

管理的法律方法是指企业在生产经营过程中，以企业法人的身份，受到国家有关法律、法规的约束和保护，依法尽义务，依法享受权利，为企业的生存与发展取得法律保障。在这方面，国家为适应市场经济的要求，制定了一系列的经济法规，例如企业法、合同法、反不正当竞争法、公司法、产品质量法、税法等。

此外，各个企业根据自身的生产经营特点制定了必要的规章制度，用来疏导、规范人们的生产经营行为也是企业管理的法制方法。切实、可行的规章制度是正常生产经营秩序的重要保证，是企业兴旺发达的基本前提，每个企业都要从严格管理的角度来加强各方面规章制度的建设，并付诸实施，以保证企业经营目标的实现。

三、行政方法

管理的行政方法是指依靠企业各级行政组织的法定权力，通过命令、指示、规定、制度、标准以及具有约束性的计划等行政手段来管理企业的方法。行政方法具有强制性，企业所有成员对上级所采用的行政手段都必须服从和执行。行政方法是管理企业必不可少的方法，是现代企业实现其管理职能的一种基本手段。企业在外部要与社会经济系统相联系，在内部要使各个生产经营环节相互配合、协调发展，所有这些都要求企业管理者采用强制的行政管理方法，来统一规范企业内部所有成员的意志和行动，才能有效地组织企业全体成员为实现企业的目标而共同奋斗。

但是，行政方法并不是万能的，管理者在运用时要特别注意深入实际、了解情况、联系群众，讲究方法、身体力行，防止主观、武断、妨碍下属正常执行任务的情况发生，要让下属心情舒畅地与自己密切配合完成预定的任务。

四、经济方法

管理的经济方法是指按照客观经济规律要求，正确运用工资、奖金、罚款、津贴、价格、利益等经济手段来管理企业的方法。在企业生产经营过程中，单位之间、个人之间在劳动的数量与质量上、在劳动的条件与强度上、在劳动的技术复杂程度上、在劳动的效果与贡献上，都存在着一定的差距，客观上要求企业管理者依照按劳分配的原则，运用各种经济方法正确地处理国家、企业、劳动者个人之间的经济关系，以便把劳动者个人的利益同企业对国家的贡献联系起来，同企业的经济效益挂起钩来，最大限度地调动企业全体劳动者的主动性、积极性、创造性，促进企业的发展。

在运用经济方法的同时，要大力加强思想政治工作，防止拜金主义腐蚀职工的头脑，搞好社会主义精神文明建设。

正确运用经济方法管理企业，还必须注意创造必要的条件，如对完成任务的数量要有完善的计量检测手段，要有健全的原始记录制度，要有合理的定额与标准，还要有可行的检查与考核制度等。

在市场经济条件下，企业还要善于运用国家宏观调控经济的手段来保护和发展自己，例如利率、汇率、税率的变化以及证券、期货市场的变化，都会影响社会资源的配置与企业投资的取向，企业应能迅速获取信息、抓住机会、果断决策，以达到保值增值、避免风险之目的。

五、教育方法

教育的方法是指按照一定的目的，通过多种形式的教育和培训，对员工在德、智、体诸方面全面施加影响，提高员工素质的一种方法。教育方法的内容极为广泛，包括人生观、价值观、职业道德、民主、法制、科学技术与企业文化等许多方面。

教育的方法在管理活动中是一项最根本的方法。人们常说"百年大计，教育为本"，这说明教育具有基础性和长期性的特点。任何有远见的管理者，都高度重视对员工的教育与管理。对员工的培训要有明确的目标、计划、资金投入和必要的考核手段。由于现代管理是以人为中心的管理，只有人的素质不断提高，企业才有活力和后劲，使企业立于不败之地。

教育的方法具有间接性的特点，它所体现的成果往往是长期的，不可急功近利。

教育方法的不足是不具备约束机制，因此，在管理工作中必须与其他管理方法有机地结合起来，例如与经济或与行政手段结合，督导人们努力学习和提高，充分发挥教育方法的作用。

六、数学方法

管理中的数学方法是指将管理中可变因素之间的相互关系，用数学符号、公式来进行描述的一种科学方法。随着科学技术的发展，数学方法在现代管理中已经得到广泛的应用，尤其在企业的经营预测与决策中更显出其特殊的重要作用。

数学方法在现代管理中的重要作用主要表现在：可以使管理工作进一步定量化、精确化、合理化、科学化。数学方法本身也有很多局限性，因为实际管理问题是很复杂的，很难用数学模型进行精确描述，因而不是任何管理问题都可用数学方法来解决，任何数学方法的应用都必须充分考虑它的应用条件和范围，否则会误导管理行为。特别需要提醒的是，管理模型的数学解只能作为管理辅助决策的一个参考，而不是管理的唯一解。实际决策应以此为参考，结合其他因素，统一考虑，才可避免数学方法的局限性，将管理提高到一个新水平。

在管理中建立数学模型的基本步骤是：确定管理目标；收集管理数据；建立管理数学模型；解出管理数学模型；测试检验；实际应用。

【寓教于乐】

人尽其能——善于用人之短

一名员工似乎有嗜睡症，每天都萎靡不振地昏昏欲睡，但由于他的父亲与公司的老板相交甚笃，经理对他的表现也无可奈何。

其他的员工对这名嗜睡的员工很有意见，不断地向经理抱怨，说他影响了大家的工作情绪。无奈之下，经理便来到老板的办公室，向老板请示解决办法。

老板想了想说："干脆让他去卖睡衣吧，并在他身上挂块牌子，上面写上'我们的睡衣质量何等优异，连卖睡衣的人都不能保持清醒！'，这样就人尽其能了。"

【点评】让嗜睡的员工去卖睡衣看似是下下之策，但是这种举措却起到了一箭三雕的效果：其一，减少了其他员工对嗜睡员工的抱怨；其二，不会影响老板与嗜睡员工父亲的交情；其三，最重要的是，嗜睡员工的短处为企业的绩效产生了积极的影响。

【探源】美国柯达公司在生产照相感光材料时，遇到了一个难题，由于需要工人在没有光线的暗室里工作，他们不得不在培训熟练工人方面花费巨大的时间和人力成本。

后来，公司发现，盲人可以在暗室里自在地活动，对他们进行简单的培训后，他们可以自如地适应暗室的工作，而且工作质量也提高了很多，于是，柯达公司便招聘大量的盲人从事感光材料的制作。这种举措既降低了公司的投入，还为盲人提供工作机会而提升了公司的美誉度。

在进行人员聘用时，"用人之长"是很多管理者的人才意识，但根据辩证唯物主义的观点，世间的万物都是辩证转化的，有时候，"用人之短"反而能另辟蹊径地为某个职位找到最合适的人才，如上所述的柯达公司的"曲径通幽"选人法。

员工的短处并不总是对组织绩效的实现产生负面影响，关键是管理者如何看待与利用员工的短处。比如，有的员工好出风头，管理者可让其担任市场公关的工作；有的员工锱铢必较，管理者可以适当地培训其成为质检员；有的员工总是喜欢在办公时间滔滔不绝，管理者可以有意识地让其承担销售的工作。人性并没有绝对的长处和短处，如果员工的短处与工作的要求匹配得当，也可以使短处转化为员工的长处。

对于一些有背景的员工，管理者很难因其短处的存在而对其实施解聘，用人之短往往是最好的平衡矛盾的做法。

【管理者定律】

邦尼人力定律

邦尼人力定律：一个人一分钟可以挖一个洞，六十个人一秒钟却挖不了一个洞。合作是一个问题，如何合作也是一个问题。

在远古的时候，上帝在创造着人类。随着人的增多，上帝开始担忧，他怕人类的不团结会造成世界大乱，从而影响他们稳定的生活。为了检验人类之间是否具备团结协作、互助互帮的意识，上帝做了一个试验：他把人类分为两批，在每批人的面前都放了一大堆可口美味的食物，但是，却给每个人发了一双很细很长的筷子，要求他们在规定的时间内，把桌上的食物全部吃完，并且不许有任何的浪费。

比赛开始了，第一批人各自为政，只顾拼命地用筷子夹取食物往自己的嘴里送，但因筷子太长，总是无法够到自己的嘴，而且因为你争我抢，造成了食物极大的浪费。上帝摇了摇头，为此感到失望。

轮到第二批人了，他们一上来并没有急着用筷子往自己的嘴里送食物，而是大家一起围坐成了一个圆圈，一个人先用自己的筷子夹取食物送到坐在自己对面人的嘴里，然后，由坐在自己对面的人用筷子夹取食物送到他的嘴里。就这样，每个人都在规定时间内吃到了整桌的食物，并丝毫没有造成浪费。第二批人不仅仅享受了美味，还获得了更多彼此的信任和好感。

上帝看了，点了点头，为此感到希望。

于是，上帝为第一批人的背后贴上五个字，叫"利己不利人"；而在第二批人的背后也贴上五个字，叫"利人又利己"！

【点评】邦尼人力定律说明的一个重要道理就是协同和合作产生力量，实现双赢。21世纪是一个合作的时代，人与人之间有效的合作，会减少人力的无谓消耗，避免内耗过多。

团队内部的内耗是一件剪不断、理还乱的事情，严重时，企业就像一个病人，良药难治。有人把企业团队的智商分为三个层次：企业里员工之间因摩擦产生内耗，团队的智商远远低于个人智商；员工之间协作，内耗少，团队智商一般等于个人的平均智商或高于平均值；所有员工同心协力，集合大家的脑力和创造力，团队的智商等于个人智商相加或相乘的结果，并形成巨大的创造力。在企业的运行中，管理层如同人际互动的交响乐指挥，好的领导班子，其管理效能应是 1+1＞2，即系统的整体功能大于各个部分功能之和。相反，管理者组织不好，管理效能差，延续下去会导致企业人心涣散，削弱集体的战斗力。

企业因内耗而造成损失，这种谋人不谋事的现象应该引起企业领导层的重视：企业为什么总是存在内耗？能否克服及怎样克服内耗？目前，国内相当一部分企业处于规模小、内功弱的境地，如果再加上内耗大，无疑会增加市场竞争的难度。市场的残酷和紧迫不允许企业分出精力去卷入毫无意义的内耗中。

企业是一艘船，要乘风破浪，要避开暗礁急流，就必须最大限度发挥和利用全体船员的智慧和潜能。需要的是同舟共济，杜绝的是互相拆台；提倡的是雪中送炭，杜绝的是釜底抽薪。

【经典管理故事】

宓子贱放权

孔子有一个学生叫做宓子贱，他曾经有一次奉命担任某地方的官吏。但他到任以后，却时常弹琴自娱，不管政事，可是他所管辖的地方却治理得井井有条，民兴业旺。

这使那位卸任的官吏百思不得其解，因为他原来每天起早摸黑，从早忙到晚，也没有把地方治好。

于是他便去请教宓子贱："为什么你能治理得这么好？而我每天兢兢业业地从早忙到晚也不行呢？"宓子贱回答说："你只靠自己的力量，所以十分辛苦；而我却是借助别人的力量来完成任务。"

【点评】现代企业中的领导人，喜欢把一切事揽在身上，事必躬亲，管这管那，从来不放心把一件事交给手下人去做。这样，使得他整天忙忙碌碌不说，也被公司的大小事务搞得焦头烂额。所以，一个聪明的领导人，应该是子贱二世，懂得正确利用部属的力量，发挥团队协作精神，使团队快速成熟起来，这同时也能减轻管理者的负担。总之，记住一句话：你抓得少些，反而收获就多些。

复习思考题

1. 什么是系统原理？系统原理对实际工作有什么指导意义？
2. 人本原理有哪些内容？在管理中如何才能实现？
3. 什么是效果、效率和效益？人类一切活动为何要遵循效益原理？
4. 哪些因素会影响到管理效益？
5. 管理有效性的实质是什么？管理者应如何追求自身工作的效益？
6. 怎样正确运用管理的教育方法？
7. 如何正确运用管理的行政方法？

【案例分析】

M 与他的互联网商业

M 可谓是中国企业界的风云人物。2007 年圣诞节前后的某一天，成立仅 8 年的 B2B 网站在我国香港成功募集 78 亿港元，创造中国互联网募集资金最多的纪录。作为第一个真正由中国人自己创立的互联网商业模式，A 公司的上市，加速了整个中国电子商务和全民信息化的进程。人们普遍认为，M 和他的 A 公司将是对中国互联网影响最深远的企业和人物之一。

（1）M 其人　M 对自己的评价十分简单：满大街一抓一大把的普通人，不过运气不错；智商一般，但是个福将。从小到大，M 不仅没有上过一流的大学，而且连小学、中学都是三四流的。初中考高中考了两次，高中考大学考了三次。从小学到中学，M 屡被数学拖后腿，但英语却出奇的好。做小生意占据了少年 M 大部分时间，经历了三次高考，1984 年，历经辛苦的 M 终于跌跌撞撞地考入某大学外语系。M 凭着满腔热情和一身侠气，当选为学生会主席。大学毕业后，M 在某学院教英语。1991 年，M 初涉商海，和朋友成立了一家公司。结果第一个月收入 700 元，房租 2000 元，遭到一致讥讽。在大家动摇的时候，M 坚信：只要做下去，一定有前景。他一个人背着个大麻袋到义乌、广州去进货，公司开始卖礼品、鲜花，以最原始的小商品买卖来维持运转。"我一直的理念，就是真正想赚钱的人必须把钱看轻，如果你脑子里老是钱的话，一定不可能赚钱的。"初次下海的经历，给 M 留下了深刻的体会。

（2）触网发展　1995 年，M 在美国的西雅图平生第一次接触到键盘，上网搜索。就在这一年，M 开始了自己的事业。"我就像一个盲人，骑在盲眼的老虎身上。"这是 M 后来的说法。M 回国以后，立即请了 24 位朋友到家里商量，结果 23 位朋友表示反对，只有一位说可以试试，一夜未睡的 M 第二天就开始筹备自己的公司，他说，哪怕 24 个人全反对，我也要做。1995 年 4 月，M 和妻子再加上一个朋友，凑了 2 万元钱，专门给企业做主页的"H 网络"公司就这样开张了。后来，中国的互联网越来越热，临近上海也正式开通互联网，M 的业务量激增。在各企业纷纷忙着建立自己主页的时候，M 的先见之明为他带来了丰厚的利润。当时，制作一个主页，中英文对照的 2000 字内容、一张彩照，开价就是 2 万元人民币。不到 3 年，M 就轻轻松松赚了 500 万元利润，并在国内打开了知名度。1999 年，中国的互联网第一次浪潮达到了顶峰。中国的很多大城市都接入了互联网服务，互联网的先驱瀛海威在北京做了一则激动人心的广告："中国人离信息高速公路还有多远？——向北 1500 米。"在国内互联网热潮日见高涨的时候，敏感的 M 并没有跟风，而是准确地把握住了电子商务这个当时还是新生事物的领域。他根据长期以来在互联网上为商人服务的经验和体会，明确了自己公司发展的方向是为全球的商人建立一个网上商业信息和机会的交流站点。

1999 年初，M 被邀请到新加坡参加一个关于亚洲电子商务的研讨会，M 发现 80% 的演讲者来自美国，他们所用的案列 80% 都是美国的，80% 的听众都来自西方国家，但是那次会议的议题却是亚洲的电子商务，M 认为美国是美国，亚洲是亚洲，中国是中国，中国应该有自己的电子商务模式。回国后，苦恼中的 M 到了长城，他看到到处写着：杰克到此一游、乔伊到此一游、迈克到此一游……M 想，这可能是最原始的 BBS 模式。"创办 A 公司，就是我从长城和新加坡的旅行中得到的灵感。"回家以后，M 在自己家里和他的 17 位创业伙伴召开了第一次会议。他说："从现在开始，我们准备做一个站点。"他把自己的想法向大家做了阐述，接着要求大家把自己的闲钱放在桌子上，对此，M 的要求是：第一，不许向家里借钱；第二，不许向朋友借钱，所有的钱都必须是闲钱。因为，这件事失败的可能性很大。"需要时，我可以把房子卖掉。"而最后，他们凑齐了 50 万元人民币，成立了 A 公司网站。对于公司的名字，M 说就是要让全球的人第一眼就记住这个名字。

据 2007 年的资料，M 率领他的运营团队汇聚了来自全球 220 个国家和地区的 1000 多万注册网商，每天提供超过 810 万条商业信息，成为全球国际贸易领域最大、最活跃的网上市场和商人社区。M 创立的 A 公司被国内外媒体、硅谷和国外风险投资家誉为与 Yahoo，Amazon，eBay，AOL 比肩的五大互联网商务流派代表之一。它的成立推动了中国商业信用的建立，在激烈的国际竞争中为广大中小企业创造了无限机会。2007 年 A 公司的净利达到了 6.9 亿元，比 2006 年同比增长了 136%。很重要的一点是，国内的收入达到了 4.8 亿元，占他总营业收入的 34%，"让天下没有难做的生意"的愿望正在逐步实现。

（3）M 的哲学观　作为成功的企业家，M 有着许多自己独特的人生理念和经营理念，他甚至被人评价为："企业家的另一半是哲学家。"M 认为，做一件事情要想成功，至少要有四个因素："第一是坚信，就是'我相信'，'我们相信'；第二是坚持；第三是学习；第四是做正确的事和正确地做事。"M 对年轻人的建议是这样的："人必须要有自己坚信不疑的事情，没有坚信不疑的事情，那你不会走下去。你开始坚信了一点点，就会越做越有意思。"对团队管理，M 说："如何让每一个人的才华真正地发挥作用，这就像拉车，如果有的人往这儿拉，有的人往那儿拉，互相之间自己就给自己先乱掉了。当你有一个傻瓜时，很傻的，你会很痛苦；你有 50 个傻瓜是最幸福的，吃饭、睡觉、上厕所排着队去的；你有一个聪明人时很带劲，你有 50 个聪明人时实际上是最痛苦的，谁都不服谁。我在公司里的作用就像水泥，把许多优秀的人才黏合起来，使他们力气往一个地方使。""一个公司在两种情况下最容易犯错误，第一是有太多钱的时候，第二是面对太多机会的时候。一个 CEO 看到的不应该仅仅是机会，因为机会无处不在，一个 CEO 更应该看到灾难，并把灾难扼杀在摇篮里。""我说的是在绝大多数的情况下，一个男人的长相和智慧是成反比的，因为你长得丑，没有本钱，只能去不断努力，而且往往努力的人都有点古怪，要么很瘦，要么很胖。"面临金融危机，在一次会议上，M 对着台下的近千名企业家气势如虹地说道，"所有的企业只要你想活，你一定能活下去。连'猪坚强'都能活，你为什么不可以？"此言一出，共鸣一片。

第四章　决策理论

【学习目标与要求】

通过本章学习，了解决策的概念、特征和构成要素，理解决策在管理中的作用，明确决策的类型、原则、影响因素和程序，掌握定性决策方法、定量决策方法和计算机辅助决策。

【引导案例】

一万个电灯泡的赌注——商战危机

日本松下电器公司董事长松下幸之助早年曾在大阪电灯公司工作。他对电灯泡着了迷，为了实现其改进电灯灯头的构想，不惜巨资从事改良的工作，并组成了松下电器公司。不巧公司成立之初，恰遇经济危机，市场疲软，销售困难。怎样才能使公司摆脱困境、转危为安呢？松下幸之助权衡再三，决定一不做、二不休，拿出一万个电灯泡作为宣传之用，借以打开灯泡的销路。

灯泡必须备有电源，方能起作用。为此，松下亲自前往拜访冈田干电池公司的董事长，希望双方合作进行产品的宣传，并免费赠送一万只电灯泡。一向豪迈爽直的冈田听了此言，也不禁大吃一惊，因为这显然是一种很不合常理的冒险。但松下诚挚、果敢的态度实在感人，冈田终于答应了他的请求。

松下公司的电灯泡搭配上冈田公司的干电池，发挥了最佳的宣传效用。很快地，电灯泡的销路直线上升，干电池的订单也雪片般飞来，初创伊始的松下电器公司非但没有倒闭，反而从此名声大振，业务兴隆。

对于刚刚创办、家底不厚的松下电器公司来说，一万只电灯泡是个不小的数目。但松下在危机面前敢于孤注一掷，采取破釜沉舟的推销行动，因此震撼了人心，争取了支持者，终于获得成功。

管理过程包含着决策，决策又作用于管理过程。无数的管理实践已经充分证明，决策是关系计划、组织、领导及控制职能活动运作水平与质量、成功与失败的主要因素。在经济全球化的竞争与发展中，管理过程中充满了各种挑战和机遇，需要管理者有针对性地、适时地作出战胜挑战、抓住机遇的决策，从而使组织在创新发展过程中有效地规避风险，赢得更大的生存空间。

第一节　决策概述

一、决策的概念与特征

决策是指为了达到一定的目标，从两个或两个以上的可行方案中选择一个合理方案的分析判断过程。为了把握决策的概念，需要认识决策的以下特征。

（1）超前性　任何决策都是针对未来行动的，是为了解决现在面临的、待解决的问题以及将来会出现的新问题，所以，决策是行动的基础，要求决策者具有超前意识，思想敏锐，目光远大，能够预见事物的发展变化，适时地做出正确的决策。

（2）目标性　决策目标是决策所需要解决的问题，只有在存在问题的情况下，并且决策者认为这些问题必须解决的时候才会有决策。决策是通过解决某些问题来实现目标，无目标的决策或目标不明确的决策往往会导致决策无效甚至失误。

（3）选择性　决策必须具有两个或两个以上的备选方案，通过比较评定进行选择。如果无法制订方案或只有一个方案，那就失去了决策的意义。

（4）可行性　决策所做的若干个备选方案应是可行的，这样才能保证决策方案切实可行。"可行"是指：能解决预定问题，实现预定目标；方案本身具有可行的条件；可以对方案的影响因素及效果进行定性和定量的分析。

（5）过程性　决策既非单纯的"出谋划策"，又非简单的"拍板定案"，而是一个多阶段、多步骤的分析判断过程。决策的重要程度、过程的繁简及所费时间长短固然有别，但都必然具有过程。

（6）科学性　科学决策并非易事，要求决策者能够透过现象看到事物的本质，认识事物发展变化的规律，做出符合事物发展规律的决策。科学性并非否认决策没有失误和风险，而是要善于从失误中总结经验教训，要尽量减少风险。

二、决策在管理中的作用

随着社会化大生产的日益发展，决策在现代组织中的作用越来越大，一个组织决策水平的高低对其在市场经济中的兴衰存亡起着决定作用。

1. 决策是决定组织管理工作成败的关键

组织的管理工作成效的大小，首先取决于决策的正确与否。决策正确，可以使组织兴旺发达，可以提高组织的管理效率和经济效益；决策失误，一切工作都会徒劳无益，会给组织造成经济损失甚至是灾难性的损失。

2. 决策是实施各项管理职能的根本保证

决策贯穿于组织的各项管理职能中，在组织的管理过程中，每个管理职能要发挥作用，都离不开决策。在计划职能实行过程中，选择什么样的目标，为实现这个目标如何分配人力、物力和财力，采用什么样的方法和步骤，都要作出决策；在行使组织职能时，如何建立组织机构，怎样划分各组织机构的职权范围以及如何选配各机构的管理人员等，也都需要作出决策；同样，在行使领导和控制职能时也不例外。

三、决策的构成要素

决策是由决策主体、决策客体、决策理论与方法、决策信息和决策结果等要素构成的一个有机整体。

1. 决策主体

决策主体是指参与决策的领导者、参谋者及决策的执行者。决策主体可以是个人，也可以是团体——决策机构。决策主体是决策系统的灵魂和核心，决策能否成功，取决于决策主体的素质。

2. 决策客体

决策客体是指决策对象和决策环境。决策对象是指决策主体能影响和控制的客观事物。

如一个企业、某项业务的经营目标、经营规划、某项产品研究、开发等。决策环境是指制约决策对象按照一定规律发展变化的条件。决策对象与决策环境的特点、性质决定着决策活动的内容及其复杂程度。

3. 决策理论与方法

决策理论与方法的功能在于将现代科学技术成果运用于决策过程，从整体上提高经营管理决策活动的科学性，减少和避免决策结果的偏差与失误。比如，遵循科学的决策程序，采用适宜的决策方法，将定性分析和定量分析相结合。

4. 决策信息

决策信息是决策的前提和基础。要保证决策的正确性，拥有大量、丰富的信息是必不可少的条件。决策主体只有掌握充分和准确的信息，才有可能作出正确的决策。

5. 决策结果

决策的目的是为了得到正确的决策结果，没有决策结果的决策不算是决策，任何决策都要得到决策结果。

四、决策的类型

决策所要解决的问题是多方面的，为了进行正确的决策，必须对决策进行科学分类。

（一）按决策主体划分

1. 个体决策

个体决策是指由单个人进行的决策。个人在参与组织活动的过程中，经常要对自己将要表达的言行做出决定，如自己是否服从工作调动、是否超额完成任务等，需要做出自我判断与选择。当个体决策反映到管理过程中时，是由肩负主要管理职责的管理者个人高效、果断地做出的决定。个体决策受个人知识、经验、心理、能力、价值观等因素影响，容易使决策失之偏颇，特别是决策权过度集中容易导致权力腐败。因此，仅在不具备召集有关人员进行共同决策的紧急关头，如处理突发性的意外事件时，需要决策者及时而果断地做出决策时宜采用个体决策。

2. 群体决策

群体决策是指由两个或两个以上决策个体构成的一种集体决策，它是建立在多种见解和主张基础上，在多种判断与选择相互博弈中裁决最终决策方案的过程。群体决策使决策权在相互制约和相互监督机制中得到一定程度的分散，可以有效地防止决策受个人因素影响，使决策更富有客观性。但是，群体决策存在着决策时效性差、成本高的缺陷，决策信息化手段正在为克服这一缺陷创造越来越有利的条件。群体决策的优势与劣势如表4-1所示。

表4-1 群体决策的优势与劣势

优　势	劣　势
1. 知识的更大集中 　群体与个人相比,能带来更多的信息和经验处理决策问题	1. 社会压力 　不愿意"触礁"和顺从压力相结合的结果,会抑制个人的贡献和创造性
2. 不同的观点 　具有不同经验和利益的个人能使群体从不同角度去看决策环境	2. 少数人统治 　当群体中某些人讲话时间很长,声音很大时,群体活动的质量会下降

续表

优　　势	劣　　势
3. 更大的理解力 　　群体对于不同行动方案取舍的讨论能使人们更好地理解最终决策的理由	3. 相互吹嘘 　　政治性结盟会取代明智的思考
4. 决策的接受性 　　那些在群体决策中发挥积极作用的人会把决策当做是自己制定的而不是别人强加的	4. 目标置换 　　有时为了赢得争论，阐明一种观点或回击对手而忘了真正要解决的问题
5. 训练基地 　　那些缺乏参与经验的个人可以通过参与群体决策学会如何适应群体动态	5. 集体思维 　　有时群体中的凝聚力使得达成全体一致的愿望限制了理智的判断，从而不能正确评价各备选方案，并作出最后选择

（二）按决策重要程度划分

1. 程序性决策

程序性决策亦称例行性决策，是指在管理活动中按照既定的规律、准则、步骤、方式做出常规性的决定。在日常管理活动中经常出现一些重复性的事务，使其决策方式和方法逐渐演变成一种程序化的惯例被沿袭下来，形成一种确定性的决策思路和运作模式，如办公用品的采购等在决策中都有固定的例行模式。

2. 非程序性决策

非程序性决策亦称例外性决策，是指在管理活动中无先例可借鉴、无规律可循的非常规性决策。在复杂的管理活动中，不可避免地要遇到一些闻所未闻、见所未见的问题需要处理，解决这类问题难以照章办事，缺乏规范性的操作经验和实践依据。因此，非程序性决策不仅要付出一定的时间、人力等多种成本来探索解决问题的基本途径，还要一丝不苟地坚持主观判断与客观实际的一致性。对于开发新技术、改革行政流程等重大问题，都需要做出非程序性决策。

程序性决策和非程序性决策是相对的，在一定条件下，二者可以相互转化。程序性决策的常规性不是一劳永逸的，随着决策环境的变迁，这种常规性有可能被打破而呈现出非常规性，使程序性决策转化为非程序性决策；非程序性决策中超常规的未知性一旦被破解，就可能转化为一种规律，使非程序性决策转变为程序性决策。

（三）按决策地位划分

1. 战略决策

战略决策是指谋求组织长远发展的重大决策，如经济体制改革、重大方针政策调整等方面的决策。战略决策是从组织全局利益出发，根据组织整体发展需要制定的长期性部署；既概括了组织长远发展的目标、方向、重点，又原则性地明确了所应采取的基本方针、重要措施和基本步骤，具有纲领性；是组织在激烈的竞争中求生存、求发展的长远之计，直接关系着组织的发展速度、方向与规模，是决定组织生存状态的生命线。

2. 战术决策

战术决策是指为了全面落实战略决策所进行的阶段性决策的集合，如为了实现某一战略决策所做出的扩大生产规模、采用新的销售方式等决定。由于战略决策属于宏观的长期性决策，所以，其实施过程需要分阶段逐步开展，并做出每阶段发展的战术决策，即阶段性的目标、方法与策略等。战术决策是战略决策的一个组成部分，是执行战略决策的阶段性行动规划，具有解决局部性问题的功能。在复杂多变的竞争环境中，战术决策需要具有一定的创新性、机动灵活性，才能产生符合战略决策要求的阶段性功效。

3. 业务决策

业务决策是指为了执行战术决策方案，做出的各种有关具体操作性的决策，如某种产品开发、专业技术人才引进等。业务决策是战术决策的重要组成部分，是战略决策在某阶段的具体行动策划。业务决策不仅明确规定各种相关业务部门具体运作目标和作业任务，而且具有协调各个业务部门之间关系的功能，还具有提高各个业务部门作业效率及效益的作用。业务决策主要侧重于将战术决策落实到具体业务部门，并转化成实现战略决策的具体实践活动。因此，业务决策正确与否、效能大小，直接关系到战术决策和战略决策的实施效果。

战略决策、战术决策和业务决策是谋划组织未来发展的大计，它们处在三个不同层次，具有相互依存和相互约束的密切联系。在一般情况下，战略决策、战术决策、业务决策分别由高层决策者、中层决策者、基层决策者制定。

（四）按决策层次划分

1. 高层决策

高层决策是指由组织高层管理人员所进行的决策。高层决策要解决的是组织全局性的、与外界环境相关的重大问题，大部分属于战略决策。

2. 中层决策

中层决策是指由组织中层管理人员所进行的决策。中层决策所涉及的问题多属于安排组织在一定时期的生产经营任务；或者为了解决一些重要问题，而在一定范围内采取一些必要措施的决策，一般属于战术决策和一部分业务决策。

3. 基层决策

基层决策是指组织基层管理人员所进行的决策。基层决策所解决的是作业任务中的问题，主要包括两方面的内容：①经常性的作业安排；②生产经营活动中偶然发生并需要解决的问题。这类决策问题技术性强，要求及时解决，不能拖延时间。

（五）按决策时间长短划分

1. 中、长期决策

中、长期决策是指在较长时间内，一般是三至五年或更长时间才能实现的决策。中、长期决策多属于战略决策，需要一定数量的投资，具有实现时间长和风险较大的特点。

2. 短期决策

短期决策是指在短时间内，一般是一年以内就能实现的决策。短期决策多属于战术决策或业务决策，具有投资少和时间短的特点。

（六）按决策条件划分

1. 确定型决策

确定型决策是指各种方案只有一种确定的结果。确定型决策各种可行方案的条件都是已知的，问题的各种未来的自然状态非常明确，只要比较各种方案的结果，就可以选择出最优方案。

2. 风险型决策

风险型决策是指决策者对未来的情况无法作出肯定的判断，无论选择哪个方案都有一定风险的决策。风险型决策的各种方案都存在着两种或两种以上的自然状态，其概率是已知的，对执行结果决策人虽然预先不能完全肯定，但可以根据概率进行计算作出决策。

3. 不确定型决策

不确定型决策是指在决策中存在着许多不可控制的因素，而且各种方案的结果又是未知的，只能靠决策者的经验确定一个主观概率而作出的决策。这种决策的各种方案出现的自然状态是已知的，其概率是未知的，每个方案的执行后果，决策人不能肯定，主要凭决策人的经验和估计作出决策。

（七）按决策方法划分

1. 定量决策

定量决策亦称为统计决策，是指对已经掌握的、比较完备的、过去及现在的有关数据资料信息，运用数理统计、概率论、运筹学、博弈论、计算机技术方法进行加工处理，分析与预测相关变量之间的关系，揭示其变化规律，对组织的未来发展状态与趋势作出定量的描述，用量化的方法为决策提供各项预测指标。定量决策的常用方法主要包括经济模型、回归分析、趋势外推等。定量决策重视以相关的数据资料为依据，运用数学和计算机等手段计算出具体预测指标，为决策提供较精确的参考。但是，定量决策方法对有关数据资料信息要求比较严格，使其实现难度较大，在一定程度上限制了其应用范围。

2. 定性决策

定性决策亦称判断分析决策，是指借助系统学、心理学、经济学、历史学等社会科学理论的原理、规律和方法，利用决策者的知识、经验和综合能力，对决策对象的发展历史和现状进行全面的分析及透视，研究并建立决策程序，对各项预测指标做出定性描述，用性质判断的形式为决策提供参考信息。当决策对象的许多细节难以进行量化描述或无法提供有关数据资料信息时，则需要应用定性的决策方法。定性决策重视对各项预测指标做出质的分析，其操作比定量决策难度小，适应范围较宽。但是，由于定性决策包含主观因素较多，其决策的精确性容易受到影响。

3. 综合决策

综合决策是指将定量决策和定性决策有机结合起来，对各项决策指标进行全面分析与描述，并得出复合性决策结论的过程。在绝大多数的决策过程中，只有部分决策指标可以定量分析，还有部分决策指标因难以量化分析而只能进行定性分析。在这种情况下，需要将定量决策和定性决策有机地结合起来加以应用，对各项决策指标视具体情况分别做出定量的数学推导和定性的分析透视，从而形成综合性的决策结果。综合决策使定量决策和定性决策在一定程度上得到优势互补，延伸了定量决策和定性决策解决实际问题的效能，因此，综合决策在实践中应用较为广泛。

第二节　决策的原则、影响因素和程序

一、决策的原则

在进行决策时，应遵循以下原则。

（1）全局性　组织是整个国民经济的子系统，要贯彻执行政府的有关方针、政策、法令、制度，适应社会的限制条件；组织自身又是一个系统，组织的各项经营决策要保证总体优化，必须协调好组织内部各部门、各单位、各环节之间的关系，进行综合平衡。

（2）科学性　决策是一个复杂的过程，必须遵循科学的决策程序，确定有效的决策标准，采用科学的决策方法，建立有效的决策体系和做好决策的组织工作。

（3）可行性　每一项决策都会有若干条件的制约，必须从实际出发，使决策方案切实可行，才能提高效率，获得更多收益，避免浪费和减少风险。决策应采用定性和定量相结合的方法，认真进行可行性研究和分析论证，量力而行，选取切实可行的方案。

（4）效益性　讲求效益是决策的根本目的，要把速度与效益、短期效益与长期效益、组织效益与社会效益有机地结合起来。

（5）民主性　决策方案要在民主的基础上制定和执行，应充分调动群众的积极参与精神，发扬民主，集中广大职工的集体智慧。

（6）反馈性　决策是为了实现未来的某一特定目标，而实现目标的条件特别是外部环境是随着时间的变化而不断变化的，有许多潜在的问题将不断出现，组织的经营方案必须有应变措施，一旦环境条件发生变化，就要及时反馈有关信息，并据以采取相应措施。

（7）创新性　科学的决策要求决策者既要有技术经济分析能力，又要有战略眼光和进取精神，勇于开拓新路子，提出新设想，创造新方法。

二、决策的影响因素

1. 环境

环境对决策的影响表现在两方面：推动决策和制约决策。首先，环境的变化使组织面临新的问题，组织为应付这些问题，就要进行决策。其次，决策者在进行决策时，要考虑各种环境因素并受其制约，决策如果脱离了环境或对环境因素认识不足，在执行时就会遇到困难，甚至根本无法执行。

2. 决策者的素质和作风

决策者的价值观、知识水平、战略眼光、领导能力、民主作风、对待风险的态度等都会直接影响决策的过程和结果。知识渊博、富有战略眼光的决策者依靠个人素质就能运筹帷幄，作出高质量的决策；领导能力强、民主作风好的决策者能够集思广益，发动更多的人参与决策，从而提高决策的质量；愿冒风险的决策者在决策时往往更加主动、积极，不愿冒险的决策者在决策时则容易被动和保守。

3. 组织文化

组织文化影响着组织及其成员的行为方式，它对决策的影响也正是通过影响人们对组织、对变革的态度而发挥作用。团结、和谐、平等的组织文化会激励人们积极参与组织决策，涣散、压抑、等级森严的组织文化则容易使人们对组织的事情漠不关心，不利于调动组织成员的参与热情。在偏向保守、怀旧、维持的组织中，人们总是根据过去的标准来判断现在的决策，总是担心在变化中会失去什么，从而对将要发生的变化产生怀疑、害怕和抵御的心理与行为；相反，在具有开拓、创新气氛的组织中，人们总是以发展的眼光来分析决策的合理性，总是希望在可能产生的变化中得到什么，因此渴望变化，欢迎变化，支持变化。显然，前一种组织文化有利于新的决策的实施，后一种组织文化则会成为实施新决策的障碍。为此，在制定以及选择决策方案时，必须考虑实施方案时可能遇到的组织文化方面的阻力，以及为克服这种阻力而必须付出的代价。

4. 过去的决策

在实际的管理工作中，程序化决策占有很大比例，即使是非程序化决策，单项决策也常常很容易从过去找到类似的例子，再加上心理因素的影响，就使得决策者在决策时经常要考虑过去的决策，问一问以前是怎么做的，所以，过去的决策总是在有形或无形地影响着现在的决策。这种影响有利有弊，其好处是有利于实现决策的连贯性和维持组织的稳定性，并使现在的决策建立在较高的起点上；其问题是不利于创新，不利于实现组织的跳跃式发展。

过去的决策对现在决策的影响程度，主要受它们与决策者的关系的影响，这种关系越紧密，现在的决策受到的影响就越大。如果现在的决策就是过去的决策的延续，因为决策者要对过去的决策负责，他在进行现在的决策时，就必然要考虑过去的决策。如果决策者以前已经作过许多类似的决策，他就容易形成一种思维定势，这种思维定势将影响他现在的决策。

5. 时间

美国学者威廉.R.金和大卫.I.克里兰把决策类型划分为时间敏感性决策和知识敏感性决策。时间敏感性决策是指那些迅速而尽量准确的决策，战争中指挥官的决策多属于此类，这类决策对速度的要求远甚于质量。相反，知识敏感性决策对时间的要求就不太严格，这类决策的执行效果主要取决于决策者的知识及决策的质量，而非决策的速度。

三、决策的程序

要提高决策的科学性和有效性，必须遵循正确的决策程序。

1. 调查研究经营状况与环境

这是决策的基础。进行决策必须对组织的外部环境和内部条件进行调研，分析组织面临的发展机会和威胁以及组织的优势和劣势，掌握必要的信息资料。

2. 明确经营问题，确定经营目标

这是经营决策的出发点和归宿。经营问题是指组织经营活动的实际状态与理想状态之间的差距，而且这个差距已超过了允许的限度，或当前虽未超过，但有发展扩大之势，将来会产生严重的后果。经营决策就是要寻找产生差距的主要原因，并加以解决。确定经营目标，要明确以下四个问题。

① 为什么要达到这个目标，即它的必要性与可能性。

② 选定哪些是具体目标，哪个是主要目标。分清近期与远期、主要与次要、必达与期望的目标，并明确它们之间的相互关系，保证主要目标和必达目标的实现。

③ 达到何种程度。要求目标要明确、具体，尽量做到定量化，在时间、地点、数量上都要加以确定，以便检查决策的实际执行情况。

④ 如何保证目标的实现。要明确实现目标要具备什么条件、应采取哪些有效措施予以保证。

3. 拟定可行方案

这是决策的依据。根据所确定的目标及有关信息资料，拟定出尽可能多的可行方案，原则上要求将整体详尽性和相互排斥性相结合。整体详尽性是指所拟定的各种备选方案，应尽可能多地包括能找到的各种方案。相互排斥性是指在多个方案中只能选择一个方案，不能几个同时选用，即方案之间是互相排斥的。

拟定备选方案和选择方案往往无法截然分开，实际上不是等到把全部备选方案都找出来后才最后进行一次选择，而是先拟定一批，初选淘汰一些，补充修改一些，再选择，如此反复进行，直到选出满意的方案为止。

4. 对方案进行分析、评价和选择

这是决策的关键。根据当前情况和对未来发展趋势的预测，对不同方案进行比较、分析、评价和选择，评价标准必须具有技术先进性、经济合理性和实现的可能性及风险低、副作用小等方面的综合要求；对潜在问题应予以分析和防范；应选用科学的评价方法。

5. 方案的实施与反馈

这是决策的结果。在方案选定后，要制定具体的实施措施，并使广大执行者了解和接受决策。要将决策目标层层分解、层层落实，直到个人；明确责任、权力和利益，层层保证；通过控制系统，及时掌握实施进度和情况，按规定标准衡量执行结果，及时纠正偏差，并将信息反馈到指挥系统，以便重新修订目标、改变策略。

第三节　决策方法

一、定性决策方法

（一）头脑风暴法

头脑风暴法是一种集体决策方法，便于发表创造性意见，因此，该方法主要用于收集新设想。该方法通常是将对解决某一问题有兴趣的人集合在一起，在完全不受约束的条件下，敞开思路，畅所欲言。头脑风暴法的创始人——英国心理学家奥斯本，为该决策方法的实施提出了四项原则。

① 对别人的建议不作任何评价，将相互讨论控制在最低限度内。

② 建议越多越好，在这个阶段，参与者不要考虑自己建议的质量，想到什么就应该说出来。

③ 鼓励每个人独立思考，广开思路，想法越新颖、越奇异越好。

④ 可以补充和完善已有的建议以使它更具说服力。

头脑风暴法的目的在于创造一种畅所欲言、自由思考的氛围，诱发创造性思维的共振和连锁反应，产生更多的创造性思维。这种方法的时间安排应在1～2小时，参加者以5～6人为宜。

（二）德尔菲法

这是兰德公司提出的，被用来听取有关专家对某一问题或机会的意见。首先，要设法取得有关专家的合作（专家包括大学教授、研究人员以及有经验的管理者）。然后，把要解决的关键问题分别告诉专家们，请他们单独发表自己的意见并对所需的时间作出估计。最后，管理者收集并综合各位专家的意见，再把综合后的意见反馈给各位专家，让他们再次进行分析并发表意见。在此过程中，如遇到差别很大的意见，则把提供这些意见的专家集中起来进行讨论并综合。如此反复多次，最终形成代表专家组意见的方案。

运用该方法的关键如下。

① 选择好专家，这主要取决于决策所涉及的问题或机会的性质。

② 决定适当的专家人数，一般10～50人较好。

③ 拟定好意见征询表，因为它的质量直接关系到决策的有效性。

（三）哥顿法

哥顿法是美国人哥顿1964年提出的决策方法。该方法与头脑风暴法类似，由会议主持人先把决策问题向会议成员作笼统的介绍，由会议成员（即专家成员）海阔天空地讨论解决方案；当会议进行到适当的时机，决策者再将决策的具体问题展示给小组成员，使小组成员的讨论进一步深化，最后由决策者吸收讨论结果并进行决策。

（四）名义小组技术

名义小组技术亦称名义群体法，是指参与决策的每一个成员不允许进行任何口头语言交流，而只限于纸和笔等方式交流的群体决策方法。该方法主要用于对问题的性质不完全了解且意见分歧严重的情形，往往耗时较少，成本比较低，可以有效地激发成员的创造力和想象力。

在名义小组技术中，管理者首先召集一些决策者构成名义小组，在安静的环境里，把要解决的问题的关键内容告诉给各成员，并请他们独立思考，要求每个人尽可能地把自己的备选方案和意见写下来，通过书面的形式在小组成员之间传递反馈意见。在一张简单的图表上，用简洁的语言记录下每一种想法，按次序让小组成员进行书面讨论，由小组成员对各种想法进行投票，通过数学方法处理投票结果，用等级排列和次序得出决策。

（五）电子会议

电子会议是将专家会议法与计算机网络技术结合起来的最新集体决策方法。参加决策的专家们围坐在一张桌子旁，桌子上只有一台计算机终端，每位专家都有一个显示屏与计算机终端连接，他们都可以把自己的回答显示在计算机屏幕上，其他的专家也可以看到答案。计算机终端还与一个大的会议显示屏连接，个人评论和投票统计都可以显示在会议显示屏上。

电子会议的主要优点是匿名、诚实和快速。决策参与者能不透露姓名地打出自己所要表达的任何信息，使所有其他人都能看到；人们能够充分地表达自己的想法而不受任何影响或惩罚；消除了闲聊和讨论偏题，且不必担心因打断别人的"讲话"而影响别人的思路和新想法。一般地，电子会议比传统的面对面的会议节省一半以上的时间，非常适合高效、集体决策。

二、定量决策方法

（一）确定型决策方法

1. 线性规划

线性规划主要用于解决有限资源的最佳配置问题，即如何对有限的资源做出最佳方式的调配和最有利的使用，以便最充分地发挥资源的效能去获取最佳经济效益。该方法通常是在一些线性等式或不等式的约束条件下，寻求线性目标函数的最优值。对于一般的线性规划问题，常用单纯形法求解；对于只有两个或三个决策变量的线性规划，可以使用图解法求解。

运用线性规划建模的步骤：①确定影响目标函数大小的决策变量，列出目标函数方程；②找出目标函数的约束条件；③确定目标函数解的情况，即有解还是无解，如果有解时，有多少解；④判断目标函数的最优值的情况，如果存在最优值，确定其大小。

2. 盈亏平衡分析法

盈亏平衡分析法亦称量本利分析法或保本分析法。该方法主要寻找制约企业生产成本、销售利润和产品数量之间关系的平衡点，通过对盈亏平衡点的分析来判断产量或销售量达到什么水平才能保证企业不亏损,以此掌握盈亏变化的规律,为企业提供以最小的成本产生最大利润的经营方案。该方法在企业经营决策、经济预测、经济效益评价中得到了广泛运用。

在盈亏平衡分析过程中,如果设 R 为总销售额,C 为总固定成本,V 为单位变动成本,Q 为总产量,P 为销售单价,B 为销售总利润,则可以获得一定利润的产量(销售量)公式为:

$$Q=(C+B)/(P-V)$$

平衡点产量(销售量)公式为:

$$Q=C/(P-V)$$

(二) 风险型决策方法

1. 风险型决策的基本结构

风险型决策具有以下五个特征。

① 有明确的决策目标,如收益、成本、市场份额、效用等。记作 V。

② 实现决策目标有两个或两个以上行动方案。记作 A_i($i=1,2,\cdots,m$)。

③ 行动方案实施面临的未来可能自然状态有两种或两种以上。记作 S_j($j=1,2,\cdots,n$)。

④ 每个行动方案在不同自然状态下的可能目标贡献结果可以预先计算。记作 W_{ij}($i=1,2,\cdots,m$;$j=1,2,\cdots,n$),称为方案的条件收益(或损失)值。

⑤ 未来面临的可能自然状态出现的概率可以经调查研究预先估计得知。记作 P_j($j=1,2,\cdots,n$),且 $\sum P_j=1$。

根据以上风险型决策的五个特征,可以构造出风险型决策的基本结构矩阵,如表 4-2 所示。

表 4-2 风险型决策的基本结构矩阵

行动方案 W_j \ 目标贡献	自然状态 S_j				
	S_1	S_2	$\cdots$	$S_j \cdots$	S_n
A_1	W_{11}	W_{12}	$\cdots$	$W_{1j} \cdots$	W_{1n}
$\vdots$	$\vdots$	$\vdots$		$\vdots$	$\vdots$
A_i	W_{i1}	W_{i2}	$\cdots$	$W_{ij} \cdots$	W_{in}
$\vdots$	$\vdots$	$\vdots$			
A_m	W_{m1}	W_{m2}	$\cdots$	$W_{mj} \cdots$	W_{mn}
出现概率	P_1	P_2	$\cdots$	$P_j \cdots$	P_n

在风险型决策中,由于存在着不同自然状态下的不可控因素,所以,同一决策方案在执行中会出现几种可能的结果。例如,商贸企业购进某种商品如果适逢市场畅销,则销售迅速,加快资金周转,降低仓储费用和损耗,减少信贷利息,从而增加收益;反之,如果出现市场滞销,则会延缓商品周转速度,增加流通费用,甚至发生商品残损现象,以致减少收益或发生亏损。然而,决策者对各种客观自然状态是不能确定的,只能大致估计各种自然状态的概率及其损益。因此,风险型决策便存在一个选择决策准则的问题。

2. 风险型决策的决策准则

风险型决策的决策准则主要是期望值准则。期望值准则就是根据不同方案的损益期望值,选取具有最大收益或最小损失期望值的方案作为决策方案。方案损益期望值是指每个方案在各种状态下的损益值以状态概率为权数的加权损益值。若决策结构矩阵中 W_{ij} 代表收益，即得收益期望值；若决策结构矩阵中 W_{ij} 代表损失，即得损失期望值。

假设风险型决策已知其决策结构矩阵表各元素，则每一方案的损益期望值记作 $EMV(A_i)$，为：

$$EMV(A_i)=\sum P_j W_{ij}(1\leqslant i\leqslant m)$$

显然，决策目标为最大收益值时，决策方案为选择 $EMV(A_i)$ 大者，即：

$$EMV=\max EMV(A_i)(1\leqslant i\leqslant m)$$

决策目标为最小损失值时，决策方案为选择 $EMV(A_i)$ 小者，即：

$$EMV=\min EMV(A_i)(1\leqslant i\leqslant m)$$

（三）非确定型决策方法

在非确定型情况下，主要有以下几种决策方法。

（1）乐观法 是指最大最大收益法，也叫大中取大法，即先在每个方案中选取最大收益值，再在选取的最大收益值中选取具有最大收益值的方案，作为决策方案。

（2）悲观法 是指最大最小收益法，也叫小中取大法，即先在每个方案中选取最小收益值，再在选取的最小收益值中选取具有最大收益值的方案，作为决策方案。

（3）折中法 是指在上述两种方法之间进行折中。此方法的假定前提是最好的自然状态和最差的自然状态均有可能出现。在运用此方法时，决策者应该首先给最好的自然状态一个乐观系数，给最差的自然状态一个悲观系数，两者之和为1；然后用最好的自然状态下的期望收益值（收益乘以乐观系数）加上最差的状态下的期望收益值（收益乘以悲观系数），得出各方案的期望收益值，期望收益值最大的方案就是决策所选择的方案。

（4）最小遗憾法 是指大中取小法，即当某一状态出现时，将会明确哪个方案是收益值最大的方案，如果决策人当初并未采取这一方案，就会感到后悔，则最大收益值与所采取的方案收益值之差就称为后悔值。从各方案的最大后悔值中找出一个最小的后悔值，后悔值最小的那个方案就是决策方案。

（5）平均法 也叫等可能法。此方法的前提是各种自然状态发生的可能性是相同的，通过比较各个方案的损益值的平均值来进行方案的选择。在利润最大化目标下，选择平均利润最大的方案；在成本最小化目标下，选择平均成本最小的方案。

上述决策方法都是从不同的角度考察问题，因此，所得的结果不完全一致，这需要决策人根据自己的判断来选用。

三、计算机辅助决策

决策方法是制定决策的手段，这些手段有时还必须借助于某些决策工具才可应用，比如用于收集信息和交流意见的电话和传真；用于数据处理、信息加工、科学计算、自动控制、决策模拟的计算机。特别是计算机对决策科学的发展起着重大的推动作用。

（1）计算机辅助决策大大提高了决策的速度和精确性 计算机硬件所具有的功能加上软件系统（诸如电子数据处理系统EDPS、管理信息系统MIS、决策支持系统DSS）的不断开发、发展和应用，使得计算机逐步取代了决策制定过程中的大部分工作，如信息和数据的存贮和处理，运用对象模型拟定多种方案，方案运算和分析等，因而大大缩短了决策过程，减少了决策时间，同时计算机精确的计算也提高了决策的精确性。

（2）计算机辅助决策提高了决策的自动化程度 程序性决策通常都有一套解决问题的方

法和程序，这些方法和程序绝大部分属于运筹学或管理科学范畴。只要把它们编译成计算机语言，程序性决策就可以完全实现自动化。事实也是如此，电子计算机已经使得过去属于员工工作范围的那些常规的程序性决策制定和数据处理迅速地实现了高度的自动化；程序性决策的领域，随着愈来愈多地将运筹学工具用于以前被认为是靠判断力的决策中而迅速增大；并且通过计算机提供新的模拟技术已进一步地将程序性决策的范围加以扩展。

非程序性决策由于没有以往经验和固定模式可遵循，所以往往需要发挥主管人员或领导的创造性。对于这类问题，计算机在模拟人脑思维也称人工智能"技术"领域的发展，逐步取得了非程序性决策实现自动化的技术手段。现在以至将来，决策制定的自动化程度将不再是个技术问题，而将变成一个经济问题——使用计算机的费用与人力资源费用的比较。在那些使用计算机的费用小于人力资源费用的领域或场合，自动化程度高，反之自动化程度低。

（3）计算机的运用提高了决策者的能力　不同的决策者拥有的知识、经验、信息、才能不同，所以制定的决策的效果可能截然相反。在计算机没有出现的时候，可以说，决策者是依靠信息、依靠知识来取得竞争优势的。谁拥有信息，谁拥有智慧、能力，谁就能在市场竞争中轻易打败对方。计算机的出现和运用，特别是网络和"信息高速公路"的开发，使得这种竞争优势逐渐消失。决策者手中的计算机提供着相同的信息，进行着相同的计算，得出近似相同的方案，这就对决策者的能力提出了更高的要求。无疑，随着计算机的发展，决策者的素质和各方面的综合能力将会不断地加强。

【寓教于乐】

囚犯的选择——沃尔森法则：把信息和情报放在第一位

一个美国人、一个法国人和一个犹太人同时被法院宣判入狱三年，他们每个人可以向监狱长提一个要求。美国人酷爱雪茄，他要了三箱雪茄；法国人天性浪漫，他要求和一个美丽的女子共度监狱岁月；犹太人则别出心裁地要了一部能够与外界沟通的电话。

三年过去了，美国人第一个冲了出来，他的嘴和鼻孔里塞满了雪茄，大喊道："给我火，给我火！"接着，法国人款款走了出来，他的手里抱着一个小孩子，身边的女子手里牵着一个小孩子，肚子里还怀着他们的第三个孩子。犹太人最后一个从监狱里走出来，他紧紧握住监狱长的手说："这三年来我每天和外界联系，生意非但没有停顿，利润还增长了200%。为了表示感谢，我准备送你一辆劳斯莱斯！"

【点评】犹太人虽身陷囹圄，但依然在商界斩获颇丰，充分证明了这样一条规律：信息是市场竞争中最有价值的资源。

【探源】美国企业家S.M.沃尔森在经营中非常强调信息的重要性，他认为：把信息和情报放在第一位，金钱就会滚滚而来，管理界将这一理念概括为"沃尔森法则"。

企业如果要获得生存和发展，便要在第一时间获得对企业发展有利的情报，能否洞悉社会需求的发展动向，能否打探到竞争对手的最新举措，能否借助某个契机及时借势，并能否在获取情报后迅速地做出对策，最终决定着一个企业是否能在市场竞争中立于不败之地。

20世纪60年代以前，欧米茄公司垄断了历届奥运会计时器的供应。当日本获得了1964年奥运会主办权时，日本精工舍钟表公司认为这是极佳的体育营销机会，为了与欧米茄竞争成功，精工舍钟表公司还派出了一支队伍对欧米茄的计时器进行了侦查。他们发现，欧米茄所生产的机械表误差较大，如果自己想在竞争中取得优势，首先要减少计时器的误差，为此他们加大研发力量争取开发出一种误差更小的计时器。终于，他们开发出了一种每天的运行误差只有0.2秒的石英表，相对欧米茄每天 30 秒的运行误差，精工舍的最新产品赢得了奥委会官员的一致认同，成为这一届奥运会的独家供应商。

企业的发展是与环境不断博弈的过程，信息的获得使企业的决策更具有针对性，减少了因信息不对称而引致的利益损害，管理者获得信息的能力一定程度上决定了决策对企业发展所发挥的作用。

【管理者定律】

麦穗哲理

麦穗哲理：古希腊哲学大师苏格拉底的三个弟子曾求教老师，怎样才能找到理想的伴侣。苏格拉底没有直接回答，却带弟子们来到一片麦田，让他们每人在麦田中选摘一支最大的麦穗，不能走回头路，且只能摘一支。

弟子一走进麦地，很快就发现了一棵很大的麦穗，便迫不及待地将它摘了下来。继续前行，他后悔极了，因为和接下来看见的麦穗相比，手中的这一棵实在太小了，但他也只好带着这样一棵麦穗朝彼端走去。

弟子二走进麦地，看见很多麦穗，他总能发现比刚才所见还要大的麦穗，所以他相信一定还会遇到更大的麦穗，现在不必急着动手。他走啊走啊，当他快要走到麦地尽头，才发现自己已经错过了，只得随手摘下看来尚可的一棵去见老师。

弟子三看了看麦地，先用目光把麦地分成三大块，然后走进去。在起初的一块，他看见了很多大的麦穗，但没有立刻选择，走到中间一块，他发现这块地里的麦穗普遍较大，就在这儿选择了最大的一棵，他拿着麦穗哼着歌走过余下的路。虽然途中也看见大的麦穗，却远不像中间那块地里多，也许会有比他手中更大的麦穗，他也不再后悔，因为他觉得自己已经得到了最大的麦穗。

虽然在数不清的麦穗中寻找最大的几乎是不可能的，而且所谓最大的往往也是要在错过之后才能知道，但如果在调查研究的基础上果断出手，这样即使不能选择到最大的麦穗，但离最大的一定也差不太多，这就是"麦穗哲理"。生活中的很多事情都有麦穗哲理的影子，比如面对机遇，比如选择工作。

这是一个很有哲理的故事，对每一位追求幸福生活和成功事业的朋友都会有所启发。以同样的游戏规则，弟子三显然是最成功的一位，他的择麦过程，可总结为三点。

(1) 给自己一个了解和摸索的时间　面对未知事物，不必急着肯定或否定，不妨先稳定情绪，留一点时间来了解对方。

(2) 在最可能成功的范围内选择事业和理想　"三百六十行，行行出状元"。这个世界发展、变化得太快，以一个人的精力，能在某个领域取得成功已极为不易，这就是为什么老师只让弟子选择一棵麦穗的原因。每个人成功的方法有所不同，只有选择适合自己的领域才更容易成功。正如弟子三，在一片普遍较大的麦穗中进行选择，即便随手摘一棵，拿到参差不齐的麦地中也堪称硕果，这就是成功的概率。

(3) 欣赏自己的事业和成果　弟子三想必也知道，麦地里一定有比弟子三手中更大的麦穗，可是他相信这个行事的方法和原则是成功的，他接受过程的结果并欣赏它，所以，他可以带着愉快的心情走完余下的路。人生也是如此，成功永无止境，只有懂得欣赏自己的事业和成果，才会感到快乐，而快乐本身也是一种成功。

请大家设想一下，此时此刻，你们站在一片玉米地前。

田野上，清新的风徐徐地吹来，铺展在你们眼前的，是一片果实累累的玉米地，同时，这又是一片隐藏着无数大大小小的陷阱的玉米地。

今天，你们将穿越它。

你和你们的对手们将要进行一场有趣的竞赛：看谁最早穿越玉米地，到达神秘的终点，同时，他手中的玉米又最多。

你穿越玉米地，要比别人更快，手里要有更多的玉米，而且要时刻保证自己的安全——这是"玉米地游戏"的三个生存要素：速度、效益和安全。

你可以进行一万种以上的选择，再高明的数学大师都无法计算出这三者之间的最佳比例——或许世界上根本就不存在这样的公式。不同的状态，会产生不同的结果，而每一个最佳的方式，又因为客观环境和条件的变化而变化。穿越玉米地的过程，就是创业决策的过程，N次的选择将产生N种经营状态和结局。穿越的魅力就在这里，企业经营的谜底也就在这里。

在玉米地里，有三个人物：一个叫速速，他是玉米地里跑得最快的人。他信奉的格言是："生命要么是一场大胆的冒险，要么是一事无成。"一个叫老安，他就像"龟兔赛跑"里那只胜利的乌龟，永远行走在最安全的道路上。一个叫小效，他是玉米地里的数学天才，他总能找到最大最好的玉米。

最后谁会赢呢？很难判断，似乎谁都是赢家，似乎谁都有不足。世界上其实并不存在最佳方案或模式，在很多时候，解决问题的办法有很多种，而真理与谬误又往往并肩而立，所谓"条条大路通罗马"，穿越玉米地也是一样。

【点评】"麦穗哲理"启发我们在经济决策中如何做正确判断。

企业经营决策的过程何尝不是"选择麦穗"，或"穿越玉米地"的过程。一个毋庸置疑的事实是：加入世界贸易组织之后，市场竞争日益激烈，中国的许多企业经营者正步入30多年来最为迷茫的一个时期。随着跨国品牌的蜂拥而入，原有的市场格局悄然改变，游戏规则将被重新制定，财富和资本将被重新分配，以往的一些成功经验和经营理念都像一只只冰雹击打下易碎的花瓶。

企业家们已经穿越了30多年的"玉米地"，竟一夜之间变得相对陌生。

那么，应当如何在新的情况下重新审视速度、效益和安全？如何理性地、科学地进行三者之间的权衡和取舍？或那个最优解到底是什么？

当前中国企业的重大问题是对成长进行管理。对成长方向进行管理，即有所为与有所不为的抉择；对成长速度进行管理，即踩油门与踩刹车的协调；对成长潜力进行管理，即长脑子与长个子的平衡；对成长危机进行管理，即安全问题，活着是硬道理。不赚钱可以，不成长也可以，不活着不行。笑到最后的人一定活得最长。

企业首先要管理自己的成长速度。追求可持续成长的企业也并不是追求成长速度的最大化，而是追求在一定利润水平之上的合理成长速度。可持续成长的速度管理的标准不是来自股东或所有者要求的，而是来自于企业本身生存需要。

可持续成长不同于超速成长。追求可持续成长的企业处理成长速度的原则是有节奏、有规律、有预测地在合理的增长比例下发展。尽管有的企业如深圳某技术有限公司规定了"要达到和保持高于行业平均，或高于行业中主要竞争对手的成长速度"的原则，但他们并不刻意去制定一个追赶别人的目标，他们在这时的眼睛是向内的："把土夯实了，撒上一层，再夯实，稳步前进"。只要能够把自己的工作做好，不断地丰富和完善自己，那么成长就是水到渠成的，这才是企业真正应该去追求的目标。

不应赞成超速成长的观念。长得过快容易掉下来，飞得过高容易掉下来。好比弹道曲线原理，正好有一个角度，可以使炮弹射得最远。这个最优的角度可能就是企业的最优成长速度。

应该说，在不同的时候，不同的企业经营者对于成长会有不同的题解。"人不可能两次踏进同一条河流"。在变幻莫测的市场竞争中，任何一个经营决策都应该根据客观环境和条件的变化而变化。所以，在"穿越玉米地"的过程中，将面临无数种选择，所要努力寻找的不应该是别人成功的经验，而是某时某刻最适合自己企业的那一个方案。不轻易给出结论，而在"穿越中一起思考，并使一些观念渐渐得以明晰"，可以说，这是麦穗哲理和"穿越玉米地"故事最大的魅力。

【经典管理故事】

值钱的战略分析

在20世纪50年代，美国出兵朝鲜之前，除了美国兰德公司对这次战争进行了战略预测之外，还有欧洲的一家名叫德林的公司，倾其所有，甚至不惜亏本花巨资研究了有关朝鲜战争的问题。经过大量研究分析，该公司认为：如果美国向朝鲜出兵，中国也一定会出兵，若中国出兵，美国注定要失败。这一份研究报告的主要结论只有寥寥数字："中国将出兵朝鲜"，还附有380页的研究报告。

在朝鲜战争爆发前8天，德林公司欲把这一研究成果以500万美元的价格卖给美国对华政策研究室，但美方认为价码太高而没买。而嫌贵的后果是什么呢？正如我们后来所知，美国出兵朝鲜，中国随即派出了志愿军抗美援朝。

朝鲜战争结束后，美国人为了吸取教训，仍然花费了280万美元买下了德林公司的这项研究成果。

【点评】大型跨国企业在进入一个新的市场，作出一个新的决策，或是开展一个新的项目之前，总是会花费巨资进行市场调研、可行性评估、整体策划等前期准备工作。这样，尽管前期耗资不菲，可随后的发展便往往是一马平川。反观我国有些企业，却为了省钱而少做甚至不做前期调研，只凭感觉做决策，结果在发展过程中遇到重重困难和阻碍，欲进不得，欲罢不能。切记：该花的钱不能省！

复习思考题

1. 决策在现代管理中有什么作用？
2. 怎样正确理解"管理就是决策"这句话？
3. 群体决策总是优于个体决策吗？为什么？
4. 科学决策与经验决策有什么关系？
5. 为什么决策必须遵循一定的科学程序？
6. 如何认识决策的普遍性？

【案例分析】

倚重直觉的风险

泛美航空公司曾经是美国一家航线最长、历史最久的航空企业巨头。

在50多年的发展过程中，泛美从一家全美第三大航空公司、职工人数多达3万余人、拥有130多架各种型号飞机、航线遍布50多个国家的航母级大型航空企业，落败到一蹶不振、最后竟然以宣布破产倒闭而告终。

是什么导致了泛美航空公司的失败呢？

一个企业的兴衰成败，往往与决策者有着极为密切的关系。泛美航空公司的落败，在于当时的总裁艾克尔，他单凭直觉，无视市场需求及预测。

这个错误，是从选择飞机机型上开始的。

早在 20 世纪 70 年代，泛美航空公司就着手淘汰陈旧且耗油量大的波音 707 客机，而在当时，市场上并没有与波音 707 的载容量及续航能力等指标相当的机种。泛美的决策者们没有征询专家的意见，直观上作了一些粗略比较后，就选择了一家公司的 L1105-500 型飞机。然而，随后的事实表明，这是一个错误。该类飞机由于油耗大，单位飞行成本高，使泛美的竞争力大打折扣。而后不久，美国那家生产商便停止了这种飞机的生产，于是 L1105-500 型飞机的维修又成问题，只能在几年之后再次遭淘汰。

为了争夺国内航线，泛美又开始了新一轮的"大采购"，这次购入的是欧洲"空中客车" A300 型飞机，同时还交换了一批不同型号的飞机。这下可犯了行业大忌，因为繁杂的机种给航空人员的培训、机械故障的排除、平日的维修、机场的管理等都造成了很大压力，无形中增加了公司的支出。

更为严重的还是美国国内航空禁令的解除，使得更多其他航空公司有机会在美国国内航空市场上一展身手。此时的泛美航空公司，早已失去了与对手竞争的能力，高成本经营使其不堪重负，而大量职员所享受的高薪与福利，越发让泛美航空公司感到腹背受敌。之后的又一次误飞事件，彻底地粉碎了泛美航空公司想要重振雄风的梦想。1994 年，泛美航空公司无奈宣告破产。

讨论题

从预测理论的角度，分析泛美航空公司倒闭的主要原因及教训。

【点评】 泛美航空公司的结局主要源于忽视市场的需要和缺乏科学的市场预测过程，如仅凭直觉做出选择 L1105-500 型飞机的决策，给公司带来无穷的后患；盲目引进欧洲"空中客车" A300 型飞机和交换一批不同型号飞机，增大了公司管理成本和压力等，导致公司连续蒙受重大决策失误的损失，使公司积重难返，痛失政府解除航空禁令的机遇。因此，在决策前需要对组织环境进行客观分析，按照科学的程序和方法对决策目标及决策内容进行预测，从而抑制或防止决策失误现象发生，减小或消除公司营运风险。

第五章　计划理论

> 【学习目标与要求】
>
> 通过本章学习，了解计划和战略计划的概念、计划的基本特征，理解计划和战略计划的作用，明确计划的形式、原则、有效性、类型及计划和战略计划的程序，掌握计划工作的原理和方法。

> 【引导案例】
>
> **计划部经理李建的烦恼**
>
> 李建是一家民营企业的计划部经理，他主要负责工作计划的编制和监督执行。每年的年底是李建最痛苦的时候，这时他不仅要准备向老板汇报当年的计划完成情况，还要牵头组织下一年度工作计划的编制工作。为此，他几乎每天都要向各部门要数据、催进度，对于实在拖拉的部门，他还不惜动用罚款等措施。最后好不容易各部门的工作计划上报完毕，可等到李建汇总时，结果却往往会使他变得很沮丧：有些部门的计划纯粹是在不切实际地喊口号、唱高调，有些部门则是想通过工作计划来争资源，有些部门的工作计划则根本没有给出任何约束性指标……
>
> 然而李建还是得依据这些来自各部门的"原始资料"完成他下一年度的计划编制工作。从前些年公司的业绩看，这样编制出来的计划可以说是一纸空文，计划数据与实际数据相差太大了。
>
> 李建常常会听到这样的抱怨：我们连公司下一步要往哪里走都搞不清，让我们怎么定计划啊！李建作为部门经理，觉得自己很有责任把这些意见反馈给老板，但当他每次看到老板忙碌的身影时，都是话刚到嘴边又咽了下去。
>
> 又该编制下一年度的工作计划了，李建再次感到了一股无形的压力。但这次他不想再走老路子了，为公司的前途着想，他决定要和老板沟通一下，谈谈公司的未来。
>
> 计划过程是决策的组织落实过程。决策是计划的前提，计划是决策的逻辑延续。计划通过将组织在一定时期内的活动任务分解给组织的每个部门、环节和个人，从而不仅为这些部门、环节和个人在该时期的工作提供了具体的依据，而且为决策目标的实现提供了保证。

第一节　计划概述

一、计划的概念

计划是所有管理职能中一项最基本的职能，它是对未来活动进行的预先安排，是针对未来的筹谋、规划、谋划、策划、企划等。古人所说的"运筹帷幄"，就是对计划职能最形象的概括。

计划就是根据组织内外部的实际情况，权衡客观需要和主观可能，通过科学的预测，提出在一定未来时期内，组织所要达到的目标以及实现目标的方法。计划就是预先决定要做什么、为何要做、如何去做、何时何地去做以及由谁去做。计划活动是连接可能与现实、今天与明天、现在与未来的桥梁。通过计划活动，那些本来不一定能够实现的事情变得有可能实现，有可能变糟的事情得以向好的方向转化。尽管计划不是万能的，周密的计划也会受到各种环境因素的干扰，但如果没有了计划，许多事情的发展就只有听之任之。常言道，人无远虑，必有近忧，说的就是计划的重要性。

二、计划的基本特征

管理是一项复杂的系统工程，各种管理职能在管理过程中既相互独立又相互交叉。但是，计划职能在管理活动中具有特殊的地位与作用，这主要是由它的特性所决定。

1. 统领性

计划是决策的细化过程，是组织未来发展的行动纲领。计划是降低组织未来发展风险、掌握组织未来发展主动权的一种重要手段。计划方案一经确定，就意味着组织运行有了明确的方向和基本步骤，成为未来组织活动的指南和依据，统管与引领着组织内部的各个部门及每个组织成员朝着实现组织目标的方向行动。

2. 前瞻性

计划是一项旨在面向组织未来发展的管理职能，在这一职能活动作用下，科学地预测组织未来发展可能面临的新变化、新问题，对未来可能产生的各种变数做出客观的分析与估计，从而形成具有预见性的组织行动方案，使组织在千变万化的环境中不断地适应新情况，不断地展现出创造性和主动性。

3. 可操作性

计划的可操作性主要表现在两方面：①计划是在对组织内部与外部环境全面分析及论证基础上形成的，因此，计划对于指导有关组织部门和组织成员的行为具有一定的客观性、针对性和可行性；②将计划与有关组织部门的具体工作内容有机结合起来，按照计划的要求对相关的具体工作细节进行相应的分配、调整与运作，将产生有利于实现组织目标的可行性效应。

4. 稳定性

任何一项计划的执行过程都不是在瞬间完成的，都具有一定的作用期限。凡是经过实践考验或验证的计划，在有效期内都具有严肃性和权威性，需要借助必要的监督措施保障计划在实践中不折不扣地贯彻落实。此外，计划不宜在短时间内频繁修改，否则，容易给执行与实施计划的组织部门及组织成员造成损失，也容易使有关组织部门及组织成员丧失对计划的信心。因此，计划需要在一定时期内具有稳定性。

5. 灵活性

计划具有稳定性并不意味着计划是一劳永逸不用修改的。计划具有灵活性，主要表现在两个方面：①随着组织自身及环境的变化，原有的计划必须随之做出相应的修订或调整，使其适合引领组织的未来发展；②计划只是对组织发展的一般情况做出概括和预测，当组织发生突变事件时，计划将产生一定程度的失效现象，这就需要打破计划的常规性，根据客观情况做出灵活的、恰当的处理与安排。

三、计划的作用

1. 为组织成员指明方向，协调组织活动

计划是一个协调的过程，良好的计划能够为组织中的所有成员指明行动方向。计划工作

通过明确组织的宗旨、目标和战略，开发出一套全面的、分层次的计划体系，将组织成员的力量凝聚起来，朝着同一方向的目标努力，从而形成团队合力，减少内耗，降低成本，提高实现目标的效率。

2. 预见未来变化，减少因变化给组织造成的冲击

计划始终是面向未来的，而未来最大的特点就是充满变化和不确定性。计划工作可以促使管理者通过预测，主动预见未来的变化，思考这些变化可能给组织发展带来怎样的冲击，拟定相应的对策和方案，充分利用因变化所带来的机会，减少和避免变化给组织造成的冲击和损失。

3. 减少重复性和浪费性活动，提高组织运行效率

组织中的各项活动如果缺乏计划性，预先没有细致周到的安排，就会出现前后不一、相互脱节等现象。良好的计划可以通过协调一致、有条不紊的工作流程，减少组织中重复性和浪费性活动，提高组织整体运行效率。

4. 设立控制标准，对组织活动实施有效控制

组织目标的实现离不开有效的控制，而计划是控制的基础。在管理过程中，计划职能为组织活动设立目标以及相应的计划指标，控制职能将组织活动所取得的实际绩效与原定目标或计划指标进行比较，发现可能的偏差并采取必要的纠正措施，以保证目标或计划指标的实现。由此可见，计划为控制提供了明确的标准，计划是控制的基础和前提，没有计划，控制工作便无法进行。

四、计划的形式

计划的表现形式有宗旨、使命、目标、战略、政策、程序、规则、规划以及预算等多种形式，它们共同形成一个由上至下的等级层次结构。

（1）宗旨　宗旨是关于组织存在的目的或对社会发展的某一方面应做出的贡献的陈述，不仅要陈述组织未来的任务，而且要阐明为什么要完成这个任务以及完成任务的行为规范是什么。

（2）使命　使命指明一定的组织机构在社会上应起的作用和所处的地位，决定组织的性质，是决定此组织区别于彼组织的标志。组织的活动，通常有自己的使命。例如，大学的使命是教书育人和科学研究；研究院所的使命是科学研究；医院的使命是治病救人；法院的使命是解释和执行法律；企业的使命是生产和分配商品及服务。

（3）目标　组织的使命说明了组织要从事的事业，而组织的目标则更加具体地说明了组织从事这项事业的预期结果。组织的目标在时间和空间两个维度上展开，包括组织在一定时期内的目标和组织各个部门的具体目标等，将组织目标细化后，形成一个目标体系。

（4）战略　战略是为实现组织长远和全局的总目标而采取的行动和利用资源的总计划，其目的是通过一系列的主要目标和政策去决定和传达期望成为怎样的组织的情景，其重点是指明发展方向和资源配置的优先次序，而不是说明组织如何去实现目标。

（5）政策　政策指明组织活动的方向和范围，鼓励什么和限制什么，以保证行动与目标一致。政策可以书面文字形式发布，也可能存在于管理者行为的"暗示"之中。政策要规定范围和界限，但其目的不是要约束下级，而是要鼓励下级在规定的范围内承担责任、主动工作。

（6）程序　程序是一种经过优化的计划，是对大量日常工作过程及工作方法的提炼和规范化，是大量经验事实的总结。管理的程序化代表着执行管理活动的规范化，程序化水平是管理水平高低的重要标志，制定和贯彻各项管理工作的程序是组织的一项基础工作。

（7）规则 规则是在特定条件下有关行为规范的规定。按规则行事，没有酌情处理的余地。规则与政策的区别在于：规则在应用中不具有自由处置权，而政策在决策时有一定的自由处置权。

（8）规划 规划是为实施既定方针所必需的目标、政策、程序、任务分配、执行步骤、使用资源以及其他要素的复合体。组织的规划是一份综合性的、粗线条的、纲要性的计划。规划有大小之分，大的规划往往派生出许多小的规划，从而形成规划体系。

（9）预算 预算是用数字表示投入与产出的数量、时间、方向等预期结果的一种报告书。预算帮助组织各级管理部门的管理人员，从资金和现金收支的角度，全面、细致地了解组织经营管理活动的规模、重点和预期成果。预算还是一种主要的控制手段，是计划和控制工作的连接点，计划的数字化产生预算，而预算又将作为控制的衡量基准。

五、计划的原则

在计划过程中，不仅要综合考虑计划的表现形式、内容及环境条件等，还要研究计划的基本要求与规则，这是提高计划规范性和有效性的重要环节。

1. 统筹性原则

计划是为了实现组织目标，需要围绕着组织目标进行多角度、多层次、多侧面的分析与预测，对各种相关因素进行全方位的梳理与研究，为规划未来的组织活动提供系统的、多维度的参考信息，促进计划工作实现全面的统筹设计与统筹安排，有效地避免计划在实施中发生"木桶效应"。

2. 弹性原则

计划是在组织预测未来面临新问题和新情况的基础上进行的，受多种因素影响，这种预测可能会产生一定的偏差，加之组织环境中存在着一定的不确定性，所以，在计划过程中要掌握适当的尺度，留有调整、修改的余地，使计划具有一定的弹性，提高计划对未来变化的适应性。

3. 许诺性原则

为了保障计划按照预期设计分阶段实施，管理者在实施计划中应兑现各种相关的政策或待遇，对于组织成员按照指定期限执行与完成计划所规定的任务时，也应做出相关许诺，即管理者与组织成员相互承诺，这是涉及计划能否有效执行与落实的关键步骤。因此，在计划过程中，要对管理者及组织成员提出相应的许诺要求，以此引起各级管理者及组织成员对执行计划的高度重视。

4. 客观性原则

在计划过程中，应始终坚持以客观规律为主要依据，充分利用先进的自然科学方法和社会科学方法提供的科学思路及科学手段，对于计划中涉及的各项具体指标进行科学的计算与分析，并附加保障完成的相应措施，防止计划工作脱离组织发展的实际。

六、计划的有效性

有计划的管理者和组织，一定会比没有计划的管理者和组织取得更好的绩效吗？凭直觉你可能认为结论是正确的，有许多经验证据支持这种观点，但实际上不能就此简单地下断言：有计划总比无计划好。关键不是在于有没有计划，而是要看计划对组织有无效用及效用大小。

一项计划对组织的效用如何，只有通过实践才能做出最终回答。当然，计划的效用除了依赖于计划本身的有效性之外，还与人们执行计划的方式有关。一个上好的乐器，不同演奏水平的人所演奏出的效果是不同的。

（一）评价一项计划本身有效性的标准

1. 统一性

事实上，一项复杂的活动除了一个总计划外，往往有许多分计划或辅助计划，分派给不同的部门去执行。因而计划的统一性是指针对某一活动的所有计划的目的必须统一，步调必须一致，且它们之间的关系是相互促进、相互配合的。统一的计划有助于组织最快、最好地完成任务，达到目标。相反，若计划不统一，相互矛盾、重叠、不协调，就会分散精力，浪费人、财、物、时间等资源，结果可能导致混乱，"南辕北辙"、"各奔东西"。法约尔在其《工业管理与一般管理》一书中谈得最多的也是统一原则，他多次强调"一个身体、一个脑袋、一种声音"。

2. 灵活性

计划是为不肯定的未来做出承诺、做出规划的管理工作。但事情的发展往往会出乎预料之外，所以这就要求计划要具有相当的灵活性，能回应人们的认识而适当地调整、改变，以满足没有预见到或不能预见到的未来需要。计划的灵活性体现在计划本身具有改变方向的能力，即制定计划时依据未来可能发生的各种偶然事件，事先拟定出若干套可供选择的替代方案。这样，不管环境发生什么变化，都能使计划有回旋的余地，甚至原有计划失误时，仍能使计划沿着既定的目标前进。一个不容改变的僵硬的计划，只能导致它的失败。

3. 精确性

使计划具有灵活性并不意味着计划就不需要精确。灵活性是指计划的应变适应能力，而精确性是指计划精细明确的程度，两者并不矛盾。精确的计划能很好地指导和控制未来活动的顺次展开，避免管理人员猜测、误解、随意决断，保证计划自身准确地被执行，科学的预测方法和客观的分析推理是提高计划精确性的手段。

4. 经济性

计划的经济性是指计划的经济效果，是否以最少的投入获得最大的收益，投入巨大的计划实施以后可能得不偿失。所以，有效的计划是那些能比较经济地达到组织目标的计划。计划的经济性要求在制订计划时，一定要考虑到各种费用支出，做好投入预算，拟定那些花费较小又有效的方案。

（二）制定有效计划的基本要求

1. 管理人员的领导艺术

一个计划特别是一个复杂的计划，往往不是一个人所能完成的。制定计划是每个企业最重要的也是最艰难的工作之一，它牵涉到所有的部门和所有的职能，特别是管理职能。法约尔曾说：缺乏计划或一个不好的计划是领导人员没有能力的标志。即计划制定的优劣能反映出管理人员领导水平的高低。能力强的管理人员和领导人员，能合理地安排、组织人员，能身先士卒起模范作用，能激发、调动职工的积极性和创造力，能指导、沟通、协调、控制，能为计划工作创造一种适宜的环境。

2. 积极性和勇气

法约尔曾说，胆小的人总想取消计划或使它变为可有可无，以免自己遭受批评。人都有一种逃避压力、随意散漫的本性，因而制定计划、提出严格的考核标准是需要勇气的。

3. 领导人员的稳定

不同的领导人员的领导风格是不一样的，过于频繁地更换领导人员不利于计划制定的统一性，还可能造成更多的重复性工作，诸如了解情况、召开会议、人员调换、权力的重新指定、资料的收集和整理、草案计划的重新拟定等，造成时间、资金、人员的巨大浪费。

4. 专业能力和一般业务知识

不识字的人写不出文章，同样，计划工作过程是遵循科学方法的，缺乏专业能力和一般业务知识的人无法制定出正确的、有效的计划，这是显而易见的。

法约尔曾说："只有一个在经过较长时期深思熟虑、精心准备的计划，才能使人们对未来有清楚的认识，并能尽最大可能来对付出现的危险。"

（三）应变性计划

不管计划制定的多么周详，总是会碰到事情出错，让你无法达到目标。有时出错的事件可能仍然处于你的控制之下，但有时也可能超出你的控制之外。为了应对后一种情况，你需要准备一份备案或是一份应变性的计划。应变性计划，就是在发生无法控制的情况时可以用来执行的替代性计划。如果某个主要员工请了病假，就要有另一个员工替补上阵。建筑工程往往要看天吃饭，如果天气不错，就可以在户外工作；要是天气不好的话，就得在室内工作。

为了帮你的部门发展制定一套应变性计划，你应该认真回答下列三个问题：

① 我的部门可能会发生什么样的差错？
② 我要如何预防它的发生？
③ 如果它真的发生了，我该如何做才能将损失降至最低？

第二节 计划的类型和程序

一、计划的类型

（一）按计划期限分类

1. 长期计划

长期计划亦称远景规划，是组织在相当长时期内（通常是五年以上）有关整体活动的指导性文件，指出了组织的长远目标和发展方向是什么，以及怎样去实现组织的长远目标，具有战略性、纲领性、指导性、综合性等特点。

2. 中期计划

中期计划是根据长期计划提出的战略目标和要求，是对长期计划进行的一种具体化，同时为短期计划指明了方向。长期计划以问题为中心，中期计划以时间为中心，一般期限为一年以上、五年以内。

3. 短期计划

短期计划比中期计划更为详细具体，是最接近于实施的行动计划，是为实现组织短期目标服务的。短期计划的期限一般为一年以内，它对中期计划起着反馈作用，其执行情况是修订中期计划的依据。

在管理实践中，长期、中期和短期计划必须有机地衔接起来，长期计划对中、短期计划具有指导作用，中、短期计划的实施要有助于长期计划的实现。在编制计划时，对近期计划制定得尽量具体，以便于计划的实施；对远期计划只规定出大概的要求，使员工明确奋斗的方向。

（二）按管理者层次分类

1. 战略计划

战略计划主要包括组织在未来一段时间内总的战略目标、战略重点、战略措施及其实施途径等。它由高层管理者负责制定，具有长远性、全局性、稳定性等特点，对战术计划和作业计划具有指导作用。

2. 战术计划

战术计划是一种以时间为中心的，局部性的、阶段性的计划，一般由中层管理者制定。一般情况下，战术计划按年度分别拟订，将战略计划中具有广泛性的目标和政策，转变为确定的目标和政策。

3. 作业计划

作业计划由基层管理者负责制定，是将战术计划所确定的内容具体化。作业计划通常具有个体性、可重复性和较大的刚性，一般情况下是必须执行的命令性计划。

（三）按计划明确性分类

1. 指令性计划

指令性计划一般是由上级主管部门向下级下达的具有严格约束力的计划，主要依靠行政手段来实现，具有强制性。指令性计划一经下达，计划的执行者就必须遵照计划开展活动，并且要尽一切努力去完成计划。

2. 指导性计划

指导性计划可以是上级主管部门下达的，也可以是同级部门编制的，执行单位不一定完全遵照执行，是一种参考性的计划。上级为了促使下级按指导性计划工作，通常采用价格、税收、信贷等方面的优惠政策进行调节。

（四）按计划内容分类

1. 专项计划

专项计划是指为完成某一特定任务而拟定的计划。例如，新产品开发计划等。

2. 综合计划

综合计划是指具有多个目标和多方面内容的计划，是对组织活动所做出的整体安排，具有从整体出发，强调综合性的特点。综合计划与专项计划之间是整体与局部的关系，专项计划是综合计划和某些重要项目的特殊安排。

二、计划工作的程序

1. 估量机会

对机会的估量，要在实际的计划工作开始之前着手进行，它是对未来可能出现的变化和预示的机会进行初步分析并形成判断，根据自己的长处和短处理清自己所处的地位；了解自己利用机会的能力；列举主要的不肯定因素，分析其发生的可能性和影响程度；在反复斟酌的基础上下定决心、扬长避短。

2. 确定目标

确定目标要在估量机会的基础上进行，要说明基本的方针和要达到的目标，说明制定战略、政策、规则、程序、规划和预算的任务，指出工作的重点。

3. 确定前提条件

计划工作的前提条件就是计划工作的假设条件，即计划实施时的预期环境。计划工作的前提条件按照组织的内外环境可以分为外部前提条件和内部前提条件，按照控制程度可以分为不可控条件、部分可控条件和可控条件三种。一般外部前提条件属于不可控和部分可控条件，内部条件属于可控条件。

4. 拟定可供选择的方案

通常，最显眼的方案不一定就是最好的方案。在过去的计划上稍加修改和略加推演也不一定会得到最好的方案。拟订方案需要发挥创造性，还要对候选方案的数量加以控制。要求确定每个备选方案的具体内容、具体实施措施和细节，估计备选方案实施后的所有可能后果和每个备选方案成功实施所需要的条件，使其形成真正具体方案。例如，某一消费者需要购买一辆轿车，并认为在购买期间所有的轿车销售商不会采取优惠的促销活动，在未来5年内工作不会发生变动，可采用中国银行的耐用消费品分期付款等，即确定了目标和计划的前提条件，列出了如下备选方案：①购买大众2000型；②购买夏利；③购买一汽大众的捷达；④购买 Ford Taurus L；⑤购买 Honda Accord Lx；⑥购买 Mazda 626 LX；⑦购买 Nissan Altima；⑧购买 Plymouth Acclaim；⑨购买 Toyota Camry DLX。

5. 评价各种备选方案

即按照前提和目标来权衡各种因素，比较各个方案的利弊，对各个方案进行评价。评价实质上是一种价值判断，它取决于评价者所采用的标准和对各个标准所赋予的权数。

例如，消费者购买轿车时的决策标准及评价值见表5-1所示。

表 5-1 消费者购买轿车时的决策标准及评价值

标 准	评价值	标 准	评价值
购买价格	10	售后服务的便利性	7
舒适性	5	性能	3
经济性（每公里耗油）	8	身份的象征性	1

注：评价值取值范围为1~10，10代表消费者对这个标准最重视。

根据决策标准及评价值，对每个备选方案进行评价。备选方案的评价见表5-2所示。

表 5-2 备选方案的评价

方案	标 准					
	价格	舒适性	经济性	便利性	性能	象征性
大众2000型	7	6	4	9	7	6
夏利	10	4	6	8	8	3
捷达	8	5	7	10	5	5
Ford Taurus L	6	8	8	8	7	8
Honda Accord Lx	5	8	10	10	7	7
Mazda 626 LX	7	5	7	10	4	7
Nissan Altima	8	5	7	9	7	7
Plymouth Acclaim	10	7	3	3	3	5
Toyota Camry DLX	6	7	10	10	7	7

6. 选择方案

比较、评价备选方案是为了选择一个理想的、能有效实现组织目标的行动方案。行动方案的选择方法虽然很多，但归纳起来大致有以下几种：经验判断法、试验法、研究与分析法。

（1）经验判断法　这虽是最古老的方法，但仍是现在常用的方法。如现代管理学派之一的经验学派的学者强调从成功的或失败的事件中吸取经验，能给予管理人员在未来的工作中以最可靠的指导。然而，一个经验相当丰富的管理者，仅仅依靠过去的经验是远远不够的，"单纯依靠一个人过去的经验作为未来行动的指导是危险的。首先，大多数人并未清楚地认识到他们自己犯错误或失败的根本原因；其次，过去的经验可能对新问题完全不适用。好的决策是根据未来的事情来评定的，而经验则属于过去。更何况，无论人们发现的是成功或失败的经验，这些经验并不具有可复制性"。必须在谨慎分析的基础上，结合过去成功或失败的经验以及掌握的资料，再三斟酌，最后选定某个方案。

（2）试验法　试验可以真实地验证备选方案的可行性、可操作性、经济性以及合理性等。但是，正如纽曼指出的，试验法应当在其他计划方法都试过之后，作为最后一种方法来使用。因为，试验法可能是一切方法中费用最大的方法。而且，经济领域的试验不同于自然科学实验室里的试验，可以在重复的操作中验证某一方案的真实有效性，它是在一种开放系统中进行，不可控制性远远大于自然科学的试验。因此，经过一次试验之后，它所证明的东西仍可能存在疑义，因为未来不会是现在情况的简单重复。

（3）研究与分析法　在进行重大决策时，最常用和最有效的选取备选方案的方法是研究与分析法。这种方法是研究最关键的变量、限定因素和前提条件之间的相互关系，把计划工作的问题分解为许多便于研究的组成部分以及各种定性和定量的因素，拟定一个模拟问题的模式。例如，消费者在购买轿车时，可以根据以往的消费经验来选择某一轿车，也可以试着购买备选方案中的每一款轿车，然后进行选择，但这是不现实的。既然该消费者已确定了所有与决策相关的因素，恰如其分地权衡了它们的重要性，并确认了备选方案，现在只需要做出选择了。Toyota Camry DLX 是最终的购买方案。方案标准见表 5-3 所示。

表 5-3　方案标准

方案	标准						总计 ⑦
	价格 ①	舒适性 ②	经济性 ③	便利性 ④	性能 ⑤	象征性 ⑥	
大众 2000 型	70	30	32	63	21	6	222
夏利	100	20	48	56	24	3	251
捷达	80	25	56	70	15	5	251
Ford Taurus L	60	40	64	56	21	8	249
Honda Accord Lx	50	40	80	70	21	7	268
Mazda 626 LX	70	25	56	70	12	7	240
Nissan Altima	80	25	56	63	21	7	252
Plymouth Acclaim	100	35	24	21	9	5	194
Toyota Camry DLX	60	35	80	70	21	7	273

注：1. 表 5-3 的第①列＝表 5-2 的第一列×表 5-1 第一行的权重，其他列依此类推。

2. 总计栏⑦＝①＋②＋③＋④＋⑤＋⑥。

经验判断法、试验法和研究与分析法，各有优缺点，各有其特定的适用范围，需要根据具体情况灵活运用，才能对备选方案做出正确的选择。

可能遇到的情况是有时会发现同时有两个可取的方案，在这种情况下，必须确定出首先采取哪个方案，而将另一个方案也进行细化和完善，并作为后备方案。

7. 拟定派生计划

派生计划就是总计划下的分计划。总计划要靠派生计划来保证，派生计划是总计划的基础。

8. 编制预算

预算实质上是资源的分配计划。预算工作做好了，可以成为汇总和综合平衡各类计划的一种工具，也可以成为衡量计划完成进度的重要标准。

第三节　计划工作的原理和方法

一、计划工作的原理

1. 木桶原理

木桶原理的含义是木桶盛水的多少取决于桶壁上最短的那块木板条，通常又叫限定因素原理。限定因素是指妨碍组织目标实现的因素，即在其他因素不变的情况下，仅仅改变这些因素，就可以影响组织目标的实现程度。限定因素原理可以表述为：主管人员越是能够了解对达到目标起主要限制作用的因素，就越能够有针对性地、有效地拟定各种行动方案。

2. 许诺原理

许诺原理可以表述为：任何一项计划都是对完成各项工作所作出的许诺，许诺越大，实现许诺的时间就越长，实现许诺的可能性就越小。

合理的计划期限的确定问题体现在"许诺原理"上，即合理计划工作要确定一个未来的时期，这个时期的长短取决于实现决策中所许诺的任务所必需的时间。应该注意的是：必须合理地确定计划期限，并且不应随意缩短计划期限；每项计划的许诺不能太多，因为许诺（任务）越多，计划时间越长。

3. 灵活性原理

灵活性原理可以表述为：计划中体现的灵活性越大，因未来意外事件引起损失的危险性就越小。必须指出，灵活性是指制定计划时要留有余地，至于执行计划，则一般不应有灵活性。

对于主管人员来说，灵活性原理是计划工作中最重要的原理。灵活性是有一定限度的，它的限制条件是：不能总是以推迟决策的时间来确保计划的灵活性；使计划具有灵活性是要付出代价的，甚至由此而得到的好处可能补偿不了它的费用支出；有些情况往往根本无法使计划具有灵活性。

为了确保计划本身具有灵活性，在制订计划时应量力而行，不留缺口，但要留有余地。本身具有灵活性的计划又称为"弹性计划"，即能适应变化的计划。

4. 改变航道原理

改变航道原理可以表述为：计划的总目标不变，但实现目标的进程（即航道）可以因情况的变化随时改变。因此，计划工作者就必须经常地检查计划，重新调整、修正计划，以达到预期的目标。

二、计划的方法

(一) 滚动计划法

对于中长期计划而言，由于环境的不断变化，以及制定计划时存在着的众多的不确定因素，计划在实施一段时间之后，就可能出现与实际不符的情况。这时，如果仍然按照原计划实施下去，就可能导致错误和损失。滚动计划法就是综合考虑了计划的执行情况、外界环境的改变以及组织的方针政策的变化，采用近细远粗的方式对实施中的计划进行定期的修订，并逐期向前推移，从而使短期计划、中期计划和长期计划有机地结合起来，不断地随时间的推移而更新。

采用滚动计划法有利于在外界环境不断变化的情况下，使计划更加符合实际，更好地保证计划的指导作用，提高计划工作的质量；有利于保证长期计划、中期计划和短期计划互相衔接，使各期计划基本保持一致；使得组织的计划工作富有弹性，有利于提高组织的应变能力。

(二) 网络计划方法

网络计划方法是20世纪50年代以后出现的一种计划控制方法。网络计划方法的基本原理是：把一项工作或项目分成各种作业，根据作业顺序进行排列，利用所形成的网络对整个工作或项目进行统筹规划和控制，以便用最短的时间和最少的人力、物力、财力的消耗完成既定的目标或任务。

根据一张网络图就可以确定出关键路线或关键作业，即对整个工期造成影响的作业，重新调整和平衡人力、物力、财力等资源的分配，最终得到一个多、快、好、省的方案。一个实际项目可能包含成千上万项作业、可能牵涉到数千家单位，在这种情况下，采用网络计划方法进行统筹规划将会显示出巨大的优越性。一般来说，网络计划方法特别适用于项目性的作业，如大型设备的制造、各种工程建设等。

(三) 预算方法

预算是用数字表示的未来某一个时期的计划。预算可以用货币单位（如收支预算、资金预算等）或其他单位（如用工时、机时、产量、销售量、原材料消耗等）表示预期的结果。计划数字化即为预算，将使管理人员明确资金和资源与部门或个人的对应关系，有利于充分授权给下属人员，使其在预算的限度内实施计划。此外，由于预算便于控制，因此，预算不仅是一种细化的计划，同时也是常用的控制手段。

1. 零基预算法

组织在应用零基预算方法编制预算时，对于任何项目，无论是原有的项目，还是新设的项目，均不考虑基期的费用开支水平，一律以零为起点，从根本上重新论证各个项目的必要性及规模。零基预算方法大致可分为三个步骤：①由各部门根据组织的总目标和本部门所承担的任务，提出本部门在计划期内需要发生哪些费用项目，论证各个项目进行的目的及费用数额；②对每一个费用项目进行成本——效益分析，并依此排定各个费用项目的优先次序；③根据上述次序，结合计划期内可动用的资金规模，分配资金、落实预算。采用零基预算方法时，由于每个项目的费用预算都是以零为基数重新加以计算的，因而避免了传统上编制预算时只重视前期变化的普遍倾向。

2. 弹性预算法

通常的预算都是以计划期内一定的业务量水平为基础来编制的，每当实际发生的业务量与编制预算所依据的业务量发生偏差时，各费用明细项目的实际数与预算数就没有可比的基础。实际业务量水平常常是波动的，因此，有必要对原预算数进行调整，于是提出了弹性预算方法。弹性预算方法亦称可变预算方法，即在编制预算时，针对计划期内业务量可能发生的变动，编制出一套适应多种业务量费用的预算，以便分别反映在各种业务量水平下应开支的费用情况。弹性预算方法多用于费用预算场合，编制弹性预算既有利于管理人员事前对费用开支进行控制，也有利于事后对各项费用的节约或超支进行分析。

3. 滚动预算法

滚动预算方法类似于滚动计划方法，就是预算期总保持在12个月的长度，每过一个月就在期末增加一个月的预算，逐期往后滚动，它能使各级主管人员对未来永远保持12个月的考虑和计划，有利于保证业务活动稳定而有序地运行。

滚动预算方法采用长计划、短安排的方式进行，即在基期编制预算时，先按季度分期，第一个季度按月分期，建立各月的明细预算数字，其他各个季度的预算则只列出各季度的总数。这种预算方法有利于管理人员对预算资料作经常性的分析研究，并能够根据当前的预算执行情况及时地预算进行调整和修订。

第四节 战略计划

一、战略计划的概念和作用

（一）战略计划的概念

战略计划是指为实现组织的目标，通过对外部环境和内部条件的全面估量和分析，从组织发展全局出发而作出的较长时期的总体性的谋划和活动纲领。战略计划涉及组织发展中带有全局性、长远性和根本性的问题，是组织的管理思想、管理方针的集中表现，是确定规划、计划的基础。

（二）战略计划的作用

战略计划对组织活动和各项工作起着先导的作用。

① 制订战略计划可以对组织当前和长远发展的工作环境、工作方向和工作能力有一个正确的认识，全面了解自己的优势和劣势、机遇和挑战，利用机会，扬长避短，以求得生存和发展。

② 有了战略计划，就有了发展的总纲，有了奋斗的目标，可以进行人力、物力、财力的优化配置，统一全体职工的思想，调动职工的积极性和创造性，实现组织目标。

③ 实行战略计划，既可以理顺内部的各种关系，又可以顺应外部的环境变化，加强管理活动。

④ 有利于组织领导者集中精力去思考有关制定战略目标、战略思想、战略方针、战略措施等带有全局性的问题，可提高领导者的素质。

二、战略计划的程序

（一）环境调查与分析

组织的环境因素对组织战略计划的制定起着关键性的影响作用，任何一个组织的高级管理人员，要想制定一个能引导组织走向成功的战略计划，必须全面地调查和分析组织的环境因素。环境因素主要包括市场环境因素、行业环境因素、政策法规环境因素、竞争对手因素、供给环境因素和国际环境因素等六个方面。

（二）发现机会与威胁

环境分析可以使管理者对环境信息进行分析和鉴别，评估哪些机会可以发掘、组织可能面临哪些威胁，有助于管理者捕捉良机，作出正确的决策。

（三）分析组织资源

组织资源是指组织内部的资源，即组织的人员拥有什么样的技巧和能力、组织的资金状况、公众对组织的看法等。分析组织资源的目的是使管理者能够认识到本组织在资源方面的限制条件，并发现组织与众不同的能力。

（四）战略选择

战略分析是为战略选择和战略规划提供依据的。战略选择，就是要确定组织应采取的战略类型。企业的基本战略类型分为以下三种。

1. 总成本领先战略

总成本领先战略的主导思想是以低成本取得行业的领先地位，坚决建立起大规模的高效生产设施，利用经验曲线全力以赴降低成本，尽量压缩各项管理费用。尽管质量、服务以及其他方面不容忽视，但贯穿于整个战略之中的主导思想是单位产品成本低于竞争对手。

成本领先的优势有利于建立起行业壁垒，有利于组织采取灵活的定价策略将竞争对手排挤出市场。为了成功地实施成本领先战略，所选择的市场必须对某类产品有稳定、持久和大量的需求，产品的设计要便于制造和生产，要广泛地推行标准化、通用化和系列化。例如，美国的麦当劳快餐连锁店就是麦当劳把快餐业的夫妻店式的旧经营方式改造成为大批量、标准化的大规模工厂化生产，使每片肉、每片洋葱、每个圆面包和每根炸土豆条看起来都一模一样，并且在精确的加工时间内从全自动化的流程中生产出来。同时，为适应大规模生产的要求，在产品质量、服务速度、清洁卫生、服务态度等方面建立了严格的标准，从而树立了极高的信誉，确保了市场需求的持续稳定增长。

2. 差别化战略

差别化战略就是使组织在行业中别具一格，具有独特性，并且利用有意识形成的差别化，建立起差别竞争优势，以对"入侵者"形成行业壁垒，并利用差别化带来的较高的边际利润补偿因追求差别化而增加的成本。应当强调，差别化战略并不意味着可以忽略成本，只是降低成本在此不是组织的根本战略目标。

实现差别化战略可以有多种方式，例如，树立名牌形象，设计产品技术特点和性能特点，在顾客服务上别具一格等。近年来，我国电冰箱市场上的竞争，大多是采用差别化战略。随着电冰箱市场逐渐从卖方市场转向买方市场，各冰箱生产厂家在改进产品设计、增加产品功能、改善售后服务以及延长保修期等方面绞尽脑汁，不断推陈出新。电冰箱的花样不断翻新：增大冷冻室容积、表面喷漆改喷塑、风冷改直冷、抽屉式冷冻室、增加蓄冷器、立式压缩机改卧式压缩机、外接冷饮等。

3. 专一化战略

专一化战略是主攻某个特殊的细分市场或某一种特殊的产品，其战略依据的前提是，组织业务的专一化能够以更高的效率、更好的效果为某一狭窄的战略对象服务，从而在某一方面或某一点上超过那些有较宽业务范围的竞争对手。例如，近年来，随着我国农村改革的深入和市场经济的发展，一些县镇逐步形成了专一化经营的特色：河北安国县的中药材批发交易市场、山东寿光县的蔬菜批发交易市场、山东苍山县的大蒜批发交易市场、浙江温州市桥头镇的纽扣市场等，都已成为在全国范围内颇有影响的专业市场。

（五）战略规划

战略规划的任务是将战略分析和战略选择的结果进一步体现在产品组合、功能战略和资源分配上。

1. 产品组合

产品组合是指一个组织提供给市场的全部产品线和产品项目的组合或结构，即组织的经营范围。组织为了实现营销目标，充分有效地满足目标市场的需求，必须设计一个优化的产品组合。产品线是指产品组合中的某一产品大类，它们密切相关，如：以类似的方式发挥功能、售给相同的顾客群、通过同一的销售渠道出售、属于同一的价格范畴等。产品项目是指产品线中不同品种、规格、质量和价格的特定产品。例如，某自选采购中心经营家电、百货、鞋帽、文教用品等，这就是产品组合；其中"家电"或"鞋帽"等大类就是产品线；每一大类里包括的具体品牌、品种为产品项目。产品组合通常包括四个变数：宽度、长度、深度和相关性。产品组合的宽度是指产品组合中所拥有的产品线的数目。产品组合的长度是指产品组合中产品项目的总数。产品组合的深度是指一条产品线中所含产品项目的多少。产品组合的相关性是指各条产品线在最终用途、生产条件、分配渠道或其他方面相互关联的程度。例如，某家用电器公司拥有电视机、收录机等多条产品线，但每条产品线都与电有关，这一产品组合具有较强的相关性。相反，实行多角化经营的企业，其产品组合的相关性则小。根据产品组合的四种变数，组织可以采取四种方法发展业务组合：加大产品组合的宽度，扩展组织的经营领域，实行多样化经营，分散组织投资风险；增加产品组合的长度，使产品线丰满充裕，成为更全面的产品线公司；加强产品组合的深度，占领同类产品的更多细分市场，满足更广泛的市场需求，增强行业竞争力；加强产品组合的一致性，使组织在某一特定的市场领域内竞争力增强和赢得良好的声誉。因此，产品组合决策就是组织根据市场需求、竞争形势和组织自身能力对产品组合的宽度、长度、深度和相关性方面作出的决策。

2. 功能战略

功能战略主要是针对行业的成功的关键因素强化组织在研发、制造、采购、销售、服务等方面关键环节。实践表明，不同的行业，成功的关键因素是不同的，而且行业成功的关键因素是随着行业的成熟度逐步演变的。例如，对于大规模集成电路芯片行业来说，成功的关键因素是加工设备的精密度和效率；对于电梯行业来说，尽管电梯的质量很重要，但服务才是其成功的关键因素。

3. 资源分配

任何企业的资源都是有限的，要使得有限的资源发挥最大的效益，就必须集中使用。因此，在战略规划中，按何种优先次序来分配资源就成为一个重要问题。

（六）战略实施和战略管理

战略实施要解决的首要问题是组织保证，组织是实现战略和目标的手段。"战略决定结构"应作为战略实施阶段所依据的原则，不同的战略要求有不同的组织结构与之相适应。例如，总成本领先战略，一般要求一种集权化的按职能划分部门的专业化分工体制；差别化战略则要求一种适于激发创新精神的项目管理，或是分权化的按产品或市场划分部门的组织体制。组织文化作为一个组织特有的价值观念、管理风格、思维和行为方式的体现，对组织的成功有着重要的影响。不同的战略不仅要求不同的技能和组织结构，也要求组织文化与之相适应。例如，差别化战略往往鼓励革新、发挥个人积极性和勇于冒风险的精神；而总成本领先战略则要求勤俭节约、遵纪守法和注重细节的办事作风。同组织结构一样，文化本身并无好坏之分，它是实施战略取得竞争优势的一种手段。

【寓教于乐】

悬赏——鸟笼效应：战略与能力相匹配原则

美国士兵接到悬赏令："捉住一个伊拉克士兵，可得十万美元！"俗话说"重赏之下，必有勇夫"。于是，米歇尔和尤里开始在巴格达附近仔细搜寻伊拉克士兵。劳顿了几天后，两人精疲力尽，躺在地上就进入了梦乡。当米歇尔醒来时，他发现他们四周被五百多名持枪的萨达姆共和卫队包围着，米歇尔急忙推醒尤里，喊道："尤里，快起来，我们发大财了！"

【点评】按照悬赏令，五百多名伊拉克士兵自然意味着一笔不菲的收入，但关键问题是：米歇尔和尤里如何才能保全性命，把这五百多名士兵送往政府？愿景固然宏大，但能力是否能支持这个愿景才是最关键的前提。

【探源】丹尼斯·狄德罗是18世纪生于法国的一个哲学家。一天，他的朋友送了他一件质地精良、做工考究的睡袍，狄德罗十分喜欢这件睡袍。然而当他穿着睡袍在书房里走来走去的时候，突然觉得所有的家具都过于陈旧了，完全不匹配睡袍的风格，地毯的针脚也粗糙地吓人。于是，一种以新换旧的想法跳了出来，他将书房很多的东西都换成了新的，这时候，他终于感觉书房的格调能够匹配自己的睡袍了。然而就在他心满意足的时候，他突然意识到"自己居然被一件睡袍胁迫了"，于是他写下了这样一篇文章——《与旧睡袍别离之后的烦恼》。

这便是"鸟笼效应"，指的是人们在拥有了一件新的物品后，常常会不自觉地在心理强迫的暗示下，期求更多的与之相匹配的物品。

鸟笼效应应用在企业里也可以说明很多问题，对整体而言，它说明企业的战略应该与企业的资源和能力相配合，企业现时的能力如何、具有什么样的资源，便应该选择什么样的战略方向。如果企业的能力与资源无法为战略规划提供支持，常常会导致战略在执行的过程中中途搁置，从而使成功实施战略成为一项不可能完成的任务。

企业在制定战略时，应该遵照"顺势而为"的原则，根据企业的中长期目标制定合宜的发展战略，实施战略所要求的支持资源可以比企业的现时资源高一些，但却不能过于偏离，以免力所不逮，导致执行战略规划时使企业陷入积重难返的境地。

【管理者定律】

马太效应

马太效应：凡是富有的，还要给他，使他更富足；但凡没有的，连他所有的，也要夺去。

圣经《新约·马太福音》中有这样一个故事。一位主人将去国外远行，临走之前，将仆人们叫到一起，把财产托给他们保管。

主人根据每个人的才干，给了第一个仆人五个塔伦特（注：古罗马货币单位），给了第二个仆人两个塔伦特，给了第三个人一个塔伦特。

拿到五个塔伦特的仆人把它用于经商，并且赚到了五个塔伦特。

同样，拿到两个塔伦特的仆人也赚到了两个塔伦特。

但是，拿到一个塔伦特的仆人却把主人的钱埋到了土里。过了很长一段时间，主人回来与他们算账。

拿到五个塔伦特的仆人，带着十个塔伦特来到主人面前说："主人，你交给我五个塔伦特，请看，我又赚了五个。"

"做得好！你是一个对很多事情充满自信的人，我会让你掌管更多的事情，现在就去享受你的土地吧。"

同样，拿到两个塔伦特的仆人，带着四个塔伦特来到主人面前说："主人，你交给我两个塔伦特，请看，我又赚了两个。"

主人说："做得好！你是一个对一些事情充满自信的人，我会让你掌管很多的事情，你就去享受你的土地吧。"

最后，拿到一个塔伦特的仆人来了，他说："主人，我知道你想成为一个强人，没有点种的土地，你要收割，没有撒种的地方，你也要获取。我很害怕，于是我把钱埋在了地下。看那里，那儿埋着你的钱。"

主人斥责他说："又懒又缺德的人，你既然知道我想收割没有点种的土地，搜括没有撒种的地方，那么你就更应该把钱存在银行家那里，当我回来的时候连本带利地还给我。"

然后，他转身对其他仆人说："夺下他的那个塔伦特，交给那个赚了五个塔伦特的人。"

"可是他已经拥有了十个塔伦特了。"

"凡是有的，还要给他，使他富足；但凡没有的，连他所有的，也要夺去。"

这就是马太效应，它反映了当今社会中存在的一个普遍现象，即"赢家通吃"。

20世纪60年代，知名社会学家莫顿首次将"贫者越贫、富者越富"的现象归纳为"马太效应"。

【点评】在企业资源分配上，马太效应告诉我们要锦上添花，不要雪中送炭。当可利用资源有限时，必须将你的时间、精力、才能、金钱等投入到最有希望获胜的战场，确立自己在这一领域的优势地位。换句话说，企业经营就是要把握"抑弱扶强"的原则。

对企业经营发展而言，马太效应告诉我们，要想在某个领域保持优势，就必须在此领域迅速做大。当你成为某个领域的领头羊的时候，即便投资回报率相同，你也能更轻易地获得比弱小的同行更大的收益。而若没有实力迅速在某个领域做大，就要不停地寻找新的发展领域，才能保证获得较好的回报。

【经典管理故事】

打猎人

齐国有一个喜欢打猎的人，他要是一天不去打猎，感觉就像要了他的命一样。

他为打猎荒废了许多事，39岁的人还没有老婆，一直孤单一人。花费许多钱去打猎，结果却总是一无所获空手而回。回家之后总有人在背后说闲话，有的时候朋友还嘲笑他，说："咱没有那个能耐就不要逞能了啊！你看我们哪一个没有妻儿，生活都圆满的，你为什么就喜欢打猎呢？"他总是默默地不说话，继续过着自己的生活。

有一天，他打猎回来的时候。看到别人的猎狗特别的精悍，捕捉猎物很敏捷。再看看自己的老狗，根本就不是狩猎的狗。因为家穷没办法得到好的猎狗，于是他想回到自己田里努力耕种，有收获之后便可买一只好的猎犬，等到有一只好猎犬时，便可顺利捕获野兽，实现成为一个好猎人的心愿。

【点评】工欲善其事，必先利其器。有了明确的目标，还必须要有实现目标的方法和工具，否则，目标就很难实现。

复习思考题

1. 计划工作的重要性体现在哪些方面？
2. 说明政策、规则和程序之间的区别和联系？
3. 为什么计划能够减少或避免将来出现的风险？
4. 长期计划与战略计划有什么异同？
5. 选定目标时应注意哪些问题？
6. 制定计划时一般要进行哪些预测？
7. 长期计划、中期计划和短期计划应如何衔接才能使它们有效？
8. 怎样把现代计划方法应用到实际计划工作中？
9. 计划职能与管理的其他职能有什么联系？
10. 你所了解的企业怎样制定年度经营计划？

【案例分析】

某机床厂推行目标管理

为了充分发挥各职能部门的作用，充分调动一千多名职能部门人员的积极性，某机床厂首先对厂部和科室实施了目标管理。经过一段时间的试点后，逐步推广到全厂各车间、工段和班组。多年的实践表明，目标管理改善了企业经营管理，挖掘了企业内部潜力，增强了企业的应变能力，提高了企业素质，取得了较好的经济效益。

按照目标管理的原则，该厂把目标管理分为三个阶段进行。

第一阶段：目标制订阶段

1. 总目标的制订

该厂通过对国内外市场机床需求的调查，结合长远规划的要求，并根据企业的具体生产能力，提出了20××年"三提高"、"三突破"的总方针。"三提高"是指提高经济效益、提高管理水平和提高竞争能力；"三突破"是指在新产品数目、创汇和增收节支方面要有较大的突破。在此基础上，该厂把总方针具体化、数量化，初步制订出总目标方案，并发动全厂员工反复讨论、不断补充，送职工代表大会研究通过，正式制订出全厂201×年的总目标。

2. 部门目标的制订

企业总目标由厂长向全厂宣布后，要对总目标进行层层分解，层层落实。各部门的分目标由各部门和厂企业管理委员会共同商定，先确定项目，再制订各项目的指标标准，其制订依据是厂总目标和有关部门负责拟定、经厂部批准下达的各项计划任务，原则是各部门的工作目标值只能高于总目标中的定量目标值。同时，为了集中精力抓好目标的完成，目标的数量不可太多。为此，各部门的目标分为必考目标和参考目标两种。必考目标包括厂部明确下达的目标和部门主要的经济技术指标；参考目标包括部门的日常工作目标或主要协作项目。其中必考目标一般控制在2~4项，参考目标项目可以多一些。目标完成标准由各部门以目标卡片的形式填报厂部，通过协调和讨论最后由厂部批准。

3. 目标的进一步分解和落实

部门的目标确定了以后，要将目标进一步分解和层层落实到每个人。

① 部门内部小组（个人）目标管理，其形式和要求与部门目标制订相类似，拟定目标也采

用目标卡片，由部门自行负责实施和考核。要求各个小组（个人）努力完成各自目标，保证部门目标的如期完成。

② 该厂部门目标的分解是采用流程图方式进行的。具体方法是：先把部门目标分解落实到职能组，任务再分解落实到工段，工段再下达给个人。通过层层分解，全厂的总目标就落实到了每一个人身上。

第二阶段：目标实施阶段

该厂在目标实施过程中，主要抓了以下三项工作。

1. 自我检查、自我控制和自我管理

目标卡片经主管副厂长批准后，一份存企业管理委员会，一份由制订单位自存。由于每一个部门、每一个人都有了具体的、定量的明确目标，所以在目标实施过程中，人们会自觉地、努力地实现这些目标，并对照目标进行自我检查、自我控制和自我管理。这种"自我管理"，能充分调动各部门及每一个人的主观能动性和工作热情，充分挖掘自己的潜力，因此，完全改变了过去那种上级只管下达任务、下级只管汇报完成情况，并由上级不断检查、监督的传统管理办法。

2. 加强经济考核

虽然该厂目标管理的循环周期为一年，但为了进一步落实经济责任制，即时纠正目标实施过程中与原目标之间的偏差，该厂打破了目标管理的一个循环周期只能考核一次、评定一次的束缚，坚持每一季度考核一次和年终总评定。这种加强经济考核的做法，进一步调动了广大职工的积极性，有力地促进了经济责任制的落实。

3. 重视信息反馈

为了随时了解目标实施过程中的动态情况，以便采取措施、及时协调，使目标能顺利实现，该厂十分重视目标实施过程中的信息反馈工作，并采用了两种信息反馈方法。

① 通过建立"工作质量联系单"来及时反映工作质量和服务协作方面的情况。尤其当两个部门发生工作纠纷时，厂管理部门就能从"工作质量联系单"中及时了解情况，经过深入调查，尽快加以解决，这样就大大提高了工作效率、减少了部门之间不协调现象。

② 通过"修正目标方案"来调整目标，内容包括目标项目、原定目标、修正目标以及修正原因等，并规定在工作条件发生重大变化需修改目标时，责任部门必须填写"拟修正目标方案"提交企业管理委员会，由该委员会提出意见交主管副厂长批准后方能修正目标。

该厂在实施过程中由于狠抓了以上三项工作，不仅大大加强了对目标实施动态的了解，更重要的是加强了各部门的责任心和主动性，从而使全厂各部门从过去等待问题找上门的被动局面，转变为积极寻找和解决问题的主动局面。

第三阶段：目标成果评定阶段

目标管理实际上就是根据目标成果来进行管理的，使目标成果评定阶段显得十分重要。该厂采用了"自我评价"和上级主管评价相结合的做法，即在下一个季度第一个月的10日之前，每一部门必须把一份季度工作目标完成情况表报送企业管理委员会（在这份报表上，要求每一部门自己对上一阶段的工作做一恰如其分的评价）。企业管理委员会核实后，也给予恰当的评分：如必考目标为30分，参考目标为15分。每一项目标超过指标3%加1分，以后每增加3%再加1分。参考目标有一项未完成而不影响其他部门目标完成的，扣一般项目中的3分，影响其他部门目标完成的则扣分增加到5分。加1分相当于增加该部门基本奖金的1%，减1分则扣该部门奖金的1%。如果有一项必考目标未完成则扣至少10%的奖金。

该厂在目标成果评定工作中深深体会到，目标管理的基础是经济责任制，目标管理只有同明确的责任划分结合起来，才能深入持久，才能具有生命力，达到最终的成功。

讨论题

从案例中反映的目标管理详细过程分析，目标管理有哪些优点和缺点？在目标管理过程中，应注意哪些问题？

【点评】目标管理能够促进各级管理者和员工朝着实现总目标的方向努力，有利于明确企业内部各部门之间以及员工之间的分工与责任，从而为实现企业总目标提供保障。同时有助于引导员工进行自我管理，从而提高企业整体管理效率与效果。但是，客观地制订目标、合理地分解目标难度较大，过多地进行目标管理，将可能使企业运作缺乏弹性，难以通过权变来适应企业外部环境。目标管理主要为实现短期目标服务，过分地强调目标管理，容易忽视企业发展的长期目标。因此，在目标管理中，应注意将分工与协作、短期目标与长期目标有机结合起来，防止责任与分工、短期目标与长期目标之间相互脱节。适当掌握目标管理的灵活性，将有利于增大企业运作的弹性，提高企业的环境适应性。

第六章 组织理论

【学习目标与要求】

通过本章学习,了解组织的含义、要素和组织结构的基本形式及发展趋势,理解组织的类型、目标和作用,明确组织设计的依据、原则、程序和组织的内外部环境,掌握组织工作的基本原理、组织的结构设计和组织的运作机制。

【引导案例】

巴恩斯医院

10月的某一天,产科护士长黛安娜给巴恩斯医院的院长戴维斯博士打来电话,要求立即做出一项新的人事安排。从黛安娜急切的声音中,院长感觉到一定发生了什么事,因此要她立即到办公室来。5分钟后,黛安娜递给了院长一封辞职信。"戴维斯博士,我再也干不下去了",她开始申述:"我在产科当护士长已经4个月了,我简直干不下去了。我怎么能干得了这工作呢?我有两个上司,每个人都有不同的要求,都要求优先处理。要知道,我只是一个凡人。我已经尽最大的努力适应这种工作,但看来这是不可能的。让我来举个例子吧。请相信我,这是一件平平常常的事。像这样的事情,每天都在发生。""昨天早上7:45,我来到办公室就发现桌上留了张纸条,是杰克逊(医院的主任护士)给我的。她告诉我,她上午10点钟需要一份床位利用情况报告,供她下午在向董事会作汇报时用。我知道,这样一份报告至少要花一个半小时才能写出来。30分钟以后,乔伊斯(黛安娜的直接主管,基层护士监督员)走进来质问我为什么我的两位护士不在班上。我告诉她雷诺兹医生(外科主任)从我这要走了她们两位,说是急诊外科手术正缺人手,需要借用一下。我告诉她,我也反对过,但雷诺兹坚持说只能这么办。你猜,乔伊斯说什么?她叫我立即让这些护士回到产科部。她还说,一个小时以后,她会回来检查我是否把这事办好了!我跟你说,类似这样的事情每天都发生好几次的。一家医院就只能这样运作吗?"

在当今日益激烈的全球竞争环境下,所有的组织都希望变得更有效率、更敏捷和更具有应变能力。合理地开展组织设计,选择合适的组织结构形式,进行组织协调,并随着组织发展而开展组织变革等,都是管理者要直接面对的工作。

第一节 组织概述

一、组织的含义

"组织"一词有两种词性:一种是名词,一种是动词。

作为名词的组织有两种含义。①组织机构,即各种执行特定使命的人与物构成的有形的实体,如工厂、学校、医院、政府机关等都可以称作组织。②组织结构,即反映组织的各个组成部分之间的相互联系和相互作用的体制框架,是一种无形的组织体。

作为动词的组织是指管理的重要职能之一——组织职能或组织工作，即为了实现计划活动所确定的组织的共同目标，而对组织的活动进行合理分工和协作，从而建立起合理的组织结构并使之运转的过程。

二、组织的类型

从不同的角度划分，就有不同的组织类型。人们所追求的目标不同，所形成的组织也就不同。按照组织活动的受惠者不同，可以把组织分成以下四种类型。

（1）互利组织　若一个组织的一般成员都可以通过组织的活动而受益，则这个组织就是互利组织，如俱乐部、工会、政党、宗教团体等。这些组织都是为了其成员的利益而自愿组织起来的。在这种组织中，所有成员的地位都是平等的，组织的成员由于自愿地参加组织的活动自己也得到利益。对于这种组织来说，面临的一个重要的管理问题就是如何在组织中维持民主秩序。因为这种组织往往会因为组织的大多数成员缺乏热情从而不积极参加组织的活动，使组织的控制权落在少数人的手中。

（2）经济组织　这是一种通过经济活动和经济交往而使参与组织的活动者得到利益的组织，如各种工商企业组织。在这种组织中，主要的受惠者是组织的所有者，但是组织中的其他成员也通过组织的活动受益。如企业中的职工通过参加企业的活动获得工资或者其他方面的报酬。对于这种组织来说，所有者的利益不能被剥夺，否则组织就不能长久地生存下去。在这种组织中，所面临的主要问题是如何最大限度地降低成本和提高生产效率。

（3）服务组织　这是一种为某些有关的社会公众服务的组织，如学校、医院、各种福利机构等。这种组织是为社会中某些有关的公众服务的，如学校为学生服务，医院为病人服务等。对于这种组织来说，面临的主要管理问题是如何为这些公众提供良好的服务。因为有时候组织中的工作人员会为了个人的利益而忽视甚至损害公众的利益。如医院的宗旨是治病救人，但医院要求先办理登记手续再给诊治的规定有时却会使危急的病人因贻误时机而造成死亡。

（4）公益组织　这是一种为广大社会公众或者说为整个社会服务的组织，如军队、警察、消防队和各种行政机构等。在这种组织中，受益者是整个社会的所有公众。这种类型的组织面临的主要管理问题就是如何使之接受外部的民主监督，纠正组织的官僚作风，为整个社会提供卓越的服务。

三、组织的要素

组织作为一个系统，主要包括以下四个要素。

（1）共同的目标　组织作为一个整体，首先要有共同的目标，有了共同的目标，才能统一指挥，统一意志，统一行动。这种共同目标应该既为组织所要求，又能被各个成员所接受，应尽量消除组织中成员的个人目标和组织目标之间的背离。

（2）人员与职责　为了实现共同目标，就必须建立组织机构，并对机构中全体人员指定职位、明确职责。

（3）协调关系　协调关系就是把组织成员中愿意合作、为共同目标做出贡献的意志进行统一；否则，共同目标再好也无法实现。良好的人事管理对实现有效协调非常重要。

（4）交流信息　交流信息就是将组织的共同目标和各成员协作意愿联系起来，是进行协调关系的必要途径。交流的信息分为两大类：一类是非肯定型的，如命令、指示、报告、要求、开会等；另一类是肯定型的，如规章、制度、手册等。

四、组织的目标

组织的目标是组织在一定时期所追求的东西。组织目标是组织存在的依据，是组织中一切活动的起点，也是组织中一切活动的终点。

在管理过程中，之所以要坚持管理的目标，是因为以下几点。

（1）目标指明了组织发展的方向　组织目标确定以后，实际上就已经决定了组织该干什么和如何干的问题。如果组织目标不明确，管理者就不可能明确应如何去从事自己的管理工作使之有利于组织的生存和发展。

（2）目标决定了管理活动的过程　组织目标确定以后，管理活动要根据目标的要求来进行，管理的计划、组织、领导和控制等职能的发挥完全取决于组织目标的类型、难度、要求和时间的安排等。目标是组织从事各项管理的起点，各项管理活动应根据组织目标的具体要求来制订自己的工作计划。而组织的目标又决定管理活动的目的，组织应把各项管理活动的结果与组织的目标进行比较，当二者发生偏差时就要采取措施来保证组织目标的实现。

（3）目标能成为一种激励因素　按照行为科学理论，那些还没达到的东西，包括各种需求、愿望、欲望、目标，都能够成为一种激励因素，能使人们产生采取某种行为的动机。组织目标确定以后，它表明对于组织或者对于组织中的个人来说，希望达到的东西与实际已经达到的东西之间存在着差异，这种差异的存在就会产生一种驱动力，促使人们通过有效的工作和活动去消除这种差异，使组织目标能够有效地实现。

五、组织的作用

组织活动不只是简单地把个体力量集合在一起，个体力量的集合可以形成一堆散沙，也可能成为一个"抱成团"的群体，群体的力量可以完成单独个体力量的总和所不能完成的任务。因此，任何组织或团体，都要充分发挥好组织的作用。

组织的作用主要表现在以下几个方面。

① 有效的组织，是实现决策的基础，是实现管理目标的保证。

② 有效的组织，是综合发挥人力、物力、财力以及技术、信息等资源，以实现管理综合效益的合理结构体系。

③ 有效的组织，会创造一种良好的工作环境，会"拧成一股绳"，使组织中的每个人都能为完成群体的目标做出最大的贡献。

六、组织工作的基本内容

组织职能是一个动态的活动过程，它应包括以下几个基本内容。

（1）组织设计　组织设计包括组织内部横向的部门划分和纵向层次划分；任务、职责、权力的确定；各部门、职位之间的相互关系的确定等。组织设计合理与否将在很大程度上决定着其运作效率的高低。

（2）组织的运作　组织运作就是要使设计好的组织运转起来，其中最重要的是为各个岗位选配合适的人员，此外，还需要上级人员对下级人员进行适当授权，有效地进行上下左右的信息沟通联系，制定并落实各种规章制度，以实现组织运转的正常化、规范化。

（3）组织的变革　组织的变革就是对原有组织的调整、革新和再设计。组织是实现目标的手段，并受到所处的外部环境和内部条件等因素的影响，所以，当组织目标发生修正或改变时，当外部环境和内部条件等因素发生变化时，原先设计的组织可能已不能满足需要了，这时就必须对原有组织进行修改、调整甚至重新设计，以提高组织的效能，适应新的形势。

第二节 组织的内外部环境

一、组织的外部环境

组织是属于一个更大的环境系统的一个子系统。每个组织要生存和发展，都必须与外部环境进行各种要素的交换。因此，组织的生存和发展要受组织所处的外部环境的影响。

（一）外部环境的概念与分类

对于一个社会组织来说，外部环境是指组织界限以外的一切事物，是组织赖以生存和发展的基础。组织从外部环境输入组织系统生存和发展所必要的各种要素，并向外部环境输出组织系统运转后产生的结果。组织的外部环境，可以从不同的角度进行分类。

1. 按外部环境的性质划分

按外部环境的性质不同，可以把组织的外部环境分为自然环境和社会环境。

自然环境是指组织所处的外部自然条件状况，包括组织所处的地理位置、气候条件及资源状况等。自然环境是自然界客观存在的，主要是对组织中物的因素产生影响。

社会环境是指组织外部一切人类劳动的产物。人类来自于自然，但人类通过自身的劳动改造自然，就使自然环境中存留了人类劳动的史迹，这种人类劳动史迹的总和就是人类的社会环境。人类又在一定的社会环境中改造自然，从而形成新的社会环境。整个人类社会就是人类不断地改造自然、认识自然，不断地建设与形成新的社会环境的过程。组织的社会环境又包括物的环境和精神的环境两个方面，即硬环境和软环境两个方面。硬环境是指组织所处的外部属于人类劳动产物的物的东西，如基础设施建设、交通通信条件等；软环境是指组织所处的外部属于人类劳动产物的精神的东西，如社会制度、政党制度、社会意识形态、社会生活方式等。

2. 按外部环境对组织的影响程度划分

按外部环境对组织影响的程度不同，可以把外部环境分为一般环境和具体环境。

一般环境是指对某一特定社会的所有组织产生影响的环境。对于一般环境，还可以再细分为以下几个环境因素。

（1）社会方面的环境　是指狭义的社会环境，包括一定的社会制度、阶级结构，反映一定社会特点的人们相互之间的关系，人们的世界观、信仰，社会的婚姻制度，以及人们的社会生活方式等。

（2）政治方面的环境　是指反映一定社会中的一定阶级利益的国家政治制度、政治秩序，社会的经济体制、管理体制、政党制度，国家的方针政策、法规法令以及社会的政治指导思想等。

（3）经济方面的环境　是指一定社会的基本经济结构，经济计划集中与分散的程度，社会的劳动生产率水平，社会的银行体制、财政政策、工资制度，社会的经济发展水平和发展速度等。

（4）教育方面的环境　是指一定社会的教育制度、教育方针，居民的教育水平，受过高等教育训练与专业训练的人所占的比重等。

（5）科学技术方面的环境　是指一定社会的科学技术管理制度、发展水平及其应用程度等。

（6）自然方面的环境　是指一定社会的自然资源的性质、数量和可利用的程度。

一般环境因素是对所有组织都产生影响的环境因素，它往往通过组织的具体工作环境对组织的生存和发展产生影响，所以它的影响作用比较含糊，对某个组织的影响程度也比较低，故而组织也不会对一般环境因素的变化直接做出反应。

具体环境则是对某个企业组织产生直接影响作用的环境。这种环境因素并不是作用于所有企业组织，如企业与当地社区居民的关系、企业与当地政府的关系就是影响该企业生存与发展的具体环境。迈克尔·波特提出的分析企业竞争态势的五种力量模型，为分析企业的竞争态势提供了简明、实用且具有理论基础的强有力的分析工具。五种力量模型中的五个因素就是影响企业的具体环境因素。行业环境威胁的五种力量模型如图6-1所示。

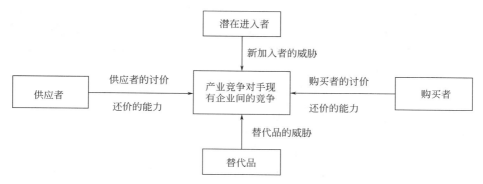

图6-1　行业环境威胁的五种力量模型

竞争者威胁是指行业中主要竞争者之间的竞争关系及其性质。行业中现有企业之间的竞争是最直观、最直接也是最重要的威胁因素。企业间的竞争一般采取两种方式：价格竞争和非价格竞争。价格竞争通过降低价格，减小毛利率而侵蚀利润，导致大多数企业盈利下降甚至亏损，是最惨烈的竞争形式。非价格竞争，如加快新产品开发、提高产品质量和性能、增加服务内容等，通过提高成本而减少利润。由于高成本往往可能通过高价格的方式转嫁到顾客身上，非价格竞争侵蚀利润的程度一般不及价格竞争。

潜在进入者威胁是指新的竞争者进入特定行业或很有可能即将进入一个行业的难易程度。新进入者会带来新的生产能力，瓜分现有企业的市场份额，减少市场集中度，从而加剧行业竞争，降低行业利润。进入威胁取决于进入成本，而进入成本又取决于进入壁垒的高低和行业中现有企业对进入者的预期反应。进入壁垒是结构性的进入障碍，由行业结构特征所决定。现有企业的预期反应是战略性的，是现有企业针对进入所采取的行动和反应。常见的进入壁垒有规模经济、产品差异、资源要求、与规模无关的成本优势、政府管制等。进入会对现有企业的竞争地位和盈利水平造成损害，现有企业势必会对此做出反应。如果预期现有企业会容忍进入，或者只对进入进行消极抵抗，将会鼓励进入。如果预期现有企业很可能会迅速采取报复手段，如降价、加大广告力度、推出新产品、改善服务等，则潜在进入者将会慎重考虑，甚至决定不进入。

供应者威胁是指供方对潜在买方可能影响的程度。供应商是一个企业生产经营所需投入品的提供者，其议价能力越强，对生产企业的威胁就越大。供应商力量的强弱取决于供应商所在行业的市场条件和所提供产品的重要性。如果供应品市场是完全竞争市场，供应商的力量就很弱，反之，供应商的力量就强。

购买者的力量指某行业中产品和服务的买方对供方所能产生的影响程度。比如，生产汽车零配件的厂家众多，而整车生产厂的数量要少得多，配件厂往往不得不屈从于整车厂所提出的苛刻条件。大型连锁零售商进行批量采购，如某些大型电器销售卖场甚至对某些型号的家电产品实行买断销售，它们总是能够得到很大的价格优惠。

替代品威胁是指那些可能取代或减少现有产品和服务需求的替代物所造成威胁的严重程度。替代品是以另外的方式去满足与现有产品大致相同的顾客需求的产品。比如，作为汽车燃料，天然气是汽油的替代品。替代品的威胁程度主要取决于三个方面的因素：第一，替代品在价格上是否具有吸引力；第二，替代品在质量、性能和其他一些重要特性方面的满意程度；第三，购买者转换成本的高低。例如，如果汽油价格上涨超过一定限度，顾客就会觉得购买双动力汽车的一次性投资与加高价油的日常运行费用相比是划算的，就会改用天然气。同时，由于有利可图，会出现更多的加气站，加气会变得更加方便。

具体环境对企业的影响是直接的，它对企业的生存与发展的影响作用比较大；而一般环境对企业的影响是间接的，它是通过具体环境来对企业的经营活动产生影响作用，对企业的生存与发展的影响作用就比较小。

（二）外部环境因素对组织的影响作用

每个组织都是生存在一定的环境中的，它必须与环境进行各种要素的交换，才能有效地生存和发展。外部环境因素对组织的影响主要有以下几个方面。

（1）外部环境影响了组织目标的确定　组织目标是组织在未来一段时间内所要达到的，它是组织存在的根据。而组织目标的确定首先要考虑外部环境能向组织提供些什么以及外部环境需要组织提供些什么。比如，工厂要根据外部环境能提供什么原材料和市场需要什么产品来决定自己的生产；学校要根据外部环境能提供什么样的办学条件和社会需要什么样的人才来决定培养什么样的学生。

（2）外部环境影响了组织目标的实现过程　在组织目标的实现过程中，组织要不断地与外部环境进行各种要素的交换，因此，外部环境的任何变化都会对组织目标的实现产生影响。

（3）外部环境影响了组织系统的形成　组织这个子系统以及各个分系统的形成一方面是组织内各个分系统相互作用和影响的结果，另一方面又受外部环境的影响。如技术分系统的形成在很大程度上取决于社会的科学技术的发展水平和应用情况。一个教育水平十分落后的国家，是很难为各种组织提供高素质的人才的；同样，一个科学技术水平十分落后的国家，是不可能为企业的生产提供先进的技术装备的。由于组织是人们实现一定目标的工具，因此，组织系统素质的高低直接影响了组织目标的实现程度。

二、组织的内部环境

（一）内部环境的概念

组织的内部环境，是指存在于组织边界以内、能够为组织所控制的各种有形资源和无形资源，包括硬件资源、工艺技术、组织结构和组织文化等。其中，硬件资源是有形资源，是组织开展各项具体活动的基础设施；工艺技术服务于组织的生产或服务工作，可能是有形的，如工艺图纸等，也可能是无形的，如技术诀窍等；组织结构和组织文化则是无形资源，是组织有效运转的软件支持。这些组织的有形或无形资源，既是组织运行和发展所必需的，又是通过管理活动的配置整合能够增值的，为组织存在与发展提供基础与保障。

（二）内部环境的分类

组织的内部环境，可以从不同的角度进行分类。

1. 按环境资源的内容划分

按环境资源的内容，组织内部环境资源可以分为人力资源、关系资源、信息资源、金融资源、形象资源和物质资源六大类。

（1）人力资源　人力资源是那些属于组织成员、为组织工作的各种人员的总和，亦即组织成员所蕴藏的知识、能力、技能以及他们的协作力和创造力。

（2）关系资源　关系资源是组织与其他各类公众良好而广泛的联系以及组织内部各部门、各成员之间的关系。组织的关系资源也决定了组织的舆论状态和形象状态，它们构成了组织最重要的无形资源。

（3）信息资源　从信息的流向来看，信息资源可以分为"外部内向"和"内部外向"信息资源两种。"外部内向"信息资源是指组织所了解和掌握的、对组织有用的各种外部环境信息。"内部外向"信息资源是指组织的历史、传统、社会贡献、核心竞争能力和信用等信息。这些信息为外界所了解，就会转化为组织谋求发展的重要条件。

（4）金融资源　金融资源是指拥有的资本和资金。金融资源最直接地显示了组织的实力，其最大的特点在于它能够方便地转化为其他资源，即它可以被用来购买物质资源和人力资源等。

（5）形象资源　组织形象是社会公众对组织的总看法和总评价。组织形象有其内涵和外显两大方面，良好的组织形象应该是内外统一的。

（6）物质资源　物质资源包括组织拥有的土地、建筑物、设施、机器、原材料、产成品和办公用品等。

2. 按环境资源的表现形态划分

按环境资源的表现形态，组织内部环境资源可以分为有形资源和无形资源两大类。

（1）有形资源　有形资源是指那些具有一定实物、实体形态的资源。如组织赖以存在和发展的自然资源以及建筑物、机器设备、实物产品、资金等。任何组织的存在，都需要以存在一定有形资源为前提。特别是传统的制造型企业，有形资源更是组织的重要组成部分。即使是在服务型组织中，有形资源仍然重要。例如，虚拟组织的运转，仍然需要有一定的沟通平台，而保证沟通能够有效运行的各种硬件设施，如电脑、电话、小型办公场所和网络服务器等，是保证组织运转所不可缺少的有形资源。

（2）无形资源　无形资源是指那些不具有实物、实体形态的资源。组织赖以存在和发展的社会人文资源就是无形资源。典型的无形资源包括信息资源、关系资源、权利资源、组织文化和人际关系等。

第三节　组织设计

一、组织设计的依据

1. 战略

组织结构是帮助管理者实现其目标的手段，目标产生于组织的总体战略，所以，组织结构与组织的总体战略是紧密联系在一起的，组织结构应当服从于组织的总体战略，如果组织战略作了重大调整，就必须修改组织结构以适应和支持战略的调整和变革。

组织建立初期，一般实行单一产品战略，要求一种简单、松散的结构来执行这一战略，决策集中在一个高层管理者手中，组织的复杂性和正规化程度都很低。

随着组织的成长，它开始实行纵向集成战略，合并供应商或直接向顾客销售产品，把活动范围不断扩大。纵向集成战略使组织间的相互依赖性增强，需要组织间更加复杂的协调手段。当组织进一步成长，进入产品多样化经营阶段，组织结构需要再次调整，以便有效地配置资源，控制工作绩效和保持各单位间的协调。

组织战略的变化先行于并且导致了组织结构的变化，随着组织战略从单一产品向纵向集成、再向多样化经营转变，管理者会将组织从有机式向更加机械式转变。

2. 规模

组织规模对组织结构具有明显的影响，大型组织会提高组织的复杂性程度并连带提高专业化和规范化程度，规则条例也更多。但是，这种影响不是线性关系，而是组织规模对结构的影响随着规模的增大在逐渐减弱。即当组织发展到一定程度之后，随着组织规模的再扩大，规模的影响显得不重要了。

3. 技术

一个组织的技术性质是组织结构的重要决定因素，任何组织都需要通过技术将投入转换为产出，那么，组织结构就需要随技术的变化而变化，特别是技术范式的重大转变，往往要求组织结构做出相应的改变和调整。每一类组织都有其特定的组织结构形式，成功的组织是那些能根据技术的要求而采取合适的结构安排的组织。如今，随着计算机技术在生产中的广泛应用，以及应用自我管理团队推动创新、提高质量和降低成本的趋势，许多组织正在尝试使它们的组织更加精干、灵活，以利用复杂技术的价值创造竞争优势。

4. 环境

机械式组织在稳定的环境中运作最为有效；有机式组织则与动态的、不确定的环境最匹配。外部环境变化得越快，不确定性就越大，管理者在获取稀缺资源时面临的问题就越多。在这种情况下，管理者为了加快决策和沟通的速度，往往使组织更加有机化。当前的全球竞争，市场形势的迅速变化，无论在国内还是在国外，这种竞争的不断加强都给管理者在吸引顾客、提高效率和效益上施加了更大的压力，迫使管理者寻找各种方式来构造组织，如通过授权和自我管理的团队，将组织改造得更加精干、快速和灵活。

二、组织设计的原则

1. 统一指挥原则

即组织中任何下级不应受到一个以上的上级的直接领导。遵循这一原则，可以避免不同人员对同一问题所下达的命令发生冲突，意在简化上下级的关系。无论是在组织结构的设计和管理权限的划分方面都应考虑到这一原则。

2. 例外原则

这一原则强调，由于时间和精力是有限的，高层管理人员不应陷入例行的琐事当中，而应将重点放在研究组织发展战略及对重大问题的处理上。因此，遵循这一原则，管理者应将组织的管理权限适当分散下放，组织内部程序化的例行决策问题应当下放给较低层的管理人员，让他们按常规来处理，而那些涉及非程序化的决策问题以及其他一些特殊的管理问题，则应由高层管理人员负责处理。

3. 等级原则

按照等级原则，组织是一种等级制度，在组织内应明确划分各管理层次，组织内的职权与责任应按照明确、连续不断的系统，从最高管理层一直贯穿到组织的最底层，即做到责权分明、分级管理。

4. 部门化原则

即专业化分工协作原则。按照这一原则，应对组织内的各项活动进行划分并组成专业化的群体，其目的在于使各种活动专业化，这有利于简化管理人员的工作，提高工作效率，也便于对各种活动进行控制。

5. 分权原则

按照分权原则，组织内最高管理层应将管理权部分地分配给各个下级管理层去行使。其与例外原则的道理相类似，但其特别强调了管理的参与要求以及便利的信息通道。

6. 适度管理幅度原则

简单地说，管理幅度就是指一个上级管理者能够直接有效管理的下属的人数。由于任何管理者的时间和精力都是有限的，他的管理能力也因知识、经验、个性、年龄等不同而不同，不同的管理者有不同的管理幅度。因此，在组织结构的设计上，尤其是在组织纵向管理层次的划分时，不存在一成不变的、对于任何组织和任何管理者普遍适用的模式。应根据不同管理者的具体情况，结合工作的性质以及被管理者的素质来确定适用于本组织和特定管理者的管理幅度，既做到能够保证统一指挥，又要便于组织内信息的沟通。

7. 弹性组织原则

弹性组织原则，是指一个组织的部门结构、人员职责和工作职位都是可以变动的，以适应组织内外部环境的变化，以保证组织结构能动态地调整。根据这一原则，首先应使部门结构富有弹性，即根据组织目标的需要，定期审查组织内任何一个部门存在的必要性，如果已没有存在的必要，就应撤销或改组该部门。此外，还可设置临时工作小组，以适应组织环境和不同工作性质的要求。弹性组织原则还要求组织内工作职位的设置也应富有弹性，使之可以及时更换和调整。

三、组织设计的程序

组织结构的设计是一项复杂的系统工程，必须服从科学的程序。

1. 确定组织目标

组织目标是进行组织设计的基本出发点，任何组织都是实现其一定目标的工具，没有明确的目标，组织就失去了存在的意义。因此，管理组织设计的第一步，就是要在综合分析组织外部环境和内部条件的基础上，合理确定组织的总目标及各种具体的派生目标。

2. 确定业务内容

根据组织目标的要求，确定为实现组织目标所必须进行的业务管理工作项目，并按其性质适当分类，如市场研究、经营决策、产品开发、质量管理、营销管理、人员配备等，明确各类活动的范围和大概工作量，进行业务流程的总体设计，优化总体业务流程。

3. 确定组织结构

根据组织规模、生产技术特点、地域分布、市场环境、职工素质及各类管理业务工作量的大小，参考同类其他组织设计的经验和教训，确定应采取何种管理组织形式，需要设计哪些单位和部门，并把性质相同或相近的管理业务工作分归适当的单位和部门负责，形成层次化、部门化的结构。

4. 配备职务人员

根据各单位、各部门所分管的业务工作的性质及对职务人员素质的要求，挑选和配备称职的职务人员及其行政负责人，并明确其职务和职责。

5. 规定职责权限

根据组织目标的要求，明确规定各单位、各部门及其负责人对管理业务工作应负的责任以及评价工作成绩的标准。同时，还要根据搞好业务工作的实际需要，授予各单位和部门及其负责人以相应的职权。

6. 联成一体

通过明确规定各单位、各部门之间的相互关系，以及它们之间在信息沟通和相互协调方面的原则和方法，把各组织实体上下左右联结起来，形成一个能够协调运行、有效地实现组织目标的管理组织系统。

四、组织的纵向结构设计

组织的纵向结构设计，就是确定管理幅度、划分管理层次。

（一）管理幅度

管理幅度是指一名主管人员有效地直接管理下属的人数。由于管理者的时间和精力是有限的，其管理能力也因个人的知识、经验、年龄、个性等不同而有所差异，因而任何管理者的管理幅度都有一定的限度，超过这个限度，就不能做到具体、高效、正确的领导。

1. 影响管理幅度的因素

确定管理幅度，一般应考虑以下几个因素。

（1）职务的性质　一般说来，高层职务管理幅度较小，基层职务管理幅度较大。因为高层多为决策性的工作，管理幅度要小一些；基层主要是日常的、重复的工作，管理幅度要大一些。如一个厂长领导几个车间主任，而一个车间主任往往领导几十甚至几百个工人。

（2）工作能力的强弱　工作能力包括管理者的工作能力和下级的工作能力。下级工作能力强，技术水平高，经验丰富，管理者处理上下级关系所需的时间和次数就会减少，这样就可扩大管理幅度；反之，如果委派的任务下级不能胜任，上级指导和监督下级活动所花的时间就要增加，管理幅度势必要缩小。另外，管理者个人的知识、经验丰富，理解能力、表达能力及组织能力强，就能迅速地把握问题的关键，可以加宽管理幅度；反之，管理幅度就较窄。

（3）工作本身的性质　性质复杂的工作，需要管理者与其下属之间保持经常的接触和联系，一起探讨完成工作共同遇到的问题，因此，应设置较窄的管理幅度；相反，完成简单的工作，允许有较宽的管理幅度。如硕士生导师指导的研究生人数要比一位普通的大学教师负责的本科生的人数少得多。

（4）标准化和授权程度　如果领导者善于同下级共同制定工作标准，放手让下级按标准行事，并把一些较次要的问题授权下级处理，自己只负责重大问题、例外事项的决策，其管理幅度自然可以加宽；相反，如果领导者对下属不放心，事必躬亲，又没有一套健全的工作标准，管理幅度太宽，必然导致精力不及、管理不周，以至贻误工作。

（5）信息反馈情况　如果信息反馈快，上下级意见能及时交流，左右关系能及时协调配合，管理幅度可适当加宽；反之，管理幅度应减小。

2. 确定管理幅度的方法

(1) 上下级关系理论　法国管理顾问格拉丘纳斯在1933年发表的一篇论文中分析了上下级关系后提出一个数学模型,用来计算任何管理幅度下可能存在的人际关系数。他指出:一位领导有 n 个下属时,可能存在的关系数值由下式决定:

$$c = n[2^n/2 + (n-1)] = n[2^{n-1} + (n-1)]$$

式中,c 为可能存在的人际关系数;n 为管理幅度。

不妨设 n 为 1~13,计算 c 的数目,见表6-1所示。

表6-1　管理幅度与人际关系表

n	1	2	3	4	5	6	7	8	9	10	11	12	13
c	1	6	18	44	100	222	490	1080	2376	5210	11374	24708	2359602

格拉丘纳斯由此推理得出如下结论:下级数目按算术级数增加时,其直接领导者需要协调的关系数目则按几何级数增加,因此,管理幅度是有限度的,不能随意扩大。

(2) 变量依据法　该方法是美国洛克希德导弹与航空公司提出的,是通过找出影响中层管理人员管理幅度的六个关键变量,按困难程度排成五级,并加权以反映其重要程度,最后加以修正,提出建议的管辖人数标准值,如表6-2和表6-3所示。这种定量地、综合研究影响管理幅度的关键因素,为确定适当的管理幅度指明了方向。

表6-2　影响管理幅度的主要因素及重要程度

等级 影响因素	一	二	三	四	五
职能相似性	很相似 1	较相似 2	一般 3	较不相似 4	很不相似 5
地区相近性	很近 1	较近 2	一般 3	较远 4	很远 5
职能复杂性	很简单 2	较简单 4	一般 6	较复杂 8	很复杂 10
指导和控制工作量	很小 3	较小 6	一般 9	较大 12	很大 15
计划工作量	很小 2	较小 4	一般 6	较大 8	很大 10
协调工作量	很小 2	较小 4	一般 6	较大 8	很大 10

表6-3　推荐管理幅度

权数总和	40~42	37~39	34~36	31~33	28~30	25~27	22~24
建议标准管理幅度	4~5	4~6	4~7	5~8	6~9	7~10	8~11

总之,管理幅度问题存在于各类、各级组织之中,是研究和具体设计组织结构时要考虑的基本问题。管理幅度的确定受许多因素的影响,但诸方面因素的影响程度不同,这决定了管理幅度的弹性是很大的,并没有一个固定的数值。因此,各级主管人员应根据本单位的具体情况,综合地考虑各种影响因素,运用各种方法,确定自己理想的管理幅度。

(二) 管理层次

1. 管理层次与管理幅度的关系

管理层次的多少与管理幅度的大小密切相关。一个部门在人员数量一定的情况下,一个管理者能直接管理的下属人数越多，该部门内的管理层次就越少，所需要的管理人员也越少；反之，所需要的管理人员就越多，相应地，管理层次也越多。由此可见，管理幅度的大小，在很大程度上制约了管理层次的多少，管理幅度同管理层次成反比关系。管理幅度越大，管理层次就越少；反之，管理幅度越小，管理层次就越多。

以一家有4096名作业人员的企业为例，如果按管理幅度分别为4、8和16对其进行组织设计（这里假设各层次的管理幅度相同），那么其相应的管理层次依次为6、4和3，所需的管理人员数为1365名、585名和273名。

2. 扁平结构和直式结构

按照管理幅度和管理层次不同，组织形成两种结构：扁平结构和直式结构。

扁平结构是指管理幅度大而管理层次少的结构。扁平结构有利于缩短上下级之间距离，密切上下级之间的关系，信息纵向流通速度快。由于管理幅度大，被管理者有较大的自主性和创造性，有利于选择和培训下属人员。但是，由于不能严密地监督下级，上下级的协调较差；管理幅度的加大，增加了同级间相互沟通联络的难度。

直式结构是指管理层次多而管理幅度小的结构。直式结构具有管理严密，分工细致明确，上下级易于协调的特点。但是，层次越多，需要的管理人员越多，协调工作量急剧增加，互相扯皮的事较多。由于管理严密，影响了下级人员的积极性与创造性。因此，为使管理有效，应尽可能地减少管理层次。

五、组织的横向结构设计

组织的横向结构就是当组织的任务分解成具体的可执行的工作以后，将这些工作按某种要求合并成一系列组织单元，如任务组、部门、科室等，亦即部门划分。部门是指组织中主管人员为完成规定的任务有权管辖的一个特殊的领域。部门化是指将工作和人员组合成可以管理的单位的过程。划分部门的目的，是为了明确职权和责任归属，以求分工合理，职责分明，有利于各部门根据不同的工作性质采取不同的政策，加强本部门的内部协调。

1. 划分部门的原则

（1）部门力求维持最少　建立组织机构的目的不是供人欣赏，而是为了有效地实现组织目标。因此，部门的划分要避免追求组织结构中的各级平衡，避免形成以连续性和对等性为特征的刻板结构，组织结构要求精简，部门必须力求最少。

（2）组织结构应具有弹性　组织中的部门应随业务的需要而增减，其增设、合并或撤销应随组织目标任务的变化而定。通过设立临时工作部门或工作组来解决临时出现的问题也是一种弹性结构。

（3）确保组织目标的实现　组织结构要求精简，部门必须力求最少，但这是以有效地实现组织目标为前提的。因此，不能为精简而精简。组织的主要职能必须有相应的部门来完成，且各部门的工作量应平衡，避免忙闲不均。

（4）检查部门与业务部门分设　考核、检查部门的人员不应隶属于被检查的部门，以避免检查人员"偏心"，真正发挥检查部门的作用。

2. 划分部门的方法

（1）人数部门化　人数部门化是完全按人数的多少来划分部门。例如，军队中的师、旅、团、营、连、排即为此种最原始、最简单的划分方法，仅仅考虑人的数量。在高度专业化的现代社会，这种划分方法越来越少。随着人们文化和科学水平的提高，每个人都能掌握某种专业技术，把具备某种专业技术的人组织起来做某项工作，比单靠数量组织起来的人们有更高的效率。

（2）时间部门化　时间部门化是在正常的工作日不能满足工作需要时采用的一种划分部门的方法。例如，在基层组织常采用轮班制方式，将人员划分为早班、中班、夜班。按时间划分部门主要基于以下考虑：人需要吃饭、睡觉、休息和娱乐，而有些工作需要很长的时间，且不能间断，如炼钢厂的一炉钢只有在全部出炉以后才能停止；有时出于经济和技术需要的考虑等。

（3）职能部门化　职能部门化是以组织的主要经营职能为基础设立部门，凡属同一性质的工作都置于同一部门，由该部门全权负责该项职能的执行。例如，组织中设置的生产、营销、财务、人力资源等部门就是按职能划分的。职能部门化有利于提高管理的专业化程度，有利于提高管理人员的技术水平和管理水平。但是，由于各部门长期只从事某种专业业务的管理，易导致"隧道视野"的现象，也不利于高级管理人才的培养。

（4）工艺部门化　工艺部门化是以工作程序为基础组合各项活动来划分部门。例如，在机械制造企业，通常按照毛坯、机械加工、装配的工艺顺序分别设立部门。这种划分方式，在生产工艺复杂、要求严格的情况下是必要的，有利于加强专业工艺管理，提高工艺水平。

（5）产品部门化　产品部门化就是把某种产品或产品系列的设计、制造、销售等管理工作划归一个部门负责。这种划分方式，在多品种生产经营的大中型企业是十分必要的，这样有利于充分利用管理者的专业知识和技能，有利于组织专业化生产和经营，有利于扩大销售和改善售后服务工作。

（6）区域部门化　区域部门化是根据地理因素设立管理部门，把不同地区的经营业务和职责划归不同部门全权负责。对于一个地域分布较广或经营业务涉及区域较广的组织来说，按地区划分部门是必要的。因为不同地区的政治经济形势、文化科学技术水平、用户对产品的要求、购买习惯等都有很大差别。按地区划分部门，有利于各部门因地制宜地制定政策、进行决策，提高管理的适应性和有效性，有利于培养独当一面的管理人才。

（7）顾客部门化　顾客部门化是以被服务的顾客为基础来划分部门，主要适用于销售部门。不同的顾客对产品及其服务的要求往往有比较明显的差别，为了更好地为顾客服务，促进商品销售，对顾客面较广的组织，可以按顾客的不同类型分别设立不同的销售部门，如商业企业内设批发部门和零售部门等。

一个组织究竟采用何种方式划分部门，应视具体情况而定，而且这些划分方式往往是结合采用的。如职能或参谋机构一般都按职能划分，生产部门可按工艺或产品划分，销售部门则可根据实际需要按地区或客户划分。

第四节　组织结构的基本形式及发展趋势

组织结构是在部门、职位、职责、职权之间建立相互联系的基础上，由组织结构横向设计与组织结构纵向设计有机结合的产物。组织结构的类型不同，其功能和应用范围也不同。

一、直线制组织结构

直线制组织结构是发展历史最长的一种组织结构形式，它起源于手工业的作坊式组织活动。直线制组织结构没有职能部门，自上而下的管理层承担全部职能管理任务，实行集权式

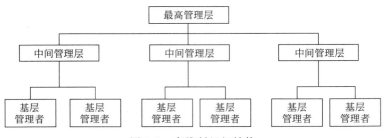

图 6-2　直线制组织结构

管理，如图 6-2 所示。

直线制组织结构的主要优点为：结构简单，职责明确，管理成本低，便于统一指挥。其主要缺点为：下级缺乏自主权，横向联系协调难度大，管理者负担重，信息传递速度慢。直线制组织结构仅适用于规模小、管理内容简单的组织，如小型商场、小型加工厂等。

二、职能制组织结构

职能制组织结构为了克服直线制组织结构没有职能部门的缺陷，增设若干个职能部门，不同程度地减轻了直线管理者的负担。在职能制组织结构中，参谋型管理者与直线管理者都有权指挥和命令下级，而下级必须接受参谋型管理者与直线管理者的管理，如图 6-3 所示。职能制组织结构的主要优点为：按职能分工，有利于专业化管理。其主要缺点为：容易产生多头领导、政出多门的矛盾，不利于统一指挥。

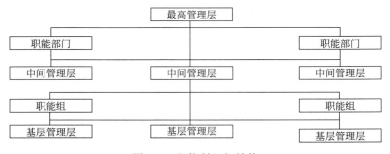

图 6-3　职能制组织结构

在管理实践中，职能制组织结构并不实用，仅是一种理论假设。但在管理理论研究中，职能制组织结构为创建更科学的组织结构奠定了基础，提供了一定的理性启示。

三、直线职能制组织结构

直线职能制组织结构是吸收直线制组织结构及职能制组织结构的优点，由二者相互嫁接的综合体。它以直线制组织结构为基础，兼顾职能制组织结构原理，使组织在集中管理中实现按职能分工。尤其是使参谋型管理者无权直接指挥或命令下级，必须通过直线管理者才能下达指令，对下级仅享有指导权，如图 6-4 所示。

直线职能制组织结构的主要优点为：有利于专业化管理和统一指挥。其主要缺点为：由于权力集中而使下级缺乏自主权；职能部门之间联系不紧密，不利于协调；信息渠道容易阻塞。直线与职能制组织结构适合组织规模不大、管理内容比较简单的组织。

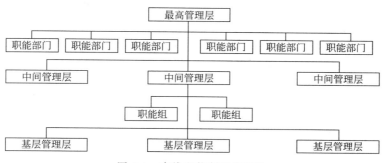

图 6-4 直线职能制组织结构

四、事业部制组织结构

事业部制组织结构是按照组织具有类似独立法人资格的组织单元来划分的组织架构,其中组织单元被称之为事业部。划分事业部的一个重要原则是合并同类业务,理顺业务管理链条,消除事业部之间的竞争。事业部制组织结构是统一政策、分权管理的一种组织形态,即组织高层管理者主要从宏观管理的角度,为各个事业部制定方针政策,而事业部管理者从微观的角度,在利益、责任和环境相对独立的条件下,自主地带领组织成员创造价值,如图 6-5 所示。

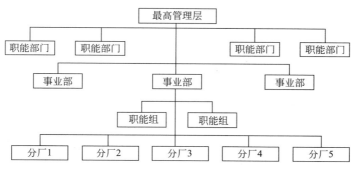

图 6-5 事业部制组织结构

事业部制组织结构的主要优点为:事业部内自成体系、属于相互独立的单位,有利于发挥各个事业部的积极性,有助于培养综合性的管理人才和增强组织整体的环境适应性;有利于专业化管理,提高组织整体管理效能;有利于高层管理者摆脱日常琐事,集中精力搞好战略决策等大事。其主要缺点为:各事业部都有职能部门,造成机构重叠;管理层多,管理成本高;各事业部之间独立性很强,相互协调的难度大,容易产生本位主义,忽视组织整体利益。事业部制组织结构适合大规模企业,尤其是集团企业。

五、矩阵制组织结构

矩阵制组织结构是由横向和纵向两种管理系统相互融合而形成的,如图 6-6 所示。从纵向分析,每一列是由同一职能部门提供的专业人员构成,他们继续服从原所在职能部门的命令与安排,接受原所在职能部门的指挥;从横向分析,每一行(第一行除外)都是由项目小组成员组成的项目服务团队,这些成员是项目小组需要的各类人才,为项目攻关服务,接受项目小组的管理。

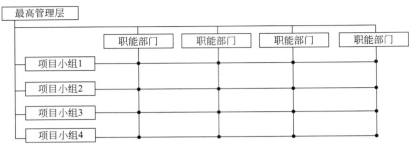

图 6-6 矩阵制组织结构

在管理实践中,一个组织有时需要同时开发与研究若干个项目,每个项目需要相关职能部门为之配备不同技术特长的人员。项目小组是为项目开发与研究而形成的临时性团队,项目完成之后,项目小组便解散,其成员仍返回原职能部门。矩阵制组织结构的主要优点为:通过项目开发与研究,将各个职能部门联系在一起,有助于各职能部门之间相互合作与配合,增强组织内部的横向联系;有利于发挥专业人员的技术专长。其主要缺点为:项目小组成员受双重领导,容易使其无所适从;由于项目小组具有临时性,所以,稳定性差。矩阵制组织结构适合项目开发与研究的临时性组织和松散式管理的高技术企业。

六、组织结构的发展趋势

1. 组织结构扁平化

组织结构扁平化是指通过减少管理层次、压缩职能机构、裁减人员而建立起来的一种紧凑而富有弹性的新型团队组织,具有敏捷、灵活、快速、高效的特点。在知识经济时代,信息技术的发展使得知识在管理者与劳动者之间共享,企业组织的等级结构已不再受到管理幅度的严格限制,纵横交错的信息渠道造就了这种组织结构变革的趋势。

德鲁克曾经指出,由于现代企业组织由知识化专家组成,企业应该是由平等的人和同事们形成的组织,没有高低之分,每个人的业绩都是由他对组织的贡献而不是由地位高低来决定的。因此,现代企业不应该由老板和下属组成,必须由平等团队组成。组织扁平化的竞争优势,主要是如何通过一个精益组织,对组织所拥有的知识和信息进行整合、创造和管理,从而更直接地面向市场、面向用户。为了这种知识与信息的整合、创造和管理,扁平化组织不是以职能为单位,而是形成一个个动态的知识团队,这种团队将个体和组织结合起来,促进用户知识的显性化和实体化,最终形成完整、统一的知识共享平台。扁平化组织的运作核心是通过这种知识团队的自我管理,不断释放整体知识的能量,进而实现企业价值创造空间的创新和扩展。但是,需要注意的是,扁平化并不是简单地减少管理层次,而是需要在组织内进行面向顾客的横向型流程再造。

2. 组织制度非层级化

组织制度的非层级化表现在高层与低层之间的差距和等级观念弱化,在同一层级从事不同职能工作的员工之间的横向交流增多;员工向多面手发展。组织内部进行充分授权,个人或内部组织的自主性、独立性增强。在不同层级之间建立的跨层级小组或团队增多,组织内部之间的横向和纵向协调增加。

3. 组织结构网络化

随着信息技术的飞跃发展,信息的传递不必再遵循自上而下或自下而上的等级阶层,就可实现部门与部门、人与人之间直接的信息交流。组织内部的这种无差别、无层次的复杂的信息交流方式，极大地刺激了组织中的信息载体和运用主体。组织网络化发展相对于行政组织而言，其本质特征在于，强调通过全方位的交流与合作实现创新和双赢。全方位的交流与合作既包括了组织之间超越市场交易关系的密切合作，也包括了组织内部各部门之间、员工之间广泛的交流与合作关系，而且这些交流与合作是以信息、技术为支撑的，并将随着信息、技术的发展而得到不断的强化。

组织结构网络化主要表现为组织内部结构网络化和组织间结构网络化。组织内部结构的网络化是指在组织内部打破部门界限，各部门及成员以网络形式相互连接，使信息和知识在组织内快速传播，实现最大限度的资源共享。组织间结构网络化包括纵向网络和横向网络。纵向网络指由行业中处于价值链不同环节的组织共同组成的网络型组织，例如供应商、生产商、经销商等上下游企业之间组成的网络。例如，通用汽车公司和丰田汽车公司就分别构建了一个由众多供应商和分销商组成的垂直型网络。横向网络指由处于不同行业的组织所组成的网络，这些组织之间发生着业务往来，在一定程度上相互依存。

4. 组织结构柔性化

消费者的需求日益个性化、多样化和复杂化，市场更加具有不确定性和多变性，企业组织必须实现从机械式组织到有机式（柔性化）组织的变革。柔性化是指在组织结构上，根据环境的变化调整组织结构，建立临时的以任务为导向的团队式组织。柔性组织结构注重组织系统的开放性和合作性，可以充分利用组织的内外部资源，增强组织对市场变化与竞争的反应能力，保持组织系统的动态稳定。柔性组织一般由两部分组成：为保证完成组织固有战略任务而构建的稳定结构和组织柔性化的具体部分——为完成组织所面临的新任务而形成的临时组织机构。

5. 内部组织团队化

为了克服金字塔组织的缺陷，提高组织对外部环境变化的适应能力，许多组织开始建立起了团队工作小组。这种团队组织实质上是自主性和合作性在更高层次上统一起来的一种组织，主要有两种类型：围绕着组织核心业务而形成的比较稳定的工作团队和为了短期开发或解决以专门问题而建立的流动性工作团队。

第五节　组织的运作机制

组织的运作机制与效率决定了组织中的人如何行动，在工作中遵循怎样的程序与规则。相似的结构形式，由于组织的运作机制不同，也可能有极为不同的管理效果。

一、描述组织运作机制的标准

描述与比较组织运作机制的特征与差异，需要建立具有可比性的标准。

1. 正规化

正规化反映了一个组织运用正式的规章制度、作业规则、内部文件来引导和约束员工行为以及组织内部活动的程度。一个组织使用的规章条例越多，各种行为规则越详细严密，工作程序越是标准化，组织运作的正规化程度就越高。正规化程度低的组织则更多地依靠各部门之间的协商、配合与员工的主动合作来运营，员工对怎样完成工作任务有较大的自主权，组织制定较少的规范准则。

正规化程度与组织的规模没有必然的联系，小型组织也可以是高度正规化的，但一个组织的正规化程度与员工的自主决策空间呈负相关关系。高正规化的组织由于内部运作的标准化、制度化程度较高，往往有较强的执行力，其管理模式具有较高的可复制性。银行、航空、铁路运输、电力供应等要求稳定运作的行业以及服务行业的连锁店等都是高度正规化的组织。此外，正规化程度受组织文化及领导者风格影响较大，在同一个组织内的正规化程度也有差别，比如一个大型制造企业的生产部门需要高度正规化，而研发部门和营销部门就需要有较大的工作自主权，高度正规化不利于激发创意和创新。

2. 复杂性

复杂性是指组织内部分工的细化程度、分支机构的地理分布状况及管理职位数量。一个组织的纵向层次多或水平方向上的部门分化多，或分支机构的地理跨度大，都是组织复杂性增加的标志，它们都意味着协调组织活动的工作量和工作难度增加。一般来说，规模越大、业务种类越多的组织，其复杂性亦越大。如果一个组织复杂性高而正规化低，则很可能由于许多不确定的行为而影响组织运作的效率，甚至出现混乱无序的局面。

3. 集权度

集权度是指组织中各项活动的经营决策权力在组织内不同管理层次间的分散与集中状况。如果一个组织在经营过程中出现的大、小问题都要由下至上逐级上报，由高层管理者作出决定，并选择行动方案后再自上向下传达执行；或者高层管理者在做重要决策时基本上不征求基层人员的意见，那么这个组织就是一个高度集权化的组织。反之，中、下层管理人员在各自的职责范围内拥有自主决策和直接处理同级问题的权力，在组织重大决策中有一定的发言权，那么这个组织就是一个集权程度低的分权型组织。

4. 人员比率

人员比率是指承担各种不同工作任务的人员在组织成员总数中所占的百分比。比如行政人员比率、专业技术人员比率、直接面对主要业务工作的一线人员比率等。这些比率都会对组织的运作机制和最终绩效产生重要影响。假如一个组织中行政人员比率过大，就难免出现办事程序烦琐、整体效率下降的现象。

二、组织运作机制的基本模式

综合分析与比较上述四个方面的差异，可以把组织分为总体特征和运行机制明显不同的两种基本模式——机械式组织与有机式组织。

1. 机械式组织

传统的机械式组织管理幅度小、管理层次多，制定了大量严格周密的规则与标准，高度标准化、正规化、集权化的运行机制将组织成员的个人判断与偏好降到最低限度，整个组织像高效率的机器一样在严密的控制之下运转，可以尽量避免模糊性，如政府机关、军队、发电厂、铁路运输等要求稳定运行的组织。

2. 有机式组织

有机式组织是以低复杂性、分权化和拥有多个跨职能团队、跨层级团队为特征的具有高度弹性的组织。有机式组织一般只有很少的正式规则和直接控制，更多地借助于组织文化引导员工行为。这类组织的成员一般具有较高的专业技能和个人素质，会自觉地依照组织需要解决工作中的大多数问题，松散、灵活的结构有助于组织成员对运作中的不确定性因素和意外事件迅速作出反应，进行调整，并为个人创意的发展预留了空间。广告公司或专业咨询公司等要求有极强应变能力的组织结构，学校、研究机构等需要能促进发挥想象力、创造力的组织，它们都属于有机式组织。

三、集权、分权与授权

组织内制定战略和经营决策，调配资源，采取行动解决问题及命令指挥、考核奖惩等管理权限是启动和维系组织运作的基本力量，这些权力在组织不同管理层次之间集中与分散的程度制约着组织的运作状态，也影响着组织内上下级之间的关系。显然，这些权力都是与管理职位相连的制度权力，而制度权力的实质是决策权力，即决定做什么、怎样做与由谁来做的权力。一般认为，集权是指组织的决策权较多地由高层管理者集中掌握，而分权则是指决策权较多地分散于组织的中低层管理者来掌握与运用。事实上，集权与分权是同时存在的两种倾向，是一个相对的概念，走向极端的绝对集权与绝对分权就只剩下了个体，组织不复存在。不同组织之间，只有集权与分权程度的差别。对于组织来说，最具有实际意义的问题是集权与分权对组织的运作有何影响，以及哪些权力集中、哪些权力适当分散更有利于组织目标的实现。

（一）集权倾向与过度集权的弊端

由于集权有利于保证组织政策的统一性，并能促进组织的各个层次行动一致，能迅速地贯彻执行已作出的决策以提高组织运作效率，因而组织中往往自发地存在着集权的倾向。那些个人能力较强，在组织由小到大的发展过程中或组织处于困境时能力挽狂澜，做出过较大贡献的高层主管往往会在实际上强化集权程度。尤其是那些有强烈的权力偏好，希望他人和下属绝对服从的领导者，在缺乏内外监督机制，不需要对决策后果承担责任的环境中，更会有意识地将集权制度化。

然而，现代社会组织规模大型化、组织活动多样化和外部环境复杂多变的特点使高度集权的弊端日益暴露。首先，高度集权有可能从正确性和及时性两个方面损害决策的质量。在高度集权的组织中，日常运作中发生的大小问题都要层层上报请示，由高层主管决策后再采取行动。一方面信息传递中的扭曲可能使高层主管对问题的了解偏离实际，影响决策的正确性；同时，事无巨细都由高层主管拍板，其考虑重大问题的时间和精力都被占用，决策失误的可能性增加，而一旦决策失误，集权所具有的统一性、效率性都只会迅速地扩大损失。另一方面由于上传下达的过多环节会耽误时间而加重损失或因情况已变化而贻误战机。其次，组织的决策、管理权限过度集中会极大地压抑组织成员的工作热情和创造性，基层管理者习惯于机械被动地执行命令，缺少发表意见和参与决策的机会，会损害其积极性、主动性，从而降低组织的活力。再次，组织内各个部门和中、下层管理职位权限很少，缺乏自我调整的能力，也削弱了整个组织对环境变化的应变能力，这一切都会对组织的持续发展产生极大的危害。

（二）分权倾向与分权的限制

正因为过度集权的弊端，近年来组织中分权的趋势明显，尤其是当组织规模扩大、组织内的单位增多、现场作业活动分散之时，中下层主管会有很强的分权要求，希望获得更多自主决策和自治的权力。扩大分权，减轻高层主管的决策负担不仅有助于消除过度集权的弊病，也有利于增加组织的活力，在实践中培养更多能独当一面的综合型管理人才。

然而，决策权力的分散也受到两个限制。一是有可能破坏组织政策的统一性，带来组织活动失控的风险。如果各层次、各部门都从局部利益出发制定规则、措施，尤其是在某些原则问题上自订规矩，必然引起某种混乱，最终损害组织的整体利益。二是基层管理人员所具备的素质和能力参差不齐。基层管理者具有能够正确、有效地运用决策权的能力，分权才能取得好效果，否则经常发生一些大大小小的失误反过来只会给上级主管添麻烦，影响组织目标的实现。因而，任何组织都应该综合考虑多方面的因素，从本组织的实际情况出发，慎重把握好集权与分权的合理尺度。一般来说，关系到组织的长远发展，需集中组织财力进行较多资源投入的重大问题决策权要集中在最高管理层，但主要影响本部门工作和高度程序化问题的决策权及处理时间性强的问题、须及时采取措施的权力应适当分散在相应管理层次，那些基层管理人员素质能力偏低的组织适于较多集权。

（三）分权的途径

组织的分权主要通过制度分权和授权两个途径实现。制度分权是指在组织结构设计时或在组织变革过程中，按照工作任务的要求将一定的决策权限划分到相应的管理职位中，由规章制度正式确认的、相对稳定的分权方式。授权是指主管人员在实际工作中为调动下属的积极性和提高工作效率将属于本职位的部分职权委让给向其直接报告工作的下属或某些职能部门，使他们在一定的监督之下自主解决问题，处理业务。授权者应指导、监督被授权者的工作，对其行为承担最终责任。因而，授权不宜过多，且要保证在能够实行有效控制的范围之内。授权者还应及时检查核实授权后的工作绩效，以便决定是否进一步扩大授权。从理论上说，授权有较大的灵活性，授权者在需要的时候随时可收回委授的权力，但在实践中，过于频繁地授权、收权会造成一定的混乱，故授权也应有一定的稳定性，往往与制度分权相互配合使用。

授权在无形中延伸了管理者的能力，帮助管理者既能集中时间、精力、知识去完成最重要的工作任务，又能有效地借助他人的力量去实现组织目标。善于授权既是管理者的能力，也是提高管理水平的有效方法。授权的过程一般需要完成以下四个环节的工作：

① 科学地分派需要执行和完成的工作任务；
② 合理授予采取行动和在一定条件下处理问题的权力并界定权限范围；
③ 明确受权人完成任务的责任与义务以及可能得到的奖励或处罚，依据"职以能授、爵以功授"的原则正确地选择受权者，做到权、能、责、利相互平衡；
④ 确认对受权者的权力使用情况和完成任务情况进行监督、检查并根据检查结果调整授权的监控权，这是保证授权取得良好效果的重要措施。

在我国，长期的"人治"传统和缺乏制度约束助长了企业经营实践中的"集权"倾向，从理论上清醒地认识集权与分权对企业绩效的影响，有助于提高用好集权、分权的自觉性。

【寓教于乐】

我是来办事的——热炉法则：规章制度面前人人平等

某人到一个地方去办事，停车的时候才发现没有停车位，于是他只好把车停在了马路边上。他特意在雨刷下留了一张纸条，上面写着："我是来办事的。"

他办完事回来的时候，雨刷下多了一张罚单，而且在他原来的纸条上附加了一行批注："我也是来办事的。"

【点评】理由的合理性并不能抗衡制度的权威性，触犯制度者必将受到相应的惩处。

【探源】热炉法则是由西方管理学家提出的惩罚原则，它的观点为："有人在工作中违反了规章制度，就像去碰触一个烧红的火炉，一定要让他受到'烫'的处罚，即规章制度面前人人平等。"热炉法则强调如下四个惩处法则。

（1）预警性原则　热炉通红，不用手去摸就知道炉子是热的，会烫伤人的。公司的管理制度要明确地告诉每一个员工，使之有一个明确的行为取向。

（2）必然性原则　每当有人触摸到热炉时，无论采取什么方式触摸，都肯定会被灼伤。公司内只要发生违反制度的行为，相应的惩罚就尾随而至。

（3）即刻性原则　当有人碰到火炉时，立即就会被烫，对于任何人而言，没有一点时间缓冲的余地。公司的管理制度应适用于任何人，而且违反制度的行为与处罚之间间隔的时间不宜太长；否则，起不到好的罚戒、教育作用。

（4）公平性原则　"热炉"没有任何"弹性"，无论什么人，无论何时何地，只要触摸了"热炉"，都会被灼伤。王子犯法与民同罪，在公司管理制度面前，人人平等，尤其是管理者对于自己倡导的制度更应该身体力行。

制度的存在并不是为了执行惩处，而是约束与公司价值观相左的行为，将企业文化确确实实地内化为员工实际的行为。

热炉法则强调违反制度所付出的代价，当员工为违反制度所支付的代价远远超过成本时，自会渐渐地减少挑战公司制度的行为，将遵守制度视为自觉的行动。

【管理者定律】

避马瘟效应

孙悟空被封弼马温，这是避马瘟的谐音：两千多年前，我国一些养马的人在马厩中养猴，以避马瘟。据有关专家分析，因为猴子天性好动，这样可以使一些神经质的马得到一定的训练，使马从易惊易怒的状态中解脱出来，对于突然出现的人或物以及声响等不再惊恐失措。马是可以站着消化和睡觉的，只有在疲惫和体力不支或生病时才卧倒休息。在马厩中养猴，可以使马经常站立而不卧倒，这样可以提高马对疾病的抵抗能力。在马厩中养猴，以"避恶，消百病"，养在马厩中的猴子就是"弼马温"，"弼马温"所起的作用就是"避马瘟效应"。

1860年，林肯当选为美国总统。有一天，有位名叫巴恩的银行家前来拜访林肯，正巧看见参议员蔡思从林肯的办公室走出来。于是，巴恩对林肯说："如果您要组阁，千万不要将此人选入，因为他是个自大的家伙，他甚至认为自己比您还要伟大得多。"林肯笑了："哦，除了他以外，您还知道有谁认为他自己比我伟大得多的？""不知道，"巴恩答道："您为什么要这样问呢？"

林肯说："因为我想把他们全部选入我的内阁。"

事实上，蔡思确实是个极其自大且妒忌心极重的家伙，他狂热地追求最高领导权，不料落败于林肯，最后，只坐了第三把交椅——财政部长。不过，这个家伙确实是个大能人，在财政预算与宏观调控方面很有一套。林肯一直十分器重他，并通过各种手段尽量减少与他的冲突。

后来，《纽约时报》的主编亨利·雷蒙顿拜访林肯的时候，特地提醒他蔡思正在狂热地谋求总统职位。林肯以他一贯的幽默口吻对亨利说："你不是在农村长大的吗？那你一定知道什么是马蝇了。有一次，我和我兄弟在农场里耕地，我赶马、他扶犁。偏偏那匹马很懒，老是磨洋工。但是，有一段时间它却跑得飞快，到了地头这才发现，原来有一只很大的马蝇叮在他的身上，于是我把马蝇打落了。我的兄弟问我为什么要打掉它，我告诉他，不忍心让马被咬。我的兄弟说：哎呀，就是因为有那家伙，马才跑得那么快的呀。"然后，林肯意味深长地对亨利说："现在正好有一只名叫'总统欲'的马蝇叮着蔡思先生，只要它能使蔡思不停地跑，我还不想打落它。"

林肯所说的马蝇的存在实际上就是另外一种"避马瘟效应"。由于马蝇的存在，马匹变得更勤快了。

马群为何总是给人以充满活力的感觉？因为马蝇对它的叮咬时刻都不放松。在任何一个马群里，都可以发现这个充满哲理的现象：马蝇会不时地在马匹身上叮上一口。马被其叮咬后，疼痒难忍，便用尾巴不停地驱赶；若拂之不去，就会发足狂奔，企图将其甩掉。结果被叮咬的马不仅没有血尽身亡，反而由于不停运动，生命力更加旺盛。

【点评】从某种程度上说，企业组织类似于马群。而那些个性鲜明、我行我素，同时又是能力超强、充满质疑和变革精神的员工，就是企业中的"马蝇"，或者是"弼马温"。在一些组织中，他们被叫做"问题员工"，甚至上了"黑名单"，因为他们难以管理。

实际上，在一个经济组织中，也应该配备"弼马温"式的人物，以增强员工的活力，避免疲沓和懈怠，进而增进整个组织的活力。

人们常说：人的工作是最难做的。一个管理者的最大成就是，构建并统帅一支具有强大战斗力与高度协作精神的团队。你需要像林肯一样，运用自己的智慧，利用"马蝇"效应，把一些很难管理而又十分关键的员工团结在一起，充分发挥他们的作用，不断为公司创造更大绩效。

【经典管理故事】

诸葛亮挥泪斩马谡

三国时代诸葛亮和魏国打仗，诸葛亮派马谡前去并叫他立下了军令状"只许胜，不许败"。马谡领兵赶到街亭，张郃的大军也到了，两军相遇，马谡把诸葛亮临别前的安排全抛在脑后，自行其是。马谡在军队指挥上显得一片混乱，在排兵布阵上表现得尤为突出。街亭周围有山，地势险峻，看到这情形，他下令放弃山下城邑，在没有水源的山上安营扎寨，准备居高临下攻击魏军。他的副将王平提醒他："丞相临走的时候嘱咐过，要坚守城池，在山上扎营太冒险。"马谡自以为熟读兵书，根本没有把王平的提醒当回事。王平再三劝说，马谡烦了，呵斥道："军中谁是主帅，是听你的还是听我的？"没有办法，最后王平只得请求马谡拨五千人马由他率领在附近山下扎营、以备不测。马谡虽然不高兴，但还是同意了王平的请求。

再说张郃的魏军看到马谡如此排兵，大喜不已。张郃抓住马谡用兵的弱点，让魏军将蜀军据守的那座山包围起来，在山下扎营，切断蜀军的取水通道。一切安排妥当，张郃下令出兵攻击马谡，蜀军被围山上，没有水喝，连饭都吃不上。可想这支军队遭遇进攻时的情景，将士们四处逃散，首尾不顾。虽然马谡几次组织攻击，但都无济于事，最终蜀军大败。马谡自己率一部分人杀出重围向西逃窜，魏兵紧追不放，好在这时山下王平得知马谡战败，就叫兵士拼命打鼓，装出进攻的样子。张郃弄不清蜀军是怎么回事，担心蜀兵埋伏不敢再逼近他们，这样马谡才捡了一条命逃回。王平的人马孤军难立，奋勇冲杀，想救马谡的军兵而不能，随后退回祁山的蜀军大本营。

街亭失守，诸葛亮因此失去一个重要的军事据点，他北出祁山的行动失去了依托，无奈之下，只得将全部人马以及归顺蜀国的千余户百姓一并带着退回汉中地区。回到汉中后，诸葛亮着手调查街亭失守的原因，很快将情况弄清了。诸葛亮下令把马谡投入监狱并处以极刑。斩首之时，诸葛亮挥泪，在汉中的十万蜀军将士亦无不垂涕。

杀了马谡，诸葛亮心中十分难过，他亲自去马谡的灵前祭奠，想到平日里两人相交的情谊，诸葛亮禁不住泪流满面。军中的幕僚蒋琬曾希望刀下留人，问诸葛亮："从前晋楚打仗，楚国杀了大将得臣，晋文公欣喜若狂，如今天下尚未平定，您却处决智谋出众的人才，难道您不觉得可惜吗？"诸葛亮含泪道："孙武能打胜仗的重要原因是执行军法极为严明。如今四海分裂，战争才刚刚开始，如果这时不严格执行军法，以后怎么能够战胜敌人呢？"马谡死后，诸葛亮把他留下的儿女照顾得很好，对他们像自己的孩子一样。

街亭之战,除了处决了马谡等几位对战败有责任的将军外,诸葛亮认为王平曾多次劝阻马谡,并且在退兵、用计保全军队上立了功,便把王平提拔为参军,让他统率五部兵马。同时他反省自己,认为自己用人不当也应该负责,于是上奏刘禅,要求把自己官降三级使用。后来刘禅真的下旨将葛亮官降三级,代行丞相职权。诸葛亮赏罚分明、以身作则的举动,让蜀军将士感动不已。

【点评】纪律是一切制度的基石,组织与团队要能长久存在,其重要的维系力就是团队纪律。要建立团队的纪律最首要的一点是:领导者自己要身先士卒维护纪律。

复习思考题

1. 宽管理幅度和窄管理幅度哪个更有效率?为什么?
2. 为什么现代组织结构形态有扁平化的趋势?
3. 为什么多数小企业都采用按职能划分部门的方式?
4. 组织变革的阻力来自哪里?如何克服?
5. 当前组织机构改革遇到了哪些困难?

【案例分析】

紧缩机构的木材公司

近几年来,匹克托普木材公司大幅度地扩展。在 20 世纪初,它创业时只是美国西北部的一个小型锯木厂(作坊),后来它得到了森林地,开始建造越来越大的厂房,到了 70 年代和 80 年代初,由于住房和商业建筑大幅度下降,公司又不得不勒紧它的裤带。这意味着公司总部,还有它的销售部门、胶合板厂、装配件厂都要在组织结构上大大地调整一下。

公司在威斯康星州的胶合板厂生产过程已经大大自动化了,但是厂里职工的工作岗位却基本上还是 50 年代那个样子。人事部经理对剥皮车间的工作岗位设置有个新的打算。在过去那里有不少非常专业化的手工活:一个工人浸泡原木,一个工人翻滚原木,然后是三个工人剥离树皮,再由一个工人把原木转移到位等。而现在全部过程都在一个大盆里进行,由一个操作工在控制塔里操纵,运来的原木会沿着输送链逐一完成各道工序。只要给那个操作工配备两个非技术工人就够了,在他的指挥下,他们把可能阻塞加工流程的不到位或卡在一起的原木拨正或松开就成。

对那个操作工来说,比以前需要更多的知识、技巧,也负有更大的责任。不过,对另外两个工人来说,除了像以前那样又脏又要担点风险,却只要保留最起码的一点技术了。

匹克托普公司在顶峰时,颇为自己公司总部的工作效率自豪。成堆如山的文件里记载着成千上万个客户与产品之间关系的明细账。可现在,工厂生产好了便运往各地区仓库,他们在指定的区域内向各自的客户提供服务。再说,公司总部的所有记录已输入电脑数据库,可以随时调取。在匹克托普公司的重组计划中,针对全国六大地区设立了地区经销办事处(营业所),每个办事处都有电脑直接与中央数据库联网。

罗恩·班克斯是匹克托普公司的总经理,他希望维持公司管理系统在行动上的连续性,他坚持他的指示要逐级下达,使每一个管理层都清楚明了新的政策与工作步骤。总经理确实把产品销售的责任委派给一位市场经营副总经理,由他负责所有的地区经销办事处。不过,由于销售收入对财务资金至关重要,总经理指示地区经销办事处的经理们把每天的销售情况直接向公司总会计师汇报。那位负责市场经营的副总经理经常在傍晚下班时视察,而总会计师乔依丝认为不必如此,因此她不得不关照那些地区办事处的经理们把精力放在明天打算干什么。有时候,她的指示与那位副总经理的吩咐相左。

匹克托普公司在重组结构上货真价实的效益是减少了管理层次，许多中间管理层次再也不见了，留下的经理们精神抖擞，结果呢，每个人比以前照看更多的业务。

讨论题

匹克托普公司为什么要进行组织结构调整？有哪些因素会影响企业的组织结构？

【点评】由于匹克托普公司组织内部或外部环境发生了变化，原有的组织结构已经不适应新环境和新要求，需要对组织结构进行相应调整。这一案例说明组织结构不是一成不变的，只有组织结构与组织内部或外部环境相互协调，才有可能提高组织运行效率。但是，该公司每天销售情况汇报错位等问题需要理顺。

第七章 人力资源管理

【学习目标与要求】

通过本章学习，了解人力资源和人力资源管理的概念与特点、人力资源规划的概念，理解人力资源规划的作用、制定原则和程序，明确人力资源管理的任务、人力资源的招聘和培训，掌握人力资源的绩效考评。

【引导案例】

摩托罗拉对人才的合理任用

汉班彪《王命论》："盖在高祖，其兴也有五：一曰帝尧之苗裔，二曰体貌多奇异，三曰神武有征应，四曰宽明而仁恕，五曰知人善任使。"

"知人善任"，短短四个字，看似简单，但是否能够真正做到，正是对每一家公司人力资源体系与企业文化的考验。能知人不易，能善任更难。摩托罗拉在用人中保持"对人保持不变的尊重和坚持高尚的操守的基本信念"，实行"right people on right place at right time"的用人原则，就是力争"在最适当的时间，把最优秀的人才，放到最合适的位置上"。

为此，摩托罗拉在公司内部实行"工作轮换制度"，员工只要在某一岗位上的工作时间在12个月以上，若公司内部有岗位空缺，员工可以通过人力资源部的内部招聘信息，根据自己的爱好和个人发展目标来转换工作岗位，从而得到多方面的锻炼。这种工作轮换既有平级调动，也有提升录用。通过工作轮换制度，摩托罗拉既培养了员工跨专业解决问题的能力，又便于他们发现最适合自己兴趣与能力的工作岗位，为员工提供了更好地实现自身价值的机会。许多在摩托罗拉公司工作七八年的员工，一般都换过几个工作岗位，结果是人力资源、行政、采购等非生产部门的领导人多数也具有生产管理经验，使得公司职能部门之间的工作也更容易协调。

最适当的时间，最优秀的人才，最合适的位置——这不正是知人善任、量才录用的高深境界吗？

《淮南子·兵略训》道"若乃人尽其才，悉用其力"，能够做到"人尽其才"的公司，自然能够"悉用其力"，也必然能够实现公司大发展的目的。

对于工作表现差的员工，摩托罗拉也不会听之任之，更不会轻率地辞退他（她），而是帮助其寻找原因，若发现员工需要培训，便通过培训使他（她）不断提高自己，鼓励他（她）迅速赶上去，做出成绩。

宋苏轼《湖州谢上表》："用人不求其备，嘉善而矜不能。"用人不必要要求人才完美无缺，奖励好的人，体谅能力不及的人。

人力资源是组织生存与发展的重要支柱，是一种稀缺的、宝贵的、最富有活力的组织资源。因此，对人力资源进行有效开发、合理利用和科学管理，将给组织发展带来巨大动力。

第一节 人力资源管理概述

一、人力资源的概念与特点

资源是指为了创造物质财富而投入到生产活动中的一切要素，一般包括自然资源、资本资源、信息资源和人力资源四大类。人力资源是生产活动中最活跃的要素，也是一切资源中最重要的资源，被称为组织中的第一资源。

1. 人力资源的概念

人力资源的概念是在 20 世纪 60 年代开始形成并逐渐被人们广泛接受的。人力资源是指能够推动整个经济和社会发展的具有智力劳动和体力劳动能力的人们的总和。

2. 人力资源的特点

（1）人力资源的生物性　人力资源存在于人体之中，是有生命的、"活"的资源，与人的自然生理特征相联系。

（2）人力资源的能动性　人能有意识、有目的地进行活动，对自身行为作出选择，人不仅能适应环境，更重要的是，人可以主动调节与外部的关系。

（3）人力资源的社会性　人类活动以结合的方式进行，人具有社会属性，个人创造力受社会环境、文化氛围的影响和制约。

（4）人力资源的成长性　人力资源的各个方面可以不断学习、不断充实、不断提高，人的创造力可以通过教育培训以及实践经验的积累不断成长，人的潜力是无限的。

二、人力资源管理的概念与特点

1. 人力资源管理的概念

人力资源管理是把人视为生产经营中一种特殊的资源，从有效开发人力资源的角度进行组织的管理工作。人是生产力诸因素中最活跃、最积极的因素。人力资源是一切组织所拥有的资源中最宝贵的资源，与其他资源一样需要加以组合和利用，才能发挥作用。

一个组织的人力资源管理，实际是指在兼顾社会、组织和劳动者个人三方面利益的基础上，采取多种有效的措施和手段，获取组织所必需的人力资源数量，挖掘人力资源潜力，提高人力资源质量，调整人力资源结构，改善人力资源组织和管理，从而取得尽可能好的效益，实现组织目标和计划的活动过程。

2. 人力资源管理的特点

（1）综合性。人力资源管理需要综合考虑种种因素，如经济因素、政治因素、文化因素、心理因素、民族因素等，需要多种学科理论指导，如管理学、经济学、社会学、人才学、心理学等。

（2）实践性。人力资源管理与组织的实践活动紧密相连，应该根据不同组织的实际，因地制宜，采取切实可行的措施。

（3）民族性。人力资源管理会受到不同民族、不同文化传统的制约，因此，在进行人力资源管理时，应考虑不同民族、不同文化背景的特点，切忌盲目照搬照抄。

三、人力资源管理的任务

人力资源管理的核心任务有两个方面：培养和发展员工的能力，解决员工能不能做事的问题；激发员工的奉献精神，解决员工愿不愿去做的问题。在竞争日趋激烈的时代，对员工个人能力和积极性的双重要求比以往任何时候都高。

人力资源管理的具体任务可概括为以下几个方面。

（1）选拔和招聘　通过选拔、招聘等方式，为组织寻找、发现和补充符合组织要求的人，使组织保持一定数量和质量的劳动力和专业人才，满足组织发展的需要。

（2）培训与开发　通过各种方式和途径，有计划地开展对员工的培训与开发，不断提高他们的劳动技能、业务水平、能力水平和绩效水平。

（3）考核和奖惩　结合每个员工的职业生涯、发展目标，通过选拔、任用、考核和奖惩，做好人才管理工作，使每个员工保持良好的态度和积极性，尽量发挥每个人的作用，并谋求个人和组织的协调发展。

（4）协调劳动关系　运用各种手段，协调管理者与被管理者、员工与雇主、员工与员工之间的关系，避免不必要的矛盾和冲突。同时，保障员工的个人利益不受侵犯。

（5）激励与报酬　通过工作分析和制定岗位说明书，明确每个岗位的功能和职责，对承担这些职责的人的工作及时给予评价和报酬。同时，要建立和健全激励机制，重视满足员工高层次需要的激励因素。

（6）自我诊断与评估　利用诊断与评估技术，对人力资源状况和管理状况进行深入的检查和实事求是的评估，不断地改进和提高，促进人力资源工作目标与组织目标协调一致，健康发展。

第二节　人力资源规划的制定

人力资源规划在整个人力资源管理活动中占有重要地位，是各项具体人力资源管理活动的起点和依据，直接影响组织整体人力资源管理的效率。

一、人力资源规划的概念

人力资源规划是指为实施组织的发展战略，完成组织的生产经营目标，根据组织内外部环境和条件的变化，运用科学的方法对组织人力资源需求和供给进行预测，制定相应的政策和措施，从而使组织人力资源供给和需求达到平衡的过程。其目标是确保组织在适当的岗位上获得适当的人员（包括数量、质量、层次和结构等），实现人力资源的最佳配置，最大限度地开发人力资源潜力，使组织和员工的需要得到充分满足。

人力资源规划的内容可分为以下两个层次。

（1）人力资源总体规划　在规划期内人力资源管理的总目标、总政策、实施步骤和总预算安排。

（2）人力资源业务规划　包括人员补充规划、分配规划、提升规划、教育培训规划、工资规划、保险福利规划、劳动关系规划、退休规划等。业务规划是总体规划的展开和具体化，每一项业务规划都由目标、任务、政策、步骤及预算等部分构成，这些业务规划的结果应能保证人力资源总体规划目标的实现。

人力资源规划的主要目的是有效地提供劳动力，使组织内部人力供给和运作维持相对的稳定，同时也可以建立内部和外部劳动力市场的通道，以便有效地调节内部劳动力市场。

二、人力资源规划的作用

（1）人力资源规划是保证组织生产经营正常进行的有效手段　由于组织内外部环境的变化以及组织目标和战略的调整，组织对人员的数量要求和质量要求都可能发生变化。人力资源规划在分析组织内部人力资源现状、预测未来人力资源需求和人力资源供应的基础上，制定人员增补与培训规划，满足组织对人力资源的动态需要，因此，人力资源规划是保证组织生存和发展的有效工具。

（2）合理利用人力资源，提高组织劳动效率，降低人工成本，增加组织经济效益　由于种种原因，组织内部的人员配置往往不是处于最佳的状态，其中一部分人可能感到工作负担过重，另一些人则觉得无用武之地。人力资源规划可以调整人员配置不平衡的状况，进而谋求人力资源的合理化使用，提高组织的劳动效率。人力资源规划还可通过对现有的人员结构进行分析检查，找出影响人员合理使用的主要矛盾，充分发挥人员效能，降低人工成本在总成本中的比重，提高企业的经济效益。

（3）发挥人力资源个体的能力，满足职工的发展需要　完善的人力资源规划是以组织和员工个人共同发展的需要为依据制定的。人力资源规划纳入组织发展的长远规划中，可以把组织和个人的发展结合起来。职工可以根据组织的人力资源规划，了解未来的职位空缺，明确目标，按照空缺职位所需条件来充实、培养自己，从而适应组织发展的需要，并在工作中获得个人成就感。

三、人力资源规划的制定原则

1. 全局性原则

人力资源规划应该具有全局性。从横向看，人力资源规划涉及到组织的人力资源部门、技术部门、生产部门、营销部门等各个部门；从纵向看，人力资源规划涉及到人员补充、人员使用、教育培训、劳动关系、工作评估与激励等各个方面，因此，决策者在进行人力资源规划时要注意各部门之间的关系，从全局出发提出规划方案。

2. 准确性原则

人力资源规划应对未来的人力资源供需状况作尽量准确的分析预测，并制定相应的措施确保组织的人力资源需求。例如，IBM、摩托罗拉等一些大企业，都瞄准了一定数量的重点学校，提前对热门专业的学生进行了解摸底，抢先预订，使优秀毕业生不会被其他企业挖走。

3. 可控性原则

人力资源规划还要求具有可调整控制的空间。由于人力资源规划是一个长久持续的动态工作过程，同时，一个组织的目标会由于诸多不确定因素的存在而不断变化，这就要求人力资源规划也要不断变更，而且应该先于组织战略目标发生变化进行调整。因为从规划到实施还有一个过程，若在组织目标发生变化后才调整人力资源规划，势必难以满足新的组织目标对人力资源的需求。

四、人力资源规划的程序

一般来说，组织制定人力资源规划的程序，大体上分为六个步骤，如图7-1所示。

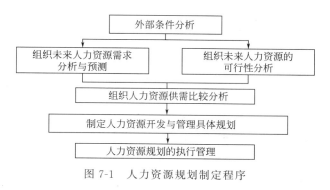

图 7-1 人力资源规划制定程序

1. 外部条件分析

对组织外部环境因素的分析是进行人力资源规划的前提。社会、政治、法律及经济环境都会影响组织的人力资源需求，目前以生物、信息技术等为代表的技术革命也将对组织人力资源需求产生重大的影响。此外，组织产品或劳务需求的变化也会影响对人力资源的需求；诸如人口、交通、文化教育、劳动用工制度、人力竞争、择业期望则构成组织外部人力资源供给的多种制约因素。只有了解和掌握这些外部环境因素的变化，才能为组织制定出有效的人力资源规划。

2. 分析预测组织未来的人力资源需求

在掌握了组织外部条件信息后，要结合组织内部条件对组织未来的人力资源需求进行分析和预测。

组织的战略目标决定了其发展速度、新产品的开发和试制、产品市场占有率等，因此，组织的战略目标是组织内部影响人力资源需求的最重要因素。组织的产品组合、生产技术、生产规模、经营区域等也会对人员提出相应的要求，如组织自动化水平提高，需要的人员数量就会减少，同时对人员的知识技术与技能的要求也会随之提高。组织的管理方针、预算以及行动规划也对人力资源需求有着直接的影响，如组织拟建立分公司或新的部门，其人力资源需求就要跟着变化。此外，组织劳动定额的先进及合理程度也影响其人力资源需求量。

在综合分析以上因素的基础上，还要进行人力资源需求的预测。人力资源需求预测是指人力资源主管以组织的战略目标、发展规划和工作任务为出发点，综合考虑各种因素的影响，利用合适的信息和技术对组织未来需要的人力资源数量、质量等进行估计的活动。人力资源需求预测是人力资源主管编制组织人力资源规划的起点，其准确性对人力资源规划的成效有着决定性的作用。

3. 分析组织现有人力资源的可用性

分析组织现有的人力资源状况是制定人力资源规划的基础工作。实现组织战略，首先要立足于开发现有的人力资源。因此人力资源部门要经常了解内部人员情况，做到心中有数，对不合适的人员加以调整，确定人力资源的内部供给情况。在这一阶段的主要工作有以下几个方面。

① 掌握内部人员的基本情况，包括在本组织内人力资源信息库或资料中查出组织中各种人员的数据，各部门各种人员的配备，每个员工的性别、年龄、工作经历、培训、教育与开发、发展规划和技能水平等资料，目前本组织内各个工作岗位所需要的知识和技能以及各个时期人员变动情况等，列出详细的人才目录，以供分析和比较。

② 根据以上信息，掌握职工的自然减员情况（如伤残、退休、死亡等），并根据近期的

离职情况，估计可能需要补充的人力资源。

③ 分析组织内人力资源流动情况，包括晋升、降职、平调等，应格外注意对可提升人员的鉴别。

④ 确认全体人员是否胜任所担负的工作，对不合格的人员要进行培训，大材小用和小材大用的都要进行调整，掌握职位空缺情况，分析哪些职位可以在组织内部调配、哪些职位需从外部招聘。

4. 分析比较组织人力资源的供需情况，确定招聘需求

把预测出的组织对人力资源的需求与在同期内企业内部可供给的人力资源进行对比分析，二者的差额即为组织需要从外部招聘的人力资源需求。在这个分析过程中，不仅可以测算出某一时期内人员的短缺或过剩情况，还可以具体地了解到某一具体岗位上员工余缺情况，从而可以测出需要具有哪一种知识、技术方面的人员，这样就可以有针对性地选择或培训，为组织制定有关人力资源政策和措施提供了依据。对于组织的招聘需求，还应区分短期需求和长期需求。对于短期需求，应根据劳动力市场上的供给信息随时需要随时招聘，这样招聘来的人员要有一定的工作经验和熟练的技能，保证能立即上岗接手工作；对于长期需求，要从组织发展的角度通盘考虑，制定配套的招聘、培训、发展规划，而且要有相应的投资预算作保证，使招聘来的人能长期为组织做贡献。

5. 制定人力资源开发与管理的具体规划

制定人力资源开发与管理的具体规划是人力资源规划过程中比较具体、细致的工作，它要求人力资源主管根据人力供求预测提出人力资源管理的各项要求、规定和原则，以便有关部门照此执行。

在人力资源具体规划中，有关用人方针和体制是涉及面最广、包含内容最多的部分，它包括人员补充、筛选、替换、提升、调动、培训、离职、退休等各项细分规划，是人力资源管理的常规规划和日常规划。

管理人员继任规划也是人力资源规划中的重要内容，它直接关系到组织是否能持续稳定地发展。继任规划是指预见组织未来管理人员的需求并制定规划，发掘可用管理人员的过程，主要包括分析职位要求和对候选人做出评价。

在组织开拓或发展特定的业务时，会对人力资源有相应的要求，为组织准备这部分人力资源的规划称为职业机会规划（从个人角度讲，它将提供个人发展的机会）。这类规划通常要包括具体的工作要求、获取职业机会的途径和必要的职业沟通等内容。

人力资源规划中还包括个人职业规划，它要求每个员工进行自我分析，提出个人职业发展规划。一方面，它使员工有参与感和受重视感，激励员工在实现个人规划的同时更好地为组织服务；另一方面，它有利于人力资源部门更加真实、全面地掌握员工的第一手资料，以便在人力资源开发、管理、规划中做出更为合理的决策。

6. 对人力资源规划的执行和实施进行管理

对人力资源规划的执行过程进行监督、分析，评估规划质量，发现规划的不足，给予适当的调整，以确保组织整体目标的实现。

人力资源规划的评估主要采用比较法进行，主要指标有：实际招聘人数与预测的人员需求量的比较；劳动生产率的实际水平与预测水平的比较；实际的人员流动率与预测的人员流动率的比较；实际执行的行动方案与规划的行动方案的比较；实施行动方案后的实际结果与预测结果的比较；劳动力和行动方案的成本与预算额的比较；行动方案的收益与成本的比较等。

在对人力资源规划进行评估时，要力求客观、公正和准确，同时，要进行成本-效益分析以及审核规划的有效性。此外，在评估时一定要征询部门经理和基层领导人的意见，因为他们是规划的直接使用者和受益者。

一个组织通过定期与不定期的人力资源规划的审核与评估工作，能及时地引起组织高层领导的高度重视，使有关的政策和措施得以及时地改进和落实，有利于提高人力资源管理工作的效益，提高全体员工的积极性和工作效率。

第三节　人力资源的招聘和培训

一、人力资源的招聘

（一）招聘的含义

人员招聘是获取人力资源的一个重要手段，也是人力资源管理的一项基本工作。人力资源招聘是指组织通过采用一些科学的方法去寻找、吸引那些有能力又有兴趣到本组织来任职的人员，并从中选出适宜人员予以聘用的过程。工作机会充裕时员工流动比例高，工作机会稀缺时员工流动比例低。一个组织要想永远留住自己所需要的人才是不现实的，也不是人力资源管理手段所能控制的，再加上组织内部正常的人员退休、人员辞退及人员调动，所以，人员招聘工作是人力资源管理经常性的工作。

（二）招聘的原则

1. 公开的原则

把招聘的单位和招聘的职位种类、数量、要求的资格条件以及考试方法均向社会公开，这样做不仅可以在大范围内广招贤才，而且有助于形成公平竞争的氛围，使招聘单位确实招到德才兼备的优秀人才。此外，在社会的监督下，还可以防止不正之风。

2. 平等的原则

对待所有的应聘者应该一视同仁，不得人为地制造不平等条件。在我国的一些招聘启事中经常可以看到关于年龄、性别的明确限制，这在国外是违反法律的，有歧视的嫌疑，而在我国却是司空见惯的。招聘单位应努力为人才提供公平竞争的机会，不拘一格地吸纳各方面的优秀人才。

3. 竞争的原则

人员招聘需要各种测试方法来考核和鉴别人才，根据测试结果的优劣来选拔人才。靠领导的目测或凭印象，往往带有很大的主观片面性和不确定性，因此必须制定科学的考核程序和录用标准，才能真正选到良才。

4. 全面的原则

录用前的考核应兼顾德智体等诸方面因素，因为一个人的素质不仅取决于他的智力水平、专业技能，还与他的人格、思想等因素密切相关。近年来，人们对情商越来越重视，反映了基于这种观点的一种倾向。

5. 量才的原则

招聘录用时，必须做到"人尽其才""用其所长""职得其人"，认真考虑人才的专长，量才录用、量职录用。招聘到最优秀的人才并不是最终目的，只是手段，最终的目的是每一个岗位上用的都是最合适、成本又最低的人员，达到组织整体效益最优。

（三）招聘的程序

1. 制定招聘计划

招聘计划应包括招聘的时间、地点，拟招聘人员的类型、数量、条件，具体职位的具体要求、任务以及应聘后的职务标准及薪资等。招聘计划的制定，必须根据本组织目前的人力资源分布情况及未来某时期内组织目标的变化，分析从何时起本组织将会出现人力资源的缺口，是数量上的缺口还是层次上需要提升，这些缺口分布在哪些部门、数量分布如何、层次分布是怎样的。正如计划为管理指明方向一样，一个完整的招聘计划往往能起到事半功倍的效果。

2. 建立专门的招聘小组

对于许多组织，招聘工作是周期性或临时性的工作，因此，应该有专人来负责此项工作，在每次招聘时成立一个专门的招聘小组。招聘小组的组成是否合理将决定招聘工作是否有效，一般应由招聘单位的人事主管以及用人部门的相关人员组成。专业技术人员的招聘还必须有有关专家参加；如果是招聘高级管理人才，一般还应有心理专家等相关方面的专家参加，以保证全面而科学地考察应聘人员的综合素质及专项素质。招聘工作开始前应对有关人员进行培训，使其掌握政策、标准以及有关技巧，并明确职责分工，协同工作。

3. 确立招聘渠道

根据拟招聘人员的类别、层次以及数量，确定相应的招聘渠道。一般可以通过有关媒介（如报纸、杂志、广播、电视）发布招聘信息，或去人才交流机构招聘，或直接到大中专院校招聘应届毕业生。

4. 甄别录用

一般的筛选录用过程是：根据招聘要求，审核应聘者的有关材料，根据从应聘材料中获得的初步信息安排各种测试，有笔试、面试、心理测试等，最后经高级主管面试合格，办理录用手续。在一些高级人员的招聘过程中，往往还要对应聘者进行个性特征、心理健康水平以及管理能力、计算机情况模拟测试等，以期全面、公正、科学、有效地录用到合适的人才。

5. 工作评估

很多人可能认为将人才招聘进来就意味着招聘工作的结束，其实这是一种狭隘甚至错误的观点。人员招聘进来以后，应对整个招聘工作进行检查、评估以便及时总结经验，纠正不足。评估结果要形成文字材料，供下次参考。此外，在新录用人员试用一段时间后，要调查其工作绩效，将实际工作表现与招聘时对其能力所做的测试结果做比较，确定相关程度，以判断招聘过程中所使用的测试方法的信度和效度，为测试方法的选择和评价提供科学的依据。

（四）招聘的方式

如果组织出现了岗位空缺，根据工作说明书去寻找、确定、安置有能力的人到该岗位上去，即为招聘工作。应聘者的质量与工作说明书的制定关系密切，在发布招聘信息时就按照工作说明书明确应聘者的素质要求，应聘者的质量就会更加符合组织的需要。

1. 广告

广告招聘可以借助不同媒体的宣传效果，面向全社会或针对某一领域发布信息。广告招聘的缺点是可能带来许多不合格的应聘者，加大了招聘选聘的工作量。采用广告招聘时，必须考虑选用何种媒体,如报纸、杂志、广播、电视、大型招聘会、宣传资料等。构思广告更为重要,广告内容要能够吸引求职者的注意、兴趣,引起求职者积极的应聘活动,但切忌含有对某些人群的歧视。

2. 就业服务机构

目前,我国有三种类型的就业服务机构:政府开办的就业服务机构、非营利组织开办的就业服务机构、私人经营的就业服务机构。在利用就业服务机构招聘求职者时,组织必须向就业服务机构提供一份精确、完整的工作说明书,限定就业服务机构在选聘过程中使用的程序或工具,最好与一两家就业机构形成良好的、稳定的、长期的合作关系。在录用临时工时,还应该明确工作时间表、福利与报酬及由临时工转为正式工的条件等,以减少不必要的用人纠纷。

3. 学校招聘

每年高等院校学生毕业的时间,是许多组织获得求职者最多、最集中的时间。从各个层次的高等院校中,组织的确可以获得许多很有晋升潜力的应聘者,同时,学生也有很大的自主选择余地,所以,组织派出的招聘人员必须能够把自己的组织推荐给毕业生,否则仅靠毕业生之间的口头传播,可能会使招聘工作的成本与努力付之东流。对于组织而言,选择到哪所院校去招聘,招聘哪些专业的学生,都应该在事前谨慎思考,并对派往学校的招聘人员进行培训,增强他们对大学生的选聘能力,并能够很好地塑造组织形象,提高组织的吸引力。

4. 员工推荐

员工推荐的方式可能是所有招聘方式中成本最低的,而且经相关研究证明是获取合格应聘者的最好途径。求职者可以通过已经在组织工作的员工了解关于组织的情况,组织可以通过自己的员工了解求职者的情况,并且推荐人出于对自身信誉的考虑,往往推荐的都是素质良好的候选人。一些组织还制定了这方面的激励政策,对成功推荐新员工的老员工给予奖励。但是,员工推荐的缺点在于可能不会增加员工的类别与改善员工结构,因为员工推荐的大多是与其自身情况相似的新人。

5. 随机求职者

有的求职者主动走进组织的人力资源部申请工作,或是递交求职信函申请岗位。对于这些人,许多组织常常予以忽视,认为主动送上门的候选人质量较差,这种认识往往是错误的,因为候选人通常是对组织有所了解后,才会主动递交申请,并且这类人的就职愿望比较强烈,被录用后对组织的忠诚度较高。同时,组织是否能够礼貌地对待这些求职者,不仅是对应聘者予以尊重的问题,而且还会影响到组织在社会上的声誉。

6. 内部候选人

当组织内部重要岗位出现空缺时,适当从组织内部公开招聘是增强员工作信心的重要举措,是增强组织内聚力的关键策略。目前,许多组织都有科学的内部晋升机制,一些高层管理者都是从组织的最基层岗位做起,一步一步晋升到较高的位置。在员工招聘时发现与录用有发展潜力、对工作有积极性的人;录用之后做好有关员工各个时期的工作绩效评价及档案管理工作;为培养与发掘员工的能力,提供在职接受教育与培训的机会;在工作分析的基础上为有潜质的员工制定个人职业发展规划;运用合理的内部晋升机制留住骨干人才。

(五)招聘的渠道

组织在进行人员招聘时,确定正确的招聘渠道是对人力资源质量的有力保证。从组织的人力资源规划策略的角度来看,招聘必须里外兼顾,才能确保人才招聘的效率与质量。

1. 内部招聘

在组织内部公布求才信息，吸引其中具有相应资格且对有关职位感兴趣者提出申请，这是一种最经济的方法，因为内部员工比较了解组织的情况，为胜任新的岗位所需要的指导和培训比较少，容易沟通和协调，甚至还可以由现有的在职员工来兼做这一职务，使该员工工作内容丰富化。除了鼓励员工申请外，还可通过员工引荐自己的同学、朋友、亲戚来应聘，由于员工对应聘者有所了解，所以录取率也比较高。

内部招聘应遵循公开、公正、择优的原则，让每一个员工都能够感到自己有一系列的晋升机会，从而调动员工的工作积极性和提高他们的工作绩效，发挥内部招聘的优势。同时，还要看到内部招聘本身的不足：①内部员工的竞争结果必然有胜有败，可能影响组织的内部团结；②组织内的"近亲繁殖"现象可能不利于个体创新；③可能在组织中滋生"小集团"，削弱组织效能；④如果内部招聘不公正，可能会遭到员工的抵制，损伤员工的工作积极性。

2. 外部招聘

当内部招聘不能满足组织的需要，或组织需要引入新鲜血液时，就要进行外部招聘。外部招聘的优势主要表现在：①组织可以选择的范围很大，有利于招聘到最优秀的人才，还可以节省一笔内部培养和培训的经费；②组织从外部招聘人才可以给组织内的员工一种危机意识，激发其斗志和潜能。

外部招聘的不足之处主要在于：①外聘来的员工需要花费较长的时间来熟悉工作环境和进行培训；②有可能会挫伤内部员工的积极性和自信心；③外部招聘筛选难度大、成本高。

（六）招聘的方法

1. 应聘者申请表分析

招聘中，应聘者都会填写组织要求的一份岗位申请表，其中包括姓名、年龄、性别、学习经历、成绩状况、实践经历、工作经历、个人特长、自我评价、联系方法等项目；有时候组织未提供统一的申请表格，而是接收了应聘者个人制作的简历表。对申请表或简历表的审核与分析，可以帮助招聘者初步了解应聘者的基本情况，审核表格内容的真实性。考察重点是申请表或简历中与工作绩效表现相关的内容，这些内容可以不同程度体现应聘者的学习、工作能力与态度，对正确预期其未来的工作绩效具有一定的作用。

2. 笔试

笔试主要包括以下两类内容。

（1）专业知识考试及一般理论知识考试　这类考试主要是检测应聘者是否具有岗位所要求的一般理论知识、专业技术知识与实际操作能力，由组织提供的试卷更能考核出应聘者真实的知识储备情况，一些需要考核实际动手能力的专业，还可以加上专业技能实操考试。对于国家已经设立了职业资格考试的职业领域，招聘单位就可以要求应聘者具备相应的职业资格证书，并检验证书的真伪即可。

（2）个人特征测试。它包括三个方面　①认知能力测试，其主要由一般智力测试与特殊智力测试构成。一般智力测试考核的是个体智力结构中的一般因素；②人格测试，智力测试并不能很好地预测员工未来的工作绩效，一个重要的预测因子是人格测试，即个性测试；③职业兴趣测试，在气质测试的基础上，对应聘者进行职业兴趣测试，可以较为清楚地了解其职业兴趣倾向。

3. 工作样本与情景模拟测试

工作样本是给申请者提供职位的工作缩样，让其完成岗位要求的一种或多种核心任务。

通过对申请人在实际执行任务中的工作表现，判断应聘者是否具备岗位必须的才能。工作情景模拟是提供较为逼真的工作情境，通过观察，考量应聘者在工作情景中的表现，来判断未来的工作绩效。这两种测试不涉及员工隐私，与工作的相关性也较高，是更好的招聘工具。

4. 面试

面试是招聘工作中必经的环节，不少人认为面试是一种不错的招聘工具，但是，这种观点只在一种情况下成立，即面谈是经过科学设计与安排的，面试者能够坚持始终一贯的提问方式与态度。通常情况下，面试者总是提出一些主题多变、随机性大的问题，其本人的态度也有波动，所以，这样的面试没有太大的选择价值。

面试中常见的偏见与障碍有十种类型：①先前对应聘者的认识可能影响面试者的公平评价；②面试者倾向于支持与其本人态度、价值观相同的应聘者；③应聘者接受面试的顺序会影响到对其的评价；④面试者对"合格的应聘者"有先入为主的思考框架；⑤面试中消极信息不恰当地得到更多的重视；⑥面试者通常在面试开始时4至5分钟内就已经做出判断；⑦面试者通常在面试结束后就会很快忘记面试的多数内容；⑧面试者本人不了解岗位的要求与工作需要；⑨当需要一次性招聘较多数量的员工时，面试者会主动提高对应聘者的评价；⑩应聘者的非语言行为，即着装、吸引力、眼神、表情、语调音量等因素都会影响面试者对应聘者的判断。只有采用科学的面试技术，才能够避免过多的面试失误，提高面试这种招聘工具的准确性与作用。

5. 履历调查与推荐信核查

与简历内容审核不同，履历调查主要是进一步了解应聘者先前的人生背景、工作经历及表现等，通过向其原先工作的单位打电话或书面了解应聘者的绩效信息，对准确判断应聘者未来的工作表现有一定帮助。

一些组织还要求应聘者提供前任领导的推荐信。推荐信制度从某种意义上而言可以防止下属员工恶意跳槽，也促使离职员工与原先单位保持尽可能好的关系。推荐信的主要内容是前任领导对该应聘者的工作绩效评价，但是，对于推荐信的内容的真实性，招聘者还是应该保持尽可能谨慎的态度。

6. 体格检查

体格检查可以确定应聘者是否符合岗位的身体要求，或者了解员工的身体状况对其进行恰当的工作安排，或是根据体检数据建立未来的员工医疗保险资料，减少为员工在此次雇佣前所得疾病的医疗保险的支出。通过体检，还可以发现应聘者本人不知道的传染病，减少对已有员工的感染机会；可以选择健康状况合格的员工上岗，降低缺勤率与事故。

7. 笔迹分析

对于一些重要的岗位，对应聘者还可以进行笔迹分析，因为书写者的基本个性特点，会通过笔迹表现出来，笔迹分析与人格投射测验的作用相似，目的是了解应聘者的需要、意欲和心理特征。

8. 药物甄别

滥用药物在西方国家已经成为一个严重问题，不少雇主都希望能够通过药物甄别了解应聘者是否有滥用药物、酗酒、吸毒的问题，常用的有尿样分析、头发毛囊测验等，但是，必须注意的是尊重隐私问题。国内情况较好，但是，随着生活压力加大，滥用药物的问题也应该受到重视。

二、人力资源的培训

（一）培训的含义

培训是指组织通过培训与开发项目改进员工能力、水平和工作业绩的一种有计划、连续性的工作。当今社会，知识经济初露端倪，知识更新不断加快，21世纪是学习的世纪，终身教育、终身学习成为时尚，真正体现了"活到老、学到老"，同时，智力资本已成为企业最重要的资本。人力资源是组织的第一资源，而培训作为开发与发展人力资源的基本手段，已突破其原本的纯教育意义，而成为现代组织管理的重要方式和手段，以及组织竞争力的重要组成部分。

（二）培训的对象和内容

1. 培训的对象

（1）新员工培训　新员工进入组织要进行岗前培训，其过程有三个阶段：第一，人力资源部门向新员工介绍有关组织的一般性信息；第二，新员工上司向新员工提供有关部门的信息；第三，由人力资源部门与新员工上司共同向新员工补充完善组织、部门、岗位信息。

（2）管理人员培训　培训的主要方法有理论培训、职务轮换、晋升、上司对继任者的训练和辅导、案例研究、行为模仿、角色扮演、远程学习、课堂教学、在副职上培训、参观考察等方法。具体形式有在职学习、脱产学习等，一般以在职学习为主。

（3）在岗员工培训　培训方法主要有：在职培训、学徒培训、模拟训练、职业技能培训等。

2. 培训的内容

培训的内容包括：政治思想与职业道德培训；专业知识学习与培训；专业技能的学习与培训；法律政策及制度培训等。对管理人员，还需要有针对性地进行业务知识培训和管理能力培训。

第四节　人力资源的绩效考评

人力资源管理最直接的目的是选拔人才和使用人才，充分发挥人的潜能和积极性，为完成组织目标服务。对员工绩效考核的结果，是选人用人的依据、升迁的依据、奖惩的依据，与个人利益和组织利益都息息相关。

一、人力资源绩效考评的内容

工作绩效是指员工履行职务或完成工作的表现及其结果。工作绩效考核是为了客观确定员工的能力、工作状态和适应性，是对员工的个性、习惯和态度以及对组织的相对价值进行有组织的、实事求是的评价。

绩效考评制度的最基本部分是考评的内容，其直接影响员工对工作的看法，代表了组织对员工在某些工作方面的期望。由于组织的策略、文化和生产技术不同，考评的内容也有所不同。一般来说，绩效考评包括行为考评和结果考评两部分。

行为考评主要回答如何工作的问题，工作态度是其主要内容。工作态度考评是考评员工是否达到了组织要求的基本工作标准，这个标准包括基本行为规范、责任心、敬业精神、奉献精神和团队精神等诸多方面。由于对工作态度的考评只考评员工是否努力，是否有干劲、有热情，是否忠于职守、服从命令等，它不能作为考评的主要内容。结果考评是考评组织成员对组织的贡献，或者对组织成员的价值进行评价。结果考评是绩效考评的主要内容，组织的经营目标能否完成，在很大程度上要取决于员工的业绩水平。同时，因为衡量业绩可以有很多定量的指标，如产量、销售量、单位产出成本等，这样的指标容易做到客观、公正，减少了因考评者的主观判断而产生的误差。通过对绩效目标的设定，组织的目标被有效地分解到各个业务单元和个人，从而使员工的发展与组织的发展结合起来。此外，绩效考评也是进行绩效管理的基础，只有在对员工的业绩进行正确的分析和评估之后，才有可能提出改进绩效管理的建议。

二、人力资源绩效考评的主体

绩效考评是一个复杂的系统，要使绩效考评工作真实、有效，绩效考评的主体应该满足以下3个条件：①必须能够做到公平、客观，对事不对人，没有偏见；②必须对被考评者有足够的了解，考评主体应该有足够的时间和机会掌握被考评者的工作情况；③必须能够努力避免直觉上的种种差错，如晕轮效应、从众效应等，能深刻理解考评的重要意义，能与被考评者进行主动的沟通。

1. 直接上司

被考评者的工作目标主要是在与直接上司进行沟通之后确定的，因此，员工的直接上司最有责任和权力对被考评者的目标完成情况进行评价。通过直接上司评价被考评者是实现管理的监督和控制职能的重要途径，同时，直接上司通过绩效管理帮助被考评者提高工作能力，提高工作绩效。由于上述原因，员工的直接上司是最常见的评价者。20世纪90年代以后，由于许多组织开始引入自我管理团队、电子通信和其他组织手段，拉长了上司与其下属之间的距离，使得直接上司对员工的绩效考评不一定可靠了。同时，由于个人偏见、人际冲突、友情等原因，上司的评价并不能作为唯一的考评依据。为了弥补这一不足，许多组织在上司评价之外，还要求上司的上司进行审核，另外还建立了被考评者的申诉制度。

2. 同事

让组织内同事之间互相评议，有利于沟通思想，增进互相了解，这包括本部门的同事和其他接触密切的部门同事。同事之间日常工作上的接触很密切，这使他们彼此都十分了解，不但是工作绩效，而且能够观察到上司无法观察到的某些方面，特别是在员工的工作场所与上司分离或者工作内容经常变动时，同事就成了一个重要的评价源。但是同事之间可能不愿意互相评价，而且也可能存在朋友之间的偏袒问题。

3. 直接下属

由下属来评价上司，这个做法在传统的人力资源管理中似乎有点不可思议，但随着管理观念的进步发展，越来越多的组织开始让员工评价其上级主管的绩效，此过程称为"向上反馈"。直接下属考评能提供关于管理者行为的正确翔实的信息，因为考评者与被考评者的接触比较频繁。这种绩效考评的方式对上级主管的潜能开发特别有价值，管理者可以通过下属的反馈，清楚地知道自己的管理能力的欠缺之处。若自己对自己的评价与下属的评价有很大落差，则主管也可针对这个落差，深入了解其中的原因。因此，一些人力资源管理专家认为，下属对上级主管的评价，会对其管理才能的发展大有裨益。但是，员工可能因为害怕对上司的评价不好会给自己带来不利的影响，而不愿实事求是地对上司评价。

4. 自我考评

自我考评是指被考评者自己评价自己工作的绩效和能力等，与自我管理和授权观念是一致的。当员工对自己做评价时，通常会降低自我防卫意识，认真反省自己的不足，进而可能加强和完善自己尚待开发或不足之处，有助于消除员工对考评过程的抵触情绪，能有效地刺激员工和他们的上司就工作绩效问题展开讨论。但是，员工自我考评的结果与上级主管或同事的评价相比通常会比较高，可能形成双方立场的僵持，有关部门在使用之前应对此有充分的心理准备。因此，自我考评比较适用于员工的自我开发计划，而不适合于以人事决策为目的的评价。

5. 客户

有时候对于被考评者绩效的某些方面，上级主管可能并不是最了解的人，而被考评者的客户却更了解他们的绩效。在这种情况下，可以通过客户评价的方法了解被考评者的绩效。例如，对于做产品售后服务的员工，可以根据客户对其服务的态度、服务质量的评价作为考评的依据，客户的满意度就是其工作绩效的重要组成部分。

6. 全方位考评

全方位考评法亦称360度考评法，其打破了前面几种考评主体的局限，员工日常工作中可能接触到的所有人，都可以成为考评者，无论是客户、上司、同事，还是下属或收发室人员，其提供的绩效反馈比较全面，能更为客观地反映员工的贡献、长处，这种考评方法比较适用于团队式工作、员工参与全面管理的组织。

【寓教于乐】

人才难得——乔布斯法则：网罗一流人才

老板杰克到警察局报案："有个流氓冒充我们公司的推销员，在镇上赚了10万美元！这比我所有的雇员在客户身上赚到的钱还要多得多。你们一定要找到他！"

"我们会找到他，把他关进监狱的！"

"关起来干什么？我要聘用他！"

【点评】不拘一格地为企业网络一流人才，是管理者的使命之一。

【探源】美国苹果电脑公司创始人史蒂夫·乔布斯曾经在一次讲话中陈述自己的人才观："我过去常常认为一位出色的人才能顶两名平庸的员工，现在我认为能顶50名。"由于苹果公司将创意人才的获得视为企业发展之本，乔布斯大约把四分之一的时间用在了人员招募上。乔布斯用自己的实际行动向商界诠释了乔布斯法则：网罗一流人才，一位出色的人才能顶50名平庸的员工。

乔布斯法则不仅仅是一种理念，更是一种人才战略操作实务。沃顿商学院负责职业开发的安德鲁·亚当斯说："公司不能只是在口头上说引进人才多么重要，而是要采取实际行动。公司的高级主管应当参与人才招聘活动。"乔布斯便常常亲临招聘现场，进行人员遴选工作。高级管理人员在招聘的时候，往往能更有效地向应聘者介绍公司的远景规划和目标，从而使应聘者以最快的速度了解公司的文化氛围和环境。此外，高级管理人员亲自出马招聘人员，将会吸引到更多的人才自我举荐，大大增加了企业选择优秀人才的机会。

管理者在制定人才招聘计划的时候，还应该兼顾到以下五个原则。

(1) 企业所需和岗位适合相结合的原则　一个人才即使是行业中的佼佼者，但企业中没有与其匹配的职位，管理者也应该忍痛割爱。不一定要选择最好的员工，而是选择最适合公司发展的员工。

（2）外部招聘和内部选拔相结合的原则　　外部人才空降到企业，可减少企业出现组织老化、缺乏活力的弊端，依靠鲶鱼效应激发员工的工作积极性；内部选拔则有助于减少内外"磨合期"，有利于公司的稳定。

（3）企业发展和当前使用相结合的原则　　企业招聘，一是为当前；二是为未来。招聘当前的人才，应选择经验丰富的应聘者；为公司未来发展招聘的时候，应以开发能力强、熟悉市场行情的人为主，以加快适销对路的产品开发力度。

（4）领导招聘和后续服务相结合的原则　　领导坐镇现场挑选人才，既提高了效率，也有助于招聘到真正对企业发展有利的人才。但是，人才进入企业后，领导也要增加与新进人员交流的机会，对人才给予必要的关注。

（5）外不避仇和举贤不避亲相结合的原则　　"两兵交战，各为其主"，即使一个人才曾经以竞争对手的身份险些置公司于死地，但只要对方是公司所需的人才，管理者也应该外不避仇，这样不仅能体现出管理者的宽容，还能激励人才对公司死心塌地。

同样，举贤也可以不避亲，如果招聘贤能的亲属对公司的发展确实有利，或者利远远大于弊，也可以把亲属招致麾下，一切以公司的发展为重中之重。

【管理者定律】

乔治原则

乔治原则：处分的目的在于教育，而不在于惩罚。这是由美国管理学家小克劳德·乔治提出的一个重要管理原则：着眼于防，无不可防；立足于罚，罚不胜罚。

从前有一个商人，他养了一头驴。他赶着驴走乡串村，做各种买卖。这个商人有时贩卖布匹、珠子，有时贩卖水果和新鲜蔬菜。实际上只要能赚点钱的东西，他都卖。

有一天，他听说海边的盐很便宜。他想："我可以贩盐到山里的村子去卖好价钱。"他骑上驴子去买盐。

盐果然很便宜，商人买了许多盐，驮在驴背上。一路都很顺利，来到山间，经过一道狭窄的石桥，桥下有条很深的小溪流过。商人牵着驴，在滑溜的石桥上小心翼翼地走着，驴子忽然滑倒，一下子跌进小溪。

驴挣扎着逆水而游，溪水把它驮的盐溶化了，冲走了，只有几条空口袋还系在鞍上。驴身上没有了重东西，很容易就上了岸，轻松愉快地继续赶路。

过了不久，商人决定再去贩一次盐，他带着驴到海边去，让驴驮上盐往山里走。一到那座狭窄的石桥，驴就想起它曾多么轻易地甩掉重担，不驮东西走路是多么舒服。这一回它故意跌进溪里去，直到盐溶化得一干二净。

商人很懊恼，他损失了整整两驮盐，他怀疑驴子在跟他捣鬼。他想了个办法也来捉弄驴子。

第三回，商人来到海边，买了一大驮海绵，驴子高高兴兴地出发了。

驴子想："这口袋真轻，一到了那座石桥就会更轻了。"不久，来到石桥，驴又滚到水里去，倒在那儿挣扎，等待驮的东西像上两次一样溶化掉。

海绵没有溶化掉，却很快吸满了水。驴感到背上的口袋越来越重，心想："这是什么东西？""不对劲儿呀！"后来，他觉得自己在溪里直往下沉，就大叫道："救命呀！主人，救命呀！"

商人弯腰把这头喘着气、喷着白沫的驴从水里拉上岸。"我们回家吧，怎么样？"商人说着牵了湿漉漉的驴子向山腰走去。

驴子迈着沉重的步子向村里走去时难过地想："这回动身，驮的东西重了一倍。"

【点评】商人用海绵来巧妙地教育了偷懒的驴子，很好地说明了乔治原则：处分的目的在于教育，而不在于惩罚。在企业人力资源管理中，面对员工的"出勤不出力"，变法子偷懒的行为，虽然可以制定许许多多的管理制度来避免或制止这些不良行为，但是再完善的管理制度也不可能是"疏而不漏"、无懈可击的，总会有这样或那样的一些小漏洞，被一些别有用心的员工钻进去"乘大凉"，一旦发现新情况，管理者一定要及时地采取措施来教育违规者，并贯彻好乔治原则。惩罚是一种手段，重要的在于教育。

【经典管理故事】

如此老板

日本三得利公司的老板鸟井信治郎对工作极其认真，从不允许有任何工作上的失误，一旦发现失误，鸟井信治郎就会暴跳如雷、破口大骂。有一次，一名员工忍受不了鸟井信治郎严厉而令人难堪的责骂，当场因生气而晕倒在地。因此，每当鸟井信治郎下去巡视时，员工们就会悄悄地传告："敌机来了！"

其实，鸟井信治郎在生活上对下属的关心却是无微不至的。创业之初，三得利公司很艰苦，寝室卫生较差，还有臭虫。一天，鸟井信治郎听到员工在抱怨："该死的臭虫，搅得我一晚上没睡好！"当天晚上，员工们熟睡后，鸟井信治郎拿着蜡烛蹑手蹑脚地进入寝室，在寝室的各个角落中为员工们抓臭虫。一名员工偶然起夜，看见了老板的举动，感动得热泪盈眶。

高级职员作田在进入公司不久，父亲不幸去世。作田不愿惊动同事，想独自办完丧事。但是，出殡的那一天，鸟井信治郎带领全公司的人去为作田帮忙，令作田感动不已。

正是因为这样，三得利公司的职员们都愿意为老板卖力气，对于老板的苛求也能够理解，而那句"敌机来了"的话，也就不带有什么"敌意"了。

【点评】人力资源管理要做到刚柔并济。在工作中，制定严格的制度，违章必究，坚持刚性原则。在生活中要宽厚、温和，关心员工，帮助员工解决一些力所能及的事，用温情打动员工，让员工感受到企业集体的温暖，激发员工对企业的热爱之情。

复习思考题

1. 为什么说今天的企业人力资源管理变得日益重要？
2. 主管人员培训中应注意哪些问题？
3. 绩效考核在管理中有何作用？如何操作？
4. 在实际工作中对人员绩效进行评价有哪些障碍？如何克服？

【案例分析】

人才为本先策

H集团位于我国华东某省，是在1975年创办的某丝厂基础上发展起来的，1996年被农业部评定为特大型乡镇企业，当年总资产名列全国乡镇企业集团首位。1999年，集团核心企业改制为H集团有限公司，并由国家有关部门核准成立了H集团控股有限公司。目前，集团总资产已近百亿元，拥有下属全资企业206家，在该公司本地的企业165家，在外地的企业41家（其中兼并收购国有企业21家），另有境外企业3家、中外合资企业6家、参股企业7家。此外，集团还有半紧密型和松散型企业1000多家，主要是在H集团支持下创办起来的本地村联户办企业。集团以磁性材料、机电产品、医药化工、轻纺针织、建筑建材、文化旅游为六大主导产业。经过多年发展，H集团的产业已广泛涉及工业、第三产业和高科农业等领域，并已形成了以工业产业为主体,第三产业和高科农业协调发展,带动社区全面繁荣的格局。

H集团所在地地处浙江中部丘陵地区,原来是一个不到2万人口的小镇,既无矿产资源,又无工业基础;既不通铁路、国道,也没有良港、大城市可依托,又无侨眷的外资支持。H集团何以成为集工、科、贸于一体,跨地区、高起点、高效益、外向型的综合性乡镇企业集团,成为世人瞩目的高新技术产业区和出口创汇工业区呢?答案是:"领先一步靠人才。"

乡镇企业从起步到发展,除了资金、技术之外,最缺的就是人才,贫困落后,经济基础差的地区尤其如此。H集团乡镇企业之所以高速发展,原因固然是多方面的,但重要的一点,也即他们的奥秘,在于集团有一套人才战略。

"传、帮、带"。集团从外部有偿聘请工程技术人员到本地进行短期的技术指导或解决某个专项技术问题,并通过传、帮、带来获取技术。这些被称为老师傅的技术人员不但解决了生产过程中的大量技术难题,而且通过传、帮、带使集团内工程技术人员的能力得以提高,将技术留了下来。

"借梯摘桃"。集团还希望借助各种渠道,通过与高层次人才的交流来获取更高价值。他们先后从国家研究部门、信息部门、科研院校、经济界、理论界、新闻界聘请了150多名高级顾问,组成专家系统,为集团的发展出谋划策,提供高层次的决策咨询服务。集团还与清华大学、四川抗菌素研究所、浙江大学、中科院、西安交通大学等30多所大专院校、科研单位建立了长期的技术协作关系,他们现在成为H集团科研生产的坚强后盾。这个庞大的智囊团源源不断地向H集团提供生产经营的"金点子",成为H集团摘取高科技高效益这个"仙桃"的"天梯"。

"栽树引凤"。短期聘请技术人员和聘请兼职顾问固然解决了许多问题,但也会出现"远水不解近渴"的问题。企业正常运转,必须有顺畅的人流、物流和信息流来支撑。技术是信息流的重要组成部分,任何中断或梗阻都会直接影响企业的正常运转。集团要实施高新技术发展战略,关键是人才,而乡镇企业最缺的正是高层次科技人才,如何引进人才则变得至关重要。对此,集团领导坚信"心诚则灵",只要你真正尊才、爱才、惜才,就不愁请不来人才。H集团每年都安排一定资金搞城镇建设,建起了邮电大楼、职工医院、闭路电视系统、科技新村、专家楼、公园、度假村,建起了包括体育馆、游泳池的文化娱乐中心,同时制定了一系列引进人才的优惠政策,努力创造一个有利于人才施展才华的软硬环境,形成一个尊才、爱才、惜才、用才、爱科技、求学问的社会风气。

从1990年开始H集团大规模地从高校、科研单位、企业、机关引进科技人员。他们当中有曾经的市副市长,有省级机关的处级干部,有来自科研机关和国有大企业的高级工程师,有研究员、博士后、博士生和硕士生。这些具有高中级职称的技术和管理人员加盟集团,不但改变了集团人员的专业结构,而且还为集团带来了新的技术、新的项目,提高了集团的技术档次。

1992年年底,集团根据高科技、外向型的发展战略,又提出了"求三高"、"给三高"的口号,重点引进高技术、高学问、高管理的人才,集团则给予高工资、高奖金、高待遇。现在,想到H集团来的各方面人才越来越多。

"借塘养鱼"。在人才开发方面,集团还考虑如何借助外部渠道来开发培训人才。在集团实行"两手抓":一手抓"请进来",一手抓"送出去"。即抓引进的同时,还注重自己培养人才,把职工送到大专院校去深造。到目前为止,H集团已输送800多名职工到全国10多所大专院校接受两年培训,涉及20多个专业。浙江大学、西安交通大学、浙江丝绸工学院等院校专门开办了"相关班级",目前已有300余人学成归来。在外引内培的基础上,H集团员工的知识结构不断得以提高,具有高中初级职称人员的比例愈来愈高。1992年高中初级职称人员总数为338人,占紧密型企业人数的5%;到了1999年,高中初级职称人数总数为1481人,是1992年的4.38

倍,占员工总数的比例由5%上升到了10%。

"挖塘养鱼"。集团除了借助外部渠道外还注重集团内的培训开发。1991年以来,先后投资5000多万元办起了工业技术学校,使职工接受各种专业技能培训。此外,还兴办了职工业余高中班,业余大专函授班,创办了党校、团校,以适应不同需要。于1994年3月创办了全日制综合大学H大学——"科教兴企"这一思想的产物,为企业培养外向型、高科技的人才,全面提高职工综合素质,有力地推动了H集团教育事业的发展。

经过7年的发展,H大学教学专业从原先的四个(化工、机械、外贸、财会)扩展到目前的"三系一部":计算机系、外语系、经贸系、公共关系部,设有全日制普通大学班、全日制电大班、全日制成教班、专业证书班、函授班、在职硕士研究生班、职工培训班及自考辅导班,从全国各地聘用讲师、副教授等教师100多人,在校学生数达800多人。已为企业输送了1400名专业人员,同时每年为企业培训2000多名管理干部。

本着"以人为本"的经营理念,H集团确定了"工业产业高科技、影视旅游高水平、高科农业产业化、生态环境高质量,积极开拓国内和国际两大市场,实施高科技、多元化、专业化、产业化、连锁化、市场化、国际化、知识化、现代化"等的发展战略。

讨论题

H集团是如何设计并实施其人才战略的?H集团是如何进行人力资源开发的?对企业发展的作用是什么?结合理论知识,分析H集团的各种人才开发途径的适用条件?随着H集团的进一步发展和参与国际竞争,集团的人才战略还应从哪些方面深入开展?

【点评】H集团地处贫困落后、经济基础差的地区,资源、资金、技术、人才等都很缺乏,但是,集团领导抓住"科教兴企"、"领先一步靠人才"这一核心的人才战略,多方位、多途径地引进、培养人才,从而为企业发展提供了厚实的人力资源,使企业能够克服资源、资金、技术等方面的困难,成为国内首屈一指的大型企业集团,并带动和促进了地区经济、政治、文化、科技、教育和城镇建设的全面发展和腾飞。

第八章　领导理论

【学习目标与要求】

通过本章学习，了解领导的概念和领导活动的基本要素，理解领导的作用、团队和领导者的素质，明确领导的权力、方式和领导者的素质，掌握领导的基本原理和领导的艺术与方法。

【引导案例】

通用电器选拔接班人的启示

在通用电器126年的历史里，包括现任总裁，一共只有9位总裁，几乎都是内部提拔上来的。通用电器的最高执行官通常都代表了西方管理实践的最高境界。它的总裁管理哲学的更迭不仅反映更是引导了世界管理理念从科学管理到人文管理的变革。

发明家爱迪生于1878年创建的通用电器是1896年美国道琼斯指数公司中到今天还幸存的唯一的一家企业。2003年，通用电器销售达到1342亿美元，连续6年被评为世界上最受尊敬的企业。在其126年的历史里，包括2001年上任的总裁。一共才9位，几乎都是内部提拔上来的。通用电器基业常青的原因许多，但是其总能在不同时期选拔最合适的领导者，这不能不说是通用电器成功最重要的因素之一。

1. 变革时代造就韦尔奇

对于在2001年1月2日去世的雷吉·琼斯，中国人对他并不熟悉。但是，在1979年和1980年，他被《华尔街日报》等评为美国最受尊敬和最有影响力的人，他曾是美国四任总统即尼克松、福特、卡特和里根的经济顾问，也是通用电器第七任总裁。雷吉·琼斯是个英国移民，在1939年加入通用电器，开始是从事审计工作，到1968年被提拔为CFO，1972年继任CEO。他内向，喜欢数字，被公众称为"英国绅士"。

20世纪80年代以前，以美国为首的西方企业管理的主流是以数量和数据为基础的科学管理，雷吉·琼斯把科学管理理论的实践推到了顶峰。他在通用电器大厦顶层通过使用模型和数据运筹帷幄，而且很少与人交往。但是，70年代末，日本制造业的迅速崛起，威胁了美国经济。比如，在1970年，日本汽车占美国市场份额几乎是零；但是，到1980年，日本汽车已经占了美国30%的市场份额。同年，日本汽车厂商生产了11万辆汽车，已经超过美国成为世界上最大的汽车生产国，占世界汽车市场的28.5%。这一事实震惊了美国企业界。日本经济的崛起和企业的成功，对西方管理理论提出了挑战，带有东方人文精神的日本管理方法首次引起西方管理理论学术界的重视。70年代末，一股"日本热"席卷美国。

在这样的历史条件下，雷吉·琼斯意识到通用电器作为美国传统制造行业的"老大"，如果不力求变革，将面临美国汽车行业同样的命运。1975年，他开始选拔通用电器接班人。到1977年，他把韦尔奇列入通用电器接班人的竞争行列。韦尔奇从一个人创建通用电器塑料事业部门，到把塑料事业部建成几个亿的公司，证明了他的创新能力和变革精神。同时，由于他憎恨官僚，也赢得了在通用电器系统里"异类"的管理者称号。到1981年，当雷吉·琼斯宣布决定把通用电器交给韦尔奇时，世界一片哗然，一个与"典型GE执行官"背道而驰的人被推上了董事长的位置。在公众的眼里，韦尔奇是12个候选接班人中希望最小的一个，因为韦尔奇在性格、气质、做事方式等等方面都和雷吉·琼斯截然不同；而且当时，韦尔奇才45岁，是最年轻的一个。但是，雷吉·琼斯独具慧眼，事实证明选择韦尔奇是正确的。韦尔奇在位的20年，成功地改造了通用电器的企业DNA，使其脱胎换骨，成为行业中业绩最佳者，并保持年均10%的速度增长。

韦尔奇在继承雷吉·琼斯科学管理的同时，强调带有东方管理风格的人文精神，积极与客户、员工交往。他在任期间亲自教练和培养近80位高级管理者，到企业大学培训中心亲自授课超过300次，共培训了15000多位中高级管理人员。他在自传中说，是优秀的人才而不是计划成就了通用电器。通用电器是历史上仅有的几家能成功地改变自己企业文化的企业。韦尔奇在变革时代的领导模式，代表了世界企业领导理论，并为众多企业和管理者所仿效。

2. 伊梅尔特因全球化而"加冕"

2000年4月，通用电器第8任董事长兼CEO杰克·韦尔奇在其任职20周年之际，宣布引退，其新任接班人是杰夫·伊梅尔特。新任总裁杰夫·伊梅尔特是幸运的，他的当选向全世界宣布了通用电器历时六载的选拔CEO工作终于结束。这场激动人心的接班人大赛，当时其受关注程度不亚于美国的总统选举。

人们之所以关注通用电器公司选拔接班人，不仅因为通用是全球最大的商业公司，也不仅因为韦尔奇本人是全球最佳的CEO，更重要的是韦尔奇选拔的这一接班人的素质代表了未来全球企业领袖的要求。

杰克·韦尔奇在他的自传中这样描写选择接班人工作："选择接班人工作不仅是我职业生涯中最重要的一件事，而且是我面临过最困难也是最痛苦的选择。整个过程几乎让我发疯，给我带来了无数个难以成眠之夜。"

韦尔奇从1994年，他59岁时，就开始着手考虑接班人问题。这次整个选拔过程历时六载，通过严格的程序，从最初的24名候选人逐渐减少到8人，再到3人，最终才确定杰夫·伊梅尔特。这足见选拔过程的复杂和艰难。

在最后3名候选人中，年龄最大的鲍勃·纳代利54岁，1971年加入通用，负责能源系统工作；吉姆·麦克纳尼和杰夫·伊梅尔特均是1982年加入通用，而且都是43岁。吉姆·麦克纳尼负责飞机引擎业务，杰夫·伊梅尔特主管医疗系统业务。

对杰克·韦尔奇来说，困难在于他们三人都非常优秀。他说过，如果他们当中有一人犯点什么绯闻，他的工作就会容易些，问题就在他们在工作业绩、精神、道德上都无可挑剔。

鲍勃·纳代利将1995年只有77亿美元的业务发展成为2000年280亿美元的业务，并能为公司在1999~2002年保持每年净收入增长10亿美元。众所周知，世界上能有10亿美元收入的企业并不多，而通用电器能源部门就能连续三年创造10亿美元的增长。可见鲍勃·纳代利的战略眼光和经营能力。

吉姆·麦克纳尼也毫不逊色。他主管的飞机引擎业务，从1997年的78亿美元发展到2000年的108亿美元，平均每年增长21%；并把通用GE-90引擎发展成为波音777的引擎，这是通用最大一次的战略性成功。

杰夫·伊梅尔特同样把医疗系统业务带入一个新的时代。他构思一个全球产品公司的概念，这个概念后来成了通用电器每一项业务的典范：从世界的每一个角落寻找人才、配件、资源等，最后在一个地方完成产品。杰夫·伊梅尔特还完成了多次并购，并能够将它们很好地整合，他将医疗器械这样的硬件业务如一家信息公司一样经营。他把销售收入从1996年的39亿美元增长到2000年的72亿美元，同样是保持每年21%的增长。

杰夫·伊梅尔特最后能胜出，韦尔奇是这样评价的："他在我们的医疗器械部门取得了很多出色的成绩，重要的是（医疗器械部门）将成为通用电器未来的营运模范。我觉得他拥有智慧和协调能力。"另外一个董事强调伊梅尔特的学习和成长能力,他是三人中学识最好的。

3. 伊梅尔特给我们的启示

杰夫·伊梅尔特当选,也代表在全球化商务环境中,新一代高级管理者的诞生。在某种程度上,通用电器的最高执行官代表了当代西方管理实践的最高境界。在杰夫·伊梅尔特读大学时,他就被同学选为"最受欢迎的人",他性格平和,总是脸带微笑,是个天生的沟通高手,他还被人笑有点"软"。如韦尔奇和雷吉·琼斯完全不是一类人一样,伊梅尔特和韦尔奇也是很不一样的人。一位日本管理者是这样评价他们的:当听到杰克的电话时我们会浑身紧张,而当听到杰夫的电话时,我们会脸带微笑。伊梅尔特在经营通用电器医疗系统业务中所表现出来的全球资源整合能力,能团结、激励、培养来自不同文化背景的员工的能力帮助其赢得了世界上"第一CEO"的工作。

总部位于纽约、成立于1916年的世界著名商业论坛和研究机构世界大型企业联合会(Conference Board),为了回答"如何为2010年培养企业领导者"这个问题,对全球500强中的CEO和负责人力资源方面的领导进行了调查,这些企业分布在世界各地。调查结果显示,未来的企业领导者应有能力同时担当四种角色:①战略家(master strategist);②变革经理(change manager);③建立关系高手(relationship builder);④人才开发者(talent developer)。我们不难看出通用电器的伊梅尔特的素质完全符合这一调查结果。同样,为了回答"CEO如何推动全球增长"这个问题,世界大型企业联合会对《财富》500强中的117家企业的CEO进行了调查,在调查报告中,其中有一个结论就是:文化和人(管理者的领导力)是企业成功实现全球增长的最重要途径。人和文化也是企业最富有挑战性的问题,因为技术、产品是相对比较容易从一个市场复制到另一个市场的。然而,在跨国经营中一个商业模型在这个市场成功,复制到另一个市场未必能一样成功,因为企业赖以生存的商务环境和消费者不一样。企业跨国经营的失败很多都是因为管理者不太了解当地文化所造成的。美国国际商务学者David Ricks特意把许多大公司在国际商务中因对他国文化不了解而酿成失败的事例编撰成《国际商务误区》(*International Business Blunders*)一书,以警世人。

在全球经济一体化的商务环境下,企业国际化不是企业选不选择的问题,而是一定要做的战略决定。随着中国加入世界贸易组织,谁也不可否认,中国已经正式成为国际市场的重要组成部分。中国企业要想长期持续发展,务必和TCL、华为、平安保险、海尔等企业一样积极考虑国际化的问题。现在,为提高自己的全球竞争力,西方跨国公司把非核心业务及人员外包给中国和印度等国家及地区。反过来,中国的企业也不妨利用中国的市场和资源,整合全球范围内中国企业所缺乏的资源,如核心技术、国际人才、国际品牌、全球渠道等,来打造自己的核心能力和竞争资源。我们所知道的华立购买Philips CDMA核心技术,华为和3M合资,TCL并购施奈德并与Thomson合作等,就是中国企业参与全球经济竞争中"洋为中用"的实例。

胜任的国际经理将成为全球商业竞争中最关键的成功因素,培养了解自己企业文化又有能力开拓国际市场的领导者,成为不但是中国乃至世界跨国公司领导者最重要的任务之一。根据世界大型企业联合会对《财富》1000家企业中的400家企业老总们的调查,现在跨国公司培养全球领导者所采用的最主要的手段如下:

(1) 建立全球性的管理团队(66%) 例如,高露洁公司从1987年开始,就设立了全球性强化培训项目,这个项目的成员是美国的商学院的MBA毕业生,他们至少会讲一门外语,并且在国外生活过,他们中有很大一部分是外国公民。受训者要在美国培训24个月。在每项为期3个月的培训中,他们除了学习商务和产品知识外,还要参加语言和跨文化知识教育。项目成员完成项目培训后,被派到世界各地担任产品助理经理。

（2）培养本土员工（58%） 比如德国奔驰汽车在中国设立人才发展项目，把优秀的中国本土员工送到欧洲、美国等培训，提高他们的国际视野和跨文化管理能力。

（3）轮换国际工作岗位（53%） 例如，可口可乐公司成立"全球服务项目"，这个项目由500位中高级管理人员组成，每年约有200人调动工作岗位。这些人一方面为公司的全球发展作出贡献，另一方面，可以增加自己的国际管理经验，这个项目的最终目的之一，是建设一个具有国际头脑的高层经理团，公司的高层管理人员将从这些人中进行选拔。

（4）利用国际多元化（52%） 为了提高跨文化管理能力，许多公司将经理人派到海外工作或者学习，让他们亲身体验不同文化的冲击，或者把他们留在自己的国家，与来自不同文化背景的人相处，外加一些跨文化知识和理论的培训，利用员工多元文化以相互学习。

（5）跨文化培训（27%） 例如，日本富士通公司为了开拓国际市场，早在1975年就在美国檀香山设立培训中心，开设跨文化沟通课程，培训国际人才。现在，该公司为期4个月的跨文化管理课程（Inter Cultural Management Program，ICMP）除了用于培训本公司的人员外，还被用于其他公司和国家跨文化管理人才的培训。

在管理过程中，领导职能是影响、支配与主导管理过程的一个核心环节，它贯穿于管理活动的全过程。然而，管理活动并不是一成不变的，它在社会的发展中不断地发生变化，对领导职能不断地提出新的要求，呼唤着新的领导理念、新的领导方法、新的领导战略，推动计划职能、组织职能与控制职能在管理活动中不断地发展创新。

第一节　领导概述

一、领导的概念

传统的观念认为，领导是上级组织赋予领导者一定的职位与权力，领导者通过运用这些法定的权力带领下属完成组织的任务，实现组织的目标，其核心是强调领导者的权力因素。现代管理理论特别是组织行为学理论则赋予领导一种全新的概念，即认为领导是指激励、引导和影响个人或组织，在一定的条件下，实现组织目标的行动过程。这一定义包含两层含义：①领导是一个有目的的活动过程，是一种行为，其成效取决于领导者、被领导者和环境三种因素。②领导者对下属拥有影响力，包括由上级组织赋予的职位权力（权力性影响力）和领导者个人所具有的影响力（非权力性影响力）。

二、领导的作用

1. 指挥作用

领导者不是站在群体的后面去推动群体中的人，而是站在群体的前列去引导人们前进并鼓舞人们去实现目标。

2. 激励作用

领导者为了使组织内的所有人都最大限度地发挥其才能，以实现组织的既定目标，就必须关心下属，激励和鼓舞下属的斗志，发掘、充实和加强人们积极进取的动力。

3. 协调作用

在组织实现其既定目标的过程中，人与人之间、部门与部门之间发生各种矛盾和冲突及在行动上出现偏离目标的情况是不可避免的，因此，领导者的任务之一就是协调各方面的关系和活动,保证各个方面都朝着既定的目标前进。

4. 沟通作用

领导者是组织的各级首脑和联络者,在信息传递沟通方面,在管理的各层次中起着上情下达、下情上达的作用,以保证管理决策和管理活动顺利地进行。

三、领导活动的基本要素

领导活动是涉及计划、组织和控制职能能否在管理过程中正常发挥作用的关键因素。领导活动的基本要素包括以下几个方面。

1. 领导者

领导者是策划、组织和实施领导活动的主体,是影响、带领和引导组织成员实现组织目标的个人或团体。领导者在领导过程中处于主导地位,其知识素养、经验能力及价值观念等对决策的制定与选择具有重要的导向作用,直接影响领导活动效能。现代管理理论认为,领导者从事领导职能活动的一个关键因素是要有追随者,没有追随者的领导者不能成为领导者。

2. 被领导者

被领导者是肩负着执行和实施领导决策重任,并服从领导者指挥的人。在领导活动中,尽管被领导者处于从属地位,但是,被领导者对领导者的这种从属程度产生的效果,直接影响和制约领导者的工作绩效。这不仅与被领导者自身的思想观念、文化素养等因素密切相关,还涉及领导者和被领导者关系等一系列复杂的问题,其中,被领导者对领导者的追随程度是关系领导职能活动能否成功的一个重要因素。

3. 领导环境

领导环境是指对领导活动产生直接或间接影响的各种因素与条件的总和。领导环境是一个复杂的系统,它不仅包括组织内部各个部门、各层级组织成员、各种硬件资源与软件资源,还涉及组织外部的社会环境。一般来说,领导者层次越高,面对的领导环境就越复杂。领导环境存在的不确定因素,主要来自组织内部或外部各种因素或条件的变化,组织内部因素如技术革新、组织外部因素如火山爆发等,都会增加领导环境的不确定性。领导环境中不确定性因素越多,给领导职能活动带来的风险性就越大,通常表现为机遇与挑战并存。

四、领导的权力构成

权力是影响他人行为的一种潜在能力,是领导的基础和核心。领导的权力构成包括正式权力和非正式权力。正式权力包括法定权、强制权和奖励权,非正式权力包括专长权和个人影响权,如表8-1所示。一个优秀的领导者不仅要依靠正式的权力,更需要发挥其专长权和个人影响权。

表8-1 领导的权力构成

项 目	正式权力	非正式权力
形式	法定权、强制权、奖励权	专长权、个人影响权
影响因素	传统观念、职位、资历	品格、才能、知识、感情

(1)法定权 法定权是组织或团体正式授予个体的法定地位,是一个组织内各级领导所具有的正式的权力。承担多大的责任,就应该有多大的权力。每一级的领导者都必须拥有一

定的法定权，才能维护某一职位的权威性。

（2）强制权　强制权是一种对下属精神上或物质上进行威胁和强迫的权力，是一种惩罚性的权力。为了维护组织的纪律，保证生产经营活动正常顺利开展，领导者拥有这项权力是必要的，但绝不能滥用这种权力，否则容易导致专制的独裁者。

（3）奖励权　奖励权是强制权的对立面，是使下属认识到，完成一定的任务，会带来一定的物质奖励和精神奖励。奖励权的正确使用，有利于进一步调动下属的积极性。

（4）专长权　专长权是由于领导者具有某些特殊的专业知识和技能，或者是博学多才，才能超群，因而赢得同事和下属的好感和钦佩。

（5）个人影响权　个人影响权是因为领导者具有好的思想品质、作风、风尚和道德等，受到下属的称赞和敬佩，实际上是依靠领导者的个人魅力来影响下属，是建立在下属发自内心的认可基础之上的。

五、领导者的素质

领导者素质是领导者实施有效领导所必须具备的基本条件，是领导者在先天禀赋的生理素质基础上，通过后天的实践锻炼和学习而形成的、在领导活动中经常起作用的内在因素的总和。

领导者的素质是由诸多因素组成的一个有机的结构体系。提高领导者素质不仅是领导者自我发展、自我完善的需要，而且能够充分保证领导职能的有效实施，强化和提高领导者的影响力，进一步提高领导者的领导艺术水平。一个领导者实施有效的领导必须具备一些基本的条件，这些条件主要包括心理素质、品德素质、专业素质和身体素质。

1. 心理素质

领导者的心理素质，主要是指领导者应该具有的个性品质。个性品质反映领导者个人基本精神面貌的稳定性倾向的总和，主要包括性格、情绪、意志、兴趣、气质等。领导科学的研究分析表明，优秀的领导者在个性心理品质方面有着相近的特点。一般地说，优秀的领导者必须具备敢于决断的气质、竞争开放的性格和坚忍不拔的意志。气质是比较稳定的个性特征，但气质类型不能成为领导者领导能力的唯一决定因素。每个领导者应该针对自己的气质特点进行修养，做到扬长避短，逐步培养和提高自己敢于决断、善于决策的气质素养。

性格是指某个人对人对事的稳定态度以及与之相适应的习惯行为方式，一般有内向型和外向型的区分。由于现实社会中各种组织所面对的环境挑战非常严峻，不能适应客观环境的变化，就不能有效地实现领导目标。领导者为了实施其职能，实现其目标，就必须把握变化，介入各种矛盾，以开放的心态去不懈地竞争。领导者必须注意塑造和培养其外向型性格素质。

意志是人所独具的一种心理现象，即自觉地确定目的，并且根据目的来支配和调节自己的行为，克服种种困难，进而实现目的的心理过程。人的理性的优势不仅在于能够通过感觉和理性思维来认识世界和自身，还在于能够在明确的目的指导下，积极地控制外界事物和自己，即具有理性的意志力。由于现代社会环境的复杂特性，领导者实施领导过程中的困难和障碍都增加了，其意志素质就变得格外重要。领导者必须锻炼和提高自己坚忍不拔、百折不挠的意志力，才有可能将理想和信念付诸行动并达到成功。

2. 品德素质

一个领导者如果品德高尚、正直公道、言行一致、以身作则、关心他人、严于律己、平易近人，使人感到亲切，受到人们的敬佩，就能成为一种无形的、巨大的道德力量，成为一种感染力，从而有效地影响人们去实现目标。一般来说，领导者的品德决定了领导者的领导行为方式和领导风格。由于社会制度和社会环境等其他因素的差异性，对领导者的品德素质也有不同的要求。美国提出了合作精神、决策才能、组织能力、精于授权、善于应变、勇于负责、敢于求新、敢担风险、尊重他人、品德超人等十个条件。日本提出了使命感、信赖感、诚实、忍耐、热情、责任感、积极性、进取心、公平和勇气等十项品德。根据我国的实际情况，领导者品德素质必须包括坚强的政治素质、优良的作风素质和高尚的品行素质。

3. 专业素质

领导者实施有效的领导不仅要求掌握政治理论知识和广泛的科学文化知识，更重要的是必须掌握有关的专业知识和专业技能。

领导者应掌握的专业知识包括：本专业有关的自然科学、技术科学的基本知识，本专业的科研和技术发展方向，有关领导科学、心理学、社会学方面的知识，有关管理的基本原理和基本方法以及发展方向等知识。

领导者应掌握的专业技能包括以下几个方面。

（1）较强的分析、判断和概括能力　领导者必须具备透过现象看清本质，抓住主要矛盾，运用逻辑思维，超前把握事态发展趋势的能力。

（2）不断探索和创新的能力　领导者应富有想象力，思维敏捷，善于提出新的设想、新的概念，并且能够准确、流畅地表达自己的独到见解。

（3）科学的决策能力　决策能力是一种综合性能力，领导者要具备科学的决策能力，就必须善于判断、善于分析、善于创造。

（4）组织协调能力　现代系统科学有一个重要的观点，就是整体大于部分相加之和，其关键在于整体内的结构合理以及结构内要素之间的协调，这也正是领导者的职能所在。领导者要具备组织协调能力，就必须善于运用组织的力量，综合协调人、财、物并发挥其作用；必须善于兼顾国家、组织与个人利益，并以此产生激励作用。

（5）知人善任的能力　领导者必须重视人才的发现、培养、提拔和使用，使得人尽其才。

（6）技术能力　领导者必须具备将所掌握的各项专业技术知识运用于领导活动过程的能力。

（7）社会活动能力　领导者必须善于同各种人打交道，善于待人接物，善于社交；要自知自律；善于了解对方；对人对事公道正派；沉着老练，有自制能力。

4. 身体素质

领导者负责指挥、协调组织活动的进行，不仅需要专门的知识和技能，耗费心智，而且也要消耗大量的体力，因此，领导者必须有强健的身体和充沛的精力。

六、领导的方式

领导方式大体上有三种类型：专权型领导、民主型领导和放任型领导。

（1）专权型领导　是指领导者个人决定一切，布置下属执行。这种领导要求下属绝对服从，并认为决策是自己一个人的事情。

（2）民主型领导　是指领导者发动下属讨论，共同商量，集思广益，然后决策，要求上下融洽，合作一致地工作。

（3）放任型领导　是指领导撒手不管，下属愿意怎样做就怎样做，完全自由。其职责仅仅是为下属提供信息并与组织外部进行联系，以此有利于下属的工作。

领导方式的这三种基本类型各具特色、各适用于不同的环境，领导者要根据所处的管理层次、所担负工作的性质以及下属的特点，在不同的时空、处理不同问题、针对不同下属，选择合适的领导方式。

七、领导团队

组织或企业绩效的好坏，关键在领导。领导不仅是指领导者个人，而且是指整个领导团队。因此，领导者不仅要求有个体素质优势，而且更追求整个领导团队的最佳组合，以实现企业领导团队功能的优化。

领导团队的整体优化应当能实现组织活力的增强，提高工作效率以及调动各方面的积极性。要提高领导团队素质，必须使团队中的人数适当以求精干高效，各有所长从而优势互补，因才施用以使人尽其才，通过这种有效的组织发挥巨大的集体力量。领导团队的合理搭配，一般包括年龄结构、知识结构、专业结构、能力结构、气质结构等。

1. 年龄结构

年龄结构即领导团队成员的年龄构成状况。最佳年龄结构是根据不同领导层次，由老、中、青按照合理的比例构成的综合体。不同年龄的人具有不同的智力和不同经验，因此，寻求领导团队成员的最佳年龄结构是非常重要的。

现代生理科学和心理学研究发现，人的智力与年龄之间有一定的定量关系：人的知觉能力，最佳年龄在 10~17 岁间；记忆能力和动作及反应速度，最佳年龄在 19~29 岁间；比较和判断力，最佳年龄在 30~49 岁间。另外，随着年龄的增长，知识数量的积累会增加，但吸收新知识的优势应属于中青年人，知识水平的提高与年龄增大并不是正比关系；而老年人的经验往往比年轻人要丰富。显然，年龄结构是否合理，对领导团队的整体素质有很大影响。年龄结构问题实质上是指领导团队平均年龄要年轻化，但年轻化不等于青年化，也不是领导团队中成员的年龄越小越好，而是指具有老、中、青合理的年龄比例。一方面领导团队应充满活力，稳重成熟，胜任工作；另一方面要形成梯形结构，既要防止领导团队老化，又要保证领导团队的继承性，保证使干部队伍年轻化的进程快于自然老化的速度。同时，还要考虑到领导团队的层次，层次高的年龄可以稍大一些，层次低的应相应年轻一些。

2. 知识结构

知识结构即领导团队的知识水平构成状况。最佳知识结构是指将具有不同的知识水平和不同专长的领导者组成合理的知识结构。

对于有效的领导团队来说，知识就是指挥的力量。领导者必须具有丰富的知识，否则就难以胜任领导现代企业的重任。尤其是随着科学技术在生产中的大量运用，企业经营环境的复杂多变以及国外竞争日趋激烈，领导团队成员必须具备广博的知识。而且，领导团队的层次越高，其成员的文化知识水平也应越高。领导团队的知识结构还要合理搭配，班子中应当是各方面专业人才的集合体。随着科学技术的不断发展，员工的知识文化水平不断提高，各类组织的各级领导都在向知识型转变。

3. 专业结构

专业结构即领导团队中各成员的配备应由各种专门的人才组成，形成合理的专业结构。领导团队的专业结构应合理搭配，班子中应当是各方面专业人才的集合体。随着社会分工的发展和科学技术的不断分化，专业门类日益增多，绝大多数人都是只具有某一方面的专业人才而不是全才，将各种"专才"很好地结合起来，构成了更宽、博的"通才"，这样才能胜任综合复杂的领导工作。在一个领导团队里，应包括四个方面的专业人才：工程技术专业人才、工商管理专业人才、思想政治工作专业人才、生活行政专业人才。既有懂自然科学技术方面的人才，也有懂社会科学知识方面的人才；既有理论家，又有实干家。总之，企业领导团队应该是具有多种专长的有机体。

4. 能力结构

能力结构即领导团队的能力构成状况。领导者的有效性不仅与知识有关，而且与其运用知识的能力有关。从某种意义上说，领导团队的能力结构比知识结构更重要。最佳能力结构是指不同能力型的领导成员，按与实际需要相适应的比例构成的多能力的综合体。能力包括思维能力、表达能力、决策能力、判断能力、分析能力、指挥能力、组织能力、协调能力等。人的能力是各种各样的，如有思维能力和决策能力比较突出的"思想型"领导，有组织指挥能力比较突出的"实干型"领导，也有创造能力较强的"智囊型"领导，还有人际关系能力和用人能力比较突出的"组织型"领导等。所以，担负着多种功能的领导团队，必须由不同能力的领导成员协调结合，把各类干部置于能发挥本人长处的位置上，使领导的整体功能提高。

5. 气质结构

气质结构即领导团队在气质类型方面的构成情况。最佳的气质结构是指具有不同气质的领导成员协调配合。气质是指人的个性与脾气，它是个体对外界事物的一种惯性的心理反应。早期希腊医学上著名的气质类型学说流传很久，因为人们在现实生活中常可以找到胆汁质、多血质、黏液质、抑郁质四种气质类型的典型代表。现代心理学家通过观察人们心理活动在行为方面所表现出来的心理特点，对人的气质或性格也进行了分类。事实上，气质与人取得成就、成才、成名等不存在必然联系，也不决定人的智力水平的高低、能力的强弱。但气质确实可以影响人的活动效率、情感和行为。心理学家们研究发现，相同气质类型者是不易合作的。领导团队成员的最佳配合是多血质与黏液质或抑郁质、胆汁质与黏液质或抑郁质，忧乐参半的配合是胆汁质与多血质、黏液质与抑郁质。配合最佳是指合作中的气质类型的相互弥补、相互契合、取长补短的关系，并不是指能力水平、技术水平的相互弥补。

领导团队的素质结构是一个多重的、动态的综合体。提高领导集体的素质应根据领导者层次、工作性质及具体特点等实际情况确定合理的搭配和结构。同时从领导者的选拔制度、考核标准、领导者培养等方面进行必要的调整，加强领导团队建设，优化其素质结构，提高其领导整体效益与水平。

第二节　领导的基本原理

随着领导科学研究领域的日益扩大，许多学者针对领导科学基础理论进行了大量的研究，提出了众多的领导理论。尽管这些领导理论千差万别，但是它们都从不同角度揭示了造就有效领导者的基本思路和方法，阐述了开展领导活动的规律性认识。

一、领导特质理论

领导特质理论主要研究领导者特殊品质的共性问题，重点分析领导者的素质、能力、个性对领导工作的影响，从而揭示了领导者应该具备哪些品格，总结和概括了培养合格领导者的一般性规律。

1. 具有追求成功的自信

合格的领导者具有强烈的追求成功的愿望和信念，胸怀崇高理想与志向。在领导活动中，鲜明地体现出持续开拓进取的思想倾向和行为习惯，对战胜困难、圆满实现宏伟目标充满自信，并通过实际言行传递给下属，从而在形成组织整体信心和力量中走向成功的巅峰。

2. 具有多谋善断的能力

成功的领导者具有多谋善断的能力，在领导活动中善于应变、机动灵活，而不是抱残守缺、墨守成规。不仅勤于分析和思考问题，善于提出带有谋略性的见解和方法，而且勤于辨别和判断是非问题，善于创造性地做出解决问题的结论和决定。这种足智多谋、果敢善断的领导者特质，将使领导工作不断地创新、不断地取得佳绩，赢得被领导者对领导者的充分信任、尊敬和追随。

3. 具有言行一致的品格

言行一致是领导者优秀品格的重要标志，对被领导者有着重要的示范作用。领导者一言一行、一举一动并非仅代表个人，在很大程度上代表着组织的形象。领导者为人正直、诚实、守信，做事公正、严谨、负责的精神，言必行和行必果的作风，凡是要求下属做到的而自己率先做到的模范行为，都将使领导者在被领导者中赢得崇高信誉和威望，从而促进组织发展稳步提高。

4. 具有更新知识的愿望

领导者的成长过程实际上是一个不断吸收新知识、新信息、新经验的过程，在市场经济条件下，领导者的知识素质和知识结构是一个开放性的动态系统，领导者要随着社会的发展、组织环境的变化逐渐养成一种求知好学并求甚解的习惯，逐步提高收集、分析和运用信息的能力，从而不断地提高决策水平。

事实上，每个领导者在实践中表现出来的特质是不同的，可能在某一方面表现得比较突出，而在另一方面表现得比较薄弱，绝大多数领导者仅具备领导特质理论要求中的大部分条件。领导者特质理论为分析和评价领导者提供了依据，为有志将来成为领导者的人士指出了努力方向，为在位领导者的自我完善提供了标准。

二、领导行为理论

领导行为理论主要研究领导者思想作风、工作能力在领导活动中的外在表现形式以及对领导活动的影响。有关领导行为理论研究成果很多，其中，比较经典的理论主要有以下几种。

1. 四分图理论

美国俄亥俄州立大学的教授斯多基尔和他的同事对上千名领导者行为模式进行了调查研究，在众多的领导行为中发现有两种具有普遍性的因素对领导效果起关键作用。并将这两种因素概括为：以人性化的关怀为中心和以任务化的工作为中心。以人性化的关怀为中心主要强调领导者采用多种方式支持、爱护和关心员工，在领导者和下属之间建立相互信任、尊重的关系，给下属一定的自主空间，并注重满足下属的需求。以任务化的工作为中心强调以完成工作任务为最高目标，重视和关心与完成工作任务相关的因素，如设计组织结构、理顺职权关系、调节工作效率、制定绩效标准等。

将上述领导者行为普遍存在的两种因素进行任意组合，可以构成 4 种领导行为方式，为了便于分析，将其置于平面坐标系中，如图 8-1 所示。

图 8-1 四分图理论示意图

（1）授权式 这种领导方式表现为低工作和低关怀，它适合管理完成工作任务能力和处理各种关系能力都很强的员工。由于员工的成熟度高，可将一些决策权授予下属自主行使，领导者仅起指导和监督作用。

（2）指令式 这种领导方式表现为高工作和低关怀，它适合管理完成工作能力弱，处理各种关系能力强的员工。由于员工完成工作的成熟度低，所以，领导者主要起指挥作用。

（3）参与式 这种领导方式表现为低工作和高关怀，它适合管理完成工作能力强，处理各种关系能力弱的员工。由于员工处理各种关系的成熟度低，所以，领导者主要起协调作用。

（4）推销式 这种领导方式表现为高工作和高关怀，它适合管理完成工作能力和处理各种关系能力都很弱的员工。由于员工完成工作和处理各种关系的成熟度都很低，所以，领导者起指挥与协调作用。

2. 路径与目标理论

路径与目标理论最早是由马丁·伊文斯于 1963 年提出来的，此后，罗伯特·豪斯、特伦斯·米切尔又对这一理论加以丰富和扩展，使其更加完善。这一理论认为，要实施有效的领导，领导者必须帮助被领导者树立有助于实现组织目标的个人分目标，并且使被领导者充分理解个人分目标的重要意义。同时，指导和支持被领导者规划实现个人分目标的路径，并帮助下属克服和消除各种困难及障碍。路径与目标理论针对被领导者自身素质及对实现个人目标的需求程度，提出了可以提高领导行为有效性的四种领导方式。

（1）指示型领导方式 领导者应尽量了解被领导者的期望，同时对被领导者提出指导性意见和具体要求，通过制定相应的规章制度及管理机制，明确指示被领导者应如何完成任务，同时说明被领导者完成任务的途径、时间期限等。

（2）支持型领导方式 领导者以平易近人的态度接近被领导者，在十分友善、相互尊重的接触中，关心被领导者的工作和生活，了解被领导者的各种需求，并给予适当满足。领导者通过真心实意地支持被领导者的工作，解决被领导者工作和生活中的困难，使被领导者心情舒畅地为实现组织目标而努力工作。

（3）参与型领导方式 领导者经常征求被领导者的意见，认真接受和正确对待被领导者的建议及要求，尤其是在做出决策前，善于与被领导者共同磋商，了解被领导者的想法，并将其合理的内容融入有关决策中予以执行，使被领导者产生主人翁的责任感和自豪感。

（4）成就导向型领导方式 领导者善于设计富有挑战性的目标，引导和鼓励被领导者最大限度地发挥个人潜能为实现组织目标而勤奋工作；同时，对被领导者给予高度信任，使他们满怀信心地突破个人业绩纪录，从成功中获得成就感。

路径与目标理论还强调，领导方式应依据具体情境来确定。当工作任务模糊、被领导者不知所措时，显然需要指示型领导方式。在工作任务明确、操作程序清晰的情况下，如果仍然运用指示型领导方式，不断下命令干预被领导者，必然会引起被领导者的反感，而运用支持型领导方式将会收到较好的效果。对于处理重大公共决策问题，适合应用参与型领导方式。对于需要实现自我价值的高素质被领导者，运用成就导向型领导方式更合适。

3. 方格理论

方格理论是美国得克萨斯大学的行为科学家罗伯特·布莱克和简·莫顿在《管理方格》一书中提出的，实质上是对四分图理论的延伸或扩展。这一理论认为，领导行为主要体现在关心人和关心任务两个方面，并分别对关心人和关心任务按照不同程度分出等级，置于平面坐标系中。在横坐标轴和纵坐标轴上分别划出 9 个等级，从而形成 81 种领导行为类型，如图 8-2 所示。

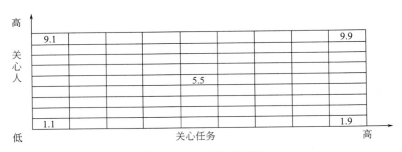

图 8-2 方格理论示意图

在图 8-2 中可以选择 5 种有代表性的领导方式。

（1）贫乏型（1.1）　领导者对员工和工作任务均不关心，以最少的付出来应付所必须承担的管理职责与义务，属于不称职的领导行为。

（2）任务型（1.9）　领导者只重视完成工作任务，不关心员工，属于以任务为中心的极端性领导行为。

（3）中庸型（5.5）　领导者对员工和工作任务都比较关心，属于保持上下级关系平衡，追求正常工作业绩的领导行为。

（4）俱乐部型（9.1）　领导者只支持和体谅员工，而忽视工作任务，属于以关系为中心的极端性领导行为。

（5）团队型（9.9）　领导者对员工和工作任务都高度关心，属于理论上的理想领导行为，是领导者应该努力效仿的模式。

三、领导权变理论

领导权变理论重点研究领导者、被领导者与环境之间的关系，试图从中探索在不同领导情境中，应采用何种领导方式的规律性。美国华盛顿大学心理学与管理学教授弗雷德·菲德勒在对管理心理学和实证环境分析进行交叉研究基础上，比较系统地提出了具有代表性的权变理论。此外，美国学者罗伯特·坦南鲍姆和沃伦·施密特等都对这一理论作出了一些贡献。综合这些学术观点，领导行为有效性主要与三个因素相关，可以用以下表达式描述：

$$F = f(L, B, H)$$

式中，F 表示领导方式；L 表示领导者；B 表示被领导者或追随者；H 表示领导活动所对应的环境。这个表达式说明领导行为与所对应的环境之间存在着一种函数关系，尽管这种函数关系的具体内容难以确定，但只要领导者、被领导者与环境这三个因素相互协调，将会产生一种有效的领导方式，并能取得良好的领导效益。因此，研究领导方式的有效性，应重点研究领导者、被领导者及领导活动所处的环境条件之间的契合关系。

第三节　领导的方法与艺术

领导的方法与艺术是领导者在领导活动中，为实现一定的组织目标所运用的各种手段、办法和程序的总和，也是领导者的领导思想方法和领导工作方法的具体运用，是领导者尽其职能的行为方式。领导者的工作效率及效果在一定程度上取决于其领导方法与艺术。

一、处事的方法与艺术

毫无疑问，作为一名企业领导者，任务很重，工作很忙。所以，要做好领导工作，要理清摆在自己面前千头万绪的事情，哪些是应该主要抓好的工作，哪些是要有一定时间保证的日常工作，既要抓住关键，又要突出重点，收到事半功倍的效果，这就需要领导者有处事的方法与艺术。

（一）领导者必须干好本职工作

领导者要干好自身的本职工作，首先就应该明白领导的工作内容。领导者的主要职能包括决策、用人、指挥、协调和激励等，是领导者应该做的大事。在企业中，领导者应着重抓好以下几方面的具体工作：制定企业经营战略、设计企业组织结构及运行机制、选好干部、建设领导团队、培育企业文化、处理重要的社会关系等，都是关系到企业生存与发展的大事，领导者应把它们真正摆在头等大事的位置上，但这绝对不是说样样都由领导者亲自去做，而是要领导者发挥总设计师的作用，在大的方面提出问题、定原则、把好关。

在聚精会神抓大事的同时，领导者也要安排好日常工作，包括日常行政事务、学习，经常性调查研究，日常沟通工作等。日常行政事务主要是处理那些制度规定、有计划安排的常规性工作，如批阅文件报告、参加各种例会等。此外，也有一些突发性工作，如生产事故、职工纠纷等。领导者的学习包括理论、时事政策、业务、专业知识学习以及为提高自身素质而有针对性地安排的其他学习等。对待学习，领导者应把它当作一项日常工作完成。领导的调查研究要经常化、制度化。要了解员工的期望与思想动态，思想沟通工作是领导在日常工作中的重要组成部分。

领导者既要抓大事又要处理日常工作，因此，在实际工作中，应当正确处理好两者之间的关系。一方面要克服"事必躬亲"和"大包大揽"的领导方式。在社会化大生产条件下，提高企业生产效益和经济效益，靠的是组织分工，严密的协作，领导不必要事事包办代替，否则，既破坏了分工协作关系，又使下级有职无权，失去实践和成长的机会，挫伤了员工的积极性。另一方面，要集中时间和精力抓好决定组织生死存亡的大事，科学合理地安排好日常工作，不忽视关键性日常的作业活动。

（二）合理授权

授权是指上级委派给下属一定的权力，使下属在一定的监督之下，有相当的自主权和行动权。授权者对于被授权者有指挥和监督之权，被授权者对授权者负有报告及完成任务的责任。授权实质上是将权力分派给其他人以完成特定活动的过程，它允许下属作出决策，即将决策权力从组织中的一个层级移交至另一个层级。合理授权是领导者的一种重要领导方法，也是一项基本的组织管理原则。组织经营管理及其组织的发展，决定了组织高层领导的主要职能不是做事（如亲自编计划，亲自组织销售等），而是组织指挥或通过他人实现组织的战略目标。

1. 授权的作用

通过合理授权，领导者能获得很多益处。

① 授权节约时间。授权可使领导者有较多时间去考虑和处理关系到组织全局的重大问题，发挥领导者应有的作用。

② 有效授权会导致更好的决策。授权使下级和上级之间的沟通加深，决策速度就会更快。

③ 提高了下属的积极性、满意程度和技能。授权显示了对下属的信任，既激发下属的工作热情及创造性，增强其工作的责任心，同时也更充分发挥了下属的专长。

④ 授权可以使下属在工作中不断得到锻炼和发展，有利于干部的培养。

2. 授权的原则

要正确授权，必须遵循授权的原则如下。

（1）有目的授权　授权要体现其目的性，以组织的目标为依据分派，分派职责和委任权力时都应围绕组织的目标来进行；授权本身要体现明确的目标，只有目标明确的授权，才能使下属明确自己所承担的责任，盲目授权必然带来混乱不清。

（2）因事设人，视能授权　被授权者或受权者的才能大小和知识水平高低、结构合理性是授予权力的依据。

（3）适度合理授权　领导者并不把全部的权力下授，不把同一权力授予两个人，也不将不属于自己的权力下授。

（4）授权留责，把握授权度　领导者在下授权力时并不下授责任；领导者应把有规可循有惯例可凭借的工作授予下属去做，但无章可循的，下属非越权无法从事、决定的"最大例外"工作不能下授。

（5）逐级授权　领导者应按组织的层次结构原则逐级进行，对其所属的直接下级授权。

（6）信任原则　授权必须基于领导者和部属之间的相互信任关系。

（7）加强授权后的监督　授权不是撒手不管，撒手不管的结果必然是导致局面失控，因此，既要授权又要避免失控，既要调动部属的积极性和创造性，又要保持领导者对工作的有效控制。

（8）有效授权的及时奖励　有效的奖励将会使授权本身产生推动的力量，使授权达到新的境界。

授权是一种科学的领导方法，领导者必须从组织具体条件出发，灵活运用才行，不存在统一的标准化的模式。

二、待人的方法与艺术

领导的对象是人，没有人际之间的联系与信息的交流，就不可能有领导。领导者在实施指挥和协调职能时，必须把自己的设想及决策等传递给被领导者，以影响被领导者的行为，要不断激励下属为实现组织目标而不断努力，还要善于用人，让其在适当的职位上发挥有利的作用。

（一）如何激励下属积极性

激励是实现目标的一种驱动力。领导者的大部分任务是由下属完成的，如果不知道或不懂得激励下属，那么领导者所能取得的成功就是有限的。运用各种刺激手段，唤起人的需要，激发人的动机，调动员工的积极性，这些看起来很简单，实际上可能是领导者的一项最为复杂的工作。

1. 掌握激励理论

理论可以帮助我们了解复杂的、抽象的问题。熟悉激励的基本理论，可以使领导者对如何使员工们努力工作有深入的认识，对其行为作出解释和预测。

2. 了解下属的需要

要做好激励工作，必须了解激励对象有哪些需要以及每种需要的强烈程度，而且要了解每种需要在其心目中的重要性，这样才能"对症下药"。人们低层次的需求（对住所和安全需求）就是一种组织责任，可通过工资和工作保障等得以满足；高层次的需求则是领导者的一种管理责任，可以使员工通过工作本身如工作所具有的挑战性等得以满足。因此，可以通过不同的激励方法去满足下属不同层次的需求。

3. 正确激励下属

有效的激励方法能调动下属的积极性。首先，抓住优势需要来激励下属。不同层次的人有着不同的需求。领导者应善于掌握下属不同的优势需要，把物质激励和精神激励有机地结合起来，予以激励。其次，满足下属参与需求。下属一般较关注自己在组织中的重要性及责任，领导者要通过各种形式多听取下属的意见，并说明下属的工作对组织的重要性。再次，奖励重于批评。领导者可以通过奖赏或惩罚等手段对下属的行为结果加以控制，从而修正其行为。下属不可能没有失误，重要的是如何使他们在失误之后吸取教训并有所提高。最后，目标激励。领导者要向下属详细说明组织是什么，正在做什么和目标何在，给下属以希望。

（二）如何影响下属

领导者要实现有效的领导，关键在于其影响力大小。影响力是领导者在与他人的交往中，影响和改变他人心理和行为的能力。影响不是把自己的意志强加给下属，而是在价值观念方面培养共识，达到认同。首先，加强上、下级沟通。领导者无法对组织上上下下的复杂问题都进行考虑，作出决策。要想使每个下属都发挥个人的积极性，就必须加强与下级沟通，通过价值观的教育、启迪，使大家对组织目标达到基本一致的认识。其次，鼓励下属参与管理，共同决策。领导者的决策制定应多听取下属的建议，决策出来后，每个人都会认为体现了自己的价值追求，都认为决策是自己的。这样每位下属才会竭尽全力。最后，建立组织文化。培养共识的过程，就是建立组织文化的过程。

（三）如何用人

领导者在组织活动中属于主导、率领的地位，负责制定整个组织的大政方针，以及经营战略与管理决策。要使决策付诸实践，领导者必须团结下属，借助他们的智慧和力量去完成任务。因此，领导者必须将下属安排到适当的位置上，用其所长。这就要求领导者要知人善任。知人是要了解人，对人进行正确的考察、识别，以便选择；善任是要用好人，使用得当。知人是善任的前提。首先，识别人才。"只有无能的管理，没有无用的人才。"人才总是有的，所以领导者要相信人才的客观存在，并且要爱惜人才。同时，要坚持实事求是的原则，用全面的、发展的观点看待人才，要看人才的全部历史和全部工作，综合考察，科学分析,才能识别"真才",坚持德才兼备的原则。其次,正确使用人才。识别人才的目的是用人。人才用得好,能起到事半功倍的效果;使用不当,不仅会造成降低效率,甚至造成不安定的因素。因此,合理地使用人才是领导者人才修养的中心环节。实际工作中,必须把握以下几方面的问题。

(1) 因事设人,量才任职　领导者必须采用职务分析的方法,科学地设计职位;掌握管理者的结构,按能授职,做到事得其人,人尽其才。

(2) 扬长避短,各尽所能　领导者应细心分析每位管理者的特点和能力,分析其长处及最适合干什么工作,尽可能把他放在能发挥其优势的岗位上。做到用人之长、容人之短,"短中见长",把各种各样的人才组合成优势群体,提高整体效能。

(3) 明责授权,用人不疑　领导者对自己选拔的人才应充分相信,并授给他们工作范围内一定的权力,明确责任,充分发挥其聪明才智,做到用人不疑,疑人不用。

(4) 珍惜人才,用、养结合　组织拥有人才资源比拥有其他资源更宝贵,在竞争日益激烈的时代,领导者不仅应使用好人才,更应重视人才的开发与培养。

三、管理时间的方法与艺术

任何工作都需要耗费一定的时间。时间不同于财物,是个常数,无论时间需要量多大,供给绝对不可能增加。"时间就是金钱"、"时间就是生命"、"一寸光阴一寸金",都说明时间的可贵。尤其对组织的领导者而言,更应该珍惜自己的时间,做时间的主人,有效地利用时间提高工作效率。

(一) 时间管理记录统计法

时间管理记录统计法,就是领导者把自己的时间消费如实记录下来,经过分析,从中找出浪费时间的因素,从而制订消除这些因素的措施。这种方法是前苏联昆虫学家柳比歇夫56年如一日对个人时间进行变量管理而形成的。其步骤包括以下几点。

(1) 记录　运用各种各样的耗时记录卡、工作记录表,真实准确地记录时间耗费情况。

(2) 统计　每填写一个时间区段(一周或一天)后,对时间耗费情况进行统计分类,计算出所用时间的多少。

(3) 分析　对照工作效果,找出浪费时间的因素:哪些事是根本不该做的,哪些事是应让下属做的,哪些事属于时间安排不合理的,哪些事属于工作方式不当的等。

(4) 反馈　根据分析结果制订消除浪费时间因素的计划,并反馈于下一时段。

(二) A、B、C时间管理方法

A、B、C时间管理方法,就是把自己有限的时间科学地用在支配自己所领导的那个系统的关键工作上,以求获得最大的效果。领导者所拥有的时间与其要做的工作相比,实在太少,故这种方法对领导者来说尤为重要。其具体做法如下。

(1) 分类　把今天的工作分为A、B、C三类。A类是重要的事,当天必须办的;B类次之;C类则可以放一放。

(2) 实施　严格按照A、B、C顺序进行。集中精力把A类工作做完后,再去处理B类工作,C类工作则可交给下属去办或托办。把时间和精力用在重大工作上,这样就突出了关键性的工作。但也不能排除一些"例外"情况,如有人专门来联系属于C类的事,那么,就可能要把这件事提到A类事的时间去办。

(3) 检查　每隔一至两周,检查一下自己工作的记录,发现问题及时解决。

（三）集中使用时间

领导者的工作很多，把时间集中放在主要的工作上，也是领导者时间管理有效的途径。首先，要善于把自己能控制的零碎时间汇集成整段时间。在处理任何工作之时都要用三个标准进行检验：能否取消？能否与另一工作合并？能否用简便的东西代替？这样可节省时间与精力，无形之中可提高效率。其次，在"生物钟"最佳时间集中做最重要的事。既在精力最充沛的时间内做最重要的工作，而那些不太重要的工作则可放在精力较差的时段中去完成。

此外，领导者还须掌握组织会议的方法与艺术。会议是领导者传达政策、沟通思想、互通信息、征求意见、讨论解决问题、下达行动计划的重要手段。因此，会议对组织领导者来讲是必不可少的，关键是要端正会风，提高会议的有效性，明确会议的要领，并计算会议成本，这也是提高领导工作效率的一个主要方面。

【寓教于乐】

将军的高招——手表定律：避免多头领导

飞驰的列车上，两位贵妇人争论不休。

"把窗打开，我会冻死的。"一位贵妇人说。

"把窗关上，我会闷死的。"另一位贵妇人说。

列车服务员不知道怎么办才好，向旁边的一位将军求助："您认为应该怎么办？如果这是一个军事问题。"

将军从容不迫地回答："遇上这种问题，我们通常采取各个击破的方法：先打开窗，冻死一个。然后关上窗，闷死一个。这样就什么问题也没有了。"

【点评】如果团队中出现了不同的意见，尤其各种意见差异较大时，常常会使其他的成员无所适从。

【探源】手表定律，又称"两只手表定律"、"矛盾选择定律"，内容为：一个人只有一只手表时，可以知道现在是几点钟，当他同时拥有两只手表时，却无法知道准确时间。两只手表并不能告诉一个人更准确的时间，反而会让看表的人失去对准确时间的判断。

在团队中，如果成员的职能角色均衡的话，同时又有多个成员喜欢统驭全体成员的意志，便会出现与手表定律内容相符的现象。比如，在提出关于某个问题的解决方案时，几个成员提出了若干方案，不同方案的提出者又不能很好地说服对方，便会导致团队的工作停滞不前，其他的成员不知到底该何去何从。

为了避免多头领导对团队工作进程的影响，管理者在成立一个项目合作小组时，除了要安排成员的具体职能外，还应该委派某个成员担任领导的角色，允许其对团队工作进行决策，要求其他的成员服从领导人物的命令。在委派领导人物时，管理者要审慎地选择合适的人选，如果管理者所指派的领导无法服众，也依然会发生手表定律所阐述的现象。领导人物的选择至少应该参考以下几个标准：

① 与其他团队成员相比，他的职能较为重要；
② 善于平衡各种人际关系；
③ 在整个项目小组成员中具有较高的威信，能够很好地说服其他成员。

【管理者定律】

印加效应

印加效应：历史上，南美洲的印加帝国在经济、政治、生活上都在统治者高度而严格的控制之下，即便是一件小事也要请示最高当局。有一天，西班牙征服者皮萨罗带领一支168人分遣队来攻打印加，强大的印加帝国虽然拥有20万军队，但必须经过层层向上请示才可出兵。西班牙人抓住时机，先活捉了印加皇帝。印加大军赶到时，看到皇帝被捉，便群龙无首，乱成一团，被几百名西班牙骑兵追杀。最终印加帝国战败了，这一战中被杀死的印加人不下七千，而西班牙人却损失很小。

印加帝国的灭亡根本原因在于管理方式的错误，这种高成本的管理方式需要高度集权和绝对统治，一旦这个前提发生了改变，就会患上一种集体失能症，给组织带来无法预期的影响。

适当的分权管理甚至放权管理，是成功企业管理的法宝。比如 IBM、惠普等企业，管理比较严格，工作流程也比较规范，良好的企业文化使得决策者珍视自己的形象，形成了民主而有效的管理氛围。

陶宁是一家私人电脑公司的经理，他每天要应付成百份的文件，他经常抱怨说自己要再多一双手，再有一个脑袋就好了。他已明显感到疲于应付，人人都知道权力掌握在自己手里，他们每一个人都在等着自己下达正式指令。陶宁每天走进办公大楼的时候，他就开始被等在电梯口的职员团团围住。

实际上，陶宁自己给自己制造了这么多的麻烦，自己既然是公司的最高负责人，那自己的职责只应限于有关公司全局的工作之上，下属各部门本来就是各司其职，以便给他留下足够的时间去考虑公司的发展、年度财政规划、在董事会上的报告、人员的聘任和调动……举重若轻才是管理者正确的工作方式，举轻若重只会让自己越陷越深。

陶宁有一天终于忍受不住了，他终于醒悟过来，他把所有的人关在自己的办公室外面，把所有无意义的文件抛出窗外。他让他的属下自己拿主意，不要来烦自己。他给自己的秘书做了硬性规定，所有递交上来的报告必须筛选后再送交，不能超过十份。刚开始，秘书和所有的属下都不习惯，他们已养成了奉命行事的习惯，而今却要自己对许多事拿主意，他们真的有点不知所措。但这种情况没有持续多久，公司开始有条不紊地运转起来，属下的决定是那样的及时和准确无误，公司没有出现差错。陶宁有了读小说的时间、看报的时间、喝咖啡的时间、进健身房的时间，他感到惬意极了。他现在才真正体会到自己是公司的经理，而不是凡事包揽的"老妈子"。

【点评】身为领导，如果你发现自己常常忙得焦头烂额，恨不得一天有48小时可用；或者常常觉得需要员工的帮忙，但是又怕他们做不好，以致最后事情都往自己身上揽。那么解决这些问题的答案可能就是懂得授权。

必须记住：你是将军，不是士兵；你是决策者，而非执行者。第二次世界大战时，有人问一个将军："什么人适合当头儿？"将军这样回答："聪明而懒惰的人。"这的确是精辟的论断。主管的主要工作是什么？——找到正确的方法，找到正确的人去实施，作为主管你应尽可能地授权，把你不想做的事，把别人能比你做得更好的事，把你没有时间去做的事，把不能充分发挥你能力的事，果敢地托付给下属去做。只有这样，你才能不被"琐碎的事务"所纠缠，而有充足的时间思考和处理"重要的事情"。成功的主管不是整天忙得团团转的人，而是一切尽在掌握、悠然自得的人。诸葛亮是个很好的谋臣，但不是一个好的主管，"事必躬亲，呕心沥血"，结果没有培训出能独当一面的班子，以至于他死后蜀中无大将。

有效授权对领导、员工及公司三方都有利。在领导方面，授权可以让他们空出较多工作时间做策略性的思考。在员工方面，授权可以让他们学习新的技巧和专长，让领导及员工都有机会发展能力，在事业生涯中更上一层楼。在公司方面，授权可以增进整体团队的工作绩效及士气。所以，授权是领导必备的领导技能之一。

【经典管理故事】

三个金人

在古时候，曾经有个西域小国的使者到中国来，进贡了三个一模一样的金人，金碧辉煌，把皇帝高兴坏了。

可是这小国的人不厚道，同时出了一道题目：这三个金人哪个最有价值？皇上想了许多的办法，请来珠宝匠检查，称重量，看做工，都是一模一样的。这可难倒了一帮文武大臣，只见使者在一旁暗暗得意，泱泱大国，不会连这个小事都不懂吧？

为了不在小国使者面前落败，丢大国的颜面，皇帝重金诏告天下，寻找能解答这个难题的智者。

一位农夫揭下皇榜，信誓旦旦地说能解决这个问题。皇帝将使者请到大殿，农夫胸有成竹地拿着三根稻草，将其中一根稻草插入第一个金人的耳朵里，这稻草从另一边耳朵出来了，第二个金人的稻草从嘴巴里直接掉出来，而第三个金人，稻草进去后掉进了肚子里，什么反应也没有。农夫说：第三个金人最有价值！

使者默默无语，答案正确。

【点评】最有价值的人，不一定是最能说的人。老天给我们两只耳朵和一个嘴巴，本来就是让我们多听少说话的！善于倾听，才是成熟的人最基本的素质。一个管理者要是认可下属的能力，就要做到耐心倾听下属的讲说，并用一些鼓励的话，使下属在工作中再接再厉。

复习思考题

1. 在领导者的各种素质中，哪种素质更重要和更具有决定性作用？
2. 领导的实质和作用是什么？如何去实现这种作用？
3. 领导者应怎样正确地选择领导方式？
4. 领导者的权力如何构成？怎样合理使用权力？
5. 领导者应具备哪些心理素质？
6. 如何选人才算知人善任？
7. 领导者应如何有效地利用时间？
8. 怎样提高会议的效率？
9. 在实际工作中采用哪种领导作风更为有效？

【案例分析】

争取追随者

某成功的领导者认为，振臂一呼，应者云集的领导能力绝不是一个领导职位就能赋予的，没有追随者的领导剩下的只是职权威慑的空壳。是追随者成就了领导者，领导的过程就是争取追随者的过程。

他争取追随者的第一步是"人行得正"。"在公司里面，我对他们要求挺严格，大家还都信我。甚至离开公司的人，想自己发展的人，也不会出去说公司不好。这其中，我觉得有一点很重要，就是决不搞宗派，决不给自己牟私利。不仅是不牟私利，对人处事还要公正。今天我把A训了一通，明天当他发现，其他人犯了错误也一样挨训的时候，他就不会感到委屈。"

争取追随者，以身作则、身先士卒很重要。"创业的时候，我没高报酬，我吸引谁？就凭着我多干，能力强，拿得少，来吸引住更多的志同道合的老同志。"

"要部下信你,还要有具体办法,通过实践证明你的办法是对的。我跟下级交往,事情怎么决定有三个原则。①同事提出的想法,我自己想不清楚,在这种情况下,肯定按照人家的想法做。②当我和同事都有看法,分不清谁对谁错,发生争执的时候,我采取的办法是,按你说的做,但是,我要把我的忠告告诉你,最后要找后账,成与否要有个总结。你做对了,表扬你,承认你对,我再反思我当初为什么要那么做。你做错了,你得给我说明白,当初为什么不按我说的做,我的话,你为什么不认真考虑。③当我把事想清楚了,就坚决地按照我想的做。"

"第二种情形很重要,不独断专行,尊重人家意见,但是要找后账。这样做会大大增加自己的势能。""其次,是取信于领导,取信于用户和合作者,取信于员工。说到的事情一定要做到,要不然,你就别说。公司订的指标全都不冒,公司定的指标肯定是超额完成,谁也不敢说大话。另外,公司立的规矩一定要不管不顾地坚持。比如公司开会迟到罚站的规矩。传了十几年了,传下来不容易,因为不断地来新人,谁信这个。"

在领导方式方面,他认为,当企业小的时候,或者刚开始做一件全新的事的时候,一定要身先士卒,那个时候,领导是演员,要上蹿下跳自己去演。但是当公司上了一定规模以后,一定要退下来。"要做大事,非得退下来,用人去做。如果我一直身先士卒,就没有今天的公司了,我现在已经退到了制片人的角色。包括主持策划,都是由年轻人自己搞,他们自己的事,由他们主持策划,我只是谈谈未来的方向。"

讨论题

该领导赢得下属追随的关键因素是什么?结合案例说明领导者拥有追随者的重要意义。

【点评】该领导赢得下属追随的主要因素为:领导者行得正,以身作则,身先士卒,吸引资格老的员工志同道合;领导者既尊重下属,又对工作及下属负责,以理服人,同时工作求真务实,才能取信于员工、用户及合作者。他赢得下属追随的方法从表面上看并不复杂,但是却能始终唤起下属对他的信任、敬重和追随,从而成就公司的事业。领导者要掌握赢得下属追随的要领,尽管道理简单,但真正做起来却不是一件很容易的事。

第九章　沟通理论

【学习目标与要求】

通过本章学习，了解沟通的概念、过程和分类，理解沟通的功能和作用，明确有效沟通的原则、障碍和措施，掌握有效人际沟通的技巧。

【引导案例】

航空公司的传闻

一家航空公司发展迅速。然而，最近在其总部发生了一系列的传闻：公司总经理 A 想出卖自己的股票，但又想保住自己总经理的职务。他为公司制定了两个战略方案：一个是把航空公司的附属单位卖掉；另一个是利用现有的基础重新振兴发展。他自己曾对这两个方案的利弊进行了认真分析，并委托副总经理 B 提出一个参考意见。B 为此起草了一份备忘录，随后让秘书 C 打印。C 打印完后即到职工咖啡厅去，在喝咖啡时碰到了另一位副总经理 D，并把这一秘密告诉了他。

C 对 D 悄悄地说："我得到了一个极为轰动的消息，他们正在准备成立另外一个航空公司，他们虽说不会裁减职工，但是，我们应该联合起来，有所准备呀！"这话又被办公室的通讯员 E 听到了，他立即把这消息告诉了他的上司 F。F 又为此事写了一份备忘录给负责人事的副总经理 G，G 也加入了他们的联合阵线，并认为公司应保证兑现不裁减职工的诺言。

第二天，秘书 C 正在打印两份备忘录又被路过办公室探听消息的 H 看见了。H 即跑到办公室说："我真不敢相信公司会做出这样的事来。我们要被卖给联合航空公司了，而且要大量裁减职工呢！"

这消息传来传去，三天后又传回总经理 A 的耳朵里。A 还收到了许多极不友好，甚至满怀恶意的电话和信件，人们纷纷谴责他企图违背诺言而大批解雇工人，有的人也表示为与别的公司联合而感到高兴，而 A 则被弄得迷惑不解。

管理者所作的每件事都包含着沟通。若管理者没有信息就不可能做出决策，而信息只能通过沟通得到。一旦做出决策，还要进行沟通，否则，将没有人知道决策已经做出。最好的想法，最有创见的建议，最优秀的计划，不通过沟通都无法实施。

第一节　沟通概述

一、沟通的概念

沟通就是信息交流，是指一方将信息传递给另一方，期待其做出反应的过程。沟通包含着以下三个含义。

（1）沟通是双方的行为，而且要有中介体　其中"双方"既可以是"人"，也可以是"机"。这里主要阐述人与人的交流形式，并把着重点放在组织内部的信息沟通上，这是领导工作的重要组成部分。

（2）沟通是一个过程　沟通过程指的是信息交流的全过程。人际的沟通过程可以分为六步：信息发出者把所要发送的信息按一定程序进行编码后，使信息沿一定通道传递，接收者收到信息后，首先进行译码处理，然后对信息进行解读，再将收到信息后的情况或反应发回给信息发出者，即反馈。

（3）编码、译码和沟通渠道是有效沟通的关键环节　用语言、文字表达的信息，往往含有"字里行间"和"言外之意"的内容，甚至还会造成"言者无意，听者有心"的结果。如果沟通渠道选择不当，往往会造成信息堵塞或信息失真现象，这些因素必须在沟通时加以注意。

二、沟通的过程

信息沟通必须具备三个要素：信息的发送者，信息的接收者，所传递的信息内容。沟通过程如图 9-1 所示。

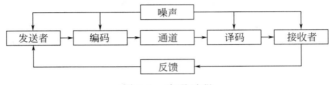

图 9-1　沟通过程

沟通过程由发送者开始，发送者首先将头脑中的思想进行编码，形成信息，然后通过传递信息的媒介物——通道发送给接收者。接收者在接收信息之前，必须先将其翻译成可以理解的形式，即译码。发送者进行编码和接收者进行译码都要受到个人的知识、经验、文化背景和社会系统的影响。沟通的最后一环是反馈，是指接收者把信息返回给发送者，并对信息是否被理解进行检查，以纠正可能发生的某些偏差。整个沟通过程都有可能受到噪声的影响。噪声是指信息传递过程中的干扰因素，包括内部的和外部的，它可能在沟通过程的任何环节上造成信息的失真，从而影响沟通的有效性。

三、沟通的分类

1. 按照功能划分

按照功能划分，沟通可分为工具式沟通和感情式沟通。一般来说，工具式沟通是指发送者将信息、知识、想法、要求传达给接收者，其目的是影响和改变接收者的行为，最终达到企业的目标。感情式沟通是指沟通双方表达情感，获得对方精神上的同情和谅解，最终改善相互间的人际关系。

2. 按照方法划分

按照方法，沟通可分为：口头沟通、书面沟通、非言语沟通以及电子媒介沟通等。各种沟通方式的比较如表 9-1 所示。

表 9-1　各种沟通方式的比较

沟通方式	举例	优点	缺点
口头	交谈、讲座、讨论会、电话	快速传递、快速反馈、信息量大	传递经过层次越多，信息失真越严重，核实越困难
书面	报告、备忘录、信件、文件、内部期刊、布告	持久、有形、可以核实	效率低、缺乏反馈

续表

沟通方式	举例	优点	缺点
非言语	声、光信号（红绿灯、警铃、旗语、图形、服饰）、体态（手势、肢体动作、表情）、语调	信息意义十分明确，内涵丰富，含义隐含、灵活	传送距离有限，界限含糊。只能意会，不能言传
电子媒介	传真、闭路电视、计算机网络、电子邮件	快速传递、信息容量大、远程传递、同时多方向传递、廉价	单向传递，电子邮件可以交流，但看不到表情

3. 按照组织系统划分

按照组织系统，沟通可分为正式沟通和非正式沟通。一般来说，正式沟通是指以企业正式组织系统为渠道的信息传递；非正式沟通是指以企业非正式组织系统或个人为渠道的信息传递。

4. 按照沟通方向划分

按照方向，沟通可分为下行沟通、上行沟通和平行沟通。下行沟通是指上级将信息传达给下级，是由上而下的沟通。上行沟通是指下级将信息传达给上级，是由下而上的沟通。平行沟通是指同级之间横向的信息传递，这种沟通也称为横向沟通。

5. 按照是否反馈划分

按照是否反馈，沟通可分为单向沟通和双向沟通。单向沟通是指没有反馈的信息传递，比较适合以下几种情况：问题较简单，且时间较紧；下属易于接受解决问题的方案；下属没有了解问题的足够信息；上级缺乏处理负反馈的能力，容易感情用事。

双向沟通是指有反馈的信息传递，是发送者和接收者相互之间进行信息交流的沟通。比较适合以下几种情况：时间较充裕，但问题比较棘手；下属对解决方案的接受程度至关重要；下属能对解决问题提供有价值的信息和建议；上级习惯于双向沟通，并且能够有建设性地处理负反馈。单向沟通和双向沟通的比较如表9-2所示。

表9-2 单向沟通和双向沟通的比较

比较方面	单向沟通	双向沟通
沟通速度	快	慢
沟通内容的准确性	低	高
沟通者的心理压力	小	大
沟通前的准备工作	较充分	较不充分
沟通时需要的应变能力	较弱	较强
沟通对促进人际关系	较不利	较小
沟通时的群体规模	较大	较小
接收者接收信息的把握度	小	大
工作秩序	好	差

四、沟通的功能与作用

1. 沟通的功能

（1）沟通是润滑剂　由于员工的个性、价值观和生活经历等方面的差异，个体之间难免会有磕磕碰碰，产生矛盾冲突。通过沟通，使员工懂得尊重对方和自己，不仅了解自己的需要和愿望，也能通过换位思考，彼此理解，建立信任和融洽的工作关系。

（2）沟通是黏合剂　沟通能将组织中的个体聚集在一起，将个体和组织黏合在一起，使组织中的员工在企业的发展蓝图中描绘自己的理想,或在构建自身的人生道路中促进企业的发展,同时与其他个体协调合作,在实现企业愿景的努力和工作中,追求个人的理想和人生价值。

(3) 沟通是催化剂　通过沟通可以激发员工的士气,引导员工发挥潜能,施展才华。良好的沟通可以通过上司与部下、员工与员工的沟通和交流,增进员工对组织目标的了解和理解,从而激发员工内在的潜力和潜能,众志成城,实现企业的目标。

2. 沟通的基本作用

(1) 降低经营模糊性　企业经营的原动力是赢利。有效管理则是企业不断发展壮大的必然保证,而有效管理需要完善的高效的沟通网络体系保驾护航。因为太多的因素会诱发组织内部的认识模糊和不确定性的产生,稍纵即逝的信息、突如其来的变化、变幻莫测的环境,这些都可能造成企业在一个模糊状况下做出决策。这种不确定性是不可避免的,是组织与生俱来的,健全、高效的沟通网络可以降低这种固有的模糊性。

(2) 实现有效管理　有效的沟通能力是管理者成功实施管理的关键。所有重要的管理职能的履行完全依赖于管理者和下属间进行的有效沟通。因此,在做出重要决策前,管理者有必要从公司各部门人员处获得信息,然后将最终决策反馈给下属,以执行决策。为了激励员工,管理者需要和员工一起设立目标,并指导他们如何正确执行职责。为了有效进行业绩评估,管理者需要给员工有关他们工作的反馈,并揭示评估的依据。

(3) 满足员工对信息的需要　研究表明,21世纪的员工越来越多地表示愿意了解有关企业的发展方向和运营状况的信息。与人需要空气和水等基础生存物质一样,人对信息的需求也日趋迫切,尽管不同的个体对信息内容表现出很大的差异性,但这种对不同信息的需求只有通过组织内发达畅通的沟通渠道才能实现。如果沟通的需求不能通过正式渠道得到满足,它必然会通过非正式渠道得到满足。如果忽略这一点,或不能充分认识这一点,可能会给管理工作带来隐患。

(4) 构建和谐的工作关系　高效地组织鼓励并帮助建立内部员工与员工、员工与工作的关系。因工作而结成的关系在许多方面影响员工的工作表现,而良好的沟通渠道有助于构建并维系积极向上的员工与员工、员工与工作的关系。这对于更好地激励员工、提高员工的绩效,无疑会产生正面效用。

第二节　有效沟通的障碍及措施

一、有效沟通的原则

(1) 可依赖性　沟通应该从彼此信任的气氛中开始。

(2) 一致性　沟通计划必须与组织的环境要求相一致,必须建立在对环境充分调查研究的基础上。

(3) 内容　信息的内容必须对接收者具有意义,必须与接收者的原有价值观念具有同质性。

(4) 明确性　信息必须用简单明了的语言表述,所用词汇对发送者与接收者来说都代表同一含义。

(5) 持续性与连贯性　沟通是一个没有终点的过程,要达到渗透的目的必须对信息进行重复，但又必须在重复中不断补充新的内容，这一过程应该持续地坚持下去。

（6）渠道　发送者应该利用现实生活中已经存在的信息传送渠道，并且这些渠道多是接收者日常使用并习惯使用的。

（7）接收者的接收能力　沟通必须考虑接收者的接收能力，主要包括他们接收信息的习惯、他们的阅读能力与知识水平。

二、有效沟通的障碍

虽然组织的活动一刻也离不开信息沟通，人们为了保证有效的沟通也设计了多种方案，但几乎所有组织的沟通都有不令人满意之处，许多因素妨碍着人们进行有效的沟通。这些因素有个人的，也有组织的；有工具性的，也有文化的。要改善组织中的信息沟通，有必要认识妨碍有效沟通的因素。

（一）个人感知

感知是人们认识外部世界的最基本的环节。感知作为人们认识、选择和理解外部环境刺激的进程，在很大程度上受到个人生理、心理、生活经历等众多因素的影响。即使是在同一环境，对于同一信息，不同的个体因感知的不同，都会按照自己的参照系来理解这个信息。没有哪两个人有完全相同的生理和心理条件，也不存在完全相同的经历。因此，个人实际上都是一个小小的认识中心，都会从自身的角度看待某一问题。从个人感知的差异出发，个人会对需要沟通的信息产生不同的理解而影响沟通的有效性。

1. 环境与知识背景的差异

人们经常说的"心领神会"，实质上指的是这样一种交流现象：交流双方无须多说或多做解释，双方就理解了对方的意思，甚至包括那些隐藏在语言后面的意思。为什么会出现这种情况呢？这主要取决于：双方有长期的交流经验，因而知道对方要表达的真实意思是什么；更为重要的是，双方即使没有长期的直接交流，但有共同的知识背景，都在同样的环境中工作生活过，遇到过同样的问题。因此，当对方要表达某种信息时，接收者实质上是在这些环境和知识背景的帮助下，去理解对方表达的意思。这样，双方很容易沟通。但是，这种情况也表明，如果双方没有这种共同的环境和知识背景，就可能妨碍双方的相互理解。

2. 个性

除了环境、知识和经历这些外部客观因素影响个人对信息的理解外，个人的动机、个性、情绪及感觉等，也有可能会影响对信息的理解。一个人情绪好时，会更认真地分析所接受的信息；一个生性乐观、希望得到晋升的人，很可能会把领导任何一次对自己的鼓励或微笑都理解为晋升的信号；而心胸狭隘、生性多疑的人，会把别人看他一眼理解为对他的不满。

3. 个人偏好

经常出现这种情况：信息接收者或者出于个人愿望，或者出于个人目的，总是有意无意地强调信息的某个方面而忽略了另一个方面，或者强调某个信息而忽略另外的信息。实际上，人们经常是有选择地接受信息。人们常说的"报喜不报忧"、"偏听偏信"、"忠言逆耳"等，就反映了这种情况。之所以会出现这种个人偏好或认识上的选择性，其主要原因是人们为了避免矛盾、冲突，有意无意地排斥掉了一部分信息。心理学家认为：①人们一般都不重视与原有的看法、期望和价值观不一致的新信息；②人们一般更重视从一个不太可靠的来源得到的、比原来期望要好的坏消息；③如果从这个来源得到的信息与过去期望相比一样坏，他对这个来源就不太重视；④如果这个信息比原来期望的还要坏，他对这个来源就更不重视。

4. 感知遗漏

有时人们认为，信息发送者只要说清楚写明白，信息接受者只要看清楚听明白，还会发生什么曲解呢？其实不尽然。因为这两个前提就很难保证。你个人认为已经写得很清楚了，实际上模糊不清；你个人认为是一目了然的东西，实际上可能遗漏了一些东西。即使是清楚的信息，人们也可能出错。

（二）语义歧义

信息沟通大多数是通过语言进行的。但是，在有些情况下，语言却成了沟通的障碍。因为，任何一个文字或一句话，都存在着多种含义，每个人在进行语言表达时，都按照自己的情况赋予他所使用的词以特定的含义。实际上人们在使用语言进行沟通时，都是从众多可能的含义中选择一种自认为正确的含义，这就存在着误解或曲解的可能性。

1. 出于不同背景的不同理解

对于同一句话，听话人从不同的背景出发，可能会产生完全相反的理解。例如，当一个新领导上任伊始发表就职演说："我们应该以新的姿态去迎接挑战"时，有的人可能把它理解为新领导的决心；有的人可能认为这不过是老生常谈，随便说说而已；有的人则可能认为这是新领导要进行组织调整的信号；还有的人会认为这是对组织原有状况的批评。当然，也存在一种可能，即新领导的这句话中确实就包含了这些意思。

2. 一词多义

一词多义，不论是在中文还是外文中都是普遍现象。语言的多义性自然就会造成理解的歧义性。中文中存在的一音多字、一字多音使许多初学中文者头痛，而外文中一词多义更使中国人感到困难。英文中很普通的一个词"round"，在标准的袖珍词典中可以查到 79 种含义。

3. 上下文联系

有时人们对语言产生误解，是因为没有从语言的上下联系中进行理解，而是单独挑出一句话或几个字，即所谓"断章取义"。任何一个相对完整的语言信息，其完整的意义都有赖于同其他语句的关系。一些语句单独抽出来是一个意思，放在上下文联系中看又是另外一个意思，很多理解的歧义就是因此而产生的。

（三）信息过量

虽然信息沟通对于组织来说是非常重要的，但并非信息越多越好。在一些情况下，过多的信息沟通不但无助于组织的沟通，反而会妨碍信息沟通。大量的信息和信息沟通蜂拥而至，人们往往会被淹没在这浩如烟海的信息和沟通行为之中，这样会造成两个不良后果。

① 人们根本无法或没有能力处理超量的信息。大量的信息传来，人们或者只能草草地处理一下，没有办法进行认真分析；或者采取根本不理睬的态度，能处理哪些就处理哪些。结果许多有用、有价值的信息未被认真对待。

② 如果花费许多时间在信息沟通上，并且不加区分地进行，结果是使人们再没有更多的时间放在实际工作上，沟通变成了为沟通而沟通。因此，合理的信息沟通，其重点在质不在量。信息沟通的功能或目的在于促进组织的发展，而许多无用的信息只能干扰组织的发展。常说的"文山会海"即属于"超负荷信息"沟通。许多人陷在"文山会海"之中，浪费了大量的时间和精力，无暇顾及工作。这些"文山会海"的名义都是信息沟通，但它们实际

上却妨碍了真正的、有价值的信息沟通。因此，在信息过量的情况下，常见的结果是：大量会议陷入无休止的争论中，议而不决，决而不做；大量的信息资料无人认真对待，被堆在库房中，最后被当做废纸卖掉。

（四）地位冲突

在一个组织中，人们在地位上的差异也有可能成为妨碍沟通的因素。大量研究表明：首先，人们之间自发的沟通往往发生在同地位的人之间。因为同地位的人进行沟通，人们往往没有压抑感，有什么说什么，不会担心因说错了什么而受到损害。地位有差异的人之间进行沟通，则可能存在压抑感。其次，人们经常根据一个人地位的高低来判断所进行沟通的信息的准确性，相信地位高的人提供的信息是准确的。即不重视信息本身的性质，而是看重信息提供者或接受者。再次，有的人表现出愿意同地位较高的人进行沟通，而对地位较低的人的意见不重视，甚至否定。在同高地位的人进行沟通时，认为这些沟通是有价值的、令人满意的、令人感兴趣的和准确的。而对那些地位比他们低的人的沟通，则表示出相反的态度。如果下级觉察到这种态度，自然就不会进行积极的沟通了。

（五）其他因素

1. 时间

人们的工作时间是相对固定的，组织的沟通行为主要是在这个工作时间范围内进行。如果组织内各级的管理幅度过宽，如一个管理人员负责几十名下属，在有限的工作时间内就很难和每个下属进行有效的沟通。

2. 环境

如果在一个很嘈杂的背景下进行谈话，人们会感到很费力，因为常常听不清对方的意思，谈话会变得漫不经心，甚至中断。信息沟通时同样如此，特别是在两个人就不同看法交换意见时，本来需要认真听取对方的看法，并进行冷静的思考，这时如果不断地被他人或其他事情干扰，双方就很难做深入的讨论，工作有可能会因意见交流不够受到影响。因此，选择适当的环境进行信息沟通是非常重要的。

3. 利益

在很多情况下，人们出于各种各样自身的考虑，特别是对向上流动的信息进行"过滤"。他们或是怕某些信息上传对自己不利，或者是为了得到自己需要的结果，都按照自己的需要层层过滤有关信息。这种信息即使上传到领导层，往往也反映不了全面真实的情况。

信息沟通的障碍是一种客观存在，人们不可能完全消除它们。但是，人们完全可以采取一些措施，改进组织中的沟通，尽量避免对沟通的损害。

三、有效沟通的措施

（一）改善沟通的技巧和方法

1. 表达

进行有效信息沟通的前提是人们表达的信息必须使别人能理解，信息必须是清楚明确的，无论是文字还是谈话，要做到让别人能懂。这看起来很容易，实际上不容易做得很好。一个好的沟通者应该具有较好的表达能力，能将自己的意思完整准确地表达出来。

如果是文字信息，应该简明扼要，应尽量选择精确的词汇，具有一定的可读性。经常看到一些文件、通知、简报等晦涩难懂，不用说理解，连读都很困难。特别是有些文字信息，不考虑对象的具体情况，使得普通员工很难理解。谈话同样如此，谈话的特殊性在于它是即时发生作用的，这就要求谈话者对自己要表达的内容有清楚的考虑，同时针对不同的对象"见什么人说什么话"。

一般来说，信息越简单明了，就越容易得到正确地理解。如果要表达的信息十分复杂，应该逐步表达出来，给接收者以理解、消化信息的机会。

2. 听取

信息的接受是沟通的重要环节。在工作实践中，大量的信息是通过口头语言形式传递的，因此，口头语言的接受成为改善沟通效果的基本方面，没有对信息的接受就谈不上继续进行沟通。很多人，特别是组织的管理者，由于不善于倾听其他人的意见和看法，而使沟通受到阻碍，不善于倾听的沟通者无法获得有价值的信息。

能够有效地听取信息并不是一件很容易的事情。人们经常不能抓住谈话者的中心意思；或者不能专心倾听，胡思乱想；或者为自己的情绪所左右，一听到不顺耳的信息就开始反驳争论；或者喜怒形于色，使得谈话对方要根据自己的脸色来决定如何谈话。而善于听取信息的人，则能在一定的时间内掌握更多的信息，他们善于理解人们的谈话，注意他人谈话时的表情和姿态，这些都会鼓励对方把自己想谈或要说的东西全部表达出来，而且认为自己的看法得到重视。善于听取的人，有可能掌握比平常的交谈更多的信息，一些在平常情况下不容易表达出来的想法，在一种融洽的谈话气氛中会自然而然地表达出来。因此，能够认真有效地听取信息，是一种重要的沟通能力。

对管理人员来说，"听"不是件容易的事。要较好地"听"也就是要积极倾听，积极倾听的要点如表9-3所示。

表9-3 积极倾听的要点

要	不要
表现出兴趣	争辩
全神贯注	打断
该沉默时必须沉默	从事与谈话无关的活动
选择安静的地方	过快地或提前做出判断
留适当的时间用于辩论	草率地给出结论
注意非语言暗示	让别人的情绪直接影响你
当你没有听清楚时，请用疑问的方式重复一遍	伴装自己清楚的样子
当你发觉遗漏时，直截了当地问	伴装自己很在行的样子

3. 设身处地、换位思考

在沟通过程中，一个人把自己放到对方的位置上去思考问题，这样有助于双方的相互理解。心理学的研究表明，人类之所以能够相互交流思想，基础之一就是人类具有这种设身处地、由己及人的能力。人能够超越自身，在想象中站在他人的角度上，为相互理解提供了共同的基础。如果有人缺乏这种能力，人与人之间的交流就会受到妨碍。因为这个人不能理解对方为什么这么说，也不知道自己的反应会给对方造成什么影响。常说有些人"不懂事"，实际上指的就是缺乏这种能力。

具有这种能力，意味着对他人的理解，了解他人的处境，首先与对方建立起感情上的沟通，而感情相通者甚至可以预测对方对信息的反应。一个管理者如果能设身处地为下级着想，了解下级的困难和问题，他就能够做出恰当的决定，通过信息沟通激励下级更加努力地工作。特别是当沟通出现困难时，设身处地地站在对方立场上思考就变得十分重要。沟通者应运用这种方法，找出困难的原因所在，然后给予解释说明，解决存在的问题，沟通才会顺利进行。缺乏这种能力的人，往往在沟通已出现困难的情况下，依然不知所以然，完全忽视了对方的存在。

4. 双向沟通

为了避免沟通过程中的误解、曲解，人们可运用反馈原理建立起沟通渠道。即不断跟踪、调查和检查对信息的理解情况，了解接受者的反应，据此调整信息的传递过程，这种方法称为双向沟通。双向沟通可以分为直接和间接两种。直接双向沟通表现为面对面的、同时的；间接双向沟通表现为通过某种媒介、不同时的。直接的双向沟通更有利于相互理解。

美国管理心理学家莱维特对单向沟通和双向沟通总结如下。

① 单向沟通比双向沟通速度快。

② 双向沟通在正确理解内容上比单向沟通准确。双向沟通可通过不断的反馈对自己的理解做出判断。

③ 单向沟通过程比较有秩序，而双向沟通过程由于反复地提问、讨论，比较混乱吵闹，显得无秩序。

④ 由于双向沟通存在反馈，信息接受者对自己的判断和行为比较有把握，随时可改正自己的错误。

⑤ 对于信息发送者，在双向沟通中会感到较大的心理压力，因为他所发布的指令或其他信息经常会受到接受者的反问，他必须随时准备做出解释，引导接受者。而单向沟通中一旦信息发送出去，发送者与接受者就不会再有直接的联系。

单向沟通和双向沟通各有其优点和缺点，各有自己的适应范围。如果是紧急的事情，或者是例行公事，单向沟通有其快速、简捷的优势。但是单向沟通过程不存在反馈，信息发送者对于发送的过程及信息接收的情况无法了解，没有办法及时进行调控，会在一定程度上影响沟通效果。双向沟通虽然速度慢，传递过程有些混乱，但能保证沟通的准确性，应该是尽可能采用的重要方法。

5. 例外与须知原则

为了解决信息过量妨碍沟通的问题，有两种方法可以考虑：①只有那些属于"例外"的情况，而不是例行的指令等信息，才由下级按照正式渠道向上沟通，只有这样才能保证上级了解到的信息都属于他们必须要注意的，这些信息反映了对原有期望状态的偏离；②上级只将那些必须让下级了解的信息向下传递，以免干扰下级对信息的理解。但是必须注意，运用这两种方法有一个前提：组织的结构和日常行为比较规范，无须过多的沟通就可有条不紊的工作。因此，只有在必要的情况下，才进行必要的信息沟通。

（二）改善沟通的制度性措施

沟通的技巧和方法固然重要，但沟通绝不仅仅是一种临时性的技巧和方法。沟通是一种组织制度，改善沟通也必须有制度性措施，即对原有沟通制度进行改进或补充。

1. 建立常用沟通形式

为使组织管理人员和全体职工更好地了解情况，可考虑建立组织的内部报刊、印发小册子等，还可建立定期的例会制度，使有关工作的情况在会上得到及时沟通。

2. 职工会议

经常召开职工会议，让各类职工聚集在一起，发表意见、提出看法，是非常有价值的沟通形式。这种职工会议不是指每年一两次的职工代表大会，而是针对具体问题，利用会议形式鼓励大家发表意见。例会制度在组织中一般都有，但绝大多数例会属于同级人员的聚会，信息沟通因此而受限制。相反职工会议则由一定范围内的管理人员和普通员工共同参加，实行不同等级的成员直接接触、直接沟通。

3. 建议制度

针对组织内的普通职工，要鼓励他就任何关心的问题提出意见，这实际上是为了避免向上沟通的信息被过滤掉，采取了某种强行向上沟通的办法。因此，单纯的鼓励是不够的，因为等级和权力上的差别肯定会形成阻碍，组织必须建立起一套建议制度，保证强行向上沟通，诸如接待日、领导者直接深入基层、物质奖励等。

另外，各种各样的参与管理、参与决策的制度，实际上也都起到了改善沟通的作用。

第三节 有效人际沟通的技巧

一、人际沟通的技巧

说话是一门艺术，那么怎样才能算得上会说话呢？美国学者戴维·丰塔纳认为，会说话的人的一个重要特点就是使他人高兴。当然，在现实生活中人们很难做到这一点，原因是不可能保证所说的每句话对方都爱听。既然如此，不妨将标准改为会说话的人关键是让对方愿意跟自己沟通下去。

1. 态度要诚恳

1858年，林肯在竞选议会议员的时候，他要到伊利诺伊州南部去演讲。林肯是主张废除奴隶制的人，而伊利诺伊南部的人却是奴隶制的拥护者。这里的人们的性情暴戾，非常痛恨反对奴隶制的人。听说林肯要来演讲，那里的恶霸们云集在一起，准备将他当场赶出去，并且还要将他杀死。面临这样的恐吓，林肯并没有退缩，在他开始演讲之前，他亲自去会见对方的头目，并且和他们热烈地握手。然后，他用十分诚恳的态度做了一番演说。他说："南伊利诺伊州的同乡们、肯塔基州的同乡们、密苏里的同乡们，我听说在场的人群之中，有些人要与我为难，我不知道他们为什么要那样做？我是一个和你们一样爽直的平民，那为什么不能和你们一样有发表意见的权利呢？朋友们，我也是你们中的一员，我和你们共同携手，不是来干涉你们的人。我生在肯塔基州，长在伊利诺伊州，和你们一样，我也是在艰苦的环境中挣扎出来的。我认识南伊利诺伊州的人，也认识肯塔基州的人，我还认识密苏里州的人，因为我是你们中的一个，所以我应该在认识他们的同时，让他们也能认识我。如果他们能够十分清楚地认识我，那么，他们就应该知道我是不做对他们不利的事情的。我既然不做不利于他们的事情，那么，他们为什么要来做对我不利的事情呢？诸位同乡们，请不要做那样的蠢事，让我们来做朋友，让我们彼此来用朋友的态度互相对待。我是世上最谦虚最平和的人中的一个，我不会去损害任何人的，而且也不会去干涉任何人的权利的。我对你们没有什么奢侈的要求，只是我有几句话要说，希望你们能够静心地听一下。你们是勇敢而豪爽的人，我相信我对你们的一点希望，你们是能够做到的。现在，让我们诚恳地同大家共同来讨论我们的意见吧！"林肯在说上面的一段话的时候，态度十分的诚恳和善，讲话的声音，也充满了恳切之情。因此，一场一触即发的动乱，立刻之间变成了风平浪静。他们本来对他是仇视的，现在把仇视变成了友谊，而且对他的演说还报以雷鸣般的掌声。后来，这些粗鲁的人，还成了林肯当选总统的最热烈的支持者。林肯的故事再一次证明了心理学的互惠关系定律：你对我友善，我也对你友善。林肯就是以他的坦诚换来听众的坦诚。了解这一点，就把握了沟通中最关键的要素。如果你期望对方的合作和坦诚，那么首先你要有合作和坦诚的态度，这样别人才会有诚意。所以，沟通之前，所要做的就是决定想要别人如何对待自己，然后，用这种方式去对待他们。如果想得到对方的尊重，那么自己首先要尊重对方。

2. 多谈对方感兴趣的话题

《美国联合日报》的总经理考伯曾经说："人人都对自己最感兴趣，人人都对自己所认识的人或所看见过的东西以及所经历过的事情感兴趣。"考伯还说："在每天早晨的报纸的封面和第二页上，尽管有许多从欧洲来的重要新闻，可是你差不多看也不看他们一眼，你最关心的是：你的所得税怎样了？你所住的那条街发生了什么事？你所认识的人发生了什么事？本县发生了什么事？本省发生了什么事？"

《合众日报》总经理毕考尔也曾说过："每一个人都以为世上最有趣的人是自己，如果你没机会在报纸上看到关于自己的报道，那么看看关于你认识的或知道的人的消息也是好的。"

虽然毕考尔和考伯的话多少有些夸张，但是有一点是可以肯定的，那就是人们常常对自己及自己的事情非常注意。比如自己所缺乏的东西，与自己有关的一切问题，以及与自己的经验有关的种种事情。因此，在与别人谈话的时候，不能一个劲地只谈"我如何，如何"，这只会使对方反感和厌烦。最明智的做法就是提些对方感兴趣的问题，多让对方谈谈自己。美国发明家贝尔就是一个很健谈的人，别人都爱和他说话，因为他的谈话，常常是围绕着别人的兴趣和经验，再穿插以自己的东西，因而他能够使他所谈的事情跟看戏一样有趣。与别人谈话，多说"你"，对自己并没有什么损失，相反它却会帮自己获得对方的好感，使自己同别人的关系左右逢源。

3. 重视每一个人

人们在众多人的谈话中，常常只会跟自己谈得来的人说话，而有少数人却搭不上几句话，而被无情地冷落。这种冷落别人的举动是极不明智的做法，"犹如同宴会上赶走客人一样荒唐和失礼"。假如被冷落的恰巧是将来对你事业前途起关键作用的人物，那么你就可能要为你现在的举动付出代价。因此，在谈话时，千万不要冷落了任何人，留心每一个人的面部表情和对你谈话的反应，让每个人都有被重视和被尊重的感觉，即使他或她的言谈举止是多么不令人喜欢。

4. 学会使用礼貌用语

"礼貌用语"，一般具有几个特征：①使对方觉得你很有修养；②听起来平易近人，用起来简单方便；③给人一种舒心的感觉。

那么，"礼貌用语"有哪些呢？几个最常见的例子是：噢，是的，是的；真是太不好意思了；托您的福；请多多包涵；哪里，哪里，实不敢当；真是太感谢您了；请多指教；拜托，拜托等。"礼貌用语"是人际关系的润滑剂，巧妙地使用，能收到意想不到的效果。

5. 注意"停顿"

说话时的"停顿"其实也是一种艺术。巧妙地运用停顿，不仅使讲话层次分明，还能突出讲话的重点，吸引听话人的注意力；适当的停顿，能够使听话人更加明白你所讲的内容；适当的停顿，能够让别人觉得你讲话有逻辑性。如果不懂得停顿，滔滔不绝地一直讲下去，势必使对方产生一种急促感，从此怕听你说话。

那么在何时需要停顿呢？当转换语言，承上启下，或提示重点，总结中心思想的时候，就需要停顿。停顿的时间按具体的情况而定，有的两三秒钟，有的八九秒钟。

此外，如果想表达出蕴藏在内心的激情，讲话还应该抑扬顿挫，在语调上下一番工夫。

6. 谈话十忌

跟别人谈话时，要尽量避免几种常犯的毛病：

① 打断对方的谈话或抢对方的话；

② 说话没头没脑，让对方一头雾水；

③ 心不在焉，让别人重复说过的话；

④ 连续发问，让对方觉得你过分热心和要求太高，难以应付；

⑤ 随便解释某种现象，轻率地下断语，借以表示自己是内行；

⑥ 避实就虚，含而不露，让人迷惑不解；

⑦ 对待他人的提问漫不经心，让人感到你不愿意为对方的困难助一臂之力；

⑧ 不恰当地强调某些与主题风马牛不相及的细枝末节，使人生厌；

⑨ 当别人对某话题兴趣不减时，你却感到不耐烦，立即将话题转移到自己感兴趣的方面去；

⑩ 将正确的观点、中肯的劝告称为错误的和不适当的，使对方怀疑你话中有戏弄之意。

二、赢得人心的技巧

许多人可能会被一个问题长期困扰，那就是自己该怎样做才能赢得别人的心，让周围的人喜欢自己。

1. 记住对方的名字

在谈话中，特别是与交往不多的人谈话，如果能够在见面时叫出对方的名字，往往能够让对方产生一种被重视的感觉。在会谈中，多叫几次对方的名字，可以增进彼此的感情。要记住对方的名字其实并不难，首先要做的是把对方的名字听准，将这个名字与主人的外貌或行为特征做夸张的视觉想象，并在心中默记片刻，事后再多次提醒自己这个名字便可。

2. 赞美对方

恰到好处的赞扬，是一种赢得人心的有效方法，它可以抬高别人的自尊，从而获得别人的善意协助。很多成功人士，几乎都是使用这一策略的高手。

美国总统罗斯福便是一例。他有一种本领，对任何人都能使用恰当的赞美。

林肯也是善于使用赞美的高手，挑出一件使人足以自豪并引起兴趣的事情，再说一些真诚而又能满足他自豪和兴趣的话，是林肯经常做的事情。

美国有两位最有成就的铁路建筑师，一名叫海尔，另一名叫希尔曼，他们都具有善于赞美人的精神。据说海尔的特点，是期望并珍视他手下的人；而希尔曼的特点，则是对各式各样的人，给予各得其所的赏识和赞许。

所有的人，不分男女，无论贵贱，都喜欢合其心意的赞美，有时会起到金石为开的效果。当然，在赞扬别人的时候，要恰到好处。称赞不当，犹如明珠暗投，更有甚者，激起疑虑和反感。要使颂扬得当，只要掌握各人性格的不同之处，区别对待，找出对方较为不易为人所知的优点，加以赞扬。这种赞扬，往往能给他们加倍的能力、成就和自信感。

3. 注意倾听

在沟通中，在适当的场合说适当的话是十分重要的，但是，还有一件跟说话同样重要的事情，那就是倾听。在别人说话时，心不在焉，哈欠连天，时时看表，只能使讲话者意兴阑珊，索然寡味。积极地倾听要用心、用眼睛、用耳朵去听，"真正的倾听是暂时忘记自己的思想、期待、成见和愿望，全神贯注地理解讲话的内容，与讲话者一起亲身感悟，经历整个过程"。

倾听是你表现个人魅力的大好时机，是你能够给予讲话者的礼物。通过聆听，表示你对讲话者的谈话充满了关爱，使对方产生一种被尊重的感觉，从而赢得其好感。社会心理研究表明，要做一个会听的人，你必须注意以下几点。

（1）姿势　身体面向对方而前倾，胳膊与腿不要交叉，保持目光交流。

（2）态度　态度要真诚，不要过早地下结论，因为这样会把自己的意见强加给对方，过早地把问题明确化，使对方没有勇气说下去或使他们反感。

（3）声调　在作评论的时候，声调要比平时低一些、柔和一些、慢一些。

4. 关心对方

做一些不起眼的小事，最能够体现你对别人的关心，也最能帮你赢得人心。这些小事包括以下几点。

① 记住对方说过的话，向对方表示：您曾经说过……接受您的建议……

② 记住对方的兴趣、爱好：我记得你比较喜欢吃鱼。

③ 分别后，打个电话询问一下是否安全到家。

④ 指出对方在服饰上的变化：你的头发变了……这条领带配你的西装还不错等。

⑤ 记住对方特别的日子，并送些小礼物、写张贺卡、打个电话表示问候。

每个人都希望被人关心，并且对关心他的人自然地产生好感。虽然这些是不起眼的小事，做出来却往往会让别人高兴，得到意想不到的效果。

三、受人尊重的技巧

1. 乐于助人

有一个小男孩，他出于一时的气愤对他的母亲喊道他恨她。也许是害怕受到惩罚，他就跑出房屋，走到山边，并对山谷喊到："我恨你，我恨你。"接着，从山谷传来回音："我恨你，我恨你。"小男孩有点吃惊，他跑回屋去对他母亲说，山谷里有个卑鄙的家伙说他恨他。他母亲把他带回山边，并要他喊："我爱你，我爱你。"这位小男孩照他母亲的话做了，而这次他却发现，有一个很好的小孩在山谷里说："我爱你，我爱你。"

生命就像山谷里的回音，你送出去什么，你就得到什么；你对别人礼貌，别人也对你礼貌；你体谅别人，别人也体谅你；你尊敬别人，别人也尊敬你；你帮助别人，别人也帮助你。因此无论你是谁，也不论做什么，你在对待每一个人和情况时，都要寻找良好的一面，好好地对待每一个人，并在别人需要帮助的时候，帮他或她一把。你帮的人越多，你以后得到的帮助也就越多。因为曾经得到过你的帮助的人，说不定就是你危难之中的救星，这就是助人者助己的道理。

2. 主动发现别人的需求

现实生活中与别人相处时，如果能够主动发现别人的需求，并想办法满足他们，这便是得人善待的秘诀。当然，人与人的个性、背景各不相同，需求也必然不一样，但是，有些需求却具有普遍性，很容易被确定出来。对于大多数人来说，有以下多种需求。

① 欣赏，即别人认识到我们的努力和能力。

② 重要性，即我们对于某一个机构或社会是重要的。

③ 权利，即那种能够用来影响生活中某些重要领域的决策的能力。

④ 有用，即个体需要对社会有用的技巧和能力。
⑤ 接受，即被他人接受而不是不断地受到批评。
⑥ 理解，即我们的问题得到他人的同情和理解。
⑦ 指导，即当我们要求时得到明确的指导。
⑧ 空间，即必要限度的个人自由和隐私。
⑨ 空闲，即自由时间以及随之而来的放松。
⑩ 同伴，即我们可以与之交谈和分享爱好的朋友和熟人。
⑪ 刺激，即我们生活中多样化和分心的因素。
⑫ 进步，即进步感和成就感，或感到自己正走向某个明确的目标。

基于上述的需求，美国学者克里斯·科尔将人分为三类，即成就型、交往型、权力型。具有成就需要的人，通常为自己建立具体的、可以衡量的目标或标准，并且在工作中朝着目标前进，直到实现他们的目标。他们总想做得更好，或比他们过去做得好，或比其他人做得好，或是要突破先行的标准。对于这种人，应该想方设法让他们对自己的工作有种成就感，让他们感觉自己的工作做得非常好。具有交往需要的人更看重友情和真诚的工作关系，令他们愉快的是能有一种和谐的，既有付出又有收获的轻松的工作氛围。交往的需要使他们写很多的信，打很多的长途电话，花费很多时间与同事们沟通，他们宁愿和朋友一起也不愿意同陌生人一起工作。对于这种人，要注意与其建立良好的关系，询问他们的家庭、他们的爱好以及对事物的想法和感受。具有权力需要的人热衷于负责，他们具有很强的权力欲。对于这种人要给予他渴望得到的尊重，不要触动他们的权威。由于人们是彼此独立的个人，人们的需要往往是两种或三种需求的结合体。因此，需要进行不同的"需求配方"，即改变各种配方强度，以适合不同的人的口味。

3. 把荣誉留给别人

霍华德曾说：伟大的事业能否成功，很大程度上取决于你是否给别人机会。许多人常常只顾及个人荣誉，所以大业难成。卡耐基也说：把一切名誉统归自己的人，是不会在事业上有所成就的。将荣誉留给别人，这对于领导者尤其显得重要。一个真正的领袖做事并不以追求自己的光辉为目的，对于他们来说成功的结果才是最重要的东西。因此，荣誉尽可能让给别人。在历史上，运用它功成名就、永垂青史的例子比比皆是。可是现实生活中，也有一些人，为了一己求荣，不惜牺牲手下的人。这种人获得的荣誉也是一时的，难以获得最后的胜利。一个真正的领袖，不但能够将荣誉让给手下的人，而且在他们犯了错时，还能替他们承担责任。

【寓教于乐】

快去接电话——选择合适的沟通渠道

珍妮和索菲亚住在同一幢楼的上下层。一天，珍妮给索菲亚打电话，准备约索菲亚一起逛街，可是她等候了很长时间也没有人接听，于是，珍妮把脑袋从窗口伸出去向楼上喊道："索菲亚，你在家吗？"

"在，什么事？"索菲亚同样从窗口探出了脑袋。

"快去接电话！"珍妮说。

【点评】电话和直接面对面是两种不同的沟通渠道，既然珍妮通过面对面的方式可以达到沟通的效果，再次依赖电话沟通，既浪费了资源也影响了沟通效果。

【探源】组织内部的沟通可以分为正式沟通和非正式沟通。正式沟通一般指在组织系统内，依据组织明文规定的原则进行的信息传递与交流，如组织与组织之间的公函来往、组织内部的文件传达、会议讨论、上下级之间的定期情报交换等；非正式沟通则是指通过正式沟通渠道以外的途径进行信息交流和传达的方式，非正式沟通是非正式组织的副产品，它一方面满足了员工的信息需求，另一方面也补充了正式沟通系统的不足，非正式沟通多依赖于个人私下的沟通渠道。

沟通渠道的畅通是保证组织良好运作的必要条件。不同的沟通渠道传达信息的能力是截然不同的，有的沟通渠道具有较强的丰富性，沟通时既能同时处理多种信息，还能提供及时的反馈，并且具有很强的个人化特征。而有的沟通渠道则不具有如上特征，既无反馈，也只能处理单一的信息。纵观组织内部的各种沟通渠道，面谈属于丰富性很强的沟通方式，可以通过手势、面部表情和语调传达出多种信息，在反馈和个人化表现方面都具有很强的优势；企业布告和电子邮件则欠缺丰富性。

沟通传达信息的能力的差异直接影响了沟通的效果以及员工对于信息的情绪反应，因此，针对各种沟通渠道的差异，管理者要进行妥善的选择。对于一些常规性、不易产生误解的信息宜于选择丰富性较差的渠道，如企业人事任免的通知选择电话邮件的方式则可，而对于一些复杂的、易于引起争议的信息则宜于选择丰富性较强的渠道，如关于企业变革的决定最好通过会议的方式进行讨论，与员工绩效考核有关的信息交流则应该采取面谈的方式交流。

【管理者定律】

位差效应

位差效应：来自领导层的信息只有20%～25%被下级知道并正确理解，从下到上反馈的信息不超过10%，平行交流的效率则可达到90%以上。

阻碍企业成员间信息和情感沟通的因素很多，但最主要的还是企业成员间因地位不同而造成的心理隔阂，这种情况被管理学者称为"位差效应"。其意思是指：由于地位的不同使人形成上位心理和下位心理，具有上位心理的人因处在比别人高的层次而有某种优越感，具有下位心理的人因处在比别人低的层次而有某种自卑感。

位差效应提醒我们，在沟通过程中首先要有同位心理；位差效应告诉我们，平等造就信任，信任增进交流。

一头小猪、一只绵羊和一头奶牛，被关在同一个畜栏里。

有一次，牧人捉住小猪，它大声嚎叫，猛烈地抗拒。

绵羊和乳牛讨厌它的嚎叫，便抗议道："烦死了！他常常捉我们，我们并不大呼小叫。"

小猪听了回答道："捉你们和捉我完全是两回事。他捉你们，只是要你们的毛和乳汁，但是捉住我，却是要我的命啊！"

我们经常遇到沟通不畅的问题，这往往是因为所处不同的立场、环境所造成的。因此，为了达成良好的沟通，培养同位心理，学会站在对方的立场思考，真正了解对方的感受是至关重要的。

除了要有同位心理，沟通的另外一个基础就是相互的信任。

在一个古老的王国，美丽的公主爱上了英俊善良的青年侍卫。国王发现了他们之间的恋情，暴怒之下，青年被关进了监狱。

国王让青年作出这样的选择：在竞技场里，面对全国的百姓，他只能打开两扇门中的一扇：一扇门里面是一头饥饿凶猛的狮子，打开后青年会被吃掉；一扇门里面是全国最为年轻美丽的少女，打开后整个王国将会为青年与少女举办盛大的婚礼。

在抉择的头天晚上，公主偷偷去监狱探望了青年。

青年并不知道哪扇门后面是狮子，哪扇门后面是少女，而公主也只是到了竞技场才探知到底细。当青年被带到竞技场时，他看到看台上的公主用眼神示意了其中的一道门，公主的眼神虽然矛盾复杂，然而却充满了浓浓爱意。那么，青年要选择走向哪扇门呢？

信任能否产生有效沟通？

这是一个有关信任与沟通的问题。

我们发现自己陷入了两难的境地。

这里的关键是，他们是相互信任的，然而在此信任基础上能否产生有效沟通？

另一方面，他们之间可能会有沟通，然而，在此特殊环境下，他们之间能否还会相互信任？

如果他们共同选择爱情，以死来抗争，公主会示意里面有狮子的那扇门，青年也会毫不迟疑地去打开。公主也会殉情，从此成就人世间一段伟大爱情。

如果他们共同决定先活下去，公主会示意有少女的那扇门，青年也会极不情愿地去打开。从此世界上又多了一幕人间悲剧，演绎出悲欢离合。

这时，目标相同，信任与沟通是一致的。

然而，当青年选择以死抗争，而公主希望青年活下来时，会怎样呢？

她如果示意有少女的那扇门，出于对公主的信任，青年会义无反顾地走向另一扇门。

正是担心这一点，出于对青年的了解与信任，她想应该示意开狮子的那扇门。她希望欺骗青年走向少女，从而挽救他的生命。

问题是，青年也可能会意识到这一点，导致了他走向公主示意的那扇门（狮子）。

这时，公主已无法判断青年的选择，青年也难以把握公主的示意。因而（在此问题上）他们对对方都已难以再建立信任。

他们也都陷入两难的境地。

最为糟糕的是，这是在常规方式下无解的问题。

管理者也经常陷入这样两难的境地。

由于没有人完全信任老板，因而无法保证有效沟通，导致管理者不能及时发现问题并提出解决办法。

没有信任，根本就无法建立有效沟通。

【点评】"位差效应"对企业成员的心理影响既有有利的一面，也有不利的一面。有利的一面主要表现在它能从心理上维系企业的上下关系和既定秩序，不利的一面是它可能造成企业成员间的沟通障碍和心理隔阂，增加企业的内耗。实践证明，"位差效应"所造成的不利方面是显而易见的。那么，如何避免"位差效应"所造成的负面影响呢？

从客观上讲。首先，在沟通和交流过程中，管理者应尽最大努力获取第一手材料，即原始信息。日本管理学家在实践中证实：信息每经过一个层次，其失真率约为10%～15%；上级向他的直接下属所传递的信息平均只有20%～25%被正确理解，而下属向他的直接上级所反映的信息被正确理解的则不超过10%。艾科卡也指出："若只有一个经过过滤、再过滤、净化、消毒的信息渠道，不利于总裁作出正确的决策。为了避免这种危险，我设法在自己身边保留了一些不同意见者。"从这里我们可以看出，管理者在与下属沟通和交流时，除了要尽力获得原始信息外，还应多了解反面信息，并在沟通和交流中保持信息内容的准确无误。其次，要广开沟通和交流的渠道，尤其是要多注意利用非正式渠道。最后，要提倡与下属间的平行沟通与交流。

从主观上讲。首先，作为较高层次的管理者，应坚持走群众路线，注重实际和调查研究。

其次，应增强自己的民主意识，平易近人，谦虚谨慎，不耻下问。最后，要去掉虚荣心，勇于承担责任，使企业内部形成浓厚的批评与自我批评的氛围，并且自己率先垂范，以身作则。

积极的沟通意识，需要上级不懈地坚持与努力；顺畅的沟通渠道，需要上级不断地拓展与疏通。这两方面的工作做好了，"下恒苦上之难达，上恒苦下之难知"的情况在最大程度上也就可以避免了。

【经典管理故事】

真诚地沟通

春秋战国时期，耕柱是一代宗师墨子的得意门生，不过，他老是挨墨子的责骂。有一次，墨子又责备了耕柱，耕柱觉得自己真是非常委屈，因为在许多门生之中，大家都公认耕柱是最优秀的人，但又偏偏常遭到墨子指责，让他面子过不去。

一天，耕柱愤愤不平地问墨子："老师，难道在这么多学生当中，我竟是如此的差劲，以至于要时常遭您老人家责骂吗？"墨子听后，毫不动肝火："假设我现在要上太行山，依你看，我应该要用良马来拉车，还是用老牛来拖车？"耕柱回答说："再笨的人也知道要用良马来拉车。"墨子又问："那么，为什么不用老牛呢？"耕柱回答说："理由非常简单，因为良马足以担负重任，值得驱遣。"墨子说："你答得一点也没有错。我之所以时常责骂你，也是因为你能够担负重任，值得我一再地教导与匡正你。"

【点评】加强内部的沟通管理，一定不要忽视沟通的双向性。作为管理者，应该要有主动与部属沟通的胸怀；作为部属也应该积极与管理者沟通，说出自己心中的想法。只有大家都真诚地沟通，双方密切配合，那么企业才可能发展得更好更快。

【复习思考题】

1. 举例说明在组织中哪些沟通方式是人们最常使用的？
2. 在沟通过程中，哪些地方容易出现信息失真？如何避免？
3. 有效沟通有哪些障碍？如何克服？
4. 影响建立人际关系的因素有哪些？如何改善人际关系？
5. 人际沟通中应掌握哪些技巧？
6. 如果你和其他同学或同事发生矛盾，你会怎样解决？说明理由。
7. 怎样改善和促进有效的沟通？

【案例分析】

迪特尼公司的企业员工意见沟通制度

迪特尼·包威斯公司是一家拥有12000余名员工的大公司，它早在20年前就认识到员工意见沟通的重要性，并且不断地加以实践。现在，公司的员工意见沟通系统已经相当成熟和完善。特别是在20世纪80年代，面临全球的经济不景气，这一系统对提高公司劳动生产率发挥了巨大的作用。公司的"员工意见沟通"系统是建立在这样一个基本原则之上的：个人或机构一旦购买了迪特尼公司的股票，他就有权知道公司的完整财务资料，并得到有关资料的定期报告。本公司的员工，也有权知道并得到这些财务资料和一些更详尽的管理资料。迪特尼公司的员工意见沟通系统主要分为两个部分：一是每月举行的员工协调会议；二是每年举办的主管汇报和员工大会。

1. 员工协调会议

早在20年前，迪特尼·包威斯公司就开始试行员工协调会议，即每月举行一次的公开讨论会。在会议中，管理人员和员工共聚一堂，商讨一些彼此关心的问题。无论在公司的总部还是各部门、各基层组织都举行协调会议。这看起来有些像法院结构，从地方到中央，逐层反映上去，所以，公司总部的协调会议是标准的双向意见沟通系统。

在开会之前，员工可事先将建议或怨言反映给参加会议的员工代表，代表们将在协调会议上把意见转达给管理部门，管理部门也可以利用这个机会，同时将公司政策和计划讲解给代表们听，相互之间进行广泛的讨论。在员工协调会议上都讨论些什么呢？这里摘录一些资料，可以看出大致情形。

问：公司新设置的自动餐厅的四周墙上一片空白，很不美观，可不可以搞一些装饰？

答：公司已做好预算，准备布置这片空白。

问：管理部门已拟对工作8年后的员工才享有3个星期的休假，管理部门能否放宽规定，将限期改为5年？

答：公司已在福利工作方面作了很大的努力，诸如团体保险、员工保险、退休金福利计划、增产奖励计划、意见奖励计划和休假计划等。我们将继续秉承以往精神，考虑这一问题，并呈报上级，如果批准了，将在整个公司实行。

问：可否对刚病愈的员工行个方便，使他们在复原期内，担任一些较轻松的工作。

答：根据公司医生的建议，给予个别对待，只要这些员工经医生证明，每周工作不得超过30个小时，但最后的决定权在医师。

问：公司有时要求员工星期六加班，是不是强迫性的？如果某位员工不愿意在星期六加班，公司是否会算他旷工？

答：除非重新规定员工工作时间，否则，星期六加班是属于自愿的。在销售高峰期，如果大家都愿加班，而少数不愿加班，应仔细了解其原因，并尽力加以解决。

要将迪特尼12000多名职工的意见充分沟通，就必须将协调会议分成若干层次。实际上，公司内共有90多个这类组织，如果有问题在基层协调会议上不能解决，将逐级反映上去，直到有满意的答复为止。事关公司的总政策，那一定要在首席代表会议上才能决定。总部高级管理人员认为意见可行，就立即采取行动，认为意见不可行，也得把不可行的理由向大家解释。员工协调会议的开会时间没有硬性规定，一般都是一周前在布告牌上通知。为保证员工意见能迅速逐级反映上去，基层员工协调会议应先开。

同时，迪特尼公司也鼓励员工参与另一种形式的意见沟通。公司在四处安装了许多意见箱，员工可以随时将自己的问题或意见投到意见箱里。

为配合这一计划实行，公司还特别制定了一些奖励规定，凡是员工意见经采纳后，产生了显著效果的，公司将给予优厚的奖励。令人欣慰的是，公司从这些意见箱里获得了许多宝贵的建议。如果员工对这种间接的意见沟通方式不满意，还可以用更直接的方式来面对面和管理人员交换意见。

2. 主管汇报和员工大会

(1) 主管汇报　对员工来说，迪特尼公司主管汇报、员工大会的性质和每年的股东财务报告、股东大会相类似。公司员工每人可以接到一份详细的公司年终报告。这份主管汇报有20多页，包括公司发展情况、财务报表分析、员工福利改善、公司面临的挑战以及对协调会议所提出的主要问题的解答等。公司各部门接到主管汇报后，就开始召开员工大会。

(2) 员工大会　员工大会都是利用上班时间召开的，每次人数不超过250人，时间大约3小时，大多在规模比较大的部门里召开，由总公司委派代表主持会议，各部门负责人参加。会议先由主席报告公司的财务状况和员工的薪金、福利、分红等与员工有切身关系的问题，然后便开始问答式的讨论，有关个人问题禁止提出。员工大会不同于员工协调会议，提出来的问题一定要具有一般性、客观性，只要不是个人问题，总公司代表一律尽可能予以迅速解答。员工大会比较欢迎预先提出问题的这种方式，因为这样可以事先充分准备，不过大会也接受临时性的提议。下列列举一些讨论的资料。

问：本公司高级管理人员的收入太少了，公司是否准备采取措施加以调整？

答：选择比较对象很重要，如果选错了参考对象，就无法作出客观评价，与同行业比较起来，本公司高层管理人员的薪金和红利等收入并不少。

问：本公司在目前经济不景气时，有无解雇员工的计划。

答：在可预见的未来，公司并无这种计划？

问：现在将公司员工的退休基金投资在债券上是否太危险了？

答：近几年来债券一直是一种很好的投资，虽然现在比较不景气，但是立即将这些债券脱手，将会造成很大损失，为了这些投资，公司专门委托了几位财务专家处理，他们的意见是值得我们考虑的。

迪特尼公司每年在总部要先后举行10余次的员工大会，在各部门要举行100多次员工大会。那么，迪特尼公司员工意见沟通系统的效果究竟如何呢？在20世纪80年代全球经济衰退中，迪特尼公司的生产率每年平均以10%以上的速度递增，公司员工的缺勤率低于3%，流动率低于12%，在同行业最低。

讨论题

分析迪特尼公司管理者与员工意见沟通的效力主要表现在何处？沟通制度化会给管理带来哪些益处？

【点评】迪特尼公司管理者在与员工沟通过程中，语言简练严谨，不回避疑难、敏感问题，回答问题既诚恳又有分寸。尤其是对员工提出的意见和要求，既能回答正在或将要采取的解决方式，又能做出相应合理的解释或说明，回答问题时体现出既对员工个人负责又对公司整体负责的态度。这种真诚而坦白的沟通容易获得员工对公司的信任、理解与支持。迪特尼公司将员工协调会议、主管汇报会和员工大会制度化，有助于管理者不断地了解员工的意见及要求，以便不断地提高满足员工需求的决策效力，同时使员工不断地了解公司发展动态，以便员工及时做出个人发展计划。迪特尼公司沟通制度的建立，有助于提高管理者与员工沟通的效率与效果，为促进公司的和谐发展提供了一定的保障。

第十章　激励理论

【学习目标与要求】

通过本章学习，了解激励的概念、要素和模式，理解激励的作用和人性的假设，明确激励相关理论，掌握激励的要求和方法。

【引导案例】

罗森塔尔期望效应的威力

1968年，美国的罗森塔尔和雅各布森两位心理学家来到旧金山的一所小学，从一到六年级中各选三个班级，对18个班级的学生"认真"地进行发展潜力预测之后，将"有优异发展可能"的学生名单通知了老师。有的学生在老师的意料之中，有的却不然。对此，罗森塔尔解释说："请注意，我讲的是他们的发展，而不是现在的基础。"并叮嘱老师不要把名单外传。

8个月后，他们对这18个班进行了跟踪调查。结果是，名单中的学生成绩比其他同学增长得更快，特别是原来不被老师看好的学生，不仅令老师和家长感到意外，就连他们自己也感到莫名其妙地进步了很多。

其实，这只是一项心理学试验，罗森塔尔提供的名单纯粹是随机抽取的。但是他们通过自己"权威性的谎言"暗示教师，坚定了教师对名单上学生的期望和信心，同时，老师也不由自主地暗示了名单中的学生，偷偷地告诉他们教授说他们如何潜力无限、前途光明。接受了暗示的教师用友善和鼓励代替了过去的批评与惩罚，而这些学生也更加自尊、自信、自爱、自强，有了出人意料的发展。这就是教育心理学上著名的"罗森塔尔效应"，也叫期望效应。

任何管理过程都离不开激励，它是管理者在管理活动中应用的一种有效方法，是组织形成可持续发展活力的重要力量源泉。长期的管理实践证明，只要管理者遵循激励原理及其规律性，运用科学的、合理的方法，将有效地调动组织成员的积极性和创造性。尤其是当富有挑战性的激励机制付诸实施时，组织成员将迸发出极大的工作热情和潜在力量。因此，研究和掌握激励理论的核心内容，对于提高管理者方法与艺术水平具有重要的意义。

第一节　激励概述

一、激励的概念

"激励"与"动机"均是心理学的术语，广泛应用在管理学、组织行为学以及经济学中。对"激励"的研究，相关学者均是围绕"动机"而展开。一种观点是将激励等同于动机，认为激励就是动机；另一种观点认为，激励与动机一方面有着内在的联系，另一方面又有着本质的区别。持后一种观点的学者认为，动机描述的是个体行为的内在动力，它与管理行为并没有必然的联系，也不依赖于管理而存在。而激励作为一项自我管理或群体管理的职能，属于管理行为的范畴。这种管理行为要获得成功，必须以调动个体内在的动力力量为前提，因此，激励与动机在内涵上有着密切的联系，但却并不等同。基于这样的理解，将激励定义为：激发或培养人的工作动机，促使人为实现既定目标，增强行为努力的过程。

把激励概念引进到管理中，则赋予了激励新的涵义。激励是一种力量和状态，发挥激发和推动作用，引导行为指向目标。主管人员应了解什么最能激励下级，以及如何发挥这些激励因素的作用，同时要研究如何使被管理对象产生某种特定的动机，如何引导他们拿出自己的全部力量来为实现某一目标而努力奋斗，并把这些认识体现在管理活动中，这样主管人员才有可能成为有效的领导。

二、激励的要素

激励是一个心理过程，从构成激励的内因和外因分析，影响和驱动人们从事某种活动或实现某种目标的激励要素主要包括外部刺激、内部需要、动机和行为，这些要素相互组合与作用，构成了对人的激励，从而提高组织的效率。

1. 外部刺激

这是激励的条件，是激励的外因，是指在激励过程中，人们所处的外部环境中诸多影响需要的条件与因素。在管理激励中，外部刺激主要是指管理者为实现组织目标而对被管理者采取的种种管理手段以及相应形成的管理环境。

2. 内部需要

这是激励的内部因素，需要是激励的起点与基础，是人对一定客观事物或某种目标的渴求或期望。人的需要是人的积极性的源泉和实质，而动机则是需要的表现形式。

3. 动机

这是激励的核心要素，是推动人从事某种行为的心理动力，人们在管理中所采取的各种行动都是由动机驱使的，有什么样的动机就会产生什么样的行为。激励的关键环节就在于使被激励者产生所希望的动机，以引起有助于组织目标实现的行为，所以，激励的核心要素就是动机，关键环节就是动机的激发。

4. 行为

行为是激励的结果，是指在激励状态下，人们为动机驱使所采取的实现目标的一系列动作。被管理者采取有利于组织目标实现的行为是激励的目的，也是激励能否取得成效及成效大小的衡量标准。

三、激励的模式

激励的具体过程表现为：在各种管理手段与环境因素的刺激下，被管理者产生了未被满足的需要，从而造成心理与生理紧张，寻找能满足需要的目标，并产生要实现这目标的动机，由动机驱使，被管理者采取努力实现上述目标的行为，目标实现，需要满足，紧张心理消除，激励过程完结。

激励过程实际上就是一个由需要开始，到需要得到满足为止的连锁反应。首先是感觉到有需要，由此产生要求（即要达到的目标），然后造成心理紧张（即未满足的欲望），于是引起行动以达到目标，最后是要求得到了满足。当一种需要得到满足后，人们会随之产生新的需要，作为未被满足的需要，又开始了新的激励过程，这就是激励的简单模式，如图10-1所示。

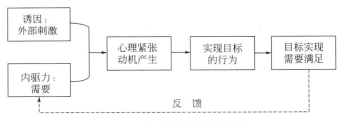

图 10-1 激励过程的简单模式

四、激励的作用

1. 激发人们工作的热情和兴趣，提高工作积极性

通过激励，使之对本职工作产生强烈、深刻、积极的情感，并以此为动力，动员自己全部精力为达到预定目标而努力。激励有助于激发和调动职工的工作积极性。

通过激励可以充分调动人们的积极性，使其最充分地发挥其技术和才能，从而保持工作的有效性和高效率。美国哈佛大学的心理学家威廉·詹姆士在对员工的激励的研究中发现，按时计酬的职工仅能发挥其能力的 20%～30%，而如果受到充分激励的职工其能力可发挥至 80%～90%。即同样一个人在通过充分激励后所发挥的作用相当于激励前的 3～4 倍。

2. 促进个人目标与组织目标的统一，提高人们工作的主动性和创造性

个人目标及个人利益是职工行动的基本动力。一般来讲，个人目标和企业的组织目标之间既有一致性，又存在着诸多差异。当两者发生背离时，个人目标往往会干扰企业目标的实现。激励的功能就在于以企业利益和需要的满足为基本作用力，诱导职工把个人目标统一于企业的整体目标，推动职工为完成工作任务做出贡献，从而促进个人目标与企业目标共同实现。个人目标与组织目标统一的程度越高，员工的自觉性、主动性、创造性就越能得到充分发挥。

3. 促使人们保持持久的干劲，提高工作绩效

激励可以激发人的干劲并使之有工作的坚韧性，为实现目标而坚持不懈地努力。一般来说，在目标一致、客观条件基本相同的条件下，工作绩效与能力和激励水平之间可用一个数学公式来表示：

$$工作绩效 = f(能力 \times 激励)$$

即工作绩效取决于能力和激励水平的高低。能力固然是取得绩效的基本保证，但是，不管能力多强，如果激励水平低，就难以取得好的成绩。

五、关于人性的假设

人性的倾向是什么？人们究竟是为了什么样的利益而采取行动呢？不同时期的管理学者和组织行为研究者们都提出了各自的见解，从而形成了不同的人性假设理论，这些理论对管理的理念、方式、评价产生了不同的影响，在今天的管理理论中都可以找到某一种或几种人性假设的要素。按理论形成的先后顺序，下面介绍五种类型的人性假设。

1. "经济人"假设

经济人假设认为，经济活动的动力来源于改善自己经济状况的愿望，人的本性是懒惰的，人的行为是为了追求自身的最大利益，工作是为了取得经济报酬，或者是为了避免受到惩罚。美国麻省理工学院管理心理学教授道格拉斯·麦格雷戈把传统管理学对人的看法及"经济人"假设称为 X 理论，并概括为几点：

① 一般人生来就是懒惰的，总想尽量逃避工作，工作可推就推，能逃避就逃避，多一事不如少一事；

② 多数人都缺乏雄心壮志，不愿负任何责任，宁愿被别人指挥和引导；

③ 人生来以自我为中心，对组织目标漠不关心，所以必须用强制、惩罚的措施才能迫使其为组织目标服务；

④ 人大多缺乏理性，本质上不能自律，易受他人影响；

⑤ 多数人干工作是为了满足自己的生理、安全需要，只有金钱和其他物质利益才能激励他们努力工作。

据此，对"经济人"的管理，就是要对人诱之以得，惩之以罚，采用"胡萝卜加大棒"的政策。管理工作的重点是完成生产任务，提高劳动生产率，无需关心人的感情和愿望。组织应以金钱刺激员工的生产积极性，而对消极怠工者采取严厉的惩罚措施，用权力和控制手段来保护组织本身及引导员工为其工作，制订各种严格的工作规范，加强各种法规管理。这种观点认为，管理是少数人的事，与广大员工无关；员工的责任就是干活，服从管理者的指挥。

2. "社会人"假设

社会人假设认为，人们工作的动机不只在于追求经济利益，还追求全部社会需求，愿意在社会关系中寻求乐趣和意义，物质刺激对调动人的积极性只有次要意义，只有社会需要和尊重需要才能激发工作的动力。这种重视社会需要和尊重需要，而看轻物质利益和经济实惠的人即为"社会人"。

梅奥在 20 世纪 20~30 年代经霍桑实验提出"社会人"假说。"社会人"假说的基本观点是：

① 人是社会人，影响人的生产积极性的因素除物质因素外，还有社会的、心理的因素；

② 生产效率的高低主要取决于员工的士气，而士气则取决于家庭、社会生活及企业中人与人之间的关系是否协调一致；

③ 在正式组织中存在着非正式群体，这种非正式群体有其特殊的行为规范，对其成员有着很大的影响；

④ 由于技术进步和工作机械化，人们对工作本身失去了乐趣和意义，因此，人们便从社会关系中寻求乐趣和意义；

⑤ 领导者要了解人，善于倾听和沟通员工的意见，使正式组织的经济需要同非正式组织的社会需要取得平衡。

据此，管理人员对社会人的管理不应只注重完成生产任务，而应把注意的重点放在关心、满足人的需要上。管理人员不能只注意计划、组织、指挥和控制，而应该重视职工之间的关系，培养职工的归属感，提倡集体的奖励制度，培养集体精神，不主张个人奖励。管理人员不应只限于制定计划、组织工序、检验产品等，而应在员工与上级之间起联络沟通作用。他们既要听员工的意见和要求，了解员工的思想感情，又要向上级呼吁、反映，让员工或下级能在不同程度上参与企业的决策。

"社会人"假设注重人际关系沟通。X 理论与人际关系理论在管理方式上的区别如表 10-1 所示。

表 10-1　X 理论与人际关系理论在管理方式上的区别

X 理论的管理模式	人际关系理论的管理模式
只重视完成生产任务,提高生产效率	重点放在关心人、满足人的社会和心理需求上
只注重发挥正式组织的功能	强调培养职工的归属感、整体观,重视职工之间的效应和友谊,形成良好的人际关系,并重视非正式群体作用
强调金钱、物质刺激,并扩大个人差别	强调奖励集体,不主张奖励个人
完全是一种任务管理	强调职工参与组织的决策,倡导参与管理

3. "自我实现人"假设

"自我实现人"假设认为,人都需要发挥自己的潜力,表现自己的才能,实现自己的理想,只有人的潜力充分发挥出来,人才会感到满足。"人之初,性本勤,条件好,即奋进",是建立在人是勤奋的、有才能、有潜力基础上的。

"自我实现人"假说也称为 Y 理论,它的基本观点如下。

① 一般人都是勤奋的,如果环境条件有利的话,人们工作起来就如同游戏或休息一样自然轻松。

② 控制和惩罚不是实现组织目标的唯一方法。人们在执行任务中,能够自我指导和自我控制,而外在控制有可能对员工构成威胁,因此,要立足于导,而不要立足于管。

③ 在正常情况下,一般人不仅会接受任务,而且会主动地承担责任,人群中广泛地存在着解决组织中出现问题的创造性。在现代工业条件下,一般人的潜力只发挥了一部分,人们中间蕴藏着极大的潜力。

④ 员工的自我实现倾向与组织所要求的行为之间并没有冲突,如果给员工一个机会,他就会自动地把自己的目标与组织的目标统合起来。

据此,对"自我实现人",在管理上要实现以下几个转变。

① 应改变管理工作的重点。"自我实现人"假说,要把注意力转移到工作环境上,要创造一个适宜的工作环境和工作条件,使人们在此条件下充分发挥自己的能力和潜力,实现自我。

② 应转变管理人员的职能。管理者不是生产任务的指导者,也不是人际关系的调节者,而应是一个采访者。由于环境往往给人发挥才智造成障碍,所以管理者应以采访者的身份,采访环境给人发挥才智造成的障碍,并排除这些障碍,创造一个适宜的工作环境。管理者的任务主要是寻找什么工作对什么人最具有挑战性,最能满足人自我实现的需求。

③ 调整奖励方式。改变"经济人"假说主张用物质刺激调动人的积极性,"社会人"假说主张靠满足人的社会需求、搞好人际关系来调动人的积极性的方法,而强调用内在的奖励调动人的积极性,努力实现组织目标。

④ 建立参与管理制度,下放管理权力。建立决策参与制度、提案制度、劳资会议制度,制定个人发展计划,保证职工能充分施展自己的才能,充分发挥他们的积极性和创造性,把个人的需要同组织的目标统合在一起。

4. "复杂人"假设

"复杂人"假设认为,人既不是单纯的"经济人",也不是完全的"社会人",更不是纯粹的"自我实现人",而是因时、因地、因各种情况,采取适当反应的"复杂人"。人的需要和动机不仅因人而异,而且一个人在不同的年龄、不同地点会有不同的表现,会随年龄的增长、知识的增加、环境的变化而变化。根据"复杂人"假说，一些学者提出一种既区别 X 理论又区别 Y 理论的超 Y 理论，又称为"权变理论"。

"复杂人"假说的主要观点包括：

① 人的需要是多种多样的，而且会随着人的发展和生活条件的变化而变化，同时需要的层次也不断改变；

② 人在同一时间内有各种需要和动机，它们会发生相互作用，结合成一个统一的整体，形成错综复杂的动机模式，即人的动机形成是内部需要与外部环境相互作用的结果；

③ 一个人在不同单位或同一单位的不同部门，会产生不同的需要。由于人的需要不同，能力各异，同一管理方式会有不同的反应，因此，没有一种适合于任何时代、任何组织和任何个人的普遍行之有效的管理方法。

"复杂人"假说虽不赞成前三种人性假说，但它不要求管理人员完全放弃前述三种人性假说为基础的管理方式，而是要求管理人员根据不同的人、不同的情况，灵活地采用不同的管理措施，即因人、因事而异，不能千篇一律、一成不变。

从"复杂人"的观点出发，超 Y 理论要求采取如下的管理方式。

① 在组织形式上根据工作性质不同，有的采取固定的组织形式，有的则采取灵活、变化的组织形式。

② 企业情况不同，领导方式也应不同。若企业任务不明确、工作混乱，应采取严格的领导方式，使企业走上有秩序的轨道。若企业任务明确、分工清楚、工作有秩序，应更多采取授权的领导方式，以充分发挥下属的积极性和创造性。同时，应善于发现员工的差异，因人而异地采取灵活的管理方式。

5. "文化人"假设

20 世纪 80 年代初期，随着企业文化管理的逐步流行，诞生了"文化人"假设，它成为与 X 理论、Y 理论并称的 Z 理论。Z 理论认为，人的行为及价值选择是由所处的文化决定的，有什么样的文化，就会有什么样的人的行为。企业文化就是以主导价值观为核心的观念系统，以及与之相适应的管理制度和组织行为的总和。管理的要点就是要建立一种适合于企业发展的企业文化，提高员工对企业的认同感和归属感，以改变人的态度和行为，从而获得较高的管理效果和效率。总之，就是要用正确的企业文化引导人、约束人、凝聚人、塑造人。Z 理论的基本思想如下。

① 企业对员工实行长期或终身雇佣制，使员工与企业同甘共苦，并对员工实行定期考核和逐步提级晋升制度，使员工看到企业对自己的好处，从而积极关心企业的利益和企业的发展。日本企业最重要的特点就是终身雇佣制，它不仅仅是一项单独的政策，而且还把日本人多方面的生活和工作结合在一起。

② 企业经营者不但要让员工完成生产任务，而且要注意员工培训，培养他们能适应各种工作环境的需要，成为多专多能的人才，从而积蓄了企业内部的人才资源，也为有志于得到提升的人员提供了机会。

③ 管理过程既要运用统计报表、数字信息等鲜明的控制手段，还要注意对人的经验和潜在能力进行诱导。

④ 企业决策采取集体研究和个人负责的方式，由员工提出建议，集思广益，由领导者做出决策并承担责任。

⑤ 上下级关系融洽、平等，管理者对员工要处处关心，让员工多参与管理。

⑥ 大胆引进没有经验的新人员。因为新人员比较容易接受企业文化，不大会产生抵触或拒绝的态度，而管理的关键就在于要使员工认同企业文化。

上述五种人性假设理论提出的管理主张和管理措施有许多观点是科学的，至今仍有借鉴意义。"经济人"假说提出的工作方法标准化、制定劳动定额、实行有差别的计件工资、建立严格的管理制度等，至今仍是管理的基础工作；"社会人"假说提出的尊重人、关心人、满足人的需要，培养员工的归属感、整体感，主张实行参与管理；"自我实现人"假说提出给员工创造一个发挥才能的环境和条件，要重视人力资源的开发、重视内在奖励等，这些都是现代管理应遵循和坚持的基本原理和原则；"复杂人"假说提出的因人、因时、因事而异的管理，是具有辩证思想的管理原则；"文化人"假说被当代的企业家广泛认同，管理者大多致力于在企业中尽力营造一种体现自己发展理念、价值观及行为模式的企业文化氛围。

第二节　激励理论

一、需要层次理论

需要层次理论是美国心理学家亚伯拉罕·马斯洛于20世纪40年代提出的，他把人类的多种需要划分为五个层次：生理需要、安全需要、社会需要、尊重需要与自我实现需要，如图10-2所示。

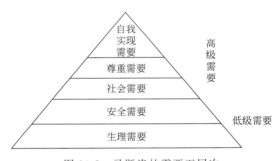

图10-2　马斯洛的需要五层次

马斯洛给出了需要各层次间的相互关系：这五种需要像阶梯一样从低到高，逐层上升；一个层次的需要相对满足了，就会向高一层次发展。这五种需要不可能完全满足，越到上层，满足的程度越小。不同层次的需要不可能在同一时间内同时发生作用，在某一特定的时期内总有某一层次的需要在起着主导作用，成为驱动行为的主要动力。

马斯洛还认为，生理需要与安全需要为低级需要，而社交需要、尊重需要与自我实现需要为较高级的需要。低级需要主要是从外部使人得到满足，而高级需要则是从人的内心使人得到满足。对一般人来说，低级需要的满足是有限的，高级需要的满足是无限的，因而高级需要具有比低级需要更持久的激励力量。

马斯洛的需要层次理论简单明了，易于理解，具有内在逻辑性，得到了普遍认可。但其也存在缺陷：在实际中，人的需要发展趋势并不一定严格按照马斯洛的五个需要层次逐层递增。

二、双因素理论

20世纪50年代末,赫茨伯格及其同事采用半结构面谈法,在匹兹堡地区对9个工业企业中的203名工程师和会计进行了工作满意感的调查。根据调查的结果,赫茨伯格提出了他的"双因素理论"。

这种理论认为,引起人们工作满意的因素与工作不满的因素是截然不同的两类因素,分别称之为"激励因素"和"保健因素"。人们工作满意(正值)的反面是没有工作满意(零值),而不是工作不满;同样,工作不满(负值)的反面是没有工作不满(也为零值),而不是工作满意。以这种区分作为基础,双因素理论提出,领导者在激励下属的过程中,一方面需认识到保健因素不可缺少,以免引起员工对工作产生不满;另一方面则更需注意提供真正起作用的激励因素,以便使员工切实产生对工作的满意感和内在动力。至于这两类因素的具体构成,那些与工作环境和条件相关的因素,如公司政策与管理监督、工作中的物质环境与人际关系、工资福利、工作安全和权力地位等,都属于保健因素;而那些与工作性质相关的因素,如工作富有挑战性、工作取得成就、才能得到赏识、增加工作责任的负担、获得成长和发展的机会等,都属于激励因素。激励因素的构成内容大致相当于需要层次理论中属第四层次的自尊需要和更高一层次的自我实现需要,而第四层次中的受人尊重需要及较之更低层次的其他各种需要,基本上都只是保健因素,如表10-2所示。

表10-2 赫茨伯格的激励因素和保健因素

激励因素	保健因素
工作本身	薪水
公认	安全
责任	工作条件
提升	工作保健
成就	监督
个人成长与发展	公司的政策
	管理人员和下属人员中人与人关系的性质、附加福利

三、成就需要理论

成就需要理论是美国心理学家麦克利兰提出的。麦克利兰认为,个体在工作环境中,在人的生存需要基本得到满足的前提下,主要表现为三种需要:成就需要、权力需要、归属需要。

(1) 成就需要 它是指一种追求卓越,不断向高标准进行挑战,想要发挥自己所具有的潜力,争取成功,克服困难而达到目标的一种欲望。高成就需要者对于自己感到成败机会各半的工作表现得最为出色。他们喜欢设定通过自身的努力才可达到的奋斗目标,为了成功而向困难的工作挑战,在竞争中努力不输给别人等行为。

这些人并不是追求成功之后的奖励,而是追求成功本身,在奋斗的过程中体验成功的喜悦与满足。总之,成就需要强的人,把具有挑战性的成就看作人生最大的乐趣,把做好工作达到自己所设置的目标视为最大的愿望。

(2) 权力需要 它是指一种影响并支配别人行为的欲望。权力需要强的人,一般对他人施加影响和控制表现出极大的兴趣,对权力有较高的欲望,喜欢竞争性和地位取向的工作环境。

（3）归属需要　它是指建立友好的亲密的人际关系的欲望。这种人渴望友谊,会主动与别人友好相处,自觉维护融洽的人际关系,喜欢合作而不是竞争的环境。他们希望彼此之间的沟通,以便相互理解。总之,归属需要强的人,喜欢有一种融洽的关系,甚至把友谊看得比权力更重要。

麦克利兰的大量研究分析表明,成就需要者对组织乃至整个社会和国家经济发展起着重要作用,企业拥有这样的人越多,发展就越快,就越能取得经济效益,国家拥有这样的人越多,就越兴旺发达。据他的调查,英国在1925年时拥有高成就需要的人数在25个国家中名列第5位,当时英国确实是一个兴旺发达的国家。1950年再做调查时,英国拥有高成就需要的人数在39个国家中名列第25位,事实上第二次世界大战以后的英国也确实在走下坡路。他还认为,可以通过教育和培养造就出高成就需要的人,麦克利兰还开发出培训成就需要者的一些方法。成就需要理论为选拔组织的管理者和各级组织的领导者提供了依据,即组织的管理者、领导者应该是高成就需要者,因为这种人容易成功且使组织得到发展。

另外,麦克利兰还认为,成就需要受组织管理状况的影响。如果把有高成就需要的管理人员放在具有挑战性的工作岗位上,便能引起成就的动机和相应的行为;如果把高成就需要的人放在例行的、没有挑战性的岗位上,则成就的动机便难以激发。

四、期望理论

期望理论是美国行为学家弗鲁姆于1964年在《工作与激励》一书中提出来的。该理论认为,一种行为倾向的强度取决于这种行为可能带来的结果的期望强度,以及这种结果对行为者的吸引力。该理论可以用下列公式表示:

$$M = f(E \times V)$$

V为效价,也称为诱力,是指一个人对某项活动可能产生的结果的价值的评价。例如,一位员工从经验和直觉中得出以下结论:如果自己在工作上做出优异成绩,奖金必然增加。奖金增加就是活动产生的结果,而这种结果具有多大的吸引力,人们是否喜欢这个结果,取决于各个人的主观评价。对一个迫切需要金钱的人或者很看重金钱的人来说,吸引力可能很大;而有的人经济很宽裕,对金钱无所谓,奖金对他们的吸引力就很小,甚至是零;也有的人不希望奖金增加,比如他们担心与同事关系变僵,奖金的增加对他们的吸引力就是负数。因此,效价的变动范围为$-1 \sim +1$。如果对活动结果非常排斥,则效价为-1;如果对活动结果强烈渴望,则效价为$+1$。

E为期望值,是指一个人对某项活动导致某一结果的可能性的判断。例如,一个学生对自己考取大学这一结果的可能性的判断,就是期望值。期望值的变动范围为$0 \sim +1$。应当注意的是,期望值是个人主观评价的概率,而不是实际情况的客观概率。

M为激励力,是指促使一个人采取某一活动的内驱力的强度。单有高的效价或单有高的期望值不足以产生强的激励力,只有当效价和期望值都比较高时才能产生比较高的激励力。

怎样使激励力达到最好值呢?弗鲁姆提出了人的期望模式:

个人努力 → 个人成绩（绩效）→ 组织奖励（报酬）→ 个人需要

根据期望理论，要有效地激发人的工作动机，需要处理好以下3对关系。

（1）努力与成绩（绩效）的关系　人们总是希望通过一定的努力达到预期的目标。如果一个人认为通过自己的努力，有把握达到预定的目标，即主观上认为达到目标的概率很高，那么，这个人就会充满信心，激发出强大的工作力量。反之，当一个人总感到他要实现的目标虽然可以实现，但难度太大，通过努力也不会有很好的绩效，他就会失去信心，缺乏动力；同样，如果目标太低，唾手可得，他就认为没有必要去达到此目标，从而失去内部的动力。由此可见，努力与成绩的关系取决于个体对目标的期望概率。期望概率是个体对目标的一种主观估价，它既受个人的个性、情感、兴趣、动机等主观因素的影响，也受个人的社会地位、外界环境以及他人的期望等社会客观因素的影响。

（2）成绩与奖励的关系　一个人的工作获得了成绩，总希望得到他人和社会的承认和赏识。奖励就是对个人或团体工作成绩的肯定和报酬。奖励是综合的，既包括物质上的，也包括精神上的。如果一个人认为取得绩效后能得到合理的奖励，他就可能产生工作热情；否则就可能没有积极性，时间一长，这个组织的全体成员为本组织贡献的动机的就会逐渐消退。

（3）奖励与满足需要的关系　满足人的需要是一切工作的出发点和归宿点，奖励作为一种手段也必须满足人的需要。人的需要的多样性，决定了奖励内容和奖励效价的复杂性。人们在年龄、性别、资历、社会地位和经济条件等方面都存在着差异，同一种奖励对于不同的人所体验的效价不同，吸引力也不等。为了提高奖励的效价和吸引力，充分激发人的积极性，就必须根据人的不同需要，采取多种内容和多种形式的奖励，以挖掘人的潜力，提高人员的工作效率。

五、公平理论

公平理论是由美国心理学家亚当斯于1967年提出来的理论。亚当斯认为，一方面员工所得的绝对报酬（即实际收入）会影响职工的工作积极性；另一方面，员工的相对报酬（即与他人相比较的相对收入）也会影响职工的工作积极性。

人们都会自觉不自觉地把自己所付出的劳动与所得的报酬，同他人付出的劳动与所得的报酬相比较，这是横向比较。经过比较，当员工发现自己的收支比例与他人的收支比例相等时，便认为这是合理的、公平的，因而心理平衡，心情舒畅，工作积极性高；如果感到报酬不合理，会产生不公平感与心理不平衡，结果可能导致职工发牢骚，泄怨气，中伤他人，制造紧张的人际关系，还可能使员工减少投入，消极怠工，甚至放弃、破坏工作，也可能要求改变他人投入和收入的比例，或者改变比较方法，自我解释，自我安慰，觉得"比上不足、比下有余"以求得心理上的平衡。除了横向比较外，还有个人前后历史的纵向比较，即用自己现在得到的报酬与自己过去所得的报酬相比。一般情况下，人们使用横向（社会）比较为多。

亚当斯的公平理论表明，一个人所得的相对值比绝对值更能影响人的工作积极性，所以，管理者需更多地注意实际工作结果与个人所得之间的公平合理性。但是，这在实际运用中很难把握，因为个人的主观判断对此有很大的影响，人们总是倾向于过高估计自己的投入，而过低估计自己所得的报酬，对别人的投入和所得报酬的估计则与此相反。因此，管理者除了制定公平的奖酬体系外，还要及时体察员工的不公平心理，并认真分析、教育员工正确、对待自己和他人。

六、强化理论

强化理论又称为行为矫正理论,是由美国心理学家斯金纳首先提出来的。这一理论倡导以学习原则为基础,从而理解和修正人的行为。

(一) 强化理论的主要内容

强化理论认为,人通过学习可以改变其所处的环境,可以保持和强化其积极行为,抑制和克服消极行为,将消极行为转化为积极行为。其中,强化是指对某种行为后果的肯定或否定,在一定程度上决定这种行为以后能否重复发生。凡能影响行为后果的刺激物均称为"强化物",利用强化物可以控制人的行为。强化可以分为两种类型。

1. 正强化

在管理理论中,正强化是奖励那些符合组织目标的行为,以便使这些行为得到进一步加强,从而有利于组织目标的实现。正强化的刺激物不仅仅包括奖金等物质奖励,还包括表扬、提升、改善工作环境等精神奖励。为了使正强化达到预期的效果,还必须注意实施不同的强化方式。有的正强化方式是连续的、固定的,譬如,对每一次符合组织目标的行为都给予强化,或每隔固定的时间都给予一定数量的强化;有的正强化方式是间断的,时间和数量都是不固定的,即管理者根据组织的需要和组织成员在工作中的表现,不定期、不定量地实施强化,使每一次强化都能产生较明显的效果。实践证明,后一种正强化更有利于组织目标的实现。

2. 负强化

在管理理论中,负强化是惩罚那些不符合组织目标的行为,以使这些行为受到削弱甚至消失,从而减少或消除其对实现组织目标的干扰。负强化的刺激物主要包括减少奖酬、罚款、批评、降级等。实际上,不进行或中断正强化也是一种负强化,譬如,对某种积极行为长期缺乏进行正强化,或过去对某种行为进行正强化,由于某种原因正强化被中断,都有可能导致这种行为较少或不再重复出现,甚至可能逐渐蜕变为消极行为。

(二) 强化理论对管理实践的启示

① 尽管正强化具有及时刺激、立竿见影的效果,但久而久之,组织成员就容易对其产生越来越高的期望,或者认为正强化是理所当然的。所以,管理者应适当掌握正强化的激励幅度,否则正强化的作用就会减弱,甚至不再起到刺激的作用。

② 实施负强化的方式与正强化有所不同,对每个不符合实现组织目标的行为都应及时予以负强化,并连续进行负强化刺激,直至完全避免这种行为重复出现的可能性。

③ 对强化理论的应用要考虑强化模式,并建立一整套强化体制。强化模式主要由"前因"、"行为"和"后果"三个部分组成。"前因"是指在行为产生之前确定一个具有刺激作用的客观目标,并指明哪些行为将得到强化。"行为"是指为了达到目标所采取的行动。"后果"是指当行为达到目标时,则给予肯定和奖励;当行为未能达到目标时,则给予否定或惩罚,以便调整组织成员的行为。

七、挫折理论

挫折理论来源于社会心理学中对攻击(侵略)行为的研究。美国耶鲁大学心理学家多拉德、杜博、米勒等人在《挫折与攻击》一书中首次提出了"挫折-攻击假说"。后来,经过一些学者的研究和修正,并将这一理论引入到人的管理中来,从而成为行为科学中的挫折理论。

挫折理论认为,不同个人在遭受挫折时,由挫折感所导致的心理上的焦虑、痛苦、沮丧、失望等会导致种种挫折性行为。任何人的任何行动并不总是一帆风顺的,人的行为并不总是成功的。在实现目标的过程中,由于受到主观因素和客观因素的限制,常常会受阻,乃至失败,这种受阻就叫挫折。挫折既可能消磨人们的斗志,使人们萎靡不振、灰心丧气,但也可能磨炼人们的意志,激发人们奋发向上的精神。挫折对人们的行为会产生何种影响,不仅取决于人们自己的心理素质和心理承受能力,还在很大程度上取决于所在组织的有关主管人员的反应。管理者必须分析挫折的起因,研究员工受挫后的表现,通过关心、采取相应的行动,提高员工的挫折承受力和有效地帮助员工实现目标,从而消除挫折感,激励员工在受挫后不断进取。

对挫折的态度不同,会使人们产生不同的受挫后的行为表现。

① 攻击　按照挫折-攻击假说,挫折是产生攻击行为的主要原因。攻击又表现为两种形式:一种是直接攻击,另一种是转向攻击。直接攻击是对构成挫折直接成因的人或事物进行攻击,如争吵、谩骂等。但是,由于遭受挫折的直接原因不总是明确的,或虽明确但不敢或无法攻击直接对象(如领导),人们往往倾向于通过替换的方式,寻找替代者来作为发泄对象。

② 固执　固执是指不由自主地重复某种无效的动作。虽然这种重复不能带来任何结果,但仍要继续。如企业某些员工由于没有掌握新技术,往往会抵制新技术,执拗地认为老一套的技术方法是最好的,并找出各种理由为他们的抵制行为辩解。

③ 冷漠　冷漠者对一切都心灰意冷,要燃起他心中的希望之火,激发其工作热情是很困难的。

④ 幻想　当一个人受挫折后,不能面对现实,做白日梦,企图以幻想来代替实际问题的解决,那是不正常行为。

⑤ 退化　即表现出与其对应有行为不相称的幼稚行为,称为退化现象,如又哭又闹、骂人、耍赖、蒙头大睡、装病不起等。

⑥ 焦虑　挫折给人们的情绪造成打击和威胁,从而形成紧张、焦虑、忧虑、恐惧等心态,表现为心神不定、坐立不安、出汗、神经系统紊乱等反应。焦虑不仅影响身心健康,也使人无法正常工作和学习。

对待受挫折的员工,管理者应在了解产出挫折的原因及其影响因素,受挫后的情绪反应和防卫性行为表现以后,首先应该具有一定的宽容度,否则会使挫折者产生不当行为,以致矛盾激化,造成不良后果;其次,应设法帮助受挫折者摆脱困境;再次,应防患于未然,这是管理者的重要职责之一。

第三节　激励的要求与方法

一、激励的要求

激励是一种心理因素,要想使员工得到激励,保持旺盛的精力和积极工作态度,管理者必须从心理上把握好被管理者的内心世界每一个细微的变化。

1. 因人而异

每一个激励的对象都是一个独特的与众不同的个体，他们在价值取向、需求目标、处世态度上都具有个性特征。正如医生治病要对症下药，针对不同的病情开不同的处方，不可能用一张处方，治好所有的病人。在同一时间，同一地点，对不同的人，应采用不同的激励手段。而对同一个人在不同的时期，也须用不同的方法才能起到激励的效果。

2. 了解真实需要

要想运用好激励，首先要了解被激励者的内心需要，这正是激励过程的开始环节，只有真正了解了对方的需要，就可以寻求满足需要的办法，达到激励的目的；相反，可能会造成截然相反的效果。管理者要确切地了解一个人需要什么，也需要掌握一定的技巧，可以通过问答的方式达到目的。然而，访问的地点、询问的方式将关系到内容的真实程度，一般非正式的随访要比正式召见较容易获得真实信息。管理者待人要真诚，倾听他人说话要耐心，要启发式地鼓励他人说出心里话。只有在充满信任、诚意的气氛中，才能叩开人们的心扉。

3. 设定合适目标

按照目标设定的理论，管理者应该为每一个员工设定一个对员工本人具有一定价值的目标，并对他们工作完成的程度提供反馈，使他们感到绩效评估系统是可靠的和有效的。目标的设定必须结合个体的特长。如果目标定得太高，员工对达到目标没把握，他就会降低努力程度，目标发挥不了激励作用。管理者必须保证员工充满信心，使他们感到自己是胜任这项工作的，只要更加努力，目标是完全可以实现的，以此来激发人们内在的强大动力。

4. 把握公平原则

人是生活在群体之中，而不是生活在真空里。人们的追求会受到他行动所在的客观环境的影响，环境有时会唤起人的激情，而另一些时候也会压抑人们的动机。所有的员工都认为自己的付出与所得应该是对等的，即他的知识、能力、努力等方面的付出应当在自己的收入所得方面得到体现。然而，在体现公平性的问题上，客观存在着许多付出与所得的项目，而且不同的人对每个项目的重要性的认识是有明显的差异的。这些差别意味着，组成"公平感"的实际内涵不一样，对某些人具有公平感，不一定对其他人也有公平感。所以，最理想的奖励系统，应当能够分别测量每一项工作的投入量，并给予相应的、合理的奖励。

5. 区别对待

行为科学指出，人的各种行为都是由一定动机引起的，而动机又产生于人们本身存在的需要，辨识员工的需要是对他们在工作中的行为进行激励和引导的前提。由于每个员工的需要不一样，工作的动机与效果也不一样。管理者应该根据员工的实际差异，实施奖励与绩效相统一，给予他们有区别的奖励。

二、激励的方法

由于激励理论多种多样，显然没有一个统一的模式和方式来激励员工，管理者必须采用以下多样化的激励方式。

1. 经济激励

经济激励是指企业以金钱等物质奖励（包括工资、奖金、福利、晋级、股票赠与和各种实物等）作为诱因，驱使员工采取最有效、最合理的行为。按照马斯洛需要层次理论，人们的需要随着较低层次的满足，不断地向高层次发展，员工对金钱的需求也表现出从能满足吃饱的薪金水平到过富裕生活的薪水的需要。在员工生活达到宽裕水平之前，经济激励作用是十分明显的，如果管理者能将其与员工绩效挂钩，员工对金钱追求的欲望会促使他的行为必须符合行为规范，同时给企业带来有益的劳动成果。其中，工资的作用是保障员工的基本生活需要，奖金的作用是促进现有资源的有效利用，其依据要与个人的绩效相联系。为了达到激励的目的，普通员工、管理人员的奖金要适当拉大档次，福利应当依据岗位、职位设定，若不在其位则不能享受。

2. 精神激励

精神激励是以精神鼓励为诱因对员工产生的激励。管理者对员工的劳动成果或工作成绩表示认同或赞赏有时更具激励作用。受人重视、得到赏识、引起注意的愿望是一个最强大的、最原始的动力之一。当员工取得了一定的成绩后，需要得到大家的承认，尤其是领导者的承认。所以，当某个员工取得了一定的成绩以后，领导者只需要向其表示已经知道其取得的成绩，或再加上赞扬，就可以对其产生很大的激励。赞扬的形式多种多样，如：①授予荣誉称号；②颁布证书、奖状等；③授予一定的特权；④对其进行宣传报道，这种激励既不必花很大的代价，效果又好，因而是一种很有价值的激励方式。

3. 目标激励

目标激励是以目标为诱因驱使员工去努力工作，其关键是给员工确定一定的目标。根据目标设定理论，目标是一种催化剂，有了目标，员工会在工作中从满足个人目标和个人价值需要出发，为了追求目标的实现会不断自觉地努力工作，发挥自己最大的潜能。采用目标激励时，目标既不能定得太高，也不能定得太低，应以通过努力可以实现为前提。任何个人在自己需要的驱使下也会具有个人目标，目标激励要求把组织目标与员工个人目标结合起来，使组织目标和员工目标相一致，如赠予或出让一部分股份给员工，使他们成为所有者、主人翁，这样会促使员工的目标和企业的目标相一致。

4. 参与激励

参与激励就是要让员工经常参与企业重大问题的决策，让员工多提合理化建议，并对企业的各项活动进行监督和管理，员工就会亲身感受到组织对自己的重视，感受到自己是组织的主人翁，组织的前途和命运就是自己的前途和命运，个人只有依附或归属于组织才能发展自我，从而激励员工全身心地投入到企业的事业中来，激励员工发挥自己的积极性。

5. 关心激励

关心激励是指组织的领导者通过对员工的关心而产生的对员工的激励作用。根据需要层次理论、成就需要理论等，领导者通过对组织员工的同情、关心和爱护，使员工产生很强的归属感，从而会对员工产生激励效果。当员工生活、家庭、住房等方面有困难时，领导者能时时关心员工疾苦，了解员工的具体困难，并帮助其解决；当员工遭受情感、失败等挫折时，领导者从精神上给予鼓励；当员工遭受天灾人祸等不幸时，领导者给予安慰和救济；当员工过生日时，意外收到领导者的生日礼品等，都属于关心激励的范畴。

6. 公平激励

公平激励是指组织的领导者在各种奖罚上，对每一位员工公平对待所产生的激励作用。具体来说，应该是同工同酬，多劳多得，少劳少得，不劳者不得，机会均等，每一位员工都感到公平合理。员工要得到加薪、晋升，就必须付出相应的劳动，任何想通过讲人情走后门和请客送礼等歪门邪道的手段都是行不通的。只有在这种公平环境下，才能调动员工的积极性和激发员工扎扎实实地努力工作。否则，员工将会消极怠工，甚至作出不利于组织的行为。为了保障公平合理，组织应制定相应的制度。

7. 权力激励

权力激励是指组织的领导者赋予管理人员相应权力而对管理人员产生的激励作用。针对管理人员的权力需要，高层管理人员对低层管理人员要善于授权。管理人员拥有一定的权力，才能开展相应的管理工作。通过授权，调动他们的积极性、主动性和创造性，激发满足感和成就感。管理人员的成就感，一方面可以在管理工作过程中体验到，另一方面还可以在达到一定的管理绩效水平后体验到。在对管理人员赋权时，领导者要努力处理好集权与分权的关系。一般来说，对下级管理人员的分权应以不失去对其有效的控制为限。

8. 晋升激励

晋升激励是指通过给员工提供晋升机会对员工产生的激励作用。晋升对组织的普通员工来说，意味着工作业绩得到了承认，也是权力和地位的象征，可以满足更高层次的需要，会激励他更加努力工作。晋升对组织的管理人员来说，可能是最有吸引力的激励措施。因为，晋升意味着管理人员的管理业绩得到了认可，可以享有更大的权力，满足其权力的需要；晋升可以给管理人员施展才能和创造更大成就的机会，满足其成就的需要；另外，管理者都希望得到晋升，升职被视为奋斗目标，具有较高的效价等等。所有这些都会对管理人员产生较大的激励，他们会努力工作、发挥潜能、创造佳绩。任何组织，都应有一套通畅的晋升系统和健全的人才培训制度，这套制度应包括员工晋升的程序、计划、途径等内容。

9. 领导者激励

领导者激励是指组织的领导者的品德、行为给员工带来的激励作用。领导者是组织的核心，其一言一行都会受到组织员工的关注。领导者是员工的表率，是员工行为的楷模。如果领导者能以身作则，大公无私，清正廉洁，与员工同甘苦、共命运，体贴关心下属，不独断专行，发扬民主等，这样的领导者本身对员工就是莫大的鼓舞，激发员工的士气。如果再加上领导者具有较强的能力水平，使企业欣欣向荣，蓬勃向上，累创佳绩，能给员工带来较高的收益，有助于员工的需要满足和价值实现，那么，会对员工产生巨大的激励作用。

10. 惩罚激励

按照强化理论，惩罚也是一种激励。惩罚激励是指组织利用惩罚手段，诱导员工采取符合组织需要的行动和放弃不良行为的一种激励。惩罚激励主要通过制定一系列的员工行为规范，并规定如不遵守这一行为规范，将根据程度大小，确定相应的惩罚标准与措施。惩罚手段很多，如扣发工资、奖金，罚款，赔偿，批评，降级，降职，各种行政处分以及刑事处罚等。这样，一方面，员工避免惩罚的需求和愿望促使其行为符合特定的规范；另一方面，通过对违规员工的惩罚，激励未违规的员工自觉、积极地去遵守组织规范。

总之，激励员工的方法多种多样，每一种方法都是激励理论的具体应用，从内容、过程、结果等各个不同的角度对员工进行激励。组织管理者应针对不同人员的情况，根据普通员工和管理人员的不同，选择运用各种激励方式，以达到有效激励员工的目的。

【寓教于乐】

驴子挨打——公平理论

一户人家养了一只小狗和一头驴，每当晚上主人回来的时候，小狗总是雀跃地迎上前去，摇摆着尾巴投向主人的怀里，主人也总是高兴地抚摸着小狗。

驴子被冷落在一旁，他心里着实不满："哼，狗每天什么都不干却能讨取主人的欢心，我每天拉磨却得不到任何奖赏，看来，我也要想想办法向主人示好才行。"

这天，主人回家的时候，驴子抢先小狗一步迎上前去，迅捷地将蹄子搭在了主人的肩上。受到惊吓的主人忙推开驴子，举起鞭子狠狠地抽了它一顿。

【点评】寻求公平是员工对于组织的心理诉求，只有他们感到相比其他员工而言，自己的投入获得了相对公平的报酬，他们才会产生满足感。

【探源】在组织中常常会发生这样的情况，即使与行业平均水平相比，组织已经给某个员工支付了较高的薪水，但是如果相对组织内部其他员工而言，此位员工的薪水低于承担同样工作的同事，他也会对组织产生不满，降低工作热情。美国心理学家斯达斯·亚当斯提出了公平理论，特别分析了组织内员工之间就报酬与投入进行相互对比的情况。

公平理论的内容为：组织中的员工都有估价自己的工作投入和获得报酬的倾向，他们不仅关心自己报酬的绝对值，也关心报酬的相对值。员工总是习惯把自己付出的劳动和所得的报酬同他人付出的劳动和所得的报酬进行对比，也会把自己现在付出的劳动和所得的报酬同过去付出的劳动和所得的报酬进行对比，如果他们发现自己的收支比例同其他同事的收支比例大致相等，或者现在的收支比例与过去的收支比例大致相等，便会觉得受到了组织的公平对待，正向增强工作动机；否则，便会感到不公平，降低了工作积极性。

当某个员工感到与其他同事相比，自己的报酬过低时，便会心理失衡，或者不再像从前一样努力工作，或者向组织提出加薪的要求，而如果组织无法通过实行一些举措消除这种不公平感的话，员工还常常会以辞职的方式进行反抗，他们寻求更能使自己的价值得到公平对待的地方。

因此，对于组织而言，如何尽量使员工感到公平是一个重要的使命，因为收入分配的公平感是一个强有力的激励因素，它从心理方面影响着员工绩效的实现以及组织内人才的去留。以下是针对如何使员工感觉公平提出的三条建议。

① 使员工建立统一的公平观。应使员工意识到以绩效为基础的分配方式是相对最公平的收入分配选择，类似大锅饭的平均主义观念是对公平的误解。

② 绩效评价体系要合理，让员工知道组织衡量贡献的尺度和标准。

③ 按照公开公正的原则公布考核标准和分配方案，如果分配的程序做到了公平，报酬高者可以理直气壮，报酬低者也会心服口服，并且可以促使报酬低者产生追赶报酬高者的工作热情。

不过，人的心理是一个很难控制的情绪化因素，组织很难做到绝对公平，使组织内的每一个人都产生公平感。因此，组织在以公平理论为基础激励员工时，首先要明确到底要使哪些员工感到公平，只有尽量使组织的核心员工产生公平感，才会提高组织的竞争力。

【管理者定律】

南风法则

南风法则：也称"温暖"法则，源于法国作家拉封丹写过的一则寓言：北风和南风比威力，看谁能把行人身上的大衣脱掉。北风首先来一个冷风凛冽寒冷刺骨，结果行人为了抵御北风的侵袭，便把大衣裹得紧紧的。南风则徐徐吹动，顿时风和日丽，行人因为觉得春暖上身，始而解开纽扣，继而脱掉大衣，南风获得了胜利。

"胡萝卜+大棒"几乎所有人都对此耳熟能详了，作为一个管理者，尤其是一个现代管理者，使用大棒政策对待员工并不是明智的选择，而胡萝卜的使用却能够使你的员工在愉悦中享受到为你辛勤工作的乐趣，这不是神话，这是经过了无数次实践证明的。

在"南风"法则中，北风代表大棒，南风则代表胡萝卜。很多时候，为了达到把行人大衣脱掉（激励员工努力工作）的目的，胡萝卜的作用非常明显。"南风"法则告诉我们胡萝卜比大棒在管理中更有效。但是在实际应用中，又必须把握好激励的"度"。

渔夫在船上看见一条蛇口中叼着一只青蛙，青蛙正痛苦地挣扎。渔夫非常同情青蛙的处境，就把青蛙从蛇口中救出来放了生。但渔夫又觉得对不起饥饿的蛇，于是他把自己最爱喝的酒给蛇喝了几口，蛇愉快地游走了。渔夫正为自己的行为感到高兴，突然听到船头有拍打的声音，渔夫探头一看，大吃一惊，他发现那条蛇抬头正眼巴巴地望着自己，嘴里叼着两只青蛙。这则寓言给人们以启示：只要你给予他人所没有的，就会产生激励效果，这种激励会使他人加倍努力，而这种激励必须把握一个适当的"度"。

南山坡住着一群兔子。在蓝眼睛兔王的精心管理下，兔子们过得丰衣足食，其乐融融。可是最近一段时间，外出寻找食物的兔子带回来的食物越来越少。为什么呢？兔王发现，原来是一部分兔子在偷懒。

兔王发现，那些偷懒的兔子不仅自己怠工，对其他的兔子也造成了消极的影响。那些不偷懒的兔子也认为，既然干多干少一个样，那还干个什么劲呢？也一个一个跟着偷起懒来。于是，兔王决心要改变这种状况，宣布谁表现好谁就可以得到兔王特别奖励的胡萝卜。

一只小灰兔得到了兔王奖励的第一根胡萝卜，这件事在整个兔群中激起了轩然大波。兔王没想到反响如此强烈，而且居然是效果适得其反的反响。

有几只老兔子前来找他谈话，数落小灰兔的种种不是，质问兔王凭什么奖励小灰兔？兔王说："我认为小灰兔的工作表现不错。如果你们也能积极表现，自然也会得到奖励。"

于是，兔子们发现了获取奖励的秘诀。几乎所有的兔子都认为，只要善于在兔王面前表现自己，就能得到奖励的胡萝卜。那些老实的兔子因为不善于表现，总是吃闷亏。于是，日久天长，在兔群中竟然盛行起一种变脸式（当面一套背后一套）的工作作风。许多兔子都在想方设法地讨兔王的欢心，甚至不惜弄虚作假，兔子们勤劳朴实的优良传统遭到了严重打击。

为了改革兔子们弄虚作假的弊端，兔王在老兔子们的帮助下，制定了一套有据可依的奖励办法。这个办法规定，兔子们采集回来的食物必须经过验收，然后可以按照完成的数量得到奖励。

一时之间，兔子们的工作效率为之一变，食物的库存量大有提高。

兔王没有得意多久，兔子们的工作效率在盛极一时之后，很快就陷入了每况愈下的困境。兔王感到奇怪，仔细一调查，原来在兔群附近的食物源早已被过度开采，却没有谁愿意主动去寻找新的食物源。

有一只长耳朵的大白兔指责兔王唯数量论，助长了一种短期行为的功利主义思想，不利于培养那些真正有益于兔群长期发展的行为动机。

兔王觉得长耳兔说得很有道理，开始若有所思。有一天，小灰兔素素没能完成当天的任务，它的好朋友都都主动把自己采集的蘑菇送给他。兔王听说了这件事，对都都助人为乐的品德非常赞赏。

过了两天，兔王在仓库门口刚好碰到了都都，一高兴就给了都都双倍的奖励。此例一开，变脸游戏又重新风行起来。大家都变着法子讨好兔王，不会讨好的就找着兔王吵闹，弄得兔王坐卧不宁、烦躁不安。有的说："凭什么我干得多，得到的奖励却比都都少？"有的说："我这一次干得多，得到的却比上一次少，这也太不公平了吧？"

时间一长，情况越演越烈，如果没有高额的奖励，谁也不愿意去劳动。

可是，如果没有人工作，大家的食物从哪里来呢？兔王万般无奈，宣布凡是愿意为兔群做贡献的志愿者，可以立即领到一大筐胡萝卜。布告一出，报名应征者好不踊跃。兔王心想，重赏之下，果然有勇夫。

【点评】"南风"法则告诉我们这样一个道理：温暖胜于严寒。领导者在管理中运用"南风"

法则，就是要尊重和鼓励下属，以下属为本，多点"人情味"，多给一点胡萝卜，尽力解决下属日常生活中的实际困难，使下属真正感觉到领导者给予的温暖，从而激发工作的积极性。

在人力资源管理中，胡萝卜是什么意思呢？就是能激励员工努力完成工作任务的方法和方式。从这个意义上讲，能起到激励作用的任何方法方式都可以是胡萝卜。胡萝卜有许多种类，并不仅限于现金。

作为公司或一个团队的管理者，你需要通过员工的进取去实现经营目标。然而，如果没有激励，员工的士气就无法振作，你的目标就会变得虚无。因此，在一个以人为本的企业文化中，胡萝卜几乎无处不在，并且表现出各种赏心悦目的形式，令人热血沸腾。

作为管理者要懂得善用胡萝卜，否则，使用不当，胡萝卜也会失去激励作用！对一个极度饥饿的人来说，给他第一碗饭吃是救命，第二碗饭是满足，第三碗饭则是痛苦。等到他吃第三碗饭时，饭的价值对于他而言，已经完全发生了变化，他哪里还能体味"粒粒皆辛苦"的意义呢？同样的道理，那个兔王的胡萝卜不仅没能起到激励的作用，反而使得兔子们一个个变得骄奢淫逸了起来。所以，作为管理者，应该先弄懂胡萝卜的含义，否则，不仅无法激励员工们努力工作，反而惹出许多麻烦，给他们的也不是什么快乐，而是毒药。

管理者除了用现金的方式来激励员以外，更要懂得运用其他不花钱的胡萝卜来进行激励。比如：在工作现场当面表扬和夸奖员工；对员工的生活表示关怀；让工作充满挑战性的刺激；颁发奖状；和员工一起共进午餐；给员工自己制定工作目标的机会；策划员工之间的竞争……在管理世界之中，胡萝卜的游戏无处不在。无论所见、所得或运用之妙，完全存乎一心。

【经典管理故事】

多赞美他人

有一个教师和朋友散步，教师问："你怎能希望一个教师照你说的去做呢？""我并没有希望他，"朋友回答，"我知道这种做法是可遇不可求，所以我尽量多对人和气，多赞美他人，这样就会影响很多的人。""我承认这套理论很中听，但能有几分实际效果呢？""就算没效果我也毫无损失呀！开口称赞教师花不了我几秒钟，他也不会免费给我上课啊。如果那人无动于衷，那也无妨，明天我还可以去称赞另一个教师呀！""我看你有点病得不轻。""从这就可看出你越来越冷漠了。我曾调查过一个清洁工，他说最感沮丧的除了薪水微薄外，就是欠缺别人对他们工作的肯定。""但他们的服务真的很差劲呀！""那是因为他们觉得没人在意他们的服务质量。我们为何不多给他们一些鼓励呢？"

教师和他的朋友边走边聊，途经一个卖水果的摊子，老板正在一旁吃午餐。教师的朋友停下了脚步指着水果说："你的水果真的是又大又好看啊！"那个老板见自己的水果是又小又难看，他却说好，于是，就用鄙视的眼光瞪了瞪他们。

"今天的水果卖得很不错吧？"教师朋友继续问道。

"才卖了3斤。"水果老板应了一声。

"不错啊，下午一定会卖完的。"那个水果老板显然露出一丝丝的微笑。

离开水果摊后，教师对他说："你这种人也可以列入濒危动物了。""也许某些人会因我这一句话而更起劲地工作，这对所有的人何尝不是一件好事呢？""但是只靠你自己能影响多少呢？"

"我常告诉自己千万不能泄气，让这个社会更有情原本就不是简单的事，我能影响一个就一个，能两个就两个……"

【点评】作为管理者一定要不断地给员工一些激励，那样会让员工把自己的潜力发挥到最大限度。

复习思考题

1. 产生行为的原因是什么？
2. 哪些因素影响人的动机强度？
3. 如何看待各种人性假设？
4. 对于人们的各种需要应采取什么样的措施？
5. 结合自己的亲身经历，说明激励的重要性。
6. 需要层次理论对实际工作有什么启发？
7. 在激励实践中应注意哪些因素？
8. 工作丰富化的实质是什么？
9. 人员激励应遵循哪些原则？
10. 公平理论有什么实际意义？
11. 为什么说物质激励是基础，精神激励是根本？

【案例分析】

知识激励、物质奖励和精神鼓励：三位一体

C公司是国内生产经营高等级路面机械、建设机械产品的重点骨干企业。为了在公司内部形成如饥似渴求人才、优选优培育人才、不拘一格用人才的创新氛围，充分调动科技人员及能工巧匠自主创新的积极性，该公司采取了三位一体的系统激励。首先是知识激励。公司每年拨出50多万元技术教育经费，设立员工培训基金，把在岗位上有所建树又具有求知欲望的生产技术骨干、管理人员输送到高等院校进行深造或赴国外知名公司跟班培训学习，并自办技师、高级技工及外语、MBA、项目管理、计算机等专业知识培训班，激励员工参加学历培训和继续教育。一年之中就举办各类培训班32期，培训员工3300多人次，培训覆盖率达90％以上。目前，该公司已形成以22名省市级中青年专家、学科带头人、高级工程师和高级技师等高技术创新型人才为主体的企业科技创新队伍，工程技术人员已占员工总数的20％。其次是物质奖励。公司积极推行科技奖励实施办法，对引进应用新技术、新工艺、新材料和科技攻关、专利发明、技术革新、新产品开发等自主创新取得成果的科技人员和能工巧匠给予重奖。该公司又拨出37万元资金，重奖在自主创新中作出突出贡献的科技人员及能工巧匠。并坚持每月给高级工程师、工程师、高级技师、技师发放职称津贴，给新引进的大学生每月增发生活特别补助费。与此同时，大力实施精神鼓励政策。公司定期开展争当科技模范、科技标兵、科技明星立功竞赛活动，将评选出的创新型先进人物登上企业明星榜，广泛进行宣传。同时，工作上重用尊重人才，政治上关心爱护人才，科技人员、生产技术骨干要求加入党组织的越来越多，一个求才、求知、求新、求进的创新氛围已在公司内部形成。

知识激励、物质奖励、精神鼓励有效地激活了创新型人才资本，企业成为开发知识潜能的"放大器"，自主创新能力不断增强，技术创新成果层出不穷。近年来，C公司共完成国家及省、市级重大科技成果40多项，其中35项成果分别获得中国机械工业科学技术奖和省市科技进步奖，国家专利授权总数已达35个，并创造出多项全国第一：第一台全电子控制智能化集成化摊铺机，第一台滑模式水泥摊铺机，第一台带回收装置沥青路面铣刨机，第一台大型商品水泥混凝土搅拌机，代表我国先进水平的SPS90型高品质多功能摊铺机第一次在高速公路做沥青路面面层大修摊铺作业，改写了国产摊铺机上不了高速公路面层摊铺作业的历史。该公司被科技部列为"全国CAD应用工程示范企业""国家重点高新技术企业"，

被中国机械工业联合会列为"全国管理进步示范企业",并跻身于中国机械工业企业核心竞争力百强先进行列。

讨论题

从激励系统性的角度分析,C公司成功的主要因素是什么?

【点评】C公司对员工实施了系统的激励,即知识激励、物质奖励和精神鼓励,从多层次满足员工的心理需要,从多侧面激发员工积极努力工作的动机,才在实践中产生较大的激发力量,取得了良好的激励效果。实施激励是一个系统工程,缺乏系统性的激励,难以全方位调动不同层次员工的积极性,难以产生较高的激励效益。

第十一章　控制理论

【学习目标与要求】

通过本章学习，了解控制的概念、基本类型和内容，理解控制的作用、原则和程序，明确有效控制的前提、特点和要求，掌握控制的方法。

【引导案例】

这一案件的责任承担者是谁

红光钟表厂于某年一月份与外省仪表厂签订了一份购买测压机的合同。合同规定：价款7000元，仪表厂在二月份持货到火车站发运，仪表厂将货准时发出并电告钟表厂要求支付货款，钟表厂于三月二十一日复电"货未收到"拒付货款，仪表厂获悉后即向始发站询问，答复"货已运走"，仪表厂去信询问到货站，该站回答"货已交给收货人"，而钟表厂又再次声明：货未收到。仪表厂只好派人到钟表厂所在地查询，方知：货在红旗电缆厂放置，仪表厂人员便与钟表厂有关人员一同前去取货，结果货物因包装毁坏日晒雨淋内部严重锈蚀无法使用。

造成上述结果的原因是货运到站，由于该站工作人员的粗心大意将测压机提单混在电缆厂提单之中，一并交给了该厂，电缆厂到火车站提货时也未仔细核对，造成错发错提货物，入库保管员验收时发现多了一台测压机，当即电话告知火车站，车站的某工作人员电话答复："即来取货"。保管员以为货物很快可以取走便将其置于露天，但火车站工作人员竟忘记了向领导汇报，造成测压机搁置月余严重锈蚀损坏的结果。因此，在同年七月二十日，某省仪表厂以红光钟表厂拒付货款7000元为理由，向某市人民法院起诉要求钟表厂支付货款，红光钟表厂应诉答辩认为因火车站错发货物而使机器生锈损坏，应由火车站负责赔偿损失。火车站则应诉认为错发货物车站固然有一定的责任，但货物损坏系红旗电缆厂保管不善所致，故红旗电缆厂应与其共同赔偿。

在管理理论中，计划职能确定了管理过程的方向与步骤，组织职能构成了影响管理过程的各种关系，领导职能提供了支配管理过程的主导力量。但是，受组织内部及外部环境因素变化的干扰，使得这些管理职能不可能顺畅地得以实现，这在客观上就要求控制职能能够迅速产生响应，对管理活动进行多侧面的观察、衡量与判断，以便利用相应的控制方法对管理活动进行合理的校正与调整，从而促使计划、组织、领导等职能管理活动与既定目标相一致，促进管理过程与组织整体目标相适应。因此，控制职能是保障管理活动达到预期目的的重要基础。

第一节　控制概述

一、控制的概念

控制是指系统地设置标准，以此对照进程，必要时采取矫正措施，将工作纳入规划和预定的轨道。控制具有三层含义：第一，控制有很强的目的性，控制是为保证组织中的各项活动按计划进行，以实现组织预定的目标；第二，控制是通过"监督"和"纠偏"来实现的，制度和规范是开展控制的重要保障；第三，控制是一个过程，需要具体分析控制过程、方法、时点和效益。为了实现组织目标，保证组织活动的正常开展，几乎所有的管理者都不同程度地承担着控制的职能。

美国学者斯蒂芬·罗宾斯曾这样描述控制职能："尽管计划可以制定出来，组织结构可以调整得非常有效，员工的积极性也可以调动起来，但是这仍然不能保证所有的行动都按计划执行，不能保证管理者追求的目标一定能达到。"而控制职能能够起到这样的作用。

二、控制的基本类型

管理理论从管理实践中分析、归纳、概括和提炼了多种多样的控制方式，但是每种控制方式都各有一定的适用性。为了提高控制的效果，不能过分地依赖某一种管理控制方式，而应注意将若干种控制方式有机结合起来运用。

（一）根据控制的时机划分

1. 前馈控制

前馈控制是指根据组织运行中可能产生某偏差的苗头或预兆，采取必要的手段进行控制的过程。前馈控制的突出优点是将偏差消灭在萌芽状态，不会对组织运行产生影响，这是一种理想的控制方式。但是，这种控制方式要求较高，对控制中有关预测和反馈的精度、速度要求苛刻，实现的难度也较大。要想有效地应用前馈控制方式，需要满足三个条件：①过去的经验对所要控制的对象是有效的；②组织将来运行的情况是可以预先估计的，而且这种估计是准确的；③具有防患于未然的规章制度乃至标准作保障。

2. 反馈控制

反馈控制是指在控制系统运行中，把输出端的信息返送回输入端，并与输入端的信息进行比较，衡量输出端信息与输入端信息之间的偏差，同时采取相应措施纠正偏差的过程。对于管理活动而言，输入端信息是指计划的具体内容及标准，输出端信息是指执行计划的情况，从输出端返送回输入端的信息是计划实际执行情况的反馈信息。反馈控制的特点是把注意力集中在历史结果上，将其作为纠正将来行为的基础，纠正偏差比偏差滞后一个周期，即偏差产生后再进行纠正偏差。对于较长的控制过程，反馈控制方法纠正偏差滞后的问题可以忽略不计，对最终控制结果不会产生太大的影响，并可以通过这一控制不断地调整和缩小组织运行偏离其目标的误差。但是对于较短的控制过程，反馈控制方法纠正偏差滞后的问题，可能会对控制结果产生较大的影响。反馈控制应用范围很广，如财务分析、成本管理、质量管理、员工业绩评定等方面。

3. 同步控制

同步控制是指不需要反馈环节，控制主体直接参与和作用于控制过程，实时监测组织运行状态，在发现偏差的同时进行相应调整的过程。这种控制方式要求监测环节灵敏、准确，并建立一套行之有效的即时控制的管理机制，同时要求管理者富有果断的指挥能力和高效的应变能力。例如，对企业产品生产过程中的几个关键点变化状态不断地进行抽查，发现产品质量出现异常情况立即采取措施进行纠正，便可以保证生产出来的产品符合质量要求。

(二) 根据控制主体与控制对象的作用关系划分

1. 直接控制

直接控制是指控制主体直接作用于控制对象的过程。应用直接控制是有多种条件限制的，其中最重要的是要求管理者必须具备良好的素质，即必须具有高水平的决策能力，拥有决策成功率高的业绩。只有这样，管理者在直接控制中才能避免或很少犯错误。管理者应恰当地把握直接控制的应用场合及使用频率等因素，在一般情况下，对于复杂的管理活动应避免直接控制。

2. 间接控制

间接控制是指控制主体与控制对象非直接接触的控制过程。在间接控制中，通过有关管理部门对某种工作过程进行检查和监督，将从检查和监督中获得的信息及结果向管理者汇报，管理者从中找出偏差并分析偏差产生的原因，然后采取措施来纠正偏差。管理者把获得控制信息的注意力集中在对监督与检查结果的分析上，为了提高控制信息的客观性，应尽量减少监督检查的中间环节，同时在实施间接控制过程中，应辅以管理者实地考察、调查研究、抽样分析等方法。

三、控制的内容

依据美国管理学家斯蒂芬·罗宾斯有关控制内容的研究成果，对控制的主要内容作以下分析。

1. 对人员的控制

组织的目标要由人来实现，组织成员应该按照管理者制定的计划去做，为此，就必须对组织成员进行控制。常用的方法是直接巡视，发现问题马上进行纠正；另一种有效的方法是对组织成员进行系统化的评估。通过评估，对绩效好的予以奖励，使其维持或加强良好表现；对绩效差者，管理者就应该采取相应措施，纠正出现的行为偏差。

2. 对财务的控制

为保证组织获取利润，维持组织的生存与发展，必须要进行财务控制。财务控制主要包括审核各期的财务报表，以保证一定的现金存量，保证债务的负担不致过重，保证各项资产都得到有效的利用等。预算是最常见的财务控制衡量标准，因此也是一种有效的控制工具。

3. 对作业的控制

作业是指从劳动力、原材料等资源到最终产品和服务的转换过程。组织中的作业质量很大程度上决定了组织提供的产品或服务的质量，而作业控制是通过对作业过程的控制，来评价并提高作业的效率和质量，从而提高组织提供产品或服务的能力。组织中常见的作业控制有生产控制、质量控制、原材料购买控制、库存控制等。

4. 对信息的控制

随着人类步入信息社会，信息在组织中的作用越来越重要，不精确、不完整、不及时的信息会大大降低组织的效率。因此，在现代组织中对信息的控制尤为重要。对信息的控制就是要建立一个管理信息系统，使其能及时地为管理者提供充分、准确、完整的信息。

5. 对组织绩效的控制

组织绩效是高层管理者控制的主要对象，组织目标的达成与否能从组织绩效反映出来。无论是组织内部的人员，还是组织外部的成员和组织，如证券分析者、潜在的投资者、贷款银行、供应商以及政府部门都十分关注组织的绩效。要有效实施对组织绩效的控制，关键在于科学地评价、衡量组织的绩效。一个组织的整体效果很难用一个指标来衡量，生产率、产量、市场占有率、组织成员福利、组织的成长性等都有可能成为衡量指标，关键是看组织的目标取向，即要根据组织完成任务的实际情况并按照目标所设置的指标来衡量组织绩效。

四、控制的作用

1. 控制是计划的保证

控制通过"纠偏"，使计划执行中的偏差得以及时纠正或减少，从而确保计划的顺利实施；通过"调试"，积极调整原定标准或重新制定新的标准，以确保计划运行的适应性。

2. 控制可以提高组织效率

控制通过"纠偏"，有助于提高人们的工作责任心和工作能力，可以防止类似偏差的再现；通过反馈，有助于提高管理者的决策能力水平。

3. 控制促进创新

通过反馈，管理者不仅可以及时掌握计划的执行情况，纠正所产生的偏差，还可以从反馈中受到启发，激发管理方法、管理手段的创新。

4. 控制有助于组织适应环境

一个组织只有不断地适应变化着的环境，才能更好地生存和发展。计划就是组织为适应环境而所作的准备，但由于环境的变化，使组织事先所制定的计划不再正确、合理和有效，控制在某种程度上就是防止这种不适应距离的拉大。

五、控制的原则

控制是一项重要的管理职能，无效的控制会导致计划无效和组织无效，有效的控制必须具备一定的条件并遵循科学的控制原则。

1. 控制要反映计划的要求

在管理工作中，控制和计划的联系最为紧密。孔茨曾说过："没有了目标与计划，也就不可能控制，这是因为必须要把业绩同某些已规定的标准相比较。"控制的目的是为了实现计划，计划是控制所采用的绩效衡量标准的原始依据。因此，管理者在制定计划时要考虑到相关的控制因素，计划越明确、越全面完整，所设计的控制系统越能反映这样的计划，控制工作也就越有成效。

每一项计划和每一项工作都各有特点。为实现计划和完成工作所设计的控制系统和所进行的控制工作，尽管基本过程是相同的，但在确定什么标准、控制哪些关键点和重要参数、收集什么信息、如何收集信息、采取何种方法评定成效以及由谁来控制和采取纠正措施等方面，都必须按不同计划的特殊要求和具体情况来设计。控制工作越是考虑到各种计划的特点，就越能更好地发挥控制的作用。

2. 控制要与组织结构相适应

控制必须反映组织的结构状况并由健全的组织结构来保证，否则，控制只是空谈。健全的组织结构有两个方面的含义：①要能在组织中将反映实际工作状态的信息迅速地上传下达，保证联络渠道的畅通；②要做到责权分明，使组织结构中的各部门和个人都能切实担负起自己的责任。否则，出现了偏差就难以纠正，控制也就不可能实现。一个组织的设计越完善，所设计的控制系统越符合组织机构中的职责和职务要求，就越有助于纠正脱离计划的偏差。

此外，在设计控制系统时，不仅要考虑具体的职务要求，还应考虑到担当该职务的主管人员的特点。控制系统和控制信息是为了协助每个主管人员履行其控制职能的，如果所设计的控制系统不为主管人员所理解、信任和使用，那么它就没有多大用处。因此，建立控制系统必须符合每个主管人员的情况，使之能够很好地理解、信任并运用这个系统实施有效的控制。

3. 控制应突出重点，强调例外

在控制工作中，应遵循关键点原则和例外原则。

关键点原则是指控制工作要突出重点，不能只从某个局部利益出发，要针对重要的、关键的因素实施重点控制。事实上，组织中的活动往往错综复杂，管理者根本无法对每一个方面实施完全的控制，他们应该且只能将注意力集中于计划执行中的一些关键影响因素上。因此，找出或确定这些关键因素，并建议重点控制，是一种有效的控制方法。控制住了关键点，也就控制住了全局。选择关键控制点的能力是管理工作的一种艺术，有效控制在很大程度上取决于这种能力。

例外原则是指控制工作应着重于计划实施中的例外偏差（超出一般情况的特别好或特别坏的情况），这可使管理者把精力集中在他们注意和应该注意的问题上。

但是，只注意例外情况是不够的，对例外情况的重视程度不应仅仅依据偏差的大小而定，同时需要考虑客观实际情况。在偏离标准的各种情况中，有一些是无关紧要的，而另一些则不然，某些微小的偏差可能比某些较大的偏差影响更大。因为在一个特定的组织中，不同工作的重要程度各不相同。

在实际工作中，控制的例外原则必须与控制关键点原则相结合，把注意力集中在对关键点的例外情况的控制上。关键点原则强调选择控制点，而例外原则强调观察在这些控制点上所发生的异常偏差。

4. 控制应具有及时性

控制的及时性是指在控制工作中及时发现偏差并能及时采取措施纠正。一个有效的控制系统必须能够提供及时的信息，信息是控制的基础。为提高控制的及时性，信息的收集和传递必须及时，如果信息的收集和传递不及时，信息处理的时间又过长，则偏差就不能及时纠正。当采取纠正措施时，如果实际情况已经发生了变化，这时采取的措施如果不变，不仅不能产生积极作用，反而会带来消极影响。

控制要做到及时性，必须依靠现代化的信息管理系统，随时传递信息，随时掌握工作进度，如此才能尽早发现偏差，进而及时采取措施进行控制。

5. 控制应具有客观性

控制的客观性是指在控制工作中，管理者不能凭个人的主观经验或直觉判断，而应采用科学的方法，尊重客观事实。

控制工作的客观性要求控制系统应尽可能提供和使用无偏见的、详细的、可以被证实和理解的信息，要求必须具有客观的、准确的和适当的控制标准。在整个控制过程中，主观判断不仅可能使绩效的衡量得不出明确的结论，而且还会使纠正偏差的力度难于把握，从而使现实工作更加混乱。

为了保证控制的客观性，要求尽可能将衡量标准加以量化。量化程度越高，控制越规范。但是，在诸多衡量标准中总有一些是定性的和难于量化的。所以，客观标准可以是定量的，也可以是定性的。但要做到客观，关键问题是使标准在任何情况下都是可测定和可考核的。

6. 控制应具有准确性

一个控制系统要想行之有效，必须具备准确性。一个提供不准确信息的控制系统将会导致管理者应该行动的时候没有行动，没有出现问题反而采取了行动。基于不准确信息的种种决策，往往是错误的决策，会使整个组织蒙受损失。

现实中由于各种因素的影响，常常将不准确性带入控制系统之中。有时可能是因为衡量绩效的工具精确度不够，使衡量结果的误差过大；有时则可能是工作人员出于个人利益，人为地虚报数据。因此，管理者需要选择适用的、精确的绩效衡量方法和工具来避免产生误差，同时还要采取预防措施，运用先进的管理技能避免出现弄虚作假行为。

7. 控制应具有灵活性

有效的控制系统应具有足够的灵活性，以适应各种不利的环境变化或利用各种新的机会。如今技术进步日新月异，顾客需求也在不断变化，组织所处内、外部环境中的干扰性、复杂性越来越大，如果没有一个灵活的系统对这些变化做出准确的预测或反映，并据此调整组织活动，任何一个组织的生存都难以维系下去。

一个灵活的控制系统能在计划变化以及发生未曾预见事项的情况下继续发挥作用。一项管理计划方案在某种情况下可能会出现问题，控制系统应能报告这种失常的情况，同时还应有足够的灵活性来保持对运行过程的管理控制。通常，对各种可能出现的情况都应尽量准备好各种可选择的方案，以使控制更具有灵活性。事实上，灵活的控制一般是通过灵活的计划实现。

8. 控制应具有经济性

控制活动需要费用，是否进行控制，控制到什么程度，都要将控制所需的费用同控制所产生的结果进行比较，当通过控制所获得的价值大于它所需费用时，才有必要实施控制。所以，从经济性的角度考虑，控制系统并不是越复杂越好，控制力度也不是越大越好。控制系统越复杂，控制工作力度越大，意味着控制的投入也越大，而且在许多情况下，这种投入的增加并不一定会导致计划能更顺利地实现。管理者应尝试以最小的费用或其他代价来实现预期的控制目的，这种控制系统就是最有成效的。

第二节 控制的程序

一、有效控制的前提

1. 控制要有计划

控制与计划是一体两面的关系。①计划是控制的标准，没有计划就谈不上控制，实现计划是控制的最终目的。计划制定得越详细、越明确、越可行，控制就越容易。所以，要做好控制工作，首先要做好计划工作。②控制本身也需要有计划。对于主管人员来说，不仅要建立控制标准，还需要明确控制工作的步骤、重点、方法和目标，防止眉毛胡子一把抓，头痛医头，脚痛医脚，控制工作混乱无序。

2. 控制要依据准确适用的信息

控制本质上是个信息反馈的过程。信息是组织活动的要素，也是控制的基础和前提，控制必须依据准确的信息。准确的信息是指信息必须真实准确、及时、全面完整和适量。为保证获得准确的信息，控制系统必须建立起完善的信息传递网络和机制，保证信息畅通，必须建立必要的信息处理机构，运用电脑等先进的工具存贮、加工和处理信息，建立科学的报告制度，及时传递信息。只有确保信息的准确性，控制才能产生积极的效果。

3. 控制要有组织

首先，为保证组织管理的控制职能，应建立起专门的控制机构，配备专职的控制人员，授予权力，明确其职责，因为控制是在组织中进行的，控制需要组织。其次，控制应注意协调。在一个组织中，控制是多方面的，各方面的内容和目的都不一样，为了保证组织的根本目标得以实现，各个部门的步调必须一致。所以，控制中必须充分注意协调。

4. 控制必须建立起明确的责任制

要使控制的标准得到落实，控制必须建立起明确的责任制。通过责任制，使组织中的每个人都明白自己的职责和要达到的标准，并自觉遵守，从而使系统控制转变为自我控制，使控制活动更加有效。

二、有效控制的特点和要求

控制的目的是保证企业活动符合计划的要求，以有效地实现预定的目标。为此，有效地控制应具备以下特征。

1. 适时控制

对企业经营活动中产生的偏差只有及时采取措施加以纠正，才能避免偏差的扩大，或防止偏差对企业不利影响的扩散。及时纠偏，要求管理人员及时掌握能够反映偏差产生及其严重程度的信息，如果等到偏差的表现已经非常明显，且对企业造成了不可挽回的影响后，才得到反映偏差的信息，那么，即使这种信息是非常系统、绝对客观、完全正确的，也不可能对纠正偏差带来任何指导作用。

纠正偏差的最理想方法应该是在偏差未产生以前，就注意到偏差产生的可能性，从而预先采取必要的防范措施，防止偏差的产生。有时，由于企业某种无力抗拒的原因，偏差的出现不可避免，可指导企业预先采取措施，消除或遏制偏差产生后可能对企业造成的不利影响。

预测偏差的产生，虽然在实践中有许多困难，但在理论上是可行的。即可以通过建立企业经营状况的预警系统来实现，可以为需要控制的对象建立一条警戒线，反映经营状况的数据一旦超过这个警戒线，预警系统就会发出警报，提醒人们采取必要的措施防止偏差的产生和扩大。质量控制图如图 11-1 所示。

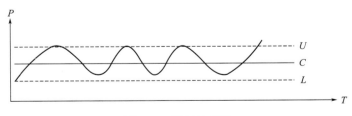

图 11-1　质量控制图

在图 11-1 中，纵轴表示反映产品某个质量特征或某项工作质量完善程度的数值 P，横轴表示取值（即进行控制）的时间 T，中心线 C 表示反映质量特征的标准状况，U 和 L 分别表示上、下警戒线，反映质量特征的数据如果始终分布在 C 周围，则表示质量"在控制中";而一旦超越 U 或 L，则表示出现了质量问题。在这以前，质量控制人员就应引起警惕，注意质量变化的趋势，并制定或采取必要的纠正措施。

2. 适度控制

适度控制指控制的范围、程度和频度要恰到好处。这种恰到好处的控制要注意以下几个方面的问题。

（1）防止控制过多或控制不足　控制常给被控制者带来某种不愉快。但是如果缺乏控制则可能导致组织活动的混乱。有效的控制应该既能满足对组织活动监督和检查的需要，又要防止与组织成员发生强烈的冲突。适度的控制应能同时体现这两个方面的要求：一是过多的控制会对组织中的人造成伤害，对组织成员行为的过多限制，会扼杀他们的积极性、主动性和创造性，会抑制他们的首创精神，从而影响个人能力的发展和工作热情的提高，最终会影响企业的效率；二是过少的控制将不能使组织活动有序地进行，也不能保证各部门活动进度和比例的协调，这将会造成资源的浪费。此外，过少的控制还可能使组织中的个人无视组织的要求，我行我素，不提供组织所需的贡献，甚至利用在组织中的便利地位谋求个人利益，最终导致组织的涣散和崩溃。

控制程度的适当与否，要受到许多因素的影响。判断控制程度或频度是否适当的标准，通常要随活动的性质、管理的层次以及下属受培训的程度等因素而变化。此外，企业环境的特点也会影响人们对控制严厉程度的判断。在市场疲软时期，为了共渡难关，部分职工会同意接受比较严格的行为限制，而在经济繁荣时期则希望工作中有较大的自由度。

（2）处理好全面控制与重点控制的关系　任何组织都不可能对每个部门、每个环节的每个人在每个时刻的工作情况进行全面的控制。由于存在对控制者的再控制问题，这种全面控制甚至会造成组织中控制人员远远多于现场作业者的现象。值得庆幸的是：并不是所有成员的每一项工作都具有相同的发生偏差的概率，并不是所有可能发生的偏差都会对组织带来相同程度的影响。因此，全面系统的控制不仅代价极高，而且是不可能也是不必要的。适度的控制要求企业在建立控制系统时，利用 ABC 分析法和例外原则等工具，找出影响企业经营成果的关键环节和关键因素，并据此在相关环节上设立预警系统或控制点，进行重点控制。

（3）使花费一定费用的控制得到足够的控制收益　任何控制都需要一定的费用，衡量工作成绩，分析偏差产生的原因，以及为了纠正偏差而采取的措施，都需支付一定的费用。同时，任何控制由于纠正了组织活动中存在的偏差，都会带来一定的收益。一项控制，只有当它带来的收益超出其所需成本时，才是值得的。虽然在实践中企业很难确定各种控制的费用与收益之比，但这种分析说明，过多的控制并不总能带来较高的收益，企业应根据活动的规模特点和复杂程度来确定控制的范围和频度，建立有效的控制系统。

3. 客观控制

控制工作应该针对企业的实际状况，采取必要的纠偏措施，或促进企业活动沿着原先的轨道继续前进。因此，有效的控制必须是客观的、符合企业实际的，客观的控制源于对企业经营活动状况及其变化的客观了解和评价。为此，控制过程中采用的检查、测量的技术与手段必须能正确地反映企业经营在时空上的变化程度与分布状况，准确地判断和评价企业各部门、各环节的工作与计划要求的相符或相背离程度，这种判断和评价的正确程度还取决于衡量工作成效的标准是否客观和恰当。为此，企业还必须定期地检查过去规定的标准和计量规范，以使之符合现时的要求。没有客观的标准和准确的检测手段，人们对企业实际的工作就没有一个正确的认识，从而难以制定出正确的措施，进行客观的控制。

4. 弹性控制

企业在生产经营过程中经常可能遇到某种突发的、无力抗拒的变化，这些变化使企业计划与现实条件严重背离，有效的控制系统应在这样的情况下仍能发挥作用，维持企业的运营，即控制系统应该具有灵活性和弹性。

弹性控制通常与控制的标准有关。有效的预算控制应能反映经营规模的变化，应该考虑到未来的企业经营可能呈现出不同的水平，从而为标志经营规模的不同参数值规定不同的经营额度，使预算在一定范围内是可变的。一般地说，弹性控制要求企业制定弹性的计划和弹性的衡量标准。

三、控制的程序

控制是一个不断的往复循环的管理过程，但就一次控制活动而言，控制活动的基本程序包括：拟定标准，根据标准评定工作绩效，鉴别偏差并改进工作。

1. 拟定控制标准

控制是依据一定的标准去衡量工作绩效，因此，要进行控制首先要制定衡量各种工作的标准。标准是作为一种规范而建立起来的测量单位或者尺度，它是从整个计划方案中选出的对工作成效进行评价的关键指标。没有标准，也就不能测定绩效，也就无法奖惩。简单地看，似乎计划就是控制的标准，但是并非如此，计划是控制的一个标准，可是计划并不等于标准。

对企业来说，最常见的控制标准分别是时间标准、数量标准、质量标准和成本标准。

这些标准有些是可以量化的，如资产负债率、工时定额、利润率、资金利用率及销售量等。一般来说，对于这类指标的确定通常使用统计分析法，根据组织拥有的资料来确定，所以又称统计性标准。控制的标准还可以体现为定性标准，如企业的人事制度、财务管理制度、责任制度及操作规程等。制定这类标准，一般使用经验估计法，它是根据管理人员的经验判断而建立的估价性标准，通常带有管理人员的主观色彩。此外，在拟定标准时还可以采用工程方法，它是以精确的技术参数和实测的数据为基础，通过动作、时间研究来制定生产定额，为基层管理人员更均衡地安排工作、更合理地评估工人的绩效，以及预估所需的人工和费用等，建立起客观的标准。

在拟定控制标准时要注意，为了便于控制、衡量工作，控制标准量化的程度要高，标准应当与组织的目标一致，并具有先进性和一定的弹性，能适应环境的变化。

2. 根据标准评定工作绩效

衡量工作绩效就是对计划执行的实际情况进行实地检查，并做出判断。标准是衡量绩效的依据。在这个阶段，施控者可以发现计划执行中存在哪些缺陷，有什么样的以及程度多大的偏差，它们是由什么原因引起的，应采取什么样的纠正措施等。可见，该环节的工作影响着整个控制效果。如果所建立的标准是合理、适用的，那么衡量绩效的关键是及时获取工作成果的真实信息。在实际管理活动中，管理者可以通过多种途径获得信息。

① 通过各种财务报表、报告，自下而上地获取能够反映活动成果的重要指标，这是上级管理者获得信息的主要途径。

② 通过管理人员的直接观察、检查或听下属口头汇报而获得的信息。在衡量绩效的过程中，一定要保证信息的及时性、有效性和可靠性，不真实的信息往往容易引起管理者采取不恰当的纠正措施。因此，信息必须符合以下条件：正确，即信息要客观地反映实际情况；

及时,即信息要及时传递到有关部门与使用者那里,使他们做出及时、正确的反应;适用,即信息在内容、数量、精度上必须符合使用人的要求,具有针对性;经济,即要求管理者获得信息而支付的代价应小于信息所能带来的效益。

有了正确、及时、适用、经济的信息,管理者要做到有效的衡量绩效工作,还应注意几个方面。

① 必须深入基层,踏踏实实地了解实际情况,切忌只凭下属的汇报作判断。

② 建立检查考核工作制度。通过制度建设,管理者可及时、全面地了解计划执行的情况,以便从中发现问题,迅速纠正,尽可能将重大偏差消灭在萌芽状态。

③ 检查衡量的方法应科学,衡量必须与标准直接相关。与公司标准无直接关系的衡量所提供的是无关紧要的信息,这会造成过度衡量并导致浪费。如果是进行抽样检查,则抽取的样本应能代表整体。

④ 确定适宜的衡量频度。衡量频度不仅体现在控制对象所需要衡量的标准数目的选择上,而且表现在对同一标准的衡量次数或频度上。对控制对象的衡量频度过高,不仅会增加控制的费用,而且还容易引起有关人员的不满,影响他们的工作态度,从而对组织目标的实现产生负面影响;但是检查考核的次数过少,偏差未能被及时发现,不能及时采取纠正措施,同样会影响组织目标的实现。因此,要确定合适的检查考核频率。

衡量绩效的目的是对计划执行状况做出判断,即判断是否存在偏离计划路线和目标的现象。实际计划执行中的偏差有两种:一种可称为正偏差,就是超额完成计划的情况。超额完成计划并非都是有利的,有些正偏差会加剧结构失衡。所以,在检查考核中发现存在着正偏差,也必须全面分析,再做出结论;另一种是负偏差,即没有完成计划和偏离计划的情况,显然,负偏差是不利的,施控者必须深入分析发生负偏差的原因,并及时采取对策加以纠正。

3. 鉴定偏差并改进工作

将管理工作的实际结果与计划规定的指标和目标相比较,只要实际结果与目标不相一致,就可以说出现了管理上的问题。但并非所有管理问题都是控制的对象,即管理者并不是对所有偏差都采取纠正措施,而是在这些偏差中进行分析和筛选,将重要的偏差挑选出来,作为管理控制的对象,并根据偏差产生的原因选择适当的纠正偏差的措施。

要确定哪些偏差可以作为管理的对象,就应认真分析偏差形成的原因。一般来说,偏差产生的原因不外乎以下两大类。

(1) 主观性原因　其一表现为管理不善,员工努力不够。这就要根据原因进行处理,如提高经营管理水平,排除员工消极情绪,督促其完成计划。其二是由于企业组织经营方针策略的调整和计划组织安排工作的原因而造成的偏差。对于这类偏差,管理者有较大的能动性,可通过组织变革或根据新的经营方针调整计划。

(2) 客观性原因　其一表现为计划本身的不完善,脱离实际,使执行者无法执行。这种偏差产生的原因是在计划制定时对未来情况的预测和估计不准确或者是所使用的计划方法和手段不合理,造成或是标准过高,或是标准过低。这时,纠正偏差的措施只能是重新调整计划,修改标准。其二表现为组织外部环境的变化,影响到组织计划规定目标的实现。如贷款利率大幅度的提高,可能会使组织计划期内的资金筹措目标不能实现,这些由于组织外部环境而造成的偏差,对于一个特定组织来说,是管理者所无法控制的,因此,管理者采取的措施只能是调整组织的计划目标及具体指标,使计划与组织外部环境相适应。

第三节 控制的方法

管理实践中运用着多种控制方法,管理人员除了利用现场巡视、监督或分析下属传送的工作报告等手段进行控制外,还经常借助预算控制、库存控制、质量控制、成本控制、审计控制、盈亏控制以及网络控制等方法。

一、预算控制方法

企业未来的几乎所有活动都可以利用预算进行控制。"预算",就是用数字,特别是用财务数字的形式来描述企业未来的活动计划,它预估了企业在未来时期的经营收入和现金流量,同时也为各部门或各项活动规定了在资金、劳动、材料、能源等方面的支出额度。预算控制就是根据预算规定的收入与支出标准来检查和监督各个部门的生产经营活动,以保证各种活动或各个部门在完成既定目标、实现利润的过程中对经营资源的利用,从而使费用支出受到严格有效的约束。

1. 预算的编制

为了有效地从预期收入和费用两个方面对企业经营全面控制,不仅需要对各个部门、各项活动制定分预算,而且要对企业整体编制全面预算。分预算是按照部门和项目来编制的,它详细说明了相应部门的收入目标或费用支出的水平,规定了相应部门在生产活动、销售活动、采购活动、研究开发活动或财务活动中筹措和利用劳力、资金等生产要素的标准。全面预算是在对所有部门或项目分预算进行综合平衡的基础上编制而成的,它概括了企业相互联系的各个方面在未来时期的总体目标。只有编制了全面预算才能进一步明确组织各部门的任务、目标、制约条件以及各部门在活动中的相互关系,从而为正确评价和控制各部门的工作提供客观的依据。

任何预算都需要用数字的形式来表述。全面预算必须用统一的货币单位来衡量,分预算则不一定用货币单位来计算。当然,不论以何种方式表述的各部门或项目的分预算,在将它们综合平衡以编制企业的全面预算之前,必须转换成统一的货币单位来表达。

2. 预算的种类

不同的企业,由于生产活动的特点不同,预算表中的项目会有所不同,但一般来说,预算内容中涉及以下几个方面:收入预算、支出预算、现金预算、资金支出预算、资产负债预算。

(1) 收入预算 收入预算和支出预算提供了关于企业未来某段时间经营状况的一般说明,即从财务角度计划和预测了未来活动的成果以及为取得这些成果所需付出的费用。

由于企业收入主要来源于产品销售,因此,收入预算的主要内容是销售预算。销售预算是在销售预测的基础上编制的,是通过分析企业过去的销售情况、目前和未来的市场需求特点及其发展趋势,比较竞争对手和本企业的经营实力,确定企业在未来时期内为了实现目标利润必须达到的销售水平。

为了能为控制未来的活动提供详细的依据,便于检查计划的执行情况,往往需要按产品、区域市场或消费者群,为单个经营单位编制分项销售预算,同时,由于在一年中的不同季度和月度,销售量也往往不稳定,还需预计不同季度和月度的销售收入。

(2) 支出预算 企业销售的产品是在内部生产过程中加工制造出来的,在这个过程中,企业需要借助一定的劳动力，利用和消耗一定的物质资源。因此，与销售预算相对应，企业必须编制能够保证销售过程得以进行的生产活动的预算。生产活动的预算，不仅要确定为取得一定销售收入所需要的产品数量，更重要的是要预计为得到这些产品、实现销售收入需要付出的费用，即编制各种支出预算。

（3）现金预算　现金预算是对企业未来生产与销售活动中现金的流入与流出进行预测，通常由财务部门编制。现金预算只能包括那些实际包含在现金流程中的项目，赊销所得的应收款在用户实际支付以前不能列作现金收入，赊购所得的原材料在未向供应商付款以前也不能列入现金支出，而需要今后逐年分摊的投资费用却需要当年实际支出现金。因此，现金预算并不需要反映企业的资产负债情况，而是要反映企业在未来活动中的实际现金流量和流程。企业的销售收入很大，利润即使相当可观，但大部分尚未收回，或收回后被大量的库存材料或在制品所占用，那么它也不可能在目前给企业带来现金上的方便。通过现金预算，可以帮助企业发现资金的闲置或不足，从而指导企业及时利用暂时过剩的现金，或及早筹齐维持营运所短缺的资金。

（4）资金支出预算　资金支出预算涉及好几个阶段，是长期预算。如果企业的收支预算被很好地执行，企业有效地组织了资源的利用，那么利用这些资源得到的产品销售以后的收入就会超出资源消耗的支出，从而给企业带来盈余。企业可以利用盈利的一个很重要部分来进行生产能力的恢复和扩大。这些支出由于具有投资的性质，因此对其计划安排通常被称为"投资预算"或"资金支出预算"。资金支出预算的项目包括：用于更新改造或扩充包括厂房、设备在内的生产设施的支出，用于增加品种、完善产品性能或改进工艺的研究与开发支出，用于提高职工和管理队伍素质的人事培训与发展支出，用于广告宣传、寻找顾客的市场发展支出等。

（5）资产负债预算　资产负债预算是对企业会计年度末的财务状况进行预测，通过将各部门和各项目的分预算汇总在一起，表明如果企业的各种业务活动达到预先规定的标准，在财务期末企业资产与负债会呈现何种状况。作为各分预算的汇总，管理人员在编制资产负债预算时虽然不需做出新的计划或决策，但通过对预算表的分析，可以发现某些分预算的问题，从而有助于采取及时的调整措施。另外，通过将本期预算与上期实际发生的资产负债情况进行对比，还可发现企业财务状况可能会发生哪些不利变化，从而指导事前控制。

3. 预算的作用及其缺点

由于预算的实质是用统一的货币单位为企业各部门的各项活动编制计划，因此，它使得企业在不同时期的活动效果和不同部门的经营绩效具有可比性，可以使管理者了解企业经营状况的变化方向和组织中的优势部门与问题部门，从而为调整企业活动提供依据。更重要的是，预算的编制与执行始终是与控制过程联系在一起的，编制预算是为企业的各项活动确立财务标准，用数量形式的预算标准来对照企业活动的实际效果，大大方便了控制过程中的绩效衡量工作，也使之更加客观可靠。在此基础上，很容易测量出实际活动对预期效果的偏离程度，从而为采取纠正措施奠定基础。

由于这些积极作用，预算手段在组织管理中得到了广泛运用。但是，在预算的编制和执行中，也暴露了一些缺点，主要表现在以下五方面。

① 预算只能帮助企业控制那些可以计量的，特别是可以用货币单位计量的业务活动，而不能促使企业对那些不能计量的企业文化、企业形象、企业活力的改善予以足够的重视。

② 编制预算时，通常参照上期的预算项目和标准，从而会忽视本期活动的实际需要，

因此，会导致这样的错误：上期有的而本期不需的项目仍然沿用，而本期必需上期没有的项目会因缺乏先例而不能增设。

③ 企业活动的外部环境是不断变化的，这些变化会改变企业获取资源的支出或销售产品实现的收入，从而使预算变得不合时宜。因此，缺乏弹性、非常具体，特别是涉及较长时期的预算可能会过度束缚决策者的行动，使企业经营缺乏灵活性和适应性。

④ 预算，特别是项目预算或部门预算，不仅对有关负责人提出了希望他们实现的结果，而且也为他们得到这些成果而能够开支的费用规定了限度，这种规定可能使得主管们在活动中精打细算，小心翼翼地遵守不得超过支出预算的准则，而忽视了部门活动的本来目的。

⑤ 在编制费用预算时，通常会参照上期已经发生过的本项目费用，同时，主管人员也知道，在预算获得最后批准的过程中，预算申请多半是要被削减的。因此，他们的费用预算申报数要多于其实际需要数，特别是对于那些难以观察、难以量化的费用项目，更是如此。所以，费用预算总是具有按先例递增的习惯，如果在预算编制的过程中，没有仔细地复查相应的标准和程序，预算可能成为低效的管理部门的保护伞。

二、质量控制方法

质量是由产品使用目的所提出的各项适用特性的总称。产品质量特性按一定尺度、技术参数或技术经济指标的规定必须达到的水平，形成质量标准。质量标准是检验产品是否合格的技术依据。

质量有狭义与广义之分，狭义的质量指产品的质量，而广义的质量除了涵盖产品质量外还包括工作质量。产品质量主要是指产品的使用价值，即满足消费者需要的功能和性质，可以具体化为下列五个方面：性能、寿命、安全性、可靠性和经济性。工作质量主要是指在生产过程中，围绕保证产品质量而进行的质量管理工作的水平。

（一）质量控制的含义

质量控制就是以质量标准作为技术依据并作为衡量标准来检验产品质量。为保证产品质量符合规定的标准、要求和满足用户使用的目的，企业需要在产品设计、试制、生产制造直至使用的全过程中，进行全员参加的、事后检验和预先控制有机结合的、从最终产品的质量到产品赖以形成的工作质量全方位地开展质量管理活动。

质量控制经历了三个阶段，即质量检验阶段、统计质量管理阶段和全面质量管理阶段。质量检验阶段主要在20世纪20～40年代，工作重点在产品生产出来之后的质量检查；统计质量管理阶段主要在20世纪40～50年代，管理人员主要以统计方法作为工具，对生产过程加强控制，提高产品的质量；全面质量管理阶段从20世纪50年代开始，是以保证产品质量和工作质量为中心、全体员工参与的质量管理体系，具有多指标、全过程、多环节和综合性的特征。

（二）产品质量控制

产品质量是指产品适合一定的用途，满足社会和人们一定的需要所必备的特性。一般包括产品结构、性能、精度、纯度、物理性能和化学成分在内的质量特性，也包括产品外观、形状、色泽、气味、包装等外在的质量特性，同时还包括经济特性，如成本、价格、使用费用、维修时间和费用等，商业特性，如交货期、保修期等以及其他方面的特性，如安全、环境、美观等。

一般将产品质量特性应达到的要求规定在产品质量标准中。产品质量标准是指对产品品种、规格、质量的客观要求及其检验方法所作出的具体技术规定。它一般包括：产品名称、用途和适用范围，产品的品种、类型、规格、结构和主要技术性能指标，产品的检验方法和工具，产品的包装、储运和保管准则，产品的操作说明等。按其颁发单位和适用范围的不同，有国际标准、国家标准、行业标准和企业标准等。产品质量标准是进行产品生产和质量检验的技术依据。

产品质量控制是企业生产合格产品、提供顾客满意的服务和减少无效劳动的重要保证。在市场经济条件下，产品的质量控制应达到两个基本要求：①产品达到质量标准；②以最低的成本生产出符合市场需求的产品质量标准的产品。

全面质量管理体现了全新的质量观念。质量不仅是企业产品的性能，还包括企业的服务质量、管理质量、成本控制质量、企业内部不同部门之间相互服务和协作的质量等。

全面质量管理强调动态的过程控制。质量管理的范围不能局限在某一个或者某几个环节和阶段，必须是从市场调查、研究开发、产品设计、加工制造、产品检验、仓储管理、途中运输、销售安装、维修调换等整个过程进行全面的质量管理。

（三）员工工作质量控制

工作质量是指企业为保证和提高产品质量，在经营管理和生产技术工作方面所达到的水平，可以通过企业各部门、各岗位的工作效率、工作成果、产品质量、经济效益等反映出来，可以用合格品率、不合格品率、返修率、废品率等一系列工作质量指标来衡量，是企业为了保证和提高产品质量，对经营管理和生产技术工作进行的水平控制。

（四）产品生产工序质量控制

产品生产工序质量控制是实现产品开发意图，形成产品质量的重要环节，是实现企业质量目标的重要保证，主要包括生产技术准备过程、制造过程和服务过程的质量控制。

1. 生产技术准备过程的质量控制

生产技术准备过程是指产品在投入生产前所进行的各种生产技术准备工作，其目的是为了使正式生产能在受控状态下进行。

（1）受控生产的策划工作　即在质量计划、体系文件和程序文件中作出明确规定，对影响生产过程质量的因素，包括人员、机器、原料、工艺、环境等诸因素加以系统控制。

（2）过程能力控制　在技术准备过程中，应对过程能力是否符合产品规范要求进行验证，识别对产品质量有重大影响的、与产品或过程特性有关的作业，对这些作业进行必要的控制以确保这些特性符合规范要求或进行适当的修改或改进，对过程的验证还应包括材料、设备、计算机系统和软件、程序和人员。

（3）辅助材料、公用设施和环境条件的控制　对质量特性起重要作用的辅助材料和设施，如对生产用水、化学用品应加以控制并定期进行验证，以确保对生产过程影响的均一性；同样，对产品质量十分重要的生产环境，如温度、湿度和清洁度等，也应对此规定一定的限度并控制和验证。

（4）搬运控制　对产品搬运要求有适当的计划、控制，对进厂的材料、加工材料和最终产品的搬运要求有形成文件的制度，产品搬运应正确地选择和使用传送装置和运输装置。

2. 制造过程的质量控制

制造过程是指从投料开始到制成产品的整个过程。

（1）技术文件控制　制造过程所使用的技术文件必须是现行有效的版本，应做到正确、完整、协调、统一、清晰、文实相符。

（2）过程更改控制　应明确规定过程更改批准程序，必要时还需征得顾客的意见。当设计更改时，生产工具或设备、材料或过程的所有变更都应形成文件，并规定实施的程序。每次过程更改后应对产品进行评价，以验证所作的更改是否对产品质量产生了预期的效果。同时，还应将由于过程更改引起的过程和产品特性之间关系的任何变化形成文件并及时通知有关部门。

（3）物资控制　进入制造过程的材料和零部件均应符合规定的要求，代用物资必须按规定办理审批手续。制造过程中的物资必须合理堆放、隔离、搬运、储存和保管，以保持其适用性。

（4）设备控制　所有设备在使用前均应按规定进行验收、验证，以确保其准确性，特别是制造过程控制中使用的计算机以及软件的维护，应制定预防性维修保养计划，以确保持续的过程能力。

（5）人员控制　各过程的操作人员、检验人员必须熟悉和掌握过程的技术要求，具备过程所要求的技术、能力和知识，必要时经考核持证上岗。

（6）环境控制　提供适宜的加工环境，满足工艺技术文件的要求，遵守环境保护的有关法规。

3．辅助服务过程的质量控制

辅助服务过程包括物资供应、设备维修保养、工装工具制造与供应、燃料动力供应、仓库保管、运输服务等环节。

（1）物资供应的质量控制　保证所供应的物资符合规定的质量标准，供应及时、方便，减少储备和加速周转。为此，必须加强进入各过程前物资的质量检验工作和验收工作的管理，加强物资在搬运和储存中的管理。必要时，可以把物资供应的质量控制延伸至供应商的领域。

（2）设备的质量控制　设备从购买、验收、安装运转到使用中的维护保养、定期检修以及改装、改造等整个设备管理过程，都要进行严格的质量控制。为此，质量体系中必须确定设备质量控制的要素，建立设备质量控制计划，保证设备在使用过程中能保持完好的工作状态，以确保稳定的工序能力。

（3）工量具、工装供应的质量控制　工量具、工装包括各种外购的和自制的工具、量具和其他工艺装备。由于工量具、工装大多数使用的时间较长，必须建立专门的机构和工作程序保证其持续满足的质量水准，尤其是量具直接影响各过程的质量检验工作，必须设置专门的计量管理机构和建立科学的定期检验制度，保证量具的验收、保养、发放、鉴定、校正和修理等过程符合规定的要求。

三、成本控制方法

1．成本控制的含义

成本控制是指以成本作为控制的手段通过制定成本总水平指标值、可比产品成本降低率以及成本中心控制成本的责任等，达到对经济活动实施有效控制的目的的一系列管理活动与过程。成本控制包括狭义的成本控制和广义的成本控制。

狭义的成本控制是指运用各种方法预定成本限额，按限额开支，以实际与限额作比较，衡量经营活动的成绩与效果，并以例外管理原则纠正不利差异，以提高工作效率，实现以至超过预期成本限额的要求。

广义的成本控制是成本管理的同义词，它包括一切降低成本的努力，目的是以最低的成本达到预先规定的质量和数量。

2. 原材料消耗费用的控制

原材料消耗费用包括原材料的购买价格、库存费用等，库存费用又可再分为存储费用和订货费用。

当企业订购大量原材料时，其订货费用就会降低，但同时却增加了存储费用，企业需要在二者之间进行合理的选择。

此外，还应注意库存的风险成本。例如，存货变质引起的质量风险成本、存货被偷窃引起的数量风险成本、货物过时引起的商业风险成本、原材料或物资在购买后其市场价格下跌引起的价格风险成本。

3. 固定资产折旧费用的控制

固定资产费用由折旧费用和维修保养费用组成。固定资产是具有一定数量的产品生产能力，该生产能力是有限的，随着时间的推移，该生产能力逐渐消耗。对于一件固定资产来说，经过使用后，其工作能力无论在数量上还是在质量上都是逐渐下降的，就会产生越来越多的继续保养工作。因此，对于陈旧的机械设备就需要权衡是更新还是继续使用。当增加的成本使固定资产的使用不经济，或更先进的技术使原设备无竞争力时，设备的经济寿命就结束了。

固定资产的生产能力可以延续数个会计期间，因此，固定资产的成本应通过折旧分摊到其所生产的产品中。计算折旧首先要确定设备的使用年限，财务税收制度对各类固定资产的折旧年限和方法作了规定，企业可根据这些规定，结合本企业的具体情况，合理确定固定资产使用的年限和方法。

固定资产折旧不是企业的现金流出，企业并没有为谁支出折旧。按会计期间计算利润时，应该把以前固定资产投资的资本支出作为成本加以分期计提，折旧额的多少或计提折旧的快慢并不代表企业实际成本支出的多少或快慢，但这会影响企业的利润总额，也就影响企业实际支付的所得税额。因此，折旧计算方法的不同将影响国家与企业的分配关系。

四、有效控制系统的设计

对一个以盈利为目的的企业而言，建立有效的控制系统具有重要的意义。那么，如何考虑控制系统的有效性呢？一个可以考虑的方法是将潜在的利益最大化，同时将可能的损失最小化。为了达到这一目的，管理者应当设计满足以下条件的控制系统。

1. 建立有效的控制标准

有效的控制系统必须建立在有效、准确的绩效标准上。事实上，最有效的标准是数量标准。数量标准具有客观性的特点，这是其他的主观标准所不能比拟的。另外，控制系统还应当包括衡量企业绩效的所有重要的方面。考核在控制中有重要作用，但也应有个限度：如果过多地进行考核，必然会引起员工的反感，而导致控制过度并带来员工的抵制。

2. 提供充足的信息

管理者必须将控制系统的重要性传达给全体员工，以使全体员工认识到控制的重要性，自觉地进行控制。在控制的过程中，应当及时将员工绩效反馈给员工本人，以激励员工。同时，员工也可以根据自己的绩效对自己的行为进行调整，使之适应企业控制的需要。让员工自发地修正自己的行为，鼓励自我控制，减少外部监督。

3. 保证员工能够接受

任何一项改革措施都要得到员工的支持，或至少使员工可以接受这一措施，控制活动也不例外。一般而言，员工愿意接受的是有用但又不过度的控制。控制的标准应当是员工经过努力可以达到的，这样他们才可以接受。

在控制的过程中，应当强化正面行为而不仅是控制负面行为。对员工正面行为的强化可以使员工加强这些行为，以切实加强控制。另外，让员工参与控制决策也有利于员工减少抵触情况，更好地开展控制工作。

4. 使用多种方法进行控制

使用多种方法进行控制有许多优越性：一方面，可以互相弥补各自的不足，形成有效的控制；另一方面，对于调动员工参与控制的积极性也是十分有益的。

【寓教于乐】

如此分工——蚁群效应：弹性工作流程模式

杰瑞和汤姆开着车走过市区，他们在马路上停了下来。杰瑞先从车上下来，他在路边挖了一坑，便回到了车内，接着汤姆从车里出来，用铁锹又把坑埋上了。汤姆回到了车内后，他们开着车在马路边上又前行了一段，杰瑞又从车上下来，在路边挖了一个坑，汤姆继续把坑埋上。就这样，他们忙碌了一个上午。

有一个路人看到杰瑞和汤姆的工作感到很奇怪，他不禁问道："你们在做什么？"杰瑞回答说："我们正在种树啊，可是今天负责栽树的那个人没有来！"

【点评】要使团队工作保持较高的工作效率，最关键的是要解决工作链上的脱节和延迟，否则，不仅影响了工作效率，还会导致团队工作的无效化。

【探源】蚂蚁世界的运行模式一直受人类学与社会学者所关注，他们发现蚂蚁在工作中很讲究流程，但它们对流程的认识是直接指向于工作效率的。比如，两只蚂蚁在外面发现食物后，它们会分别按两条线路回到巢穴，它们一边走一边释放出蚂蚁族类自己才能识别的激素做记号，先回到巢穴的蚂蚁所释放的激素气味更重，这样其他的蚂蚁便会走最近的路线去搬运食物。

上述现象便是"蚁群效应"。蚂蚁有严格的分工和由此形成的组织框架，但它们的分工和组织框架在具体的工作情景中具有很大的弹性，观察蚂蚁常会发现这样的情况：一只蚂蚁正在把食物运往巢穴，当它遇到下一只蚂蚁时，会把食物交给他，自己再回头寻找新的食物；同样，一只正外出的蚂蚁遇到上游的蚂蚁时，也会把食物接过来，返回巢穴，直到遇到下游的蚂蚁。蚂蚁们在哪一个位置接手并不一定，唯一固定的是起始地和目的地。蚂蚁们在工作场合的自我组织能力很强，它们几乎不需要任何监督就可以形成一个很好的团队，从而有条不紊地保证蚁群的日常运行。

由此可见，蚁群效应最重要的三个特征如下。

(1) 弹性　它们能够迅速根据环境变化进行调整，并不总是依赖既有的组织分工和组织框架。

(2) 强韧　即使蚁群的单个个体力量比较弱小，或是无法发挥自己的作用，也不会影响整体的运作效率。

(3) 自组织　蚁群不需要太多的自上而下的控制或管理，它们通过自己管理自己的方式完成工作。

蚁群效应对企业的组织结构和团队合作有很大的借鉴意义，一家大型零售连锁店便将蚁群效应运用在了物流仓储中心的工作流程中。在以前的工作模式中，仓储中心用区域方式验货，如果上一手没有完成工作，下一手只能徒然等着，因为每个人的工作速度不同，仓储中心商品品种众多，这种工作模式导致总是有人在等着别人完成工作以便接手。连锁店运用了蚁群模式后，一个人不断地捡出商品，直到下游来接手后再去接手上游的工作。而且，为了提高工作链的整体效率，连锁店把速度最快的员工放在最末端，速度最慢的放在最上游。结果，运用蚂蚁模式后，连锁店的生产效率提高了30%。

【管理者定律】

海因里希法则

海因里希法则：美国人海因里希通过分析工伤事故的发生概率，为保险公司的经营提出的法则。海因里希认为在一件重大灾害的背后，有29件轻度灾害，还有300件有惊无险的体验。这一法则完全可以用于企业的安全管理上，即在一件重大的事故背后必有29件"轻度"的事故，还有300件潜在的隐患。可怕的是对潜在性事故毫无觉察，或是麻木不仁，结果导致无法挽回的损失。

有位客人到某人家里作客，看见主人家厨房灶上的烟囱是直的，旁边又有很多木材。客人告诉主人说："烟囱要改曲，木材须移去，否则将来可能会导致厨房火灾。"主人听了不以为然，没有做任何表示。

不久主人家厨房果然失火，四周的邻居赶紧跑来救火，最后火被扑灭了，于是主人烹羊宰牛，宴请四邻，以酬谢他们救火的功劳，但是并没有请当初建议他将木材移走，烟囱改曲的客人。

有人对主人说："如果当初你听了那位先生的话，今天也不用准备筵席了，而且没有火灾的损失，现在论功行赏，原先给你建议的人没有被感恩，而救火的人却是座上客，真是很奇怪的事呢！"

主人顿时省悟，赶紧去邀请当初给予建议的那位客人来吃酒。

一般人认为，足以摆平或解决企业经营过程中的各种棘手问题的人，就是优秀的管理者，其实这是有待商榷的。俗话说"预防重于治疗"，能防患于未然，更胜于治乱于已成。由此观之，企业问题的预防者，其实是优于企业问题的解决者。

习以为常的生活方式，也许是最有危险的生活方式。因为习惯了的东西很难改变，而当你觉醒时，往往是回天乏术了。

扁鹊的医术很高明。

有一天，魏文王问扁鹊："你家兄弟三人，都精于医术，到底哪一位最好呢？"

扁鹊答："长兄最好，中兄次之，我最差。"

文王大惑："那为什么是你最出名呢？"

扁鹊回答："我长兄治病，是治病于病情发作之前。由于一般人不知道他事先能铲除病因，所以他的名气无法传出去，只有我们家的人才知道。我中兄治病，是治病于病情初起之时。一般人以为他只能治轻微的小病，所以他的名气只及于本乡里。而我扁鹊治病，是治病于病情严重之时。一般人都看到我在经脉上穿针管来放血，在皮肤上敷药等大手术，所以以为我的医术高明，名气因此响遍全国。"

事后控制不如事中控制，事中控制不如事前控制，可惜大多数的事业经营者均未能体会到这一点，等到错误的决策造成了重大的损失才寻求弥补，有时是亡羊补牢，为时已晚。

由此看来，防患于未然，才是高明的管理啊！企业危机和安全事故重在防范。

森林里有一只野猪不停地对着树干磨它的獠牙，一只狐狸见了不解地问："现在没看到猎人,你为什么不躺下来休息享乐呢?"野猪回答说:"等到猎人出现时再来磨牙就来不及啦!"野猪抗拒被捕猎的利器,不是它那锋利的獠牙而是它那超前的"危机意识"。同理,对于企业组织来说,没有危机意识,单纯的"硬性危机防御体系"是无力的,超前的、无形的、全面的危机意识才是企业危机防范中最坚固的防线。很多案例说明,企业与企业在危机应对方面的差异,很大程度上取决于企业危机意识的差异。

【点评】了解"海因里希法则"的目的,是通过对事故成因的分析,让人们少走弯路,把事故消灭在萌芽状态。

治疗疾病跟处理经营上的问题有许多共通之处。医术最佳的医生,治病于病情发作之前;医术次佳的医生,治病于病情初起之时;医术最差的医生,治病于病情严重之际。同样,技能最佳的管理者,解决问题于问题发生之前;技能次佳的管理者,解决问题于问题初露端倪之时;技能最差的管理者,解决问题于问题恶化之际。

管理者均认同这样的一个理念:最好的控制便是避免失去控制。从过程而言,控制可区分为三个阶段:事前控制、事中控制与事后控制。就控制所试图发挥的效果而言,事后控制不如事中控制,事中控制不如事前控制。举例来说,每次选举活动过后,当局无不致力于抓贿选(事后控制),但是这种作为对端正选举风并没有太多的帮助,所发挥的作用显然比不上在选举期间加强缉查工作(事中控制),更远不如在选举之前避免让黑道及金钱介入选举(事前控制)。又如在台风肆虐过后,才追究人为的责任并推动家园重建(事后控制),但是这种作为对民生福祉之维护,远不及在台风侵袭期间加强急难救助(事中控制),更不及平时做好水土保持及防洪措施(事前控制)。

扁鹊只从事事后控制,却得到众人的肯定;扁鹊的中兄善于事中控制,却只得到乡亲的肯定;扁鹊的长兄精于事前控制,却默默无闻。这是一件很具讽刺性的事!

从管理的角度观察,想要扭转"忽视事前控制,请求事后控制与事中控制"的迷思,可能只有从以下两个途径入手才能见功效:第一,加强宣传"预防胜于治疗"的观念,以建立人们前瞻性之眼光。第二,建立某种绩效评估制度或激励制度,以便于为事前控制提供高度奖赏、为事中控制提供中度奖赏、为事后控制提供低度奖赏。

【经典管理故事】

相应的控制与指导

鲁国有个人叫阳虎,他经常说:"君主如果圣明,当臣子的就会尽心效忠,不敢有二心;君主若是昏庸,臣子就敷衍应付,甚至心怀鬼胎,表面上虚与委蛇,暗中却欺君而谋私利。"阳虎这番话触怒了鲁王,被驱逐出境。他跑到齐国,齐王对他不感兴趣,他又逃到赵国,赵王十分赏识他的才能,拜他为相。

有近臣向赵王劝谏说:"听说阳虎私心颇重,怎能用这种人料理朝政?"赵王答道:"阳虎或许会寻机谋私,但我会小心监视,防止他这样做,只要我拥有不至被臣子篡权的力量,他岂能得遂所愿?"赵王在一定程度上控制着阳虎,使他不敢有所逾越;阳虎则在相位上施展自己的抱负和才能,终使赵国威震四方,称霸于诸侯。

【点评】一个优秀的领导者在授权的同时,也要想到要有授权的相应控制。否则被授权者得到的权力范围太大,手臂伸得过长,就无法再控制指导了。

复习思考题

1. 联系实际说明组织如何做到有效控制?

2. 管理人员应如何了解和克服控制的阻力，并能有效地衡量控制？
3. 怎样对管理者实施有效的监控？
4. 如何提高员工的自我控制能力？
5. 前馈控制是控制的最高境界，怎样才能实现？

【案例分析】

6西格玛控制模式

企业运营千头万绪，管理与质量是永远不变的真理。在全球化经济背景下，一项全新的管理模式在美国摩托罗拉和通用电气两大巨头中试行并取得立竿见影的效果后，逐渐引起了欧美各国企业的高度关注，这项管理便是6西格玛模式。

模式由摩托罗拉公司于1993年率先开发，采取6西格玛模式管理后，该公司平均每年提高生产率12.3%，由于质量缺陷造成的费用消耗减少84%，运作过程中的失误率降低99.7%。6西格玛模式真正名声大振是在20世纪90年代后期，通用电气全面实施6西格玛模式取得辉煌业绩之后。通用电气前首席执行官杰克·韦尔奇指出："6西格玛已经彻底改变了通用电气，决定了公司经营的基因密码（DNA），它已经成为通用电气现行的最佳运作模式。"通用电气1995年始引入6西格玛模式，此后，6西格玛模式所产生的效益呈加速度递增，1998年公司因此节省资金75亿美元，经营率增长4%，达到了赢利增长16.7%的历史最高纪录；1999年6西格玛模式继续为通用电气节省资金达150亿美元。

西格玛原文为希腊字母sigma，其在统计学中的含义为"标准偏差"。6西格玛意为"6倍标准差"，在质量上表示每百万坏品率少于3.4%，但是，6西格玛模式的含义并不简单地是指上述这些内容，而是一整套系统的理论和实践方法。6西格玛应用于生产流程，着眼于揭示每百万个机会当中有多少缺陷或失误，这些缺陷或失误包括产品本身、产品生产的流程、包装、转运、交货延期、系统故障、不可抗力等。大多数企业运作在3～4西格玛的水平，这意味着每百万个机会中已经产生6210～66800个缺陷，这些缺陷将要求生产者耗费其销售额的15%～30%进行弥补。而一个6西格玛模式的公司仅需耗费年销售额的5%来矫正失误。6西格玛模式的理念要求企业从上至下都必须改变"我一直都这样做，而且做得很好"的惯性思维。也许你确实已经做得很好，但是距6西格玛模式的目标却差得很远。

6西格玛模式不仅专注于不断提高，更注重目标，即企业的底线收益。假设某一大企业有1000个基层单元，每一基层单元用6西格玛模式每天节约100美元，一年以300天计，企业一年将节约3千万美元。通过该模式企业还可清楚地知道自身的水平、改进提高的额度、离目标的距离差多少。

讨论题

从有效控制的角度，分析6西格玛模式成功之处。

【点评】6西格玛管理是在总结了全面质量管理的成功经验基础上，提炼了其中流程管理技巧的精华和最行之有效的方法，成为一种提高组织业绩与竞争力的控制管理模式。6西格玛利用统计评估的方法，防范产品责任风险，降低成本，提高生产率和市场占有率，提高顾客满意度和忠诚度。6西格玛控制管理模式既着眼于产品质量、服务质量，又关注过程的改进。

第十二章　管理创新

【学习目标与要求】

通过本章学习，了解创新的内涵、特点、分类和意义，理解管理创新的内涵和特点，明确管理创新的原则、动因、模式和过程，掌握管理创新的途径和组织。

【引导案例】

兰德的创新之路

1926 年，17 岁的兰德还是哈佛大学一年级的学生。一天晚上，他走在繁华的百老汇大街上，从他面前驶过的汽车车灯刺得他眼睛都睁不开。他突然灵机一动：有没有办法既让车灯照亮前面的路，又不刺激行人的眼睛呢？他觉得这是很有实用价值的课题。兰德说干就干，第二天便去学校办了休学手续，专心研究偏光车灯。

1928 年，兰德的第一块偏光片终于制成了。他匆匆赶去申请专利，不料已有 4 个人申请此项专利。他辛辛苦苦做出的第一项成果就这样白费了。三年后，经过改进的偏光片研制成功，专利局终于在 1934 年把偏光片的专利权给了兰德，这是他获得的第一项专利。

1937 年，兰德成立了拍立得公司。有人把他介绍给华尔街的一些大老板，他们对兰德的才能和工作效率十分赏识，向他提供了 37.5 万美元的信贷资金，希望他把偏光片应用到美国所有汽车的前灯上，以减少车祸，保证乘车人的安全。

1939 年，"拍立得"公司在纽约的世界博览会上推出的立体电影轰动一时。观众必须戴上该公司生产的眼镜才能入场，这又为"拍立得"赚了一大笔钱。

有一次，兰德给他的女儿照相。小姑娘不耐烦地问："爸爸，我什么时候才能看到照片？"这句话触动了兰德，经过多年的研究，他终于发明了瞬时显像照相机，取名为"拍立得"相机。这种相机能在 60 秒钟洗出照片，所以又称"60 秒相机"。"拍立得"公司 1937 年刚成立时，销售额为 14.2 万美元，1941 年就达到 100 万美元，1947 年则达到 150 万美元，为 10 年前的 10 倍。"拍立得"相机投入市场后，使公司销售额从 1948 年的 150 万美元猛增至 1958 年的 6750 万美元，10 年里增长了 40 倍。

然而兰德并不就此停步，后来他又制造出一种价格便宜，能立即拍出彩色照片的新相机。兰德说："一个企业，不仅要不断地推出新产品，改善人们的生活，给人们带来方便，而且要考虑下一步该怎么办。这样，企业就不会停滞不前，将永远充满活力。"

当人们问兰德有什么成功奥秘时，他只是笑笑说："我相信人的创造力，它的潜力是无穷的，我们只要把它挖掘出来，就无事不成。"

创新是管理理论研究与实践探索的永恒主题，特别是在经济全球化竞争与发展的背景下，创新在各种管理活动中的综合统筹和指导协调作用日益突出。尽管计划、组织、领导与控制职能在保障组织运行过程中发挥了不可缺少的作用，但从其性质分析，其主要功能是促进组织按照既定的方向运行，属于维护组织正常运转的基本管理职能。在管理活动日益复杂化的情况下，仅仅依靠计划、组织、领导与控制这些基本职能难以完成管理使命，还需要不断调整、刷新组织运行的内容和目标，将创新贯穿于管理活动的全过程，从而使组织形成持续的核心竞争力与发展动力。因此，研究管理创新的基本思路与基本方法具有重要的理论及实践意义。

第一节 创新概述

一、创新的内涵

《现代汉语词典》对创新的解释为：创新就是抛开旧的，创造新的。

1912年，美籍奥地利经济学家约瑟夫·熊彼特其德文版著作的《经济发展理论》中首次提出了创新概念。熊彼特指出创新就是建立一种新的生产函数，是企业家对生产要素的新组合，其中任何要素的变化都会导致生产函数的变化从而推动经济的发展。

按照管理大师熊彼特的理论，创新是生产要素的重新组合，包括五个方面的内容：①引进一种新产品；②采用新的生产方式；③开辟新的市场；④开辟和利用新的原材料；⑤采用新的组织形式。

创新就是创造，是组织和个人根据一定目的和任务，运用一切已知的条件，生产出新颖、有价值的成果（精神的、社会的、物质的）的认知和行为活动。

二、创新的特点

创新具有持续动态性特征。创新、技术、知识一般都会在长时间内发展，要持续动态创新，就要掌握创新的几个特点。

（1）概率性　概率性是指创新被应用于市场的概率。因为创新涉及在社会系统首次实际使用问题，而一些重要的创新往往是在人们没有预料到的市场中首次使用的。据研究显示，一个项目若要获得商业成功，基础或前期应用研究项目的可能性，一般为1％；后期应用研究项目或前期开发项目的可能性分别是1/20和1/5；后期开发项目的可能性是9/10。考虑创新运用概率性，可以节省长期开发费用。

（2）复杂性和保密性　多数创新都需要由多个有经验的人共同完成，而最有创新性的组织一般都以专题的方式开展工作并将不同领域的专家召集在一起进行短期、密集的交流和封闭式沟通。其需要的技术是高新的，组织也是复杂的、保密的。

（3）从需求出发　创新必须有目的、有需求。研究表明，大约有70％的重大创新是由已被认识到的市场需求驱动的，而不是一个新概念、技巧或技术出现以后反过来再寻找需求。思科公司认为，他们从来不生产自己想出来的东西，只生产客户需要的东西。

（4）创新执著性　只有执著追求，才能有效创新。创新是持续动态的、自觉的、全心全意投入的，需要执著于创新的人或创新斗士。

（5）耗时性　创新具有不可预见性，按照看似无法预测的方式、沿着时间轴异步地相互作用，预定的时间表一般都无法准确地执行。

（6）多变性和不平衡性　创新多变性表现为急进、倒退和不可预见的延迟等现象，并夹杂着随机相互作用，从而导致创新发展的不平衡性。

（7）直觉潜在的知识　真正的发明者经常以对问题的隐喻和类推的方法思考，按非线性方式寻找问题的答案。

三、创新的分类

熊彼特的创新定义是属于经济范畴的，在这以后，人们也大多从经济学角度来解释创新，这说明了创新起源于经济领域。但是，随着科学技术的突飞猛进和社会经济的发展，人们对创新意识的加强和创新水平的提升，创新已不再仅仅指经济现象，而扩展到政治、科技、文化、军事、社会生活的各个方面，出现了许多新的创新概念。创新可以主要归纳为七种：思维创新、产品（服务）创新、技术创新、组织与制度创新、管理创新、营销创新和文化创新。

1. 思维创新

思维创新是一切创新的前提，任何人都不要封闭自己的思维。若思维定势，就会严重阻碍创新。有些政府部门或国有企业提出，不换脑筋就换人，就是这个道理。有的公司不断招募新的人才，重要原因之一就是期望其带来新观念、新思维，不断创新。国外近年来还出现了"思维空间站"，其目的就是进行思维创新训练。

2. 产品（主体）创新

对于生产企业来说，是产品创新；对于服务行业而言，是服务创新。手机在短短的几年时间的更新演变，生动地说明产品的创新是多么迅速。麦考密克的收割机和英特尔（Intel）的微处理器更是创新的典范。

3. 技术创新

就一个企业而言，技术创新不仅指商业性地应用自主创新的技术，还可以是创新地应用合法取得的、他人开发的新技术，或已进入公有领域的技术，从而创造市场优势。人们把军事上核技术转移到核电站建造上等皆是创新，事例不胜枚举。技术创新是企业发展的源泉，竞争的根本。

4. 组织与制度创新

组织变革和创新的理论基础是系统理论、情景理论和行为理论。典型的组织变革和创新是通过员工态度、价值观和信息交流，使他们认识和实现组织的变革与创新。通过企业的组织变革和创新，改变人的行为风格、价值观念、熟练程度，同时能改变管理人员的认识模式。

组织与制度创新主要有以下三种。

① 以组织结构为重点的变革和创新，如重新划分或合并部门，流程改造，改变岗位及岗位职责，调整管理幅度等。

② 以人为重点的变革和创新，即改变员工的观念和态度，知识的变革、态度的变革、个人行为乃至整个群体行为的变革。

③ 以任务和技术为重点，任务重新组合分配，更新设备、技术创新，达到组织创新的目的。

5. 管理创新

世上没有一个一成不变的、最好的管理理论和方法。环境情况作为自变量，管理作为因变量。例如，英特尔总裁葛洛夫的管理创新：①产出导向管理——产出不限于工程师和工厂工人，也适用于行政人员及管理人员；②在英特尔，工作人员不只对上司负责，也对同事负责。打破障碍，培养主管与员工的亲密关系。

管理是否创新，是衡量一个组织是否有活力的表现。一个是被动接受保守，一个是主动进取创新，其产生的效果是截然不同的。凡是"做正确的事"，其取得的效果比"正确做事"的企业都要好，其后续发展潜质也好得多。

6. 营销创新

营销创新是指营销策略、渠道、方法、广告促销策划等方面的创新，雅芳（Avon）的直销和安利（Amway）的直销皆是营销创新。

7. 文化创新

企业文化是企业在生产经营管理过程中，融合社会各种文化，并通过管理实践所创造的具有本企业个性的物质财富和精神财富的总和。企业文化是企业形象的丰富内涵，企业形象是企业文化的外在表现。

四、创新的意义

1. 创新是一个民族进步的灵魂，是国家兴旺发达的不竭动力

一个没有创新能力的民族，难以屹立于世界先进民族之林，要迎接科学技术突飞猛进和知识经济迅速兴起的挑战，最重要的是坚持创新。

当前，我国正面临严峻而复杂的国内外形势。一方面，随着全球经济一体化的不断推进，发达国家利用科技、经济优势，占据了国际竞争的有利地位，使得我国传统产业受到前所未有的挑战和压力；另一方面，我国国民经济正在经历由长期短缺向相对过剩的历史性重大转折，经济发展则由过去主要受资源约束转变为受资源和市场的双重约束，外延型经济增长的局限性将越来越大。在这种严峻而复杂的国内外新形势下，只有坚持创新才能迎接这种严峻的挑战。

2. "不创新，就灭亡"

"不创新，就灭亡，"这是美国福特公司前总裁亨利·福特的一句名言。20世纪20~30年代福特一世以大规模生产黑色轿车独领风骚数十年，但随着时代变化，消费者的偏好也发生了变化，他们希望更新的品种、更新的款式和省油的轿车。当时，福特汽车公司生产的汽车已显得不仅颜色单调，而且耗油量大、排废多，越来越不适应日益紧张的石油供应市场和日趋严重的环境状况。美国通用汽车公司和日本的几家汽车公司紧扣市场需求，不断创新，生产省油、小型轻便的汽车，在70年代的石油危机中，跃然居上，使福特汽车公司曾濒临破产。所以，福特公司前总裁亨利·福特深有体会地说："不创新，就灭亡。"

3. 创新是国民经济增长的重要来源

1995年年底，世界经济合作与发展组织的一份研究报告《世界经济200年》，把1820~1992年世界经济发展分为5个阶段。

1820~1870年为"起步期"。英国一马当先，世界人均产值增长40%。这时期正好是蒸汽机革命时期，以及经济自由化开始。

1871~1913年为"美好的时代"。美国崛起，经济增长速度比前期加快1倍。这时期正好是电气革命时期。

1914~1949年为"艰苦时期"。两次世界大战，一次经济大萧条，经济亦增长40%。

1950~1973年为"黄金时代"。美国一路领先，世界财富增长是上一时期的3倍，人均收入翻一番。这时期正好是无线电、电子技术革命时期。

1974~1992年为"调整时期"。两次技术革命之间的间歇，世界经济也呈明显上升。

从20世纪90年代初开始，以美国为代表的发达国家保持了经济持续增长。这时期正好是数字化信息革命时期。

世界经济发展的历程雄辩地证明：创新是人类财富之源，是经济发展的巨大动力。在不同的经济发展阶段，创新都一直推动着经济的发展，只是在各个阶段发展的方向和表现形态不同而已。纵观人类社会发展的历史，无论是从农业社会向工业社会，还是工业社会向后工业时代的转变，都是技术和知识的重要性日益显现的过程，这也正是创新效应持续发展的过程。

4. 创新是实现可持续发展的有效途径

中国是人口众多、资源相对不足的国家，在现代化建设中必须实施可持续发展战略，坚持走经济、社会、人口、资源和环境相互协调，兼顾当代人和子孙后代利益的可持续发展道路，这不仅是历史的选择，也是当代人对未来应切实负起的责任。任何以环境和资源的毁坏为代价换来的所谓"发展"，都只是暂时的或表面的辉煌，不仅不能推动人类的进步，反而会给子孙后代留下沉重的包袱。

传统的经济发展方式以"高消耗、高投入、高污染"为特征，是一种不可持续的生产和消费模式，因而也是应该摒弃的一种发展方式。新的可持续的经济发展方式应当是在经济发展的过程中，使经济社会发展与资源环境保护相协调，即在经济发展的同时，不能破坏经济发展所依赖的资源和环境基础。

5. 创新是知识经济的基础

知识经济作为一种新的复杂的经济形态，更加依赖于知识的积累和应用，与其他经济形态相比，它一改过去那种资源、资本的总量和增量决定模式，更加强调创新的作用。只有不断地创新，才能获得持续的竞争优势，弥补资源和资本上的不足，在知识经济时代，创新对可持续发展具有更加特殊的重要作用。

在知识经济时代，经济发展将在越来越大的程度上依赖于各种类型的创新。知识经济这个术语的出现，表明了人们对知识在经济增长中的作用有了更充分的认识，创新的重要性也就提高到了从没有过的高度。

第二节　管理创新

一、管理创新的内涵

什么是管理创新？管理创新就是一个组织（企业）为了适应外部环境的变化，在管理观念、管理体制、管理机制和制度、管理工具、管理方法上所作出的变革。其外在表现可为：研发一个新产品；开拓和使用一种新技术、新方法或新工具；开辟一个新市场或生产经营的新领域；组建一个新系统；制定一套新的管理程序或规章制度，创造一套全新的管理理论和管理模式。其目的在于提高组织的效能、效率和应变能力。

管理创新的内容包括：管理观念创新、管理体制创新、管理机制和制度创新、管理方法和工具创新等。管理观念创新是首要的、具有指导意义的创新。

二、管理创新的特点

（1）全员性管理创新　为适应知识经济的到来，管理创新将以企业家为核心、经营管理为骨干、企业全体员工为基础的创新群体，各自进入知识型企业知识劳动者的不同角色。

（2）全方位管理创新　管理是全方位的，管理创新也是全方位的，既涉及不同的管理层次、管理职能、管理流程、管理环节、管理岗位，又涉及不同的管理内容，如战略、组织、制度、方式、方法、机制、机构、文化等，还涉及管理的对象，即人、事、物、信息、知识。因此，必须进行全方位管理创新，才能实现管理整体最优化。

（3）全过程管理创新　从管理的过程来促进全过程管理创新，如经营过程包括：市场调研及环境分析→制定经营指导思想、方针、目标、战略→科学技术开发→产品制造、提供服务→市场开拓及营销→财务成本、会计、审计等。

（4）全动态反馈管理创新　一方面，创新具有持续动态创新的特征与客观要求，管理也是一种全方位、全时空、全网络的管理，也是一种动态管理；另一方面，管理、创新、管理创新必须要求动态反馈，通过国际互联网/企业内部网形成信息动态传输与反馈网络，要求全动态反馈管理创新。

（5）全面效益管理创新　企业经营管理必须兼顾企业经济效益、企业文化效益、企业形象与声誉效益、社会效益、生态效益、环保效益、用户效益、合作者与协作效益等。为此，管理创新必须是全效益的。

自从进入工业社会以来，随着科学技术和市场经济的发展，管理一直处在不断变革、创新之中，是管理伴随着科学、技术和经济的发展，共同营造了一个物质丰富和物欲横流的工业社会。工业社会的承载体被信息技术替代之后，依靠庞大的互联网络与形式多样的电子计算机连接，管理又伴随信息技术和市场经济的发展，神奇地营造了一个财富剧增和服务超值的信息社会，使管理世界呈现出一幅五彩缤纷、生机勃勃的画面。与工业时代相比，信息时代的管理在诸多方面表现出创新的特点，见表12-1所示。

表12-1　信息时代管理创新的特点

管理方面＼时代	工业时代	信息时代
管理目标	以数量多求效率，从而达到利润总量高的目的	以质量、以少而好求效率，从而达到财富剧增和服务超值的目标
管理系统	以设施、工具等物质资源为主体，与之有关的函数组成的相对比较简单的系统	以智力资源为主体，与智力密集程度有关的函数组成的复杂系统
管理思想	利用标准和制度，激励人连续、稳定"更勤奋地工作"，但人的创造性会受到一定压抑	运用知识和智力，激励人"更聪明地工作"是"自我超越的人"，对事业全身心地投入，并不断创新
管理组织	以等级为基础，以命令为特征的"金字塔"结构，横向分工始终处在以"直线组织"为支柱的框架内。这种组织笨重、迟缓、缺乏灵活性	一种扁平化趋势，通过减少管理层次、压缩职能机构、裁减人员，建立一种紧凑的、富有弹性的、新型的和敏捷、灵活、快速、高效的团队组织
管理内容	以人的行动和管理过程的标准化，并实现有效指挥为管理的主要内容	以信息的综合、提炼、创新、提升，并形成独特的优势为管理的主要内容
管理策略	以技术驱动，"以多求进"的刚性策略	以市场驱动，"以快求变"的柔性策略
管理职能	以"分工论"和"部门制"为基础，其管理职能是以分工和"管"为主	以高度信息化、市场化为基础，其管理职能则是以综合和"理"为主
管理者与被管理者的关系	人是机器和规章的附属物，管理者与被管理者是一种单项的执行性的关系	人是机器和知识的生产者，管理者与被管理者是一种双项、互动的关系

续表

管理方面 \ 时代	工业时代	信息时代
管理手段	虽然也利用向电子计算机那样现代化管理手段，但就其本质而言，可概括为放大了的人的体能	是用机器来放大人的智能，并以智能机器为管理手段，把人的自然智力和机器的人工智力两者的潜力都充分地发挥出来，使多种管理现代化管理手段与人的聪明才智巧妙地结合，形成智力工具
管理人才	大量单一的重复性劳动，人是机器和规章的附属物	大量的创造性智力型劳动，人是最宝贵的资源，人的基本职能是创新、超越

三、管理创新的原则

管理创新原则是指产生管理创新创意的行为准则，是管理创新的基准和出发点。

（1）创造性原则　管理面临的问题是复杂的，只有不断根据环境、条件变化，不断采取管理行动，才能求得企业经营目标、经营环境、经营条件的动态协调。没有创造就没有创新。

（2）有效性原则　管理出效益、管理出生产力，说明管理创新必须有效率、效益，力求有限资源的有效整合以实现企业目标。

（3）新颖性原则　创新的魅力在于"新"、在于"创"，推陈出新，通过不断的管理理论、管理理念、管理思想、管理方法、管理手段、管理技术等的创新，健全管理创新系统，求得管理创新整体最优化。

（4）群众性原则　管理的全员性特征，要求管理创新必须体现群众性原则。

（5）开放性原则　管理创新是世界潮流，管理创新必须学习、引进全球性的管理理论、管理方法、管理技术，结合企业实际予以创新。市场无国界，经营无国界，管理创新也无国界，管理创新必须是开放性的。

（6）突出性原则　管理创新是一种系统性的活动，涉及面比较宽广，如果一开始就全面铺开，期望立即取得很多新成果，则导致管理创新活动没有重点，没有主攻方向，就会造成精力分散，使创意停留在设想阶段。管理创新范围的广泛性，决定了管理创新只有集中精力，因时、因地制宜，解决主要矛盾，才能取得事半功倍的效果。

（7）系统性原则　一方面，管理创新是系统工程，对于外部环境多变、内部因素众多、相互关系复杂的管理进行创新，没有系统的观点，不采用系统思考的方法是绝对行不通的；另一方面，系统性原则是指管理创新的原则自成一个系统。

（8）集成性原则　管理集成要求管理创新体现集成性原则。

四、管理创新的动因

管理创新的动因是指组织进行管理创新的动力来源。按照管理创新的来源，管理创新的动因可以划分为两类，即管理创新的外在动因和管理创新的内在动因。

管理创新的外在动因是指创新主体的创新行为所面临的外部环境的变动，主要包括：

（1）制度环境的变动　比如，在传统计划经济体制下，企业是政府的附属物，企业生产经营活动都是由上级主管部门决定的，管理只是如何更好地执行上级的指令，企业缺乏管理创新的激情。在现代市场经济体制下，现代企业制度的建立，使企业成为自主经营、自负盈亏的市场经济主体，这就促使企业积极从事管理创新，以获取更大的收益。

（2）技术的改变　技术的改变对企业的生产经营活动存在普遍的影响，这种影响可能使企业资源的获取、生产设备和产品的技术水平发生变化，也可能使企业的生产规模以及组织形式发生变化，还使适应变化要求的管理创新成为必然。

（3）社会文化因素的影响　社会文化是一种环境因素，但由于社会文化以其无形的形态深入组织成员及组织的方方面面，故创新主体的主导意识、价值观必然受到其熏陶。在这样的条件下，创新目标、创新行为必然受到社会文化的影响。

（4）市场竞争的压力　市场竞争的激烈无情会给组织尤其是企业带来很大压力，迫使组织不断进行管理创新。这种竞争犹如一根鞭策组织不断改进管理方式方法的大棒，能自动地使组织、个人等冒创新风险，为管理创新提供动力。

（5）社会生产力发展的要求　从表面上看，管理创新是为了发展生产力，有效整合资源，似乎只对生产力有促进作用，但实际上，生产力的发展状况对管理创新也有促进作用。

管理创新的内在动因是指创新主体使创新行为发生和持续的内在动力和原因，主要包括以下几点。

（1）创新思维　现代组织的一切创新活动首先是思维的创新，管理者的创新思维是管理创新的基本前提和重要内容。具有创新思维的管理者，往往不会满足于管理的现状，而是要根据组织内外环境的变化主动地探求新的管理方式和方法。

（2）创新目标　目标是激发创新的首要因素，可以说一切创新都是追求目标的行动。当一个管理者确定了他所追求的目标之后，就必然会把他所储备的知识、所潜藏的能力充分调动起来，投入高效率的使用过程，全力以赴地开展创新活动。

（3）创新兴趣　有兴趣和没有兴趣是完全不一样的，当管理者有了兴趣，就会表现出一种强烈的求知欲和好奇心，并且兴趣会转化成一种意志，引导和促使他去不断地开展探索和创新，即兴趣可以引发管理者的创新行为。

（4）创新心理需求　创新心理需求是因创新主体对成就、自我价值等的追求而产生，而这种需求及追求本身也会成为创新行为的动因，因为创新一旦成功就可以表现创新主体自身价值的高低，也可以从中获得成就感，得到一种自我满足，正因为如此，具有成就感的创新主体更容易在艰苦的创新过程中保持顽强的进取心。

（5）创新的经济性动机　在现实的经济社会中，创新主体也要"食人间烟火"，因此，不能排除创新主体因为收入报酬的追求和需要而产生创新的行动。创新主体的经济性动机是明确的，就是通过管理创新的成功增进企业管理效率、提高资源配置效率的同时也能增加自己的经济性收入。

（6）责任心　责任心是创新主体的又一个重要创新动因，因为创新主体在其工作范围内是一个责任人，要对其所做工作负责。只有具备高度责任心的人才会去寻找当前工作中的毛病和缺陷，希望从中找到提高的方向，并进行创新从而使自己的工作搞得更好。

五、管理创新的模式

创新的时代需要创新的管理。管理模式要革命，要超越，但更要创新。创建管理创新模式在于科学规范管理工作，在全面保证与提高工作、生产、成果、产品与管理的基础上实现其创新。管理创新模式是指在达到现有标准基础上，实现创新所达成的全部管理理念与管理行为。管理创新模式的创新之处表现在以下两个方面。

1. 管理创新模式要素

为实现管理创新的目标，管理创新模式主要对以下六个要素进行管理，并分别提出具体要求。

（1）职能相称　首先是组织职能与组织目标要相称，要依据组织目标确定组织职能，依据组织职能确定机构设置，依据岗位职责确定职位设置，要确保机构职责明确，机构、职位与人员职能相称，精简部门与层次。其次是人员素质与其职位相称，依据岗位职责确定人员素质条件，保证人员的质量与数量满足职位要求。职能相称是实现组织目标的基础，做不到这一点，一切良好的愿望都只能是空想。

（2）观念适宜　观念支配行动，观念决定行为，没有创新的观念，当然不会有创新的工作、创新的生产与创新的管理。要求要具有目标观念、竞争观念、质量观念、创新观念和服务观念。

（3）条件保障　凡事均要有条件做保障，具体包括：人才资源条件的保障，财力资源条件的保障，物资设备条件的保障，信息资源条件的保障，时间空间条件的保障，环境条件的保障，关系条件的保障，技术手段与市场需求条件的保障等。

（4）目标正确　"做正确的事情比把事情做正确更重要"，这是管理学的名言。因此，要正确地确定、明确、执行工作及成果目标，明确管理目的、管理状态、管理结果；明确做什么、不做什么；明确管什么、不管什么；明确所要管理的要素与管理程序；明确用什么对策、方法、技术、手段去管理；明确由什么人管理。

（5）机制有效　管理的关键在于运行什么样的机制，要求依据管理任务制定管理制度，建立具有保证质量要求的各项工作制度；依据管理目的应用管理机制，做到管理行为正确、有效，建立具有调动工作人员去实现目标的机制。有效机制包括：责权机制、制约机制、监督机制、反馈机制、激励机制。

（6）过程完整　明确部门与个人的工作过程，包括：第一步：认定基础，确定目的。基础检测，基础评价，确定目的。第二步：制定计划。确定任务，确定方案，确定步骤。第三步：实施计划。逐步实施。第四步：反馈改进。初步反馈，改进反馈。第五步：测评验收。验收检测，验收评价。

要根据工作性质确定工作单元与工作管理周期，工作单元与管理周期要一致。生产工作以生产工序为管理周期；教育工作以教育活动为管理周期；临时工作以工作任务为管理周期；管理工作以管理阶段为管理周期。

2. 管理创新模式结构

管理创新模式要素确定后，决定质量的关键就在于管理创新模式要素结构。管理创新模式结构的特点是，变单轨结构为双轨结构。即在决策之后，不仅要有执行结构的一条线，同时要有监督认证结构的一条线。因而，设定了管理要素要求并没有完成管理的任务，还要对要素按期加以认证与监督，以期保证管理目标的实现。

（1）职能认证　首先是组织职能的认证，要依据组织目标认证组织职能，依据组织职能认证结构设置，依据岗位职责认证职位设置，依据组织绩效认证组织效能。其次是人员素质认证，要依据岗位职责认证人员素质条件，依据人员工作绩效认证人员的胜任度。

（2）观念认证　通过检测员工输出相关目标信息认证其目标观念；通过检验员工的竞争表现认证其竞争观念；通过检测员工输出质量信息，检验其工作与成果质量，认证其质量观念；通过检测员工输出的创新信息，检验其创新成果，认证其创新观念；通过检测员工输出服务信息，检验其服务表现与成果，认证其服务观念。

（3）条件认证　通过检查相关文件、资料及实际状况，认证其工作条件与质量、生产条件与质量和管理条件与质量。

（4）目标认证　通过检查管理目标文件，检测管理人员对管理目标的输出信息，检验其管理目标状态与成果，认证其管理目标质量；通过检测员工对质量目标的输出信息，检验其工作与成果质量，认证其目标管理质量。

（5）机制认证　依据管理制定考核执行效果，依据执行效果认证管理效能，依据管理效能认证管理机制质量；通过检查相关文件、制度、资料及实际运行情况，认证其机制管理质量。

（6）过程认证　通过检查基础测评资料与设定目标，认证其工作基础及目标；通过检查相关工作计划，认证其计划质量；通过检查相关工作记载与成果，认证其反馈改进质量；通过检查验收测评资料，认证其成果与产品质量；通过对各个管理步骤的认证，评定其过程质量。

六、管理创新的过程

管理创新行为是由多因素、多阶段构成的，是一个复杂的过程。一般包括以下 5 个过程。

1. 形成创新的愿望

由于企业内外环境的刺激，企业内一定成员开始具有危机意识，并在企业创新机制的作用下，由自我发动或环境诱发产生创新愿望。自我发动是企业自身由于效益下降、亏损或发展问题，或是为了其他创新如技术创新、制度创新的内在要求而有了创新冲动；环境诱发是由于企业外部经营环境的变化，特别是竞争的加剧，使企业必须创新，不创新即死亡。在这个阶段，对于企业中下层管理人员来说，其创新愿望必须得到上层管理人员的认可，才有可能组织实施。因而，必须注意反映和沟通，促使个人愿望变成企业高层人士的愿望。

2. 创新定位

在具有创新愿望的基础上，企业组建一个具有足够权威，并有多层次人员参与的管理创新小组，在进行大量深入细致的调查研究下，经过反复审核与比较，充分审视现状、认清差距环节（包括条件差距与目标差距），分析其根结，据此确定创新领域（整体或细节）及大致的创新目标方向，即前景规划。

3. 创新与方案形成

运用多种创新方法和技术手段，提出解决问题的创新构想（创意），并在创新条件、创新原则、创新目标等约束下，对创意进行比较、筛选、综合及可行性评价，以形成比较具体的，切实可行的，并能使系统向更高层次发展的创新方案。在这一阶段中，应特别注意可行性论证和进程结果的可检验性。

4. 付诸实施，即创新行动

管理创新小组组织、领导创新的具体实施者们在一定的创新目标导向下，实施创新方案，并注重同步创造条件的一系列活动。这一阶段具体又分为以下三个环节。

（1）旧范式的解冻　在实施前要大力做好宣传工作与沟通工作，创造变革的气候，以取得管理创新的主体与客体的认同，克服和消除妨碍变革的心理障碍，并争取激发人们的积极性与创造性，即在创新中能即兴创造和变革。在这一过程中，除了使成员深刻理解认识创新的必要性、迫切性、可能性外，还需创造条件，缩短条件差距，为下一步的实施做好准备。

（2）变革，并创造短期成果，即初步实施　通过授权各部门、各成员实施创新方案，并制定短期内即可见效的绩效目标，以增强人们对创新的认同和信心。这一环节中，由于并非所有技术变化、组织变化、人员变化为人们所预料和准确描述，所以，必须遵循三个原则：一是坚定性原则。无论遇到多方面的阻力和困难，要有坚定的信心，坚持创新并持续创新；二是稳定性原则。管理创新是一项复杂的工程，其实验环境又只能是现实的企业，具有很强的风险性，为了保证创新的进程和方向，必须注意有步骤、有控制地进行，保持企业应有的稳定性；三是应变原则。对创新中出现的新的变化或新的环境，要及时反馈现象、修正方案，同时注意加强管理创新实施者自身的即兴创造和变革，争取更好、更快地实现短期目标并超越这一目标。

（3）固定和深化　通过短期成果的示范作用，虽可以增强人们对创新的认同和信心，形成新的态度和新的行为，但由于旧习惯势力的根深蒂固，以及企业内外环境的变化，尚未完全适应习惯，必须要利用必要的强化手段，使其对变革的新行为与新态度固定下来，并持久化，保证管理创新的持续性发展。

5. 创新评价与总结

在经过一段时期的强化、固定后，管理创新的领域开始呈现新的范式，并日益稳定，创新效果也日益明显。此时，有必要对其创新效果，特别是其效益性进行评价，并科学总结这一创新成果。在这一阶段，一方面可使企业经营管理者和广大职工在其成果得到社会承认时产生巨大激励作用，并促进企业自身再次比较发现与外界的差距，形成新的冲动，以进行更深层次的创新；另一方面也是为了其创新成果向更大范围内推广，促进其他企业审视现状，并积极进行创新，以发挥企业管理创新成果的社会效用。

七、管理创新的途径

1. 借用外部著名咨询公司策划培训

当今国际上著名的咨询公司麦肯锡、毕马威等都开展管理咨询培训服务。咨询策划培训的实质是委托具有专业知识和管理技术专家帮助企业重新设置管理机构、制定管理制度、推行新的管理方法、教育培训员工等管理举措，使企业组织运行机制扁平化，工作效率提高，科学化、专业化管理水平得到提高。中小企业采用这种简捷方法可节约时间、减少资源的投入，加快获得较好经济效益。

2. 引进现代管理技术

我国中小企业对生产管理中急需的技术可以出资向国外著名公司购买引进。购买管理技术时在协议中可要求输入方要派技术人员来厂里具体指导实践。当前，我国企业引进的管理技术范畴主要有：基础管理、财务管理、6西格玛管理、ERP管理等。

3. 引进拔尖人才

在今天科技突破和知识经济时代，企业在市场经济竞争中的宏观发展和微观管理运作的成败，最关键的因素当属企业要拥有一批拔尖的管理技术人才，然而，出类拔萃的管理人才在企业"系统"土壤中产生是极其有限的。企业为了快速获得出类拔萃的管理人才，应当把挖掘人才的视野拓宽到国内外人力资源市场，从企业发展的长远经济角度衡量，积极引进外部拔尖人才。

4. 在合作经营项目中学习提高

企业双方在合作项目中学习是一种较好的办法。一般来说，是我国企业和国际先进企业共同出资经营某一项目，国外企业或提供软硬件设备或派遣技术管理专家直接进行合作指导。采取此种方法我方企业管理技术人员能在实践中耳濡目染，较形象具体地学到许多书本上无法学到的特殊性管理技术，可少走弯路，从而达到管理成功的彼岸。

在动态环境中生存的企业，仅仅通过常规的管理手段如组织、领导与控制来保证计划目标的实现是不够的，还必须不断调整系统活动的内容和目标，以适应环境变化的要求，这其实就是经常被人们忽视的管理的创新职能。

八、管理创新的组织

组织管理创新是为部属的创新提供条件、创造环境，有效地组织系统内部的创新。

1. 力争使企业家、管理者和企业员工都成为具有创新意识的创新主体

实施管理创新，需要有一个创新主体。企业中的潜在创新主体主要包括：企业家、管理者和企业员工。企业家往往由于其所处的特殊地位会对管理创新产生重大的影响，或在管理创新过程中扮演重要的角色，因此，他们应该属于管理创新主体的范围，但不能因此就说企业家一定就是管理创新的主体，因为有些企业家虽有创意但因种种原因不能加以实施，这就会阻碍企业家成为真正的管理创新主体。企业中从事具体管理工作的管理者也可能成为管理创新的主体，但如果他们的创新行为受到上级领导的约束，受到自身权限的约束，也可能导致他们不会成为真正的创新主体。企业员工也可以成为管理创新的主体，但如果员工的创意得不到企业家的认可或不允许施行时，企业员工也难以成为真正的管理创新主体。由此可见，一个要想取得成功的企业，必须提供和创造一个有利于创新的环境，积极鼓励、支持、引导组织成员进行创新，使企业中的潜在管理创新主体变为真正的管理创新主体。

2. 为管理创新提供基础条件

现代企业中管理创新所需要的基础条件主要指一般的最基本的管理工作，如基础数据、技术档案、统计记录、会计核算、岗位责任标准等。一个企业基础管理工作好，表明这个企业管理水平较高，反之亦然。事实上，管理创新往往是在基础管理较好的基础上才有可能。因此，为管理创新提供基础条件就显得十分必要和重要。

3. 为管理创新营造良好的氛围

创新主体能够有创新意识，能有效发挥其创新能力，与拥有一个良好的创新氛围有关。在好的氛围下，人就思想活跃，新点子产生得多而快，不好的氛围则可能导致人的思想僵化、思路堵塞、头脑里空白一片。因此，促进创新的最好方法就是大张旗鼓地宣传创新，激发创新，要造成一种人人谈创新、时时想创新、无处不创新的组织氛围，使那些无创新欲望或有创新欲望却无创新行动，从而无所作为者自己感觉到在组织中无立身之处。

4. 建立促进创新的奖励制度

创新的原始动机也许是个人的成就感、自我实现的需要，但是如果创新的努力不能得到组织或社会的承认，不能得到公正的评价和合理的奖酬，则继续创新的动力就会渐渐失去。因此，要激发组织成员的创新热情，还必须建立合理的评价和奖惩制度，这种评价和奖惩制度既要促进成员之间的合理竞争，又要保证成员之间的相互合作；既要注意物质奖励，又要注意精神奖励；既要奖励成功以后的创新者，又要奖励尚未成功的努力者。

5. 要正确地对待管理创新中的失败

管理创新的过程是一个充满着失败的过程，创新者应该认识到这一点，创新的组织者更应该认识到这一点。只有认识到失败是正常的，甚至是必需的，管理人员才可能允许失败，支持失败。当然，支持尝试、允许失败，并不意味着鼓励组织成员去马马虎虎地工作，而是希望创新者在失败中取得有用的教训，学到一点东西，变得更加明白，从而使下次失败到创新成功的路程缩短。

【寓教于乐】

炒菜——独断扼杀员工的创新性

妻子在厨房热火朝天的炒菜，丈夫站在她的旁边唠叨不停："亲爱的，慢些，火太大了！小心，赶快把鱼翻过来，油放得太多了！"

妻子不耐烦地说："我知道怎么炒菜！"

丈夫在旁边说："我只是想让你知道，我在开车的时候，你一直在旁边喋喋不休，我的感觉如何……"

【点评】"观棋不语真君子"，可是在面对棋局的时候，很多观棋者会将君子之仪置之脑后，总是想主观性地操纵棋局的走势。

【探源】心理学家莱姆做了一个有趣的实验，他告诉孩子们他们将会获得一些糖果，并可以在两种糖果中任选其一。然而，他的助手在分发糖果的时候，并没有按照莱姆所说的那样做，他忽略孩子们的喜好，任意地将一种糖果分发给孩子。实验结束后，助手通过与孩子们交流发现，孩子们原本说自己是喜欢某种糖果的，可是被强行分发一种糖果后，他们的态度改变了，他们认为原来自己喜欢的糖果不好吃了。对于糖果，孩子们本来以为自己有选择的权利，可是事实并非如此，他们便感到自己被强加上了一种束缚，从而不再喜欢原本喜欢的东西了。

心理学家对这种现象进行了解释：人们总是希望自己的内心处于一种平静与和谐的状态，当自己的认知与外界不和谐的时候，他们便会重新构建自己对于外面世界的看法，放弃自己原来的认知。

糖果实验直接阐明了管理者的专断对于员工的影响。如果下属独立开展一项工作时，管理者一味地在旁边"指手画脚"，把自己的意见源源不断地兜售给下属，即使员工本来很有主见，愿意在工作中发挥自己的独创性，也会渐渐地放弃思考的独立性，转而"投降"于管理者的主张。长此以往，员工的创见性就渐渐地被抹杀，他们沦为了执行管理者意志的机器，导致企业的创新力越来越缺乏，从而失去竞争的优势。

【管理者定律】

霍布森选择效应

霍布森选择效应：1630年，英国剑桥有一个做马匹生意的商人名叫霍布森，他在卖马时承诺：买或是租我的马，只要给一个低廉的价格，可以随意挑选。但他又附加了一个条件：只允许挑选能牵出圈门的那匹马。其实这是一个圈套。他在马圈上只留一个小门，大马、肥马、好马根本就出不去，出去的都是些小马、瘦马、癫马。显然，他的附加条件实际上就等于告诉顾客不能挑选。大家挑来挑去，自以为完成了满意的选择，其实选择的结果可想而知——只是一个低级的决策结果，其实质是小选择、假选择、形式主义的选择。人们自以为作了选择，而实际上思维和选择的空间是很小的。有了这种思维的自我僵化,当然不会有创新,所以它是一个陷阱。这种没有选择余地的所谓挑选,被人讥讽为"霍布森选择"。

社会心理学家指出:谁如果陷入"霍布森选择效应"的困境,就不可能进行创造性的学习、生活和工作。道理很简单:好与坏、优与劣,都是在对比选择中产生的,只有拟定出一定数量和质量的方案供对比选择、判断才有可能做到合理。如果一种判断只需要说"是"或"非"的话,这能算是判断吗?只有在许多可供对比选择的方案中进行研究,并能够在对其了解的基础上判断,才算得上判断。因此,没有选择余地的"选择",就等于无法判断,就等于扼杀创造。

"霍布森选择效应"告诉我们,思维定势和思维僵化带来的必然是错误选择。在面对众多选择的时候,我们的思维一定要突破惯性,进行创新式思维。

有4个青年人参加了这样一个心理测验:在一个雷电轰鸣、风雨交加的夜晚,一个偏僻荒凉的远郊汽车站上,有三个人在等进城的公共汽车:一个重病缠身、奄奄一息的老妇,一个曾经救过你生命的医生和一个自己心仪很久的美若天仙的姑娘。左等右等,不但没有公交车的影子,就连过路的车都不见一个!

这时,你开着一辆高档的双人跑车从这里经过。你停了下来,想帮助这三个人离开这里,但你只能带走一个人,因为车里只有两个座位。你会把谁带走?

第一个人的选择是:带走老妇人。同情和帮助弱者是人之美德,怎么能够把一个重病缠身的老年人扔下不管呢!但是,人终究是要死的,何况是病入膏肓的老人,就算你带走她,也不一定能救她的命。

第二个人的选择是:带走那个医生。他曾经救治过你的病,是你的恩人,这个时候是回报的很好时机,而且把他带回到城里,他能够救治更多的人,而你对他的帮助将会让他感激不尽,从而成为你的好朋友,你今后的健康也会有更好的保障。

但是,医生身强体健,即使你不带他走,他也能回到城里,何况车站上还有病人尚无人照顾。

第三个人的选择是:带走那个你心仪很久的姑娘。这样,你就有机会和心爱的人静心独处,共享二人世界。

然而,你忍心抛下病重的老人吗?姑娘会青睐没有同情心的你吗?

第四个人的选择是:与以上三人都不同,而且大大出乎所有人的意料——把车钥匙交给医生,让他开车把老妇人送到附近的医院抢救,而你在车站陪姑娘一起等公交车!

这个答案,被公认为是最完美的答案。

这个故事对于我们的人生思考和企业经营一样具有借鉴意义,它说明了一个共同的道路:打破常规,然后更开阔。

人们在思考问题、做出决策时,常常是根据自己已有的条件来决定,而很少另辟蹊径,抛开自己所拥有的一切,进行逆向思维。

从前,在欠债不还便足以使人入狱的时代,伦敦有位商人欠了一位放高利贷的债主一笔巨款。那个又老又丑的债主,看上商人青春美丽的女儿,便要求商人用女儿来抵债。

商人和女儿听到这个提议都十分恐慌,狡猾伪善的高利贷债主故作仁慈,建议这件事听从上天安排。他说,他将在空钱袋里放入一颗黑石子、一颗白石子,然后让商人女儿伸手摸出其一,如果她拣的是黑石子,她就要成为他的妻子,商人的债务也不用还了;如果她拣的是白石子,她不但可以回到父亲身边,债务也一笔勾销。但是,如果她拒绝探手一试,她父亲就要入狱。

虽然是不情愿,商人的女儿还是答应试一试。当时,他们正在花园中铺满石子的小径上,协议之后，高利贷的债主随即弯腰拾起两颗小石子，放入袋中。敏锐的少女突然察觉：两颗小石子竟然全是黑的！

如果你是那个不幸的少女，你要怎么办？

故事的女孩不发一语，冷静的伸手探入袋中，漫不经心似的，眼睛看着别处，摸出一颗石子。突然，手一松，石子便顺势滚落路上的石子堆里，分辨不出是那一颗了。

"噢！看我笨手笨脚的，"女孩呼道"不过，没关系，现在只需看看袋子里剩下的这颗石子是什么颜色，就可以知道我刚才选的那一颗是黑是白了。"

当然了，袋子剩下的石子一定是黑的，恶债主既然不能承认自己的诡诈，也就只好承认她选中的是白石子。

一场债务风波，有惊无险的落幕。这不是"解决导向"的思考模式所能处理的，因为，水平思考方式不把关键摆在选出的石子，而是换一个角度来看，"袋子里剩下来的石子是什么颜色？"，终于逢凶化吉，把最险恶的危机变成最有利的情况。突破传统思维，将轻松地跳出霍布森选择效应。

【点评】管理上有一条重要的格言："当看上去只有一条路可走时，这条路往往是错误的。"毫无疑问，只有一种备选方案就无所谓择优，没有了择优，决策也就失去了意义。

在"霍布森选择"中，人们自以为做出抉择，而实际上思维和选择的空间都是很小的。有了这种思维的自我僵化，当然不会有创新，所以它更是一个陷阱，让人们在进行唯一选择的过程自我陶醉而丧失创新的时机和动力。

【经典管理故事】

四颗补鞋钉

在苏格兰的一个小镇上，一位年迈的鞋匠决定把补鞋这门手艺传给三个年轻人。在老鞋匠的悉心指导下，三个年轻人进步很快。当他们学艺已精，准备去闯荡时，老鞋匠只嘱咐了一句："千万记住，补鞋底只能用四颗钉子。"三个年轻人似懂非懂地点了点头，就踏上了旅途。

过了数月，三个年轻人来到了一座大城市各自安家落户，从此，这座城市就有了三个年轻的鞋匠。同一行业必然有竞争，但由于三个年轻人的技艺都不相上下，日子也就风平浪静地过着。

过了些日子后，第一个鞋匠就对老鞋匠那句话感到了苦恼。因为他每次用四颗钉子总不能使鞋底完全修复，可师命不敢违，于是他整天冥思苦想，但无论怎样想他都认为办不到。终于，他不能解脱烦恼，只好扛着锄头回家种田去了。

第二个鞋匠也为四颗钉子苦恼过，可他发现，用四颗钉子补好底后，坏鞋的人总要来第二次才能修好，结果来修鞋的人总要付出双倍的钱。第二个鞋匠为此暗喜着，他自认为懂得了老鞋匠最后一句话的真谛。

第三个鞋匠也同样发现了这个秘密，在苦恼过后他发现，其实只要多钉一颗钉子就能一次把鞋补好。第三个鞋匠想了一夜，终于决定加上那一颗钉子，他认为这样能节省顾客的时间和金钱，更重要的是他自己也会安心。

又过了数月，人们渐渐发现了两个鞋匠的不同。于是第二个鞋匠的铺面里越来越冷清，而去第三个鞋匠那儿补鞋的人越来越多。最终，第二个鞋匠铺也关门了。

日子就这样持续着，第三个鞋匠依然和从前一样兢兢业业为这个城市的居民服务。当他渐渐老去时，他开始真正懂得了老鞋匠那句嘱咐的含义：要创新，而且不能有贪念，否则必会为社会所淘汰。

再过了几年,鞋匠的确老了,这时又有几个年轻人来学这门手艺。当他们学艺将成时,鞋匠也同样向他们嘱咐了那句话:"千万记住,补鞋底只能用四颗钉子。"

【点评】在竞争的市场上,不仅要有诚信、质量、品牌等,最关键的还是要有创新。

复习思考题

1. 知识经济对企业组织有什么影响?
2. 企业家在管理创新中起什么作用?
3. 企业在管理变革中会遇到哪些阻力?如何解决?
4. 为什么说创新对组织很重要?

【案例分析】

S 工厂的崛起

S工厂为了适应市场经济的发展,C上任后,将工厂重点向制造业方向转变。工厂开发出一批技术含量高、产品有前途的产品,产值已由改革前的3%发展到现在的70%,并形成在国内具有技术领先优势的冲压、焊接、涂装、裁剪、缝纫等生产线。实行产业结构创新工作以来,S工厂已发展成为一个具有现代化装备的轿车零部件生产的重要基地,为我国的现代化建设和轿车工业的发展作出了重大贡献。

1. 技术创新,增强企业后劲

为了企业长远发展发展,增强企业后劲,C厂长注重技术创新工作。

一是加大技术改造的投入。S工厂每年都要用销售收入10%的资金用于技改项目,有计划、有步骤地改造厂房,引进先进技术设备。先后建成了2000平方米以上的坐椅骨架、总装工房、维修中心工房、涂装线工房等6座大型工房,先后从发达国家引进了先进的CAD、CAM工作站,引进了具有20世纪90年代国际先进水平的汽车坐椅生产技术和设备,引进具有当今世界先进水平的高压发泡设备,购买焊接机器人和电脑裁床等,为高新技术成果的转化提供了先进的设计和加工检测手段。目前,S工厂又准备投资五千万元,建设一座现代化的科技馆。

二是加大科研经费的投入。工厂每年都要安排1000多万元用于高新产品的研制与开发,做到科研经费优先落实,优先到位,在自主开发的同时,坚持技术引进和联合攻关,提高开发水平。工厂先后与10多个院校和科研所进行了技术合作和交流,共同进行攻关开发。

三是加大开发费用的投入。为使新产品迅速占领市场,工厂在进行新产品开发的同时,对工装、模具、检具同时设计,同时制造,确保工厂拿出样品的同时就形成批量生产能力。

为保障新产品开发速度,S工厂在新产品开发前制定承包方案,对开发工作定任务,定目标,定要求,定奖惩措施,对设计、生产、管理、保障等各环节的责任单位和相关人员明确职责和考核办法,促使开发工作顺利进行。在各项评比表彰中,优先向开发人员倾斜。近几年来,工厂每年评选的标兵,职代会上重奖的立功人员,以及各部门评比的单项先进职工,绝大多数是从事新产品试制工作的设计人员和一线生产骨干。

为了搞好技术创新工作,S工厂建立了多渠道的信息网络体系,及时了解同行业和同类产品新技术、新工艺应用情况,并在上海、深圳建厂,在北京、海南设办事处,有效地保证了工厂市场信息的畅通。S工厂在技术创新工作中,在"快"字上下功夫,争取样品试制快,产品投产快。许多项目都是当年立项,当年开发,当年投产,当年见效。

C厂长的技术创新思想还体现在对技术人才的培养上,为培养造就高素质的人才,近几年来,S工厂先后选派三十多位工程技术人员到法、德、日等工业发达国家培训。C本人在56岁时，为了更新知识，掌握现代化的管理方法，用了两年时间，学完了MBA工商管理课程，并以优异的成绩取得工商管理硕士研究生毕业证书。

2. 管理创新增强企业活力

随着工厂产品结构的创新和机构设置的变化，C每年都要组织专门班子集中编制和修订工厂各项管理制度，以新制度、新办法建立各项工作标准和考核办法，明确各项具体工作的程序和要求。

C厂长将管理工作的检查反馈制度和考核制度实行程序制约，即把具体工作由不同的职能部门履行审批手续，规范工作程序，堵塞管理漏洞；由各职能部门定期对其他单位的规章制度执行情况进行检查考核，检查结果与责任单位月奖挂钩，并将各项职能部门的考核检查结果汇总后向全厂通报。为了创新基础工作管理体系，近几年来，工厂以达标考核为契机，以提高企业管理水平为目的，扎实抓好管理基础工作。1997年，工厂成立专班，组织全厂进行ISO 9000系列国际质量标准学习、培训和考试，编制完善了质量保证体系，并于当年率先在本系统通过ISO 9000国际质量保证体系认证。1998年，为巩固管理基础工作，工厂将《企业管理基础工作达标考核细则》整理成100条考核标准，逐步将考核内容与各单位月奖挂钩，使管理基础工作纳入制度化、规范化轨道。1999年S工厂结合省市政府开展"管理示范工程活动"，将省市经委制定的企业管理素质达标考核标准逐一分解到各个单位，进行检查整改取得成效，被当地市政府授予"管理样板企业"。C将管理的中心工作，放在狠抓质量、消耗、现场和安全工作上，促使企业管理工作整体优化。质量是企业的生命，S厂在通过ISO 9001、ISO 9002以及ISO 10012认证及复审的基础上，以贯彻《质量手册》和《程序文件》为主导，以规范落实"产品随同卡"等质量记录为手段，将质量保证体系运行情况纳入现场管理范围。每月考核评分，月奖挂钩；强化计量管理工作，认真落实计量器具的定期校验制定，为工厂加工和检测工作奠定基础；采取有力措施监控各项重要指标，对质量异常现象按"三不放过"的原则一查到底，从根本上杜绝质量隐患；注意质量管理的硬件投入，工厂每年投入数十万元添置新的专检设备和仪器，定期对计量器具更新，在大型生产项目投资中，工厂确保专检设备与生产设备同时立项，同时设计，同时购置安装，保障了质检技术与生产技术同处先进水平。

讨论题

从创新的主要作用角度，分析促进S工厂高速发展的主要因素。

【点评】在S工厂高速发展过程中，管理创新体系和知识创新体系起到了关键性的作用。S工厂从衰败到崛起的事实说明，在知识经济背景下，建立符合市场经济和科技发展规律的管理创新体系及知识创新系统，才有可能使组织摆脱困境，进入可持续发展的轨道，立于不败之地。

参考文献

[1] 许庆瑞．管理学［M］．北京：高等教育出版社，1997．
[2] 李继延，褚福灵．现代工商管理实务［M］．北京：经济科学出版社，2000．
[3] 罗崇敏．论企业创新［M］．北京：经济日报出版社，2002．
[4] 唐五湘，刘宗明等．知识经济与企业管理创新［M］．北京：社会科学文献出版社，2000．
[5] 周三多，陈传明，鲁明泓．管理学——原理与方法［M］．上海：复旦大学出版社，2003．
[6] 唐五湘．创新论［M］．北京：中国盲文出版社，1999．
[7] 杨洁．企业创新论［M］．北京：经济管理出版社，1999．
[8] 杨梅英．知识经济与管理创新［M］．北京：经济管理出版社，1999．
[9] 郁义鸿．知识管理与经济创新［M］．上海：复旦大学出版社，2001．
[10] 芮明杰．管理创新［M］．上海：上海译文出版社，1997．
[11] 宋景奇，丁连科，陈海波．管理学案例大纲习题［M］．大连：东北财经大学出版社，1998．
[12] 李永清．现代企业管理导论［M］．西安：陕西科学技术出版社，2002．
[13] 王兴璜．信息时代管理创新特点［J］．企业管理，1998，（4）．
[14] 王文昌．论管理创新的动因和组织［J］．生产力研究，2002，（3）．
[15] 孙艳，陶学禹．试探管理创新的过程模式［J］．科学管理研究，1999，（2）．
[16] 周朝琦，侯龙文．企业创新经营战略［M］．北京：经济管理出版社，2001．
[17] 张英奎，孙军．现代管理学［M］．北京：机械工业出版社，2007．
[18] 徐国华，张德，赵平．管理学［M］．北京：清华大学出版社，1998．
[19] 孙元欣．管理学——原理方法案例［M］．北京：科学出版社，2006．
[20] 李维刚，白瑗峥．管理学原理［M］．北京：清华大学出版社，2007．
[21] 沈波，李岩，蒋新宁，肖立刚．管理学概论［M］．南京：东南大学出版社，2008．
[22] 林祖华，张金锁，陈荣华．现代管理学［M］．北京：中国时代经济出版社，2004．
[23] 孔繁玲．管理学原理与案例分析［M］．广州：华南理工大学出版社，2008．
[24] 孙军．管理学［M］．北京：机械工业出版社，2007．
[25] 阎毅．管理学原理［M］．西安：西安交通大学出版社，2003．
[26] 孙成志，史若玲，刘美玉．管理学［M］．大连：东北财经大学出版社，2001．
[27] 周鸿．管理学-原理与方法［M］．北京：机械工业出版社，2007．
[28] 莫寰．新编管理学［M］．北京：清华大学出版社，2005．
[29] 朱秀文．管理学教程［M］．天津：天津大学出版社，2004．
[30] 朱秀文．管理概论［M］．天津：天津大学出版社，2004．
[31] 李东．管理学——理论方法工具［M］．北京：科学出版社，2008．
[32] 全国高校管理案例库编写组．管理学案例库教程［M］．北京：中国科学技术出版社，2004．
[33] 谢文辉．管理者定律［M］．北京：北京科学技术出版社，2005．
[34] 广通．经典管理故事全集［M］．北京：地震出版社，2005．
[35] 芮明杰．管理学-现代的观点［M］．上海：复旦大学出版社，2005．
[36] 杨洁，孙玉娟，刘文彬．管理学［M］．北京：中国社会科学出版社，2006．
[37] 卢昌崇．管理学［M］．大连：东北财经大学出版社，2006．
[38] 高闯．管理学［M］．北京：清华大学出版社，2006．
[39] 孙班军，陈晔．管理学［M］．北京：科学出版社，2005．
[40] 罗珉．管理学［M］．北京：机械工业出版社，2006．
[41] 王俊柳，邓二林．管理学教程［M］．北京：清华大学出版社，2003．
[42] 吴照云．管理学［M］．北京：经济管理出版社，2003．

[43] 柏群.管理学［M］.重庆：重庆大学出版社，2003.
[44] 徐光华，暴丽艳.管理学——原理与应用［M］.北京：清华大学出版社，北京交通大学出版社，2004.
[45] 徐子健.管理学［M］.北京：对外经济贸易大学出版社，2002.
[46] 阮来民.现代管理学［M］.上海：上海教育出版社，2002.
[47] 谭力文，李燕萍.管理学.第3版［M］.武汉：武汉大学出版社，2009.
[48] 林志扬.管理学原理.第4版［M］.厦门：厦门大学出版社，2009.
[49] 鲁克德.笑话中的管理学.修订版［M］.北京：电子工业出版社，2012.
[50] 汪克夷，刘荣，齐丽云.管理学［M］.北京：清华大学出版社，2010.